中华文明简史一本通

Zhonghua Wenming
Jianshi Yibentong

历史大讲堂

何国松◎编著

北京工业大学出版社

图书在版编目（CIP）数据

中华文明简史一本通 / 何国松编著 . — 北京：北京工业大学出版社，2012.5

ISBN 978-7-5639-3077-7

Ⅰ . ①中… Ⅱ . ①何… Ⅲ . ①中华文化—文化史Ⅳ . ① K203

中国版本图书馆 CIP 数据核字（2012）第 073899 号

中华文明简史一本通

编　　著：何国松

责任编辑：江　舒

封面设计：宋双成

出版发行：北京工业大学出版社

（北京市朝阳区平乐园 100 号 100124）

010-67391722（传真）bgdcbs@sina.com

出 版 人：郝　勇

经销单位：全国各地新华书店

承印单位：三河市元兴印务有限公司

开　　本：787mm × 1092mm 1/16

印　　张：25

字　　数：429 千字

版　　次：2012 年 6 月第 1 版

印　　次：2021 年 1 月第 2 次印刷

标准书号：ISBN 978-7-5639-3077-7

定　　价：58.00 元

前言

中华文明是中华民族从古至今所有精神与物质财富的总和，是一代又一代中华儿女智慧的积淀。文明是我们灵魂的生发与归依，是我们内在生命的本源和精神的活动场所，它滋养着我们的心灵，启迪着我们的良知，激发着我们的创造力，承载着我们精神活动的一切成果。同时，文明又是我们生命真实个体的存在方式，它既包含着我们外在的生存环境，记录着我们改造客观世界的一切成果，又是我们衣食住行等生存形式的具体体现。

本书力图通过简明的体例、精练的文字、新颖的版式、精美的图片等多种要素的有机结合，从思想、文学、宗教、建筑、科技、绘画、雕塑、服饰、工艺美术、音乐舞蹈、饮食文化、民俗等多个方面，深入发掘中华文明的丰富内涵，将中华文明的博大精深全方位、多层次地展现出来，使读者轻松获取知识的同时，扩展文化视野，得到审美感受、想象空间和愉快体验。

独具特色的选材，深刻独到的见解，流畅清新的文字，精美而具代表性的图片，使得这部著作处处闪现着灵动与厚重。通过它，读者可以徜徉历史浩渺的长河，追寻先贤璀璨的智慧。

由于时间仓促，加之水平所限，本书难免存在疏漏之处，诚望读者批评指正。

目录

目录

目录

目录

目录

华夏民族的形成

华夏民族是在原始社会氏族、部落的基础上经过不断的迁徙、战争融合而成的。华夏民族的始祖黄帝不仅通过涿鹿、阪泉战争统一了黄河流域的各个部落，成为中原的大盟主，而且发明了许多生活物品如衣裳、舟车、宫室等，为华夏民族的形成提供了物质和文化条件。

远古时期的黄河流域是土壤肥沃的地方，住在四周的各部落都向这里迁徙，包括来自东方的九黎族，来自西方的炎帝部落，来自北方的黄帝部落等。黄帝是少典的儿子，姓公孙，号轩辕，亦号有熊氏，又号帝鸿氏。黄帝小时候伶俐懂礼，长大后聪明练达。炎帝和黄帝是同祖兄弟，炎、黄两族是从两个互通婚姻的集团发展而来的。炎、黄部落的最早居住地是姜水、华阳，即陕西北部的黄土高原。后来他们几经迁徙，由黄河支流渭水上游一带向黄河下游的中原发展。在东方的苗夷集团中最有影响的叫九黎族，首领叫蚩尤。他们活动在山东一带，共有 9 个部落，81 个氏族。

轩辕黄帝雕塑

蚩尤率领部落积极向北方扩充自己的势力，向中原挺进。各个部落向中原的大迁移必然引起冲突，最终导致战争。蚩尤部落在他们比较弱小时归附黄帝，后来他们发现了金属矿，学会了冶炼，铸造了许多精良兵器。蚩尤进逼中原首先和炎帝部落发生了冲突，因为武器精良，打败了炎帝。炎帝就向黄帝求援，同黄帝结成联盟。黄帝在向中原迁徙时，同以虎、豹等为图腾的部落结盟，休养生息，鼓励耕作，逐渐强大起来。

在距今5000年左右，黄帝与炎帝部落大战九黎族。蚩尤拥有先进的武器。黄帝于是让大臣风后制造了指南车，辨清了方向。他又让水神应龙蓄水抵抗蚩尤。应龙决堤放水，大坝一决，洪水以排山倒海之势呼啸奔来，淹没了蚩尤城。蚩尤不得不放弃蚩尤城，向北进入华北平原。双方战于河北涿鹿之野，流血百里，最终蚩尤落荒南逃，被黄帝擒获并杀于野外。刑天及蚩尤的部下把蚩尤的尸体偷运到河南濮阳西水坡秘密下葬。不久，刑天与黄帝大战，刑天因寡不敌众被黄帝斩首。夸父则在潼关被应龙万箭齐发射死，鲜血染红了潼关。至此，黄帝取得了对九黎族的决定性胜利，九黎族融入炎黄族中。

黄帝、炎帝打败蚩尤后，同盟关系破裂，两个部落战于阪泉，即阪泉大战。经过三次艰苦卓绝的战争，黄帝战胜炎帝。炎帝部落的共工与黄帝战争失败，一急之下用头碰撞不周山，从此大地西北高、东南低。这场战争后，黄帝向南发展，经过52次战争后天下归附，黄帝由此成为黄河中下游部落联盟的大盟主。公元前4513年，黄帝轩辕在釜山会盟并取代神农氏登上帝位。

涿鹿、阪泉大战使各个部落逐渐融合，共同发展，推动了原有的氏族部落发生分化改组，并使各个不同的氏族部落之间交错居住、互相通婚，这样就打破了原有的部族界限，奠定了华夏民族形成的基础。分散的各个部落的杂错和融合、战争和联盟、文化的交流和发展，逐渐地形成了不同的民族。

大禹治水

禹作为一个在多方面都作出了伟大贡献的中国远古民族英雄，受到人们的崇拜，因此关于他的神话传说也有许多。

禹的出生就很神秘，据说鲧偷窃天帝的宝物“息壤”以治洪水，天帝发怒，命火神祝融把鲧杀死在羽郊。鲧死了三年尸体都不腐烂，有人用刀剖开他的肚子，禹自此而出，而鲧自己则变化成一头黄熊（一说黄龙）隐入山中，而流传甚广并为史籍所记载的伟大功绩就是禹的治水。

禹的名字叫文命，他的父亲就是鲧，鲧妻有莘氏女，名女志，或说名修已，生禹于西羌。或说“禹本汶山郡广柔县人也，生于石纽”。广柔在今四川汶川西北，石纽山在县西。尧封禹于夏，“夏者，帝禹封国号也。《帝王纪》云：禹受封为夏伯，在豫州外方之南，今河南阳翟是也”。外方即外方山，今河南登封嵩山，阳翟即今禹县。娶涂山氏女，名女娇，生子名启。

涂山氏之族居地，古文献中有不同之说。因涂山之名在史籍中有多处，禹娶涂山氏就有今浙江绍兴市西北之涂山、今四川巴县东、今安徽怀远县东诸说。这些说法与禹活动之地不合。《史记·封禅书》说：“昔三代之居，皆在河、洛间。故嵩高为中岳，而四岳各如其方。”《周本纪》中记载周武王灭商后，武王因失眠对周公说：“自雒汭延于伊汭，居易无固，其有夏之居，我南望过于三涂，我北望过于岳鄙，顾瞻过于有河，宛瞻延于伊雒，无远天室。”“雒汭、伊汭”即洛水入黄河处，“三涂”即三涂山，在今河南嵩县西南，伊河北岸。“岳”即太行山，“天室”即嵩山。“有夏之居”据《集解》引徐广曰：“夏居河南，初在阳城，后居阳翟。”故此地区是夏禹最早活动之地，涂山氏族居地应是伊水近处的三涂山，不会是距“有夏之居”很远之地。

以中原地区为中心的各氏族、部落组成的联合体——华夏部落联盟，发展到尧舜时已是当时最有势力的一个集团。从组织结构上看，已具有最早国家的形式，从军事实力上看，能够在和谨兜、共工、三苗、鲧这样一些较大氏族、部落争斗中战胜而将其列为“四凶族”逐放出中原地区。从所控制的地域上看，除以黄河中下游流域的中原地区为中心外，正在向四周发展，舜晚年南巡狩猎，死于苍梧之野（今湖南宁远县南），说明其势力已跨长江以南地区。当时最大的危害是洪水泛滥，如不治理水患，则会危及这个强大部落联盟的巩固。尧作为联盟部落的首领，首先治理水患，故在联盟议事会上提出：“汤汤洪水滔天，浩浩怀山襄陵，下民其忧，有能使治者。”主管四方事务的“四岳”官举荐鲧。尧对

大禹雕塑

鲧有所认识，说鲧是“方命圮族”不可用，即不听教命，易危害同族。“四岳”请以试用，于是尧命鲧治理洪水。鲧以共工曾用过的“欲壅防百川，堕高堙庳”，这是失败的方法，即铲平高地，填高低地的老方法筑堤堵水。鲧不仅仍用此方法，还加高筑堤来堵水。相传“鲧作城”，与此有关。结果是九年“功用不成”，被舜以“治水无状，乃殛于羽山以死”。羽山在今江苏赣榆县西南，《山海经·南山经》郭璞注：“今东海祝其县西南有羽山，即鲧所殛处。”

鲧死后，舜举荐禹续鲧之业治水。禹为人“敏给克济，其德不回，其仁可亲，其言可信”。受命治水后，邀请联盟中任各种职事的一些氏族、部落首领，如皋陶、契、后稷、伯益等人协助治水平土。“禹伤先人父鲧功之不成受诛”。禹总结鲧治水失败的教训，首先是命各地“诸侯”率领人民参加治水平土，然后率人“行山表木，定高山大川”（《史记·五帝本纪》）。即勘察高山，大川水的自然情形，对山川泽薮作测量，竖立标记，何山应治理，何川该疏导，然后制订“疏川导滞，钟山丰物”的计划。这是一个变水患为水利的方法，不但能使横流泛滥成灾的水经疏导归于河川，同时还可利用泽、薮、洼地聚积一定水量，在天旱时有丰富水源供给百物使用。尤其为后世人们所称颂的是禹治水患同时还“尽力乎沟洫”，即在田间出沟洫，既能排除积水，又能灌溉农田。

大禹治水木雕

大禹治水平土地区，如据《尚书·禹贡》《史记·夏本纪》所载来看是：冀、兖、青、徐、扬、荆、豫、梁、雍九州的山和水。几乎是现在大半个国土。治理的结果有《禹贡》记载：“九州攸同，四隩（方）既居，九山刊（除草木）旅（能设祭坛）、九川（疏通）源、九泽既陂（障）、四海会同。”这是战国时期人们的愿望。现存《禹贡》是

《尚书》中的一篇，大约成书于战国中期，当时人们的地理知识比较丰富，也渴望全国统一，因此根据口耳相授传下来的《禹贡》作了意向性加工。“九州”之说春秋以前尚无，而且《周礼》《尔雅》《吕氏春秋》中所列的“九州”也与《禹贡》中名称、地区有所不同。

尧、舜、禹时期的华夏部落联盟主要活动在黄河中下游流域，中原是中心区域。从有关尧、舜、禹活动的记载和考古的资料证明，今河南西部伊水、洛水流域，山西南部的汾水流域，远在4000年前就是氏族、部落较集中的地区，这些地区不仅人口多，而且很多平原或丘陵地已经开发为农耕地。每当洪水季节，黄河及其支流就要发生泛滥。《孟子·滕文公上》描述说：“当尧之时，天下犹未平，洪水横流，泛滥于天下，草木畅茂，禽兽繁殖，五谷不登，禽兽逼人，兽蹄鸟迹之道，交于中国。”这种自然景观，应当是有根据的。故大禹治水平土的中心是在伊水、洛水流域和汾水下游流域。在大禹精神感召下，黄河中下游流域各氏族、部落也在本地区治水平土。据《禹贡》所载，可以认为当时所治的山在今陕西、山西、河南、河北和山东五省境内。

在陕西境内有：岍山，在今陇县南；岐山，在今岐山县；荆山，在今富平县；梁山，在今韩城市西北部；太华山，在今华阴市。

在山西境内有：雷首山，在今永济县；太岳山，在今霍县；析城山，在今阳城县西南；恒山，在今浑源县；太行山，跨今山西、河北两省，其主峰在今山西晋城县。

在河南境内有：王屋山，在今济源市西北；抵柱山，在今三门峡市；熊耳山，在今卢氏县；外方山，即嵩山，在今登封县；桐柏山，在今桐柏县。在山东境内有：陪尾山，在今泗水县。

大禹治水的目的是疏导河流，使其畅流无阻，由小河归大河，经黄河入海，或是引向大泽积蓄。故所治理的水当是与黄河有关的河流，这些河流在今陕西、山西、河南和山东四省境内。

在陕西境内有：沣水，古沣水发源于秦岭，北流经长安入渭水，旧河道今已淹没。渭水，发源于今甘肃渭源县西鸟鼠山，东流入陕，汇集沣水、泾水、漆水、沮水，经渭南、华县、孟源入黄河。

在山西境内有：汾水，发源于今宁武县管涔山，经山西中部于河津县西南入黄河。漳水，北源为清漳水，发源于今昔阳县；南源为浊漳水，发源于长子县。两水在河北涉县境内汇合向东，流经大名县入卫河，古漳水分三道，今存二道。

在河南境内有：洛水，发源于今陕西洛南县西北冢岭山，南流入河南，在洛阳与瀍、涧二水汇合，经偃师县与伊水总汇合，流经巩县入黄河。伊水，发源于熊耳山，向东北在偃师与洛水汇合。济水，发源于今济源市西王屋山，向东南穿过黄河入山东，由山东西北入海。古济水下游故道后来为黄河所夺，已不存在。

在山东境内有：灉（yōng 雍）水，古灉水为济水支流，流经菏泽。沮水，为灉水支流，两水在菏泽汇合后流入雷夏泽。古灉水、沮水故道已不存在。

《禹贡》中记载一些大泽，相传也是大禹治水的工程，在黄河中下游流域内有：

荥泽，在河南荥阳北，古与济水和黄河相通，西汉以后渐淤塞。

孟诸泽，在河南商丘东北和虞城西北间，元朝后渐淤塞。雷夏泽，又称雷泽，在山东菏泽市东北，古灉水注入此泽，唐朝以后渐淤塞。

菏泽，在山东定陶东北，唐朝以后渐淤塞。

大野泽，在山东巨野北，古济水流经此，宋以后渐干涸。

大陆泽，在河北隆尧、巨鹿、任县之间。太行山诸水汇集此泽中，下泄入漳水。古大陆泽占地很广，故又称广阿泽或巨鹿泽，后渐淤塞，不复存在。

大禹凿龙门也是治水一大工程。龙门山一说在今山西河津县西北，今陕西韩城市北，黄河自北南流至此为一峡谷，禹于此凿开扩大流量。一说在今河南洛阳市南。

陕西韩城禹门口（相传是大禹凿龙门之地）

大禹治水的事迹有许多都是传说，但是，其不畏艰险、吃苦耐劳、公而忘私的精神，给中华民族树立了一个千古流传的光辉形象，鼓舞着世世代代的炎黄子孙。大禹是治水平土的领导者，在治水的过程中，是“身执耒锸，以为民先”，即手执起土之耒锸，亲自参加，给参加治水的人民作出榜样。墨子称道说：“禹亲自操耜而九（纠）杂天下之川。腓无跋，胫无毛，沐甚雨，栉疾风，置万国。”禹这样沐雨栉风，连腿上的汗毛都磨光地治水，是为了安置好各地氏族、部落不再受水患之苦，他“居外十三年，过家门不敢入”，这种一心为民大公无私的精神一直为后世人所颂扬。孔子说：“禹，吾无间矣。菲饮食而致孝乎鬼神，恶衣服而致美乎黼冕，卑宫室而尽力乎沟洫。禹，吾无间然矣。”即大禹是个无可非议的人，吃得很简单，而以丰富的牺牲来祭祀鬼神；穿得很简朴，而祭祀时能穿上庄重之礼服；住得很简陋，而能全力治水平土开沟洫。

东周时期，周景王（公元前 544 —公元前 525 在位）命刘定公去颍地慰劳赵孟，住在雒汭（今河南偃师县洛、伊河交汇处）岸边。刘定公说：“美哉，禹功！明德远矣！微禹，吾其鱼乎，吾与子弁冕端委，以治民临诸侯，禹之力也。子盍亦远绩禹功，而大庇民乎！”即歌颂大禹的功劳、德行，没有大禹，我们都要变成鱼，之所以我与你还穿戴着礼服来治民，面对诸侯，都是大禹之力量，你何不永远地继承禹的功绩而更多地爱护人民？这是刘定公触景而生发的对大禹治水功劳的赞美之词。

大禹为治水平土在外奔波 13 年终于大功告成。“于是帝锡禹玄圭，以告成功于天下。天下于是太平治”。因大禹治水有功，居功甚伟，“帝舜荐禹于天，为嗣。十七年而帝舜崩。三年丧毕，禹辞辟舜之子商均于阳城。天下诸侯皆去商均而朝禹。禹于是遂即天子位，南面朝天下，国号曰夏后，姓姒氏”。

以尧舜为首的华夏部落联盟发展至禹时，因禹领导中原地区各氏族、部落人民，在黄河中下游流域治水平土成功，舜让位给禹。而禹在治水平土过程中一心为公，艰苦奋斗的精神又深深感动了各地区的氏族、部落，所谓“声教讫于四海”，都自动起来治理本地区的水患，故治水之迹遍于“九州”，禹因此而得到各地区氏族、部落首领和人民的拥戴，并在此基础上建立起我国历史上第一个王朝。

夏王朝的建立

关于中国文明起源的时间，历史上说法不一，今天仍存在争议。不过，学术界一般把公元前 21 世纪左右崛起于黄河流域的夏王朝作为中国文明的起点。随着近年来夏代考古和夏文化研究不断取得进展，这种观点也越来越得到证实。

尧帝雕塑

夏代之前是中国古史的传说时代，曾经有三皇五帝的传说。汉代司马迁撰写《史记》，开篇就是《五帝本纪》，五帝之首是传说当中的黄帝，此后很多古代史书都是从黄帝写起。近代以来，疑古思潮勃兴，中国文明起源的时间也被大大推后。由于甲骨文的大量出土，有的学者还提出中国文明的起点应该在商代，还有人甚至认为中国的历史时期应该从周代开始。不过，随着考古学的发展以及在考古学的推动下古文献学的重新研究，人们对夏代历史的了解越来越丰富，认识越来越明晰，把它作为中国文明开端的观点也越来越得到学者们的认可。

在我国的《尚书》《诗经》等早期的古文献里，夏、商和周三代是经常被人们相提并论的。战国以后，出现了把夏商周并称为“三代”的说法。这种说法是建立在古人认为三代在制度上具有连续性和一贯性的基础上的。例如，孔子在《论语》中曾经十分明确地提出，商代基本上继承了夏代的礼制，只是作了一些改变；周代又基本上沿袭了商代的礼制，也作了一些变革。但是，由于种种原因，今天所看到的最早的文献资料是从周代开始的，这在很大程度上限制了我们对商代和更早的夏代的认识。所幸的是，19 世纪殷墟甲骨文的发现使商代的存在得到了考古学上的证实，这在一定程度上也提高了夏代的可信性。

虽然夏代的考古工作正在逐步展开，并已经取得了一定的进展，但还未获得像殷墟甲骨文那样的成果，因而还不能依靠实物材料展示当时的社会风貌。在没有直接文字材料可供使用的情况下，我们对夏朝的建立以及发展的认识仍然要依赖于文献中的传说材料。在文字没有出现之前，很多古代的历史都是以这种口口相传的方式保留下来的。这些传说虽然混杂着大量人为的夸张乃至编造的成分，但其中真实的历史内核是不能否认的，现代科学考古学的发展也证明了这一点。因此，透过对这些传说的记载，我们还是能够从中得到夏王朝历史的发展线索及其大致的社会状况的。

传说中的三皇五帝实际上是原始氏族时代部落联盟的首领。在《史记》所载的五帝中的最后两位——尧和舜的时期，他们领导人民与各种自然灾害作斗争，同时采取措施稳固部落联盟，由于政绩卓著，受到广泛拥戴。传说中，在尧统治时期，洪水泛滥，“四岳”推荐鲧负责治水，但成效甚微。当时实行禅让制度，尧在年老的时候，大家一致推举舜作为继承人，经过一番考察，舜成为新的联盟首领。舜出身微贱，深谙百姓疾苦，继位后，励精图治，发展民生，放逐凶族，撤换了治水无功的鲧，任命他的儿子禹负责治理水患。禹治水成功并在平定三苗的叛乱中表现出了卓越的军事才能。后来，舜按照禅让的方法，把权位传给禹。

据说，禹曾经召集原先各部落的首领在涂山会盟，与会者有“万国”之多。后来又会诸侯于会稽。禹控制的地区十分广大，在禹控制时期部落联盟得到了前所未有的发展。他命令各地诸侯向中央进贡方物和铜，并用铜铸成九鼎。这些表明禹的权力比从前的部落联盟首领有了明显的增长，已经成为诸侯之上的“天子”。禹死后，在诸侯的拥立下，禹的儿子启继位。这一事件意义重大，从此，“天下为公”的“大同之世”宣告结束，“天下为家”的“小康时代”开始，夏王朝正式建立，这也标志着中国文明社会的肇始。

在启刚刚继位的时候，政权并不稳固。先是东夷族首领益率众向启发动进攻，但被启打败。接着，由于关中平原的有扈氏对启实行的“家天下”不满，启遂前往征伐，有扈氏被剿灭，启的王位得到巩固。启曾在均台（今河南阳翟）举行盛大宴会，一段时期内，夏王朝得到了很大发展。但是，好景不长，不久，其子武观作乱，虽然叛乱被平定，武观被诛杀，还是对夏朝的内政产生一定影响。但对夏朝的真正威胁实际上来自于东夷。启死后，其子太康继位，他只顾田猎游玩，不问朝政，东夷势力乘机东山再起，在其首领羿的率领下西进伐夏，并在夏民的拥护下夺取政权。太康失国以后，虽然其弟仲康继为君主，但羿实际上大权独揽。不久，由于羿又开始沉迷于田猎，不恤民事，大权旁落到重臣寒浞手中，利用一个机会，寒浞杀羿及其全家，夺取政权。为斩草除根，寒浞遂诛杀夏后相；相妻缗已有身孕，逃离后生子少康。少康长大成人后，在有虞氏、斟灌氏等部族的帮助下，剿灭寒浞，夺回王位，使夏朝得以中兴。

河南偃师二里头遗址

少康及其以后的七代夏王统治时期，夏朝的势力不断扩展，夷夏关系亦渐趋缓和，国势相对稳定。到孔甲统治时期，夏朝国势开始衰落，进入后期。据说孔甲“好方鬼神，事淫乱”，所以有“孔甲乱夏，四世而陨”的说法。是时，夏王与诸侯关系再度日趋紧张，但还没有达到众叛亲离的地步。在孔甲以后四世的桀统治时期，其暴虐专横引起人民的强烈不满，夏与诸方国的关系最终恶化。失去这些方国的支持，成为夏朝最后灭亡的根本原因。同时，夏桀还不顾百姓疾苦，大兴土木、尽情享乐、挥霍民财，夏的大臣以及从前依附夏的国家纷纷投奔商汤。公元前16世纪，商汤联合诸侯势力，先剪灭韦、顾、昆吾等夏的余党，然后进军夏的腹地。夏桀仓皇应战，遭到惨败。后被放逐，死于南巢之山（今湖北巢县），夏朝灭亡。

按照文献的记载，夏王朝的活动范围主要在今天的豫西和晋南一代。新中国成立以来，考古学家在这一地区开始了一系列发掘工作，试图寻找到“夏墟”，从而揭开夏朝历史的面纱。几十年来，虽然并未取得“殷墟”那样的成果，但在夏文化的探索上还是取得了一些重大的突破，其中，河南偃师的二里头文化是最重要的发现。

1953年，考古工作者在河南登封县玉村第一次发现不同于郑州二里岗早商文化的遗址，从此揭开了夏代考古的序幕。1959年，在河南省偃师县二里头发现了一处遗址，引起了考古学界和历史学界的重视。经初步测定，这类文化晚于河南龙山文化，早于郑州二里岗早商文化，为解决夏文化提供了宝贵的线索。这以后的二十多年中，在豫西和晋南地区，又发现了数十处遗址，包括登封告成王城岗、夏县东下冯、临汝煤山等，引发了全国范围内关于夏文化的热烈讨论。由于河南偃师二里头遗址的范围最大，遗存最丰富，最具有代表性，所以把这种文化命名为二里头文化。

经过多次发掘和分析，学者们已经对二里头遗址有了比较全面的了解和认识。它共分为四期，年代大约在公元前1900至前1600年之间，与传说中的夏王朝的时间比较接近。在第一和第二期，出土的武器和工具仍然以石器为主，青铜器极少。到了第三和第四期，不仅出现了青铜工具，而且还有青铜武器和礼器，包括爵、钺、戈、刀等，造型简单、质朴，制作技术属于早期阶段。此外，还同时出土了制作精美的玉器，包括钺、戈、璋、圭等，这些青铜和玉制的礼器反映出礼制已经得到实行的情况。其中第三期的出土最为丰富，发现了两座宫殿的遗址。一号宫殿遗址坐北朝南，建筑在高出地面约80厘米的方形夯土台上，总面积在1万平方米以上，根据柱础的排列，可以看出殿堂、廊、门、庭等建筑。二号宫殿与一号在结构上大体相似。

对于二里头文化的绝对年代、性质以及所处的社会阶段，学术界存在较大分歧，大体上有以下5种意见：（1）河南龙山文化晚期和二里头文化都在夏人活动的地域和时间范围之内，二者有继承关系，且都是夏代遗存；（2）河南龙山文化不属于夏代文化，二里头文化四期都是夏代遗存；（3）河南龙山文化晚期和二里头一、二期文化有继承关系，年代在夏代纪年之内，属于夏代文化；二里头文化三、四期与商代二里岗文化存在很多相似之处，属于商代文化；（4）二里头文化与商代二里岗文化有明显继承关系，因此，二里头文化四期都是商代文化；（5）二里头文化一至三期与河南龙山文化和商代二里岗文化不同，是夏代文化遗存，二里头遗址是夏都阳城。尽管存在这么多分歧，但不可否认的是，二里头文化还是为夏文化的探讨提供了极为重要的线索，成为今后进一步发掘和研究的基础。

成汤灭夏建商

公元前1579年，成汤用武力推翻夏朝最后一个君主桀王，建立商朝，自己做了商朝的立国之君。

汤时，商仍然是夏的臣属。此时，夏朝的最后一个帝王桀荒淫无道，趁着中央政权的腐败和无能，成汤领导下的商族开始向外扩张势力，积极进行着灭夏的准备工作。成汤任用伊尹和仲虺为右相和左相，共谋伐夏。成汤君臣共同制定了剪灭夏羽翼，逐步削弱其力量，最后取而代之的策略。成汤先发兵攻灭葛（今河南宁陵北），接着又大举兴兵，连灭韦、顾和昆吾等夏朝的属国，使夏桀失去了依靠的力量。最后又联合另外的一些同盟部落，发动了灭夏的战争。成汤起兵后，夏桀率兵迎战，但夏军一触即溃。成汤率军追至鸣条（今山西境内），两军再战，结果夏桀的军队再次大败而逃。后来，夏桀逃到南巢（今安徽巢湖），成汤放桀而归于亳（今河南濮阳）。成汤指挥大军在鸣条之战中消灭了夏朝军队的主力以后，继续追击，很快攻取了夏王朝的心腹地区，彻底灭亡了夏朝。此后三千诸侯大会，成汤时为诸侯，被推为天子。三让，诸侯不从，于是成汤即天子之位，在亳正式建立了商王朝。

成汤雕塑

根据《史记·殷本纪》和对甲骨文的考证，从商族的先人帝喾（kù），到商朝的立国者成汤，殷商的先人大约共有 14 世 14 王。

在第四世王相土时代，殷人开始使用马匹负重，势力大增。在第七世王冥的时代，殷人的农业得到发展，并且有目的地建造水利工程。到第八世王亥的时代，开始把牛使用在农业上，同时也大力发展贸易。可是，亥王后来被一个名叫有易氏的部落之君杀死，牛群也被夺去，商族势力大衰。而亥王的儿子微，为父报仇，借得河伯之兵，攻杀有易氏，商族得以复兴。后经六世，传到商汤。在商汤之前，商民族引人注目的举动之一是不断地迁徙，据说共有八次之多。迁徙的地点，专家说法不一，大抵在黄河和济水之间。

殷商的“五盛五衰”

约公元前 1544 年至前 1169 年，商朝经过了历史上“五盛五衰”的政治历程。

帝太甲历尽磨难，从伊尹手中夺回权力，自然要励精图治，使国家达于大治。可是，到了第八帝雍己时，朝廷无道，以至于有些诸侯不来定期朝拜。

不过，在接下来的第九帝太戊手里，由于任用了伊陟和巫咸这样的贤臣，商朝得以二次复兴。不幸的是，到了第十二帝河亶甲时，由于常年用兵，国力不济，商朝二次衰落。幸好在第十三帝祖乙时，又任用了巫咸之子巫贤，使商朝三次复兴。

安阳殷墟

到第十八帝阳甲之时，由于在前几代的王位继承中，总是弟代子立，以至于不断引发激烈的政治斗争，商朝出现了第三次衰落，致使诸侯再次不来朝拜。阳甲死后，其弟盘庚继位，迁都到殷，经过一系列改革，最终使王朝达到鼎盛，这是商朝的第四次复兴，历史上也称“中兴”。然而，盛极必衰。在第二十帝小辛时代，商朝出现了第四次衰败。这次衰败持续了两代，到了第二十二帝武丁在位时，商朝完成了第五次，也是最后的一次兴盛。因为，到了第二十四帝祖甲之时，由于实行了不太审慎的大规模的改革，涉及宗教礼法的各个层面，最终使统治者上层形成新旧两派的斗争。这场斗争持续多年，使商朝元气大伤，再也未能恢复生机。六代之后，加上帝辛也就是纣王的最后腐败，商朝终归灭亡。

安阳殷墟之谜

河南省的北部有一条蜿蜒流淌的东西走向的河，这条河称作洹水，它流经河南的安阳市。此河在19世纪末20世纪初鲜为人知，直到1908年考古学者找到震骇世界的甲骨文的出土地点，即安阳小屯，并确认它就是史书上所记载的殷墟时，洹水安阳殷墟才作为华夏考古圣地而声名鹊起。

有人称安阳殷墟为中华考古第一都，殷墟见证了商代晚期灿烂的文化。它的发掘创造了历史上多项“中国之最”和“世界之最”。

妇好墓

殷墟为都254年，是中国历史最早也是稳定时期较长的都城。3000多年前，洹水边的殷都亲身经历着各朝的兴衰，目睹着历代帝王的起落。作为中国历史上有文献可考的古代都城遗址，它以宏大的规模、众多的人口和丰富的文化当之无愧地位居早期都城建设水平之首位。

殷墟出土的甲骨文为学者们研究中国汉字起源和商代的历史提供了宝贵的财富。古籍里的“殷踞洹上”也正是因为甲骨文被破解后，才为世人所晓。

殷墟出土的后母戊大方鼎是世界上出土的青铜器之冠，通高133厘米，重875公斤。它那雄伟的气魄实为世间罕见。因其珍贵至极，后母戊大方鼎历尽了颠簸流离。它曾是侵华日军穷追不舍的对象，也曾是蒋介石庆祝寿辰的寿礼。进过马槽，也经过权贵之手，但最后后母戊大方鼎终于在中国历史博物馆获得了自己永久的一席之地。

商代国王武丁之妻——妇好的墓也值得一提。这里安葬着中国古代第一位文武双全的女将军，她曾带兵攻打过西部的羌方、北部的土方、南部的八方和东部的夷方。因其功勋卓著，武丁对她宠爱有加，在其死后给予了她很高的待遇。妇好的墓规模虽不大，却是目前发现的商代王室墓中唯一一座没有被盗掘的，墓中出土的1928件形制精美的随葬品，也让世界为之震惊。

如果说以上所举已为大家耳熟能详，那么，现在我们要说明的是，殷墟作为中华考古的圣地，其“宝藏”远不止这些。

在安阳小屯村的西北部有一块高地，南临洹水，被当地村民称为“鬼集”。据说此地经常有鬼魂出没。然而，这处入夜后便无人敢走之地，却是10余座商代王陵和大量祭祀坑所在地。

商代王陵规模宏大、装饰华丽，有如帝王生前宫殿。随葬品丰富，人牲、物牲数量惊人。就以我们上面提到的商王之妻妇好的墓为例，便可见一斑。妇好之墓在所发现的商代大墓中是规模较小的一座，但是墓中出土了1928件随葬品，其中包括青铜礼器200余件，青铜兵器130余件，玉器755件。不仅随葬品的数量之多，而且那些物品的精美程度更让世人瞠目！

另外，同是在小屯村，其东北部洹水岸发掘出了大量的夯土基址、墓葬和窑穴，这是商王的宫廷建筑，商王以殷为都达254年，其宫廷建筑庞大而宏伟。整个遗址发现有50座基址，其中有的为商人寝宫和接待方国首领、飨宴群臣的地方，有的为宗庙所在地，还有祭坛和供人居住的房屋。

然而，令人遗憾的是，由于武庚叛乱，殷墟毁于战火，昔日繁荣一时的帝都现在仅存一方夯土，但也正是这些夯土和这条浩浩的洹水向人们诉说着昔日帝王之家的威严与气魄。

目前，殷墟考古工作仍在进行。谁都不可以否认的是，一个世纪以来在殷墟的发掘和发现，不仅使殷墟成为中国近现代考古学的摇篮，而且为湮没了3300年的殷商文化提供了一种独有的、科学的历史见证。

出土的商代陶器

殷墟的发现也是中国文化史上的重要里程碑，它以雄辩的事实证明了司马迁《史记·殷本纪》中记载的真实性与可靠性，确定了商朝历史为信史，扫清了人们对三代历史的疑古之风，增强了人们认识三代直至以前历史的信心，殷墟的发现被列为20世纪中国100项重大考古发现之首。

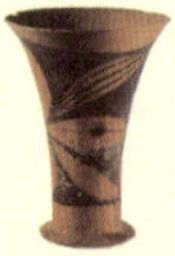

商代陶器与原始青瓷

殷商时期，文明的发展进入了青铜器时代。陶器逐步降为一般的日用品，其地位被灿烂精美的青铜器所取代。但作为一个独立的艺术门类，陶器继续向前发展，原始瓷器也出现了。

灰陶是这个时期里制陶工艺的主流，产量占绝大多数。从商代起，灰陶的器型更为丰富，炊器、食器、饮器、盛器分类极为精细，商代后期，由于奴隶主酗酒作乐，还大量盛行酒器。陶器器型的发展直到春秋时期才告式微。在纹饰上，出现了新兴的饕（tāo）餮（tiè）、夔龙、蝌蚪、蝉蚊和云雷、连环、乳钉等几何纹，明显是受青铜器装饰风格的影响。

商、周时期还创制了一些陶器新品种，有刻纹白陶、印纹硬陶和原始瓷器，为陶到瓷的发展作出了重要贡献，这都归功于高岭土的发现和使用，以及釉的发明。白陶在新石器时代已有出现，但质地粗糙，商代白陶洁白细腻，纹饰精致，层次分明，可与同期的青铜器并驾齐驱。白陶费工夫，产量极小，西周以后就不再生产，已成稀世精品。印纹硬陶和原始瓷器是同一系统的产品，同窑烧制，上了釉的便为原始青瓷。

原始青瓷具有瓷器的基本特征，但又不具备真正瓷器的薄胎半透明性质。它以含铁量低于1.5%的高岭土为原料，坯体施青色石灰釉，经过1200℃左右窑温烧成，胎质较坚硬致密，胎色青中泛白，故名，亦常称为原始瓷。它的吸水率较低，初具瓷器的特质。原始青瓷自从于商代中期出现，其产量就一直呈现上升趋势。它的原料基本上是就地取材的，只有在选择和加工上比较讲究。中国南方的许多地方因为具有丰富的瓷石矿，所以原始青瓷首先在长江下游得到了较大发展。在成形技术上，原始青瓷在商、西周时多用泥条盘筑法，外表通常通过修理，所以很少留有泥条盘筑痕迹。

在原始瓷的产生和发展中，原始瓷釉也逐渐形成并不断发展。北方最迟在仰韶文化时，就发明了陶器表面上涂刷白色涂料，即所谓“白衣”、“陶衣”的工艺；在南方，湖南澧县新石器时代早期陶器就采用了涂刷红色陶衣的技术。这便是釉的前身。釉实际上是人们经过了选择和配制，所含助熔剂更多的一种涂料。商、周的原始瓷釉叫石灰釉，它的主要优点是熔融温度较低，高温黏度较小，釉面光泽较好，硬度较大，透明度亦较高，坯体刻画的花纹图案、浮雕人物，都可一一清晰透映出来。石灰釉在中国沿用了很长一个时期，对中国古代陶瓷技术的发展作出了重要贡献。

在影响原始青瓷产品质量的诸多工艺因素中，最为重要的有两个，一是原料的选择和加工，二是陶窑构筑、窑内气氛、温度的控制。以易熔黏土为原料时，就只能烧出普通的灰陶、红陶、黑陶来；以瓷石、高岭土为原料时，就可以烧出白陶、印纹硬陶以及原始青瓷器来。白陶、印纹硬陶的发明和发展，陶衣、彩绘、泥釉技术的发明和发展，分别在胎质、釉质上为原始瓷的出现准备了条件；而升焰式窑的不断改进，半倒焰窑和平焰窑的出现，才使原始青瓷变成了现实。

中国是世界上最早发明瓷器的国家。原始瓷的发明和发展，说明当时在陶瓷原料的选择和加工、在窑的构筑和烧成技术上，都达到了一个较高的水平。它的出现是个伟大的起点，预示着东汉时期真正瓷器的产生。

甲骨文的发现

甲骨文是一种契刻在龟甲兽骨上的奇特文字，有的契刻在龟甲上，有的契刻在兽骨（主要是牛胛骨）上，间或也有契刻在鹿头骨、牛头骨、人头骨或虎骨上的；刻写在一片片甲骨上的文字，就是一本本研究殷商文字和历史的“书”，

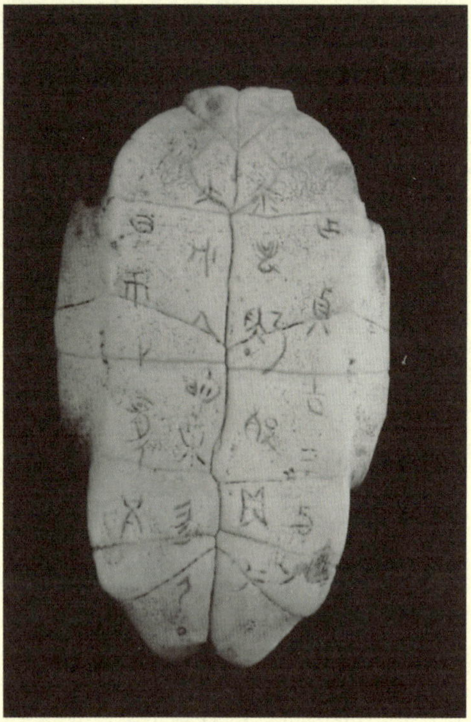

出土的甲骨文

所以叫做甲骨“书”。

在商亡之后的长达3000年时间中，人们并不知道殷商时期还有着一种已经比较成熟的刻写在甲骨上的文字，不知道甲骨文是我国汉字的祖字，是金文、篆书、隶书、楷书、草书、行书等各种汉字字体的源头。在我国古代的典籍中，也没有关于甲骨文的记载。我国现存最古老的一部史书叫《尚书》(原称《书》，汉代改称《尚书》)，包括《虞书》《夏书》《商书》《周书》四个部分，保存了我国上古时代极为珍贵的史料。在《尚书·多士》中，记载有周公告诫殷商遗民的这样几句话：“唯尔知唯殷先人，有册有典，殷革夏命。”大意是：“你们要知道，你们的先人是有册典（某种形式的书籍）的，记载着殷革夏命的道理。”说明殷代已有用文字写成的册典，但这些文字是什么样的？这些册典又是什么样的？《尚书》中没有记载，后人是一头雾水，对此一无所知。

我国古代第一部字典性质的字书《说文解字》，是由东汉著名经学家、文字学家许慎（公元58—公元147年）于东汉安帝永元十二年（公元100年）开始编撰，历时22年，于东汉安帝建光元年（公元121年）编成的。许慎由于不知道汉字的源头是殷商时期的甲骨文，他没有见过，也不知道有甲骨文的存在，在他所处的年代通用的文字是小篆，因此，在他编撰的这部《说文解字》中，对有些字字义的解释，就发生了解释不当的问题。例如一个“为”(繁体写作為、爲）字，甲骨文“为”字的写法是左上从爪（手)，右侧从象，是个会意字，它十分形象地显示出一只手牵着一头象的形状，古代人类使用大象来干活，所以古书中有“役象以助劳”的说法。许慎因为没有看到过甲骨文，不知道“为”字的本义，他按照小篆“为”字的写法来解释，因而误释成：“为，母猴也。其为禽，好爪爪，母猴象也，下腹为母猴形。王育曰：爪，象形也。”他因而将“为”字归入“爪”

部，误为象形字。

殷墟甲骨深埋殷墟地下近 3000 年，经过漫长的岁月，于清光绪二十五年（1899 年）才重见天日，人们开始见到了甲骨文字的庐山真面目，惊奇地发现在这些龟甲兽骨上刻写有从未见到过的一种奇特而又优美的文字，这一切都让人们感到不可思议。学者们认为，殷人所创造的甲骨文字已是一种相当成熟的文字，是汉字的最早形式。在甲骨文字中，汉字的“六书”造字原则（象形、指事、会意、形声、假借和转注）都已出现，表现出成熟而系统的文字序列。从而将我国汉字的产生年代推至 3300 年以前（不包括甲骨文字以前的各种刻划符号。郭沫若认为，中国文字发展到甲骨文时期，至少经历了 1500 年的历史），成为世界上三种最古老的文字中的一种。另两种古老文字，一是 5500 年前西南亚美索不达米亚（两河流域，在今叙利亚东部和伊拉克境内）苏美尔人创造的楔形字；二是 5000 多年前尼罗河流域的古埃及人创造的圣书字。这两种古老文字都早已从历史上消失，成为死文字，而作为汉字早期形式的甲骨文字，经过 3000 多年来的不断演变，已成为现代汉字。古老的甲骨文字以一种演变成现代汉字后的新字体活在人们中间，而且在内容上越来越丰富、越来越成熟，在各个方面发挥着越来越大的作用。

1999 年是甲骨文发现 100 周年，时任中共中央政治局委员、中国社会科学院院长的李铁映于这一年 8 月 20 日，在“纪念甲骨文发现 100 周年国际学术研讨会”上，以《弘扬优秀文化传统，促进中华民族振兴》为题发表的讲话中，对甲骨文作了高度的评价。他说：“甲骨文是迄今我国发现的最早的文字，它同古埃及的纸草文字和古巴比伦的泥版文书交相辉映，在世界文明宝库中大放异彩。遗憾的是，纸草文字和泥版文书都已失传，而中国的甲骨文几经变异，一脉相承，终于成为现在中国通行的文字。从甲骨文

安阳殷墟甲骨文发现地

到现代汉字，不仅对中华民族的发展具有巨大的凝聚力，而且记录了中华民族灿烂的5000年文明史。”

那么，这些甲骨文究竟是干什么用的呢？我们知道，商代是所谓“鬼文化”的时代，外在的神秘力量笼罩着人们的思想，使得越是有权势的帝王及上层社会人物，越是遇事多疑，喜用占卜解决国事或家事中的重大难题。

占卜的方法简单而又复杂。通常是先在甲骨上钻孔，在这种孔洞将透未透之时，对它们进行烧灼。根据烧灼后出现的裂纹（卜光），由专业的卜师进行解释，并把所问之事及卜兆的结果刻写在甲骨上，有时还把日后的应验也刻写上去，并用朱墨涂写这些刻字，有时也用朱墨直接写在上面。这就是我们今天所能看到的绝大多数甲骨文的模样。

甲骨文内容应该主要是占卜，但也有一些记事的。这些记事的内容，主要是帝王的事务，比如祭祀、征伐、狩猎等，也就是说，不可能是平民百姓的事情。这说明，文字的起源，主要是来自社会上层的需要。而中国的汉字，发展到甲骨文的时代，已经到了相当成熟的时期。后来的学者曾总结汉字有六大特征，即所谓“六书”：指事、象形、形声、会意、转注和假借，在甲骨文中都有其表现。

从甲骨文往上推断，中国文字的起源无疑是相当久远的。所以，甲骨文的发现和研究，其意义也是相当深远的。

在甲骨文被发现和释认之前，殷商的历史虽有西汉学者司马迁《史记·殷本纪》的记载，但由于缺乏实物的证明，人们往往认为殷商的历史记载，传说多于史实。可是，当1917年著名学者王国维以甲骨证史的方法，把释认的卜辞中的甲骨文字与司马迁的记载进行了比较研究之后，证实了《史记·殷本纪》对殷商帝王名姓的记载基本可信。这不仅确认了司马迁的记载，而且确定了中国有可靠文字记载的历史可以达至商朝。后来，又有著名学者董作宾，鉴于甲骨文的散乱不整，对甲骨文进行了断代研究，使这些地下的实物证据更便于作为史料来进行合理的使用。

但是，由于甲骨文字记载的是一些与占卜有关的特殊的事件和场合，事实上它本身并不是殷商的历史记载。而且，甲骨文的形式，也大多是简单的字句，并没有完整的篇章，所以，很大程度上还要依靠后人的推断和想象才能概括出一些历史的遗迹。这样一来，关于甲骨文的历史价值，就得作一番审慎的思考和判断。迄今为止，我们可以确定的是，甲骨文是殷商时代的文字，也是至今发现的中国最早的成系统的文字。从这些文字中，我们可以发现殷商在社会生活和精神观念诸方面，已经达到了相当成熟的水平，是个高度发达的文明国家。当然，要弄清这个国家的细节，还须找到其他更多的材料。

商周更替

据《史记·殷本纪》记载，成汤去世以后其子太丁未立而卒，于是太丁之弟外丙继位。外丙在位三年之后其弟中壬继位，中壬在位四年。自此以后，伊尹立太丁之子太甲。在商朝建立初期，伊尹是一个举足轻重的人物，他不仅辅佐成汤完成了灭夏的事业，而且为王朝初期政局的稳定起了巨大作用。由于不能容忍太甲的昏乱，他将太甲放逐到桐宫，让他在那里“悔过自责”，不要自甘堕落，重蹈夏的覆辙。在太甲放逐期间，伊尹统管国政。在太甲改恶从善之后，伊尹把他接回亳都，还政与他。

商朝政治的发展，一般以盘庚迁殷为界，分为前后两个阶段，即早商和晚商时期。按照《史记·殷本纪》，早商从成汤到盘庚历二十王，当中殷都屡迁，原因一方面在于贵族之间争夺王位的斗争日趋激烈；另一方面，经营东方的战略上的需要也是其中的一个重要原因。到盘庚时期，都城又迁回到商的中心区域殷（今河南安阳），此后八代十一王的 273 年间未再迁都。在东方经略取得成功的同时，王位继承的问题也基本上得到了解决，盘庚迁殷以后王位由一个家族的父子相继成为定制，再未发生过王位之争。故而，盘庚迁殷以后，商王朝的政治史进入了一个新的阶段。

伊尹雕塑

迁殷之后最重要的王是武丁。

他统治的59年是商王朝最强盛的时期。武丁在少年时曾经与社会下层人民生活在一起，深知百姓疾苦，因此，在继位之后，能够“修政行德”，使商朝在政治、经济、军事等方面都得到了发展。他重用贤相傅说，大力发展农牧业生产。当时商王国周边分布着许多落后的方国，经常进犯和掠夺。武丁组织发动了多次战争，先后打败了贡方、鬼方、土方和羌方等方国，安抚了这些地区，同时，扩大了商朝的势力和影响。但是，长期的战争也极大地消耗了商朝的国力，导致商朝由盛转衰。

武丁以后，社会矛盾日趋尖锐，统治越来越腐败。到了商朝的末帝纣的时候，腐化暴虐的统治达于极致，社会矛盾全面激化，导致了商朝的灭亡。

纣是商朝颇有恶名的暴君。一般认为，纣王的淫乱和暴虐是前无古人的，并因此而成为后代暴君的代名词。据说，当周武王征讨纣王时，给纣王罗列的罪名有70多条。其中比较典型的有对美女妲己的过度宠爱，以及对忠臣的迫害。为了让妲己开心，纣王最残忍的一招是施行所谓的“炮烙之刑”：在金属柱子上抹了油，横放在炭火之上，让有罪之人从柱子上走过。为了规劝和阻止纣王的暴行，

周武王雕塑

有许多忠良惨遭种种迫害。其中，西昌伯（后来的周文王）被囚禁，九侯被煮成肉汤，鄂侯被晒成了肉干，比干被剖了心。这些罪恶加在一起，终于使纣王走上了亡国之路。

公元前 1227 年，周武王发布讨纣檄文，率领戎车 300 乘、虎贲（敢死队）3000 人，甲士 4.5 万人，东进伐纣。武王的军队来到孟津，会合了讨纣的各路人马，并争取到庸、蜀、羌、微、卢、彭、濮等方国的军队前来助战。周武王在孟津举行了誓师大会，随后即率众渡黄河北上进攻。

纣王闻讯，慌忙集中商军南下，与周军会战于牧野。战前，周武王再次宣布了纣的罪行，誓死灭纣，周军士气大振，而“纣师虽众，皆无战之心”。纣王将临时编成的奴隶兵队放在头阵，奴隶们一接触到周军，即掉转戈头，向商军杀去。周军在倒戈商军的协助下，直抵朝歌城下。纣王眼看大势已去，便登上鹿台，自焚而死，结束了自己暴虐的一生。而后，周武王率领诸侯们进入朝歌，命人将纣王的尸体抬出，割下头颅挂在大白旗上示众，并于次日举行了隆重的礼仪，宣告天下：“周朝灭掉了商朝，我受天命管理天下。”随后，周武王迅速分兵四处，征讨商朝各地的诸侯，基本控制了商朝原来的统治地区，历史进入到周代。时值公元前 11 世纪。

在 19 世纪末以前，学者们对商朝的了解仅仅局限于十分有限的文献记载，直到 1899 年甲骨文被发现。在河南安阳殷墟的多次发掘中，出土了带有文字的甲骨十万余片，同时，20 世纪还发现了多处商代城市遗址，其中以郑州商城、偃师商城、二里岗和殷墟等遗址最为著名，这些考古发现极大地丰富了我们对商朝历史的认识，同时也推进了商代历史的研究。甲骨文已经是一种成熟的文字，甲骨卜辞的内容涉及商代的政治、经济、文化、军事、社会生活等方方面面，是十分珍贵的历史资料，商代遗址中出土的精美而壮观的青铜礼器，墓葬中丰富的随葬品以及人殉的情况都使我们可以直接了解和感受商代社会的风格和特点。

继商代之后兴起的周王朝是中国古代文明中又一个十分繁盛的时期，从公元前 11 世纪周朝建立到公元前 249 年被秦所灭，周王朝的历史持续了 800 年之久，周朝的典章制度和思想文化对后世的中国历史产生了深远的影响。以公元前 770 年周平王东迁洛邑为界，整个周代的历史划分为西周和东周两个阶段，西周是周王朝建立和巩固的时期，东周则是周代王权式微、诸侯并起、群雄争霸的时期。

周族发源于陕西的泾水和渭水一带。相传周的始祖弃曾被舜命为“后稷”，教民耕种谷物，并和大禹一起治水。到了公刘的时候，由于受到戎狄的侵扰，就迁到豳（今陕西彬县）定居。又经过十余代，古公，宣父（太王）又迁至周原（今陕西岐山县），周的名称由此而来。在古公及其子季历的时候，周族始兴，屡次征伐犬戎，周族势力逐渐向东发展。周人的强大引起了商王的不安，对周及其盟国进行征伐，商周关系日益紧张。据说，季历为商王文丁所杀。季历死后，其子昌嗣位，即周文王。文王在太王和季历的基础上，进一步向东发展，并与附近的姬姓和姜姓各族联合起来以对抗商朝。文王时期，周的生产力有了较大发展，又能团结各种力量，因此很快强大起来。商王也不得不封昌为西方之伯，史称西伯昌。文王在联合友邦征服了商的重要附属国崇之后，又迁都至丰（今陕西西安西南）。但是，由于还不具备伐商的条件，周在表面上仍与商保持着臣属关系。文王死后，武王发继位，迁都于镐（今陕西长安县），积聚力量，准备伐商。武王继位后十余年，看到商纣王众叛亲离，失去民心，于是率领重兵，联合庸、蜀、羌等方国东征，与商朝军队战于牧野，商军虽然在人数上占据优势，但无心打仗，阵前倒戈，商朝灭亡，西周建立。

武王攻破商都之后并没有把殷都及其王畿据为己有，而是把纣子武庚封在那里，同时把王畿分成三份，由他的弟弟管叔、蔡叔和霍叔管理，以监视武庚。武王克商之后两年去世，成王诵继位，由于诵年幼，不能管理国家，王叔周公旦以开国功臣的资格摄政。管、蔡二叔对此不满，散布流言，说周公妄图篡位，并勾结武庚及商遗民发动叛乱。周公当即率兵东征，诛武庚，杀管叔，放蔡叔，用三年时间平息了叛乱。为巩固周王朝在东方的统治，周公着手营建了东都洛邑（今河南洛阳），把“殷顽民”迁到那里，派重兵把守。他还把商的另一支贵族微子安置在宋。在镇压和安抚商朝遗民的同时，周公又在周围军事要地大封同姓和异姓诸侯，作为周王室的屏障。据荀子的说法，周公分封达 71 国，其中与周王同姓（姬）的就有 53 国。与夏商时代相比，周代对诸侯的控制加强，统一的趋势也愈加明显。同时，周代的分封制度与宗法制度紧密结合，政治关系与血缘关系相一致。

周公摄政 7 年之后，把政权交给武王的儿子成王。成王及其子康王统治的四十多年时间是周代最繁荣的时期。在继续大规模分封诸侯、扩大和稳定周王势力和影响的同时，还讨伐鬼方，安抚边疆。成康时期，周王朝政治稳定，经济发展，国力强盛。此后，昭王、穆王继续向南发展，对方国用兵，但收效不大。昭、穆之后，共王、懿王继续保持了一段平稳的发展，到孝王、夷王的时候，周代开始走下坡路。但这一时期周王仍然能够号令诸侯，并取得不少对外战争的胜利。到厉王时期，

周王室开始真正衰微，终于酿成“国人暴动”，几乎达到了改朝换代的边缘。

周厉王重用好利的荣夷公，实行“专利”，即把山川渔猎之利统归王室，并加重对农民的剥削。这一做法引起了国人的强烈不满。面对国人的指斥，厉王派人监视，严加禁止。周王室内部的有识之士曾向厉王进谏，但他刚愎自用，不听劝阻，使社会更加动荡，矛盾日益激化，国人忍无可忍，举行暴动，厉王被逐，由周公和召公共掌朝政，史称“共和”。是年为公元前 841 年，是中国历史上有确切纪年的开始。

共和十四年，厉王在流亡中去世，周公和召公立其子为王，即周宣王。宣王曾经恢复对外征服，北伐犹，南征荆楚，有“中兴”之谓，但在不久以后与西戎的战争中失利。在宣王之子幽王在位时，重用佞臣，搜刮民利，又废王后和太子，而立宠妾褒姒及其子，触怒原王后的娘家申国。公元前 771 年，申国勾结犬戎攻打周都，杀幽王。申侯与其他诸侯立原太子宜臼为王，是为平王。次年，为了躲避戎狄的威胁，平王把都城东迁到洛邑。东周结束，西周开始，周王朝的历史进入到一个新的阶段。

周公雕塑

从公元前 770 年周平王东迁洛邑，到公元前 221 年秦统一六国建立秦王朝的这一时期，史称东周时代。以公元前 475 年为界，东周又分为前后两个阶段，即春秋和战国时代。东周时代总的特征是周王室的地位日益衰微，出现了诸侯割据、群雄争霸的局面。

平王东迁以后，周王室的势力进一步被削弱。各国之间战争频仍，灭国的现象时有发生，邦国的数量急剧减少。周初号称千八百国，到了春秋时代仅剩 148 国。其中比较大的有齐、晋、楚、秦、鲁、郑、卫、燕、陈、蔡、吴、越等十几个国家。春秋初年，曾经是周王室东迁后的主要依靠力量的郑国凭借其政治、经济上的优势，盛极一时，郑庄公成为春秋初期的霸主，但因为内部纷争等原因很快衰落下去。继郑国之后崛起的霸主是齐国。公元前685年，齐桓公即位，任用管仲为相，励精图治，在内政、军事、经济等方面进行了一系列改革，使齐国迅速强大起来。齐桓公提出“尊王攘夷”的口号，联合华夏诸侯，在鄄（今山东鄄城县）举行会盟，标志着霸主地位的确立。进入春秋时代，南方的楚国逐渐兴起，并力图向中原拓展。齐国的强大在一定程度上遏制了楚的北上。齐桓公死后，齐国发生内乱，失去霸主地位。楚乘虚而入，但又受到迅速强大起来的晋国的阻挠。公元前632年，晋文公率齐、秦等国联军在城濮（今山东鄄城县西南）大败楚、陈、蔡联军，晋国从此成为中原的霸主。同时，楚国亦称雄于南方，形成晋楚争霸的局面，双方在战场上互有胜负。在西方，据有关中的秦国出道较晚，但发展很快，在这一时期也强盛起来，试图东进中原，但被晋国挡住，只好称霸西戎。东方的齐国虽失去霸主地位，但仍不失为一个大国。

商鞅雕塑

公元前546年，由于长期受到晋楚争霸之苦，宋国大夫向戌提出“弭兵”的建议，十几个国家在宋集会，晋、楚两国共做霸主。从此进入春秋时代晚期。晋国备受内争的困扰，楚国也受到东边的吴国的打击。为牵制吴国，楚大力支持越国。吴越两国先后成为地区的霸主，但都是昙花一现，春秋时代少数大国争霸的局面结束，经过长期兼并灭国，国家数量进一步减少，历史进入到战国七雄并立的时代，这七个国家是齐、楚、燕、韩、赵、魏和秦。

公元前453年，春秋时期的大国晋国被三家大夫一分为三，韩、赵、魏成为三个独立的国家。公元前391年，齐国国君（姜姓）被田氏取代。与春秋时代相比，周王的势力更加弱小，已经沦为一个小国的国君。在战国初期，七雄中的魏国曾十分强大，屡次打败秦国。但秦国不甘示弱，后来居上，公元前361年，秦孝公继位，任用商鞅实行变法，内容包括废井田、开阡陌、奖励军功、统一度量衡等措施，使秦国迅速强大起来。同时，东方的齐国和南方的楚国以及韩、赵等国也纷纷实行改革。

从战国中期以后，七雄之间的力量对比开始发生明显变化。先是盛极一时的魏国受到秦、楚、齐三面的打击，失去原有的优势地位。与此同时，西方的秦国却一改从前的落后状态，一跃成为七雄当中最具实力的国家。面对秦的东进，韩、赵、魏、齐等国曾试图联合抵抗，但连遭败绩。楚与齐本来可以联合抗秦，但中了秦的离间之计。东方各国试图“合纵”以抗秦，但秦却以“连横”破之。利用东方各国的矛盾，秦国不断取得东进的胜利。公元前278年，秦大败楚国，攻陷楚都。公元前260年，秦在长平（今山西高平）大败赵军，坑杀赵降卒40万。公元前246年，秦王政即位，不久，在击退了赵、魏、楚、燕、韩等五国联军之后，开始进入各个击破，实现统一的最后阶段。公元前230年，秦灭韩。公元前228年，灭赵。公元前225年，灭魏。公元前223年，灭楚。公元前222年，灭燕。公元前221年，灭齐。至此，秦灭六国，战国时代结束，秦王朝开始。

春秋战国时期是中国古代史上的一个发生巨变的时代。在经济上，铁制生产工具的出现和牛引铁犁的耕种方法相结合，使大面积地开垦荒地成为可能，极大地提高了农业生产力和粮食产量。同时，手工业和商业也繁荣起来，出现了很多大规模的手工作坊和大富商，城市不论从数量还是在规模上都出现了前所未有发展。生产力的发展推动了社会组织和政治结构上的变化，一方面，西周时期形成的国野制度遭到破坏，国人和野人之间的界限逐渐消失；另一方面，宗法和封建制度逐步被郡县制所取代，国家的数量日益减少，为秦的统一创造了条件。在民族关系上，夷夏之间的界限日趋淡化，华夏族和其他民族之间的区分不在于种族，而在于文化，民族融合成为总的趋势。最后，在思想文化上，文士阶层兴起，私人讲学成风，儒、墨、道、法、阴阳、名、农各家学派纷纷创立各自的学说体系，阐发其政治、哲学和伦理思想，出现了“百家争鸣”的繁荣局面。

贝币成为货币形式

商和西周（公元前 17 世纪—公元前 771 年）时期，贝币成了流通中的主要货币形式。贝壳成为中国的早期货币，并非偶然。贝壳是古代人们所喜爱的一种装饰品，它们色泽鲜艳、坚固耐用，很容易成为日常交换的媒介。贝壳产生于海洋，夏商两代主要活动在我国东部近海但又与海岸有一定距离的地区，贝壳的供给量多少适中，既便于普及，又能在一段时间内保持价格的稳定。而且，贝壳比较容易加工成可以分合之物，易于计量。

贝壳最初是作为贵重的装饰品传入北方的，到商代时才真正成为货币形式。这一点，已经得到考古资料的证明。在史前的仰韶文化和二里头夏代文化的遗址中都发现有贝，但数量很少，主要作装饰之用；在商代，用贝作为随葬品的现象已相当普遍，到商代晚期，墓中随葬的贝的数量明显增多，从数百枚到数千枚，

出土的古代贝币

最多达到六七千枚。同时在商代金文中也出现有商王将贝赏赐给臣下的记载。这说明币已不仅仅作为装饰品，而是具有特殊价值的物品了。将单个的贝币用索穿成串，每 5 个贝为一系，两个系为一朋，10 贝一朋，为一个计量单位。在商代墓葬中，还出现了石贝、铜贝、玉贝、骨贝等仿制品，说明人工铸币也开始使用。从文字学上看，甲骨文中贝字和从贝的字很多，所有从贝的字都含有财富、珍宝、贮藏的意思，这也说明贝已具有普遍的货币作用。

到西周时期，仍然以贝币为主要货币，这一时期天然的海贝数量减少，随着铜器铸造业的发展，铜铸贝币的数量增多。贝币是我国最早的货币形式，中国货币亦由此衍化，发展到后世的金、银、布帛和纸币，构成了自史前时期至明清两代独具特色的独立货币体系和货币文化。

“百家争鸣”

春秋是我国奴隶制瓦解和封建制形成的时期，战国是封建社会的开端。春秋战国经历着剧烈的社会变革，阶级关系有很大的变动。反映在意识形态领域，出现了“诸子百家”和“百家争鸣”的盛况。“诸子”，是指春秋战国时期思想领域内反映各阶级、阶层利益的思想家及其著作；“百家”，是表示著名的思想家很多，主要的有老子、孔子、墨子、杨朱、许行、商鞅、申不害、孟子、荀子、庄子、韩非子、惠施、公孙龙、田骈、慎到、宋钘、尹文、关尹、邹衍、张仪、苏秦、吕不韦、孙武、吴起、孙膑等。“百家争鸣”是指春秋战国时期错综复杂的阶级斗争在思想战线上，反映出群星灿烂的各种不同流派的学说，互相争辩的异常活跃局面。

孙膑雕塑

关于对“诸子百家”的论述，战国时期的《孟子》《庄子》《荀子》《韩非子》《吕氏春秋》等书中都有记载。过去的历史学家，如西汉初期司马迁的父亲司马谈认为：“诸子百家”主要是指“阴阳”“儒”、“墨、”“法”、“名”、“道”六家。西汉末年的刘歆和东汉班固却认为：“诸子百家”主要是指“儒”、“道”、“阴阳”、“法”、“名”、“墨”、“纵横”、“杂”、“农”、“小说”十家。

应该指出，这些划分并不全面。比如，在孟子看来，杨朱学派在当时学术界的影响不小，与墨家常常相提并论，应该是独立的一家。杨朱与老子、庄子很不相同，并非道家，所代表的阶级立场更不一样。按“六家”或“十家”的说法，根本容纳不了。后来研究先秦思想史的人们，往往按“六家”或“十家”的框框来套，因而把杨朱归入道家，甚至说成是道家的始祖，这是不合适的。还有，兵家在战争频繁的春秋战国时期占有重要地位，对后世的军事史和哲学史都有一定的影响，而在《吕氏春秋》里已经提到兵家孙膑。现在看来，应该把兵家单列为一“家”。

还应指出，一“家”之中，随着社会的发展变化，他们之中有代表性的思想，也有着很大的差别。比如，孔子死后，“儒分为八”，战国时期重要的儒家学派，就分为孟、荀两家。不论是孟派荀派，都不是简单的继承孔子，而是各有发展。孟子固然在孔子所创立的儒家学说中，加进了许多新的内容。即使对孔子的礼治思想中加进了法治思想的荀子，其主要思想，仍承袭孔子，不失为儒家大师。可见，同是儒家，变化很大。道家中也有同类情况，稷下学派的宋钘、尹文的思想，和老子、庄子的思想，也有很大变化。如果以对哲学的基本问题，即思维对存在的关系问题的不同

“百家争鸣”（模拟画）

回答作标准来分析“诸子百家”，就会发现：同属一“家”的人，在哲学上却分属不同的哲学阵营，相反，分属两“家”的思想家，在哲学上却属同一阵营。比如，孟子和荀子同是儒家，孟子哲学，是主观唯心主义的，而荀子哲学则是唯物主义的。又比如，老、庄与稷下学派的宋钘、尹文同属道家，但老、庄哲学是唯心主义的，而宋钘、尹文的哲学是唯物主义的。

虽然如此，司马谈、刘歆等从每“家”的主体思想的继承和发展关系来分类的做法，给先秦思想家的划分标准和先秦思想史的研究工作，还是提供了重要的依据，所以它被后世一直沿用下来。

在春秋战国的“诸子百家”中，存在着极为错综复杂的关系。各家之间，互相驳难，既有思想交锋，又有思想融合，因而形成“百家争鸣”的局面。那种把“百家争鸣”曲解为儒法之争，或以儒家及其同盟军为一个阵营和以法家及其同盟军为另一个阵营之争的说法，是不符合历史事实的。因为当时“诸子百家”不是每一家代表一个阶级，更不是凡属儒家就代表奴隶主阶级，也不是凡属新兴地主阶级的思想家就是法家。历史的事实是，在当时的意识形态领域里，从“诸子百家”学术发展的源流看，在春秋战国各阶段，因阶级斗争形势不同，斗争的中心也有所不同。在春秋末期，主要是儒、墨显学的对立和斗争。在战国早、中期，则出现了儒、墨（子）、杨（朱）三家鼎立的局面。战国早期，在齐国稷下，以黄老之学为主的稷下学派发展起来，但在当时道家势力并不大。只是到了战国中期比孟子稍晚的庄子的出现，才把老子学说加以发展，使道家有较大的起色。当时的早期法家李悝、吴起、商鞅等，主要是在政治经济领域从事变法改革，他们对儒家思想的斗争不是没有，但理论并不完整，在思想意识形态领域所占的地位并不重要。因此，孟子主要论辩的对手是杨、墨两家。到了战国后期，韩非总结了商鞅的“法”、申不害的“术”、慎到的“势”，才使法家的理论趋于完善。法家对儒家比较系统的批判是从韩非才开始的。可以说在这时的儒法斗争才具有相当的规模。

不过，我们也要看到，在“百家争鸣”过程中有过儒、墨之争，儒、法之争，儒、道之争等，他们的观点互相对立，进行激烈的辩难。但这只是“百家争鸣”的一个方面。在“百家争鸣”的过程中，各家还有相互影响的一方面。班固的《汉书·艺文志》说，诸子百家“其言虽殊，辟犹水火，相灭亦相生也。仁之与义，敬之与和，相反而皆相成也”。这是说，各家主张虽然各不一致，相互如水火一样不相容；但是并非毫无关系，往往是相灭又相生，相反又相成。

在学术发展过程中往往互相补充。比如，老子首先提出“道”这个抽象概念，认为“道”是万物的本源。这种客观唯心主义哲学，片面地强调了抽象思维的作用。墨子在认识论上特别强调经验，即重视感性认识在认识中的重要作用。这就克服了老子哲学强调抽象思维的片面性。荀子吸取了墨子重视感性认识的长处，建立了他的唯物主义的认识论，同时又吸取了宋钘、尹文的唯物主义的认识论，给理性认识以一定的地位。因而荀子的认识论在前人的基础上大大提高了一步。又比如，老子强调天道无为，忽视了人的主观能动作用。儒家纠正了老子这一弱点，强调了人的主观能动性。但是，孟子又过分强调人的主观能动性，陷入了主观唯心主义。荀子批判了孟子的主观唯心主义哲学，吸取了他重视人的主观能动性的合理部分，继承了历史上的唯物主义思想传统，形成了他的唯物主义思想体系。

在“百家争鸣”中各家的相互影响，还表现在思想资料的继承关系上，并不局限于某家只继承某家，而是各家之间互相吸取营养。比如，法家韩非批判继承了老子的一些思想资料，他作《解老》《喻老》两篇，把老子的唯心主义的“道”，改造为唯物主义的“道”，吸收到他的唯物主义思想体系中去。又比如，荀子本是儒家，但他改造了儒家的“礼”，给“礼”赋予“法”的内容，以适应新兴地主阶级的需要。而著名的法家韩非、李斯都是儒家荀子的学生。可见，儒法两家并非壁垒森严，处于绝对斗争之中。历史的事实倒是与此相反，儒法两家逐渐合流。这种趋势是从荀子开始的。所谓“荀、孟之争”，并不是儒法斗争，而是儒家内部的派别之争，是荀子对孟子思想的批判改造。这种批判改造正是儒法合流的先声。因此，荀子是儒法合流的关键人物，也是开始总结“诸子百家”的第一人。韩非对儒家的批判也不是什么两条路线的斗争，因为他不仅批判儒家，同时也批判墨家、杨朱学派和道家等，这是在荀子的基础上进一步总结诸子百家。正是在这一过程中，韩非完成了法家理论的系统化，成为先秦法家集大成的人物。

到了战国晚期，吕不韦主持编纂《吕氏春秋》，“兼儒、墨，合名、法”，使“诸子百家”融合在一起。这是政治上由封建割据走上全国统一的趋势在思想意识形态领域的一种反映。

总之，春秋战国“百家争鸣”局面的出现，对我国古代学术思想的繁荣有重要作用。它是我国学术思想史上一个重要的发展阶段。

老子与《老子》

老子是与孔子差不多同时代的另一位大思想家。在世界范围内，公元前6世纪前后都是产生大思想家的年代。不过，与孔子不同，老子的言行颇具传奇色彩。他的生平无人知晓，只有几百年后的司马迁在《史记》中含糊其辞地说，他是周王室的图书管理员，知识渊博，通达世理，本想有一番政治作为，眼看天下混乱，只好隐身书海。司马迁还说，年轻时的孔子，曾经到成周（洛阳）向老子请教有关礼的问题，颇为受用。除了这件辉煌的事迹之外，老子最知名的作为是晚年到西方去隐居，并在最后时刻把《老子》81章留在人世。因为他是这样一个来去自由的智者，以至于司马迁连他的姓氏都说不准。因为有《老子》这本书，后人就把他称作老子，或老聃，或老莱子。

不管《老子》的作者是谁，这本书却充满了智慧，千百年来谁也捉摸不透。它对现实政治有毫不留情的批判，同时又指出了改革的途径，说明它的作者有着远大的政治追求。不过，它的政治措施不是增加什么，而是减少什么，以至于回到人类的原始状态，以结束你争我夺的混乱局面。为实现这个乌托邦，它主张“无为而无不为”，通过什么也不要，实现什么都到手。为了以无得有，它又提出了许多玄妙的获取手段，比如以静制动、先予后取等；而要学会这些手段，一定得达到某种玄妙的思想境界。所以，它什么都说，但什么都不说透，令人多方回味。再通过战国庄子的强化，到了汉代，《老子》就成为中国道教的第一经典，而传说中的老子本人，也被拥立为道教的始祖。

老子画像

一、老子的哲学思想

老子的哲学思想，是以“道”建立起来的、完整的智慧哲学体系。早在《周易》《左传》《国语》中，就有“道”这个词。“道”可以解释为人走的道路，或者是思想行为所要遵循的道理（如先王之道、君子之道、人生之道等），也可以理解为当今所言的“客观规律”性。

老子的“道”，和现实世界的天，合在一起称为“天道”。这是老子提出的关于世界“全新的本体论（本源）依据”（或叫命题）。这个本体论就是老子认为：“道比天”更根本，天悬出于道（天大、地大、人亦大、道更大）。此说强调了“道”是天地万物的本源，也是上帝和神存在的本源。老子这一高妙思想，可称得上是一种“哲学的自觉”。

关于宇宙的生成过程，老子有相当精辟的阐述。

老子认为“道生一，一生二，二生三，三生万物，万物负阴而抱阳（阴阳平衡），冲气以为和”。这段话的意思是：道在一之先，一是“天地未分”的总体；二是“已分的天地”；三是“阴阳与冲气”。这里所说的一、二、三，都是形容“道”创生万物的历程，也是宇宙运行的总规律。这个总规律的表现形态，是在宇宙、社会、人生中自然运行。

老子还认为“道生万物”，是一个由小到多的过程，万物只能从无到有。“无”就是道，道生出有。因此“道”就是“无和有”的统一。既然“道”是“自然运行”的，老子认为，就不需要“有为”，而“无为”就可以自然达到，这“自然的无为便是德”。天上人间都应当遵循这“无为”法则，如果有人故意去有所作为，就违背了“道与德”，就必然导致天下大乱。由此老子认为儒家大讲特讲“仁智礼义信”，正是人为的产物。老子主张：“绝圣弃智，民利百倍；绝仁弃义，民复孝慈；绝巧弃利，盗贼无有。”这样听其自然，也就达到了“不治而治，无为而为”的境界。

如何看待“无为”。在《老子》书中，最常受人诟病的，无过于它的明显尚柔的“无为”学说。然而真正细读《老子》，便会发现他的“无为”学说，并不是要人一事不做，而恰恰是一种：教人“以无事取天下”的积极的政治学说；是要求统治者以“治大国若烹小鲜”的极端谨慎和极高明的统治艺术（也就是有为而似无为），不以频繁苛刻的政令举措，去干扰社会生活的正常秩序；是要求以“辅自然”，而非“反自然”的治国之道，首先治理好自己的国家，在自己国家“无事”的基础上，用自己“无事”清明之国的巨大吸引力，产生感召力，用：“将欲歙（音‘溪’，意为吸气）之，必固张之；将欲弱之，必固强之；将欲废之，必固兴之；将欲夺之，必固与之。”这四种克敌策略，使自己在政治、道义及心理等诸多方面，稳操众心所归，以强莫能御的综合优势，最后达到兵不血刃而以“无事”取天下的目的。老子认为“战事”乃是所有事中最恶的事，因此应该首先求其无。

从这三点看，老子哪里是叫人一味“退走无为”呢！相反是要人在平和柔退的表象之中，包蕴自强不息、坚韧执著的进取意向；要人善于运用以退为进、以柔克刚等柔性策略，无论是处在顺利的情况下，还是处在艰难困厄的逆境中，“刚中柔外”的迂回进击，都被视为正确的应对原则，更显出理性的思考和冷静，去争取斗争的最后胜利。从而，在观念领域，生发出别具特色的“尚柔意识”，这种尚柔意识，正是民族意识的哲学表现。

周代文王与箕子（纣王之叔），在商纣王的暴虐统治下，就是采取“内文明而外柔顺”的对策，保全了自己；而度过了大难的文王，终于为兴周灭商打下了坚实的基础（他绝不是贪生怕死，而是为了度过大难去展其宏图）。

正因此，中国人心中的理想人格，一般说来也就并非那种只能伸而不能屈的强人硬汉，更不是那种张牙舞爪，色厉内荏（rěn）的嚣张狂徒，而是一种能屈能伸、能进能退、柔中有刚、绵里藏针的品性人格。中国人熟知的一副对联：“知足知不足，有为有弗为。”（《老子》）全联意思是：自己满足了，才会领会到不足

老子雕塑

之处；有了一定的作为，方领略到没有什么可自满的。反映了国人心境坦然、知足常乐、虚怀若谷的品格（而不是错误地理解：无为就是教人去顺其自然，随遇而安）。这正是中华民族应有的品格。

与孔子同生于春秋时期，老子所倡导的“无为而治”的道家学说，似乎不像儒家思想那样横行天下，但是它同样在后代得到庄子、列子等人的发扬而成为一个健全完善的体系。老子的思想从某种意义上讲更加秉承中华文化发展的命脉，是中华民族龙的精神的真谛。

二、老子提倡的“水”精神

在《老子》书中，话题始终是围绕“道”与“德”二字展开的。他对水的赞美溢于言表：“上善若水。水善利万物而不争，处众人之所恶，故几于道。”意思是说，道德高尚的人就像水一样，善于滋润万物，却不争功；总是谦虚地安居在众人所嫌弃的低洼之地，而不争利。所以说，水的行为差不多符合“道”的原则。凡是道德高尚的人安居卑下之位，思想深邃宁静，与人交往仁慈友爱，言语诚实可靠，为政清静安定，做事无所不能，行为择时而动。正因为他与世无争，所以才没有灾难。

道德和金钱，一个是精神的，一个是物质的，任何人都需要，缺一不可。离开了道德无以立身，离开了金钱无以生存。所以，道德和金钱就成了世人终生追求的两样东西。老子认为：“得道有德者生，失之者亡。”我们的老祖宗为了提醒后人不要因钱失德而招惹祸端，很动了一番脑筋。他们在造字时，把“钱”设计为左边一个“金”字，右边上下两个“戈”字，其意为金钱旁边有两个站岗的，如果取之无道，就会挨刀中枪。在造钱时，将其设计为“外圆内方”，其意为金钱用途很广，但要取之有道，如不顾道德规范，一味追求钱财，就要受到制裁——中间的四方框就是牢房的四堵墙。故老子说：“谋道不谋食，忧道不忧食，不以物喜，不以己悲。”

老子“善利万物而不争”的思想，可以升华为今日提倡的“艰苦奋斗，务求实效，淡泊名利，无私奉献”的时代精神。有道有德乃真君子也！

三、老子朴素的辩证观

老子的辩证法思想强调：

①矛盾的普遍存在。他认为事物的矛盾，是一种在自然社会和人生当中存在的普遍现象。如有与无，难与易，长与短，前与后，荣与辱，愚与智，柔与刚，是与非，胜与败，治与乱，强与弱，轻与重，黑与白，生与死，多与少等。这种矛盾的普遍观念，确立了中国“思维论”中一些根本性的思想原则。

②矛盾会互相转化。老子认为任何事物都是正与反，肯定与否定的，这些矛盾彼此对立，又相互关联和依赖（“相生相成”，“相形相亲”，“相和相随”）。矛盾着的双方，按自然法则，必然有两个结局：

一是转化对立。事物矛盾着的两个方面，遵循“物极必反”法则，相互转化。即“祸与福”相伴，“败与胜”相连，“刚与柔”互补。那种绝对的胜败、刚柔、损益是没有的，不含对立面的事物是不存在的。

“飘风不终朝，骤雨不终日。孰为此者？ 天地。天地尚不能久，而况于人乎。”老子认为明白这个道理，就可使人不被表面现象和片面感觉所误导，对事物的转化，保持清醒的头脑，永远“防盈戒满”，否则“祸兮，福之所倚；福兮，祸之所伏”；“多藏必厚亡”。

二是调和统一。要注意维护总体生命的和谐统一，矛盾的双方就是如何对待和谐的关系，这也是一个相互依存的关系。

“有无相生，难易相成，长短相形，高下相倾，音声相和，前后相随。”明白这个道理，矛盾最终会通过和谐的方式解决。这种以和谐作为逻辑终点的辩证法，避免了矛盾的极端化而走向反面。这正是老子的卓越贡献，也是他“乐天精神”的哲学依据。中华民族承继、吸取了老子这种“尚中”的辩证思想，从而形成民族特有的“助人为乐、自得其乐、知足常乐”的乐天精神，总结出“知足不辱，可以长久”的道理。

③矛盾转化是从量变到质变的。老子强调事物的转化并非一蹴而就，要经过量变到质变的过程，即：

“合抱之木，生于毫末；九层之台，起于累土；千里之行，始于足下。”当量变达到事物发展的顶点时，它就会一落千丈，从“有”转化为“无”，即“揣而锐之，不可长保，金玉满堂，莫之能守”。为此，老子强调要防止事情达到“最高点”或“临界点”，要永远保持在临界点的“安全阈限”之内，这样，就尽可能阻止向事物的反面转化。

④要从反面透视正面。老子认为在矛盾的双方，要关照“负面”，以显示正面的内涵。就是说要从反面去透视正面的内容，“曲则全，枉则直”。意思是弯的

是向好的倾向发展，人必须委屈自己，才能保全。这也是我们常说的“夹着尾巴做人”，不要太张扬，多点谦虚、谨慎，戒骄、戒躁。

可以说，老子的辨证论观，是他悟道后，达到个体直观智慧的神秘飞跃。5000余字的《老子》（又名《道德经》），虽非全是老子所著，但却全面记载了其学术思想、政治态度。

从16世纪开始，西方学者就已经把道教的经典著作《道德经》译成拉丁文、德文、法文、英文等。据西方学者统计，从1816年至今，各种西文版的《道德经》就已有250种之多。时至今日，几乎每年都有新的译著问世。老子早已成为西方人最感兴趣的哲学家之一。据联合国教科文组织统计，被译成外国文字发行量最多的世界文化名著，除《圣经》之外，即为中国的《道德经》，发行量为世界第二。

孔子与《论语》

孔子（公元前551年—公元前479年），名丘，字仲尼，鲁国陬邑（今山东曲阜）人。中国春秋末期伟大的思想家和教育家，儒家学派的创始人。孔子的言论和思想主要记载在《论语》一书中，这是我国最著名的儒家经典著作。孔子的思想自汉代以后成为我国古代社会的正统思想，历时达2000多年。孔子不仅是中华文化史上最重要的人物，也是世界文化史上最重要的人物之一。

一、孔子儒家思想的主要内容

孔子的儒家思想是究天人、通古今，以仁为核心的人道思想。

1. 天人观念

司马迁在论述中国学术思想时，把“究天人之际，通古今之变”作为评价中国哲学思想家的标准。在中国古代，关于天人观念的认识有一个发展过程。《礼记·表记》在论述夏、商、周三代的天人观念的进展时说：“夏道尊命，事鬼敬神而远之，近人而忠焉，先禄而后威，先赏而后罚，亲而不尊。其民之敝，惷而愚，乔而野，朴而不文；殷人尊神，率民以事神，先鬼而后礼，先罚而后赏，尊而不亲。其民之敝，荡而不静，胜而无耻；周人尊礼尚施，事鬼敬神而远之，近人而忠焉。其赏罚用爵列，亲而不尊。其民之敝，利而巧，文而不惭，贼而蔽。”这是说，夏代尊崇天命，质朴而缺文采；殷商尊崇鬼神，先鬼神而后讲礼；周代尊崇礼，事鬼敬神而远之。

孔子像

从甲骨文的记载看，殷代社会是神权统治的时代，殷代统治者尊崇天帝，“先鬼而后礼”，遇事都要卜问上帝。但是，在周灭殷商之后，天人观念上的一大变化，就是由尊天命转向重人事。周人从殷商灭亡中，产生了“天命靡常”的观念，认为天命靠不住，要想保住天命，就必须重视德行，“皇天无亲，唯德是辅”（《尚书·蔡仲之命》），必须“以德配天”、“敬德保民”。这说明，在周代，天上的神的地位下降了，地上的人的地位提高了。为巩固周王朝的政权，周公制礼作乐，靠礼治而不靠上天，从尊天命转变为重人事，并产生了“以民为鉴”（《尚书·酒诰》）的思想。因此，王国维评论说：“中国政治与文化之变革，莫剧于殷、周之际。”（《观堂集林·殷周制度论》）周人的天人观念，实为中国古代哲学，特别是儒家哲学的思想渊源。

孔子以继承周代文化为己任，“周监于二代，郁郁乎文哉！吾从周”（《论语·八佾》以下凡引此书，只注篇名）。从哲学观念上看，孔子所继承发展的，是周代重人事而畏天命的天人观念。

孔子曾提出“不知命，无以为君子也”（《尧日》）的基本观念。所谓的“命”即“天命”，一般被视为非人力所能抵御的超自然的鬼神之力，而智者则视其为一种外在的力量，这种力量虽非人力所能改变，却是可以认识的。孔子以其才智和经历，年五十始知天命，足见对命即天命认识之不易。

据《论语》记载，孔子不多谈天道，他的弟子子贡说：“夫子之文章，可得而闻也；夫子之言性与天道，不可得而闻也”（《公冶长》）。孔子也不讲怪异现象和鬼神之事，“子不语怪、力、乱、神”（《述而》）。孔子关心的不是鬼神和对死后的猜测，而是人和现实的人生问题。所以，当季路问事鬼神时，孔子说：“未能事人，焉能事鬼”；“‘敢问死’。曰：‘未知生，焉知死’。”（《先进》）并明确主张“务民之义，敬鬼神而远之”（《雍也》）。

但是，孔子虽不多谈天道，却仍然敬畏天命，他说：“君子有三畏：畏天命，畏大人，畏圣人之言。”（《季氏》）孔子这里所说的“天”，一方面保留有殷周时期主宰个人命运和人世治乱盛衰的含义，认为凡是人自己无法掌握的生死寿夭、吉凶祸福、富贵穷通以及国家的治乱等，都是由天主宰的。他说的“获罪于天，无所祷也”（《八佾》），“予所否者，天厌之，天厌之”（《雍也》），都是在主宰意义上使用“天”的观念的。然而，孔子的天命观却是在继承的基础上又有新的发展，他把殷周时期具有人的品格的天，向非人格化的道路上推进了一步。“子曰：‘予欲无言。’子贡曰：‘子如不言，则小子何述焉？’子曰：‘天何言哉？四时行焉，百物生焉，天何言哉？’”（《阳货》）孔子在这里虽然没有否定天有意志，但他认为，天意不是直接表达出来的，而是通过自然界的运行变化反映出来的。这种对天的看法，较之殷周时期把天视作人格神的观念显然是一个进步，是一种超越。正是在这种意义上，我们认为，孔子的天命主要不是指天主宰人的生死寿夭、吉凶祸福、贫富贵贱，而是指天赋予人以某种东西。

那么，天赋予人什么呢？根据《论语》记载，大致可分为两类：其一，天赋予人以德。“子曰：‘天生德于予，桓魋其如予何？’”（《述而》）“桓魋其如予何”，意思是我的生死祸福是由天决定的，桓魋改变不了我的命运，这仍是承认天的主宰意。但是，“天生德于予”则与此不同，说的是天赋予我以德性。其二，天赋予人以某种使命。“子畏于匡，曰：‘文王既没，文不在兹乎？天之将丧斯文也，后死者不得与于斯文也；天之未丧斯文也，匡人其如予何？’”（《子罕》）所谓“天之将丧斯文也”，“天之未丧斯文也”和“匡人其如予何”，其意虽然仍未超出天命主宰的窠臼，但这其中还有另一层意思，即天赋予我自己继承和弘扬礼乐之道，不令斯文扫地的使命。此外，《论语》中还有两条类似的记载：“大宰问于子贡曰：‘夫子圣者与？何其多能也？’子贡曰：‘固天纵之将圣，又多能也。’”（《子罕》）“仪封人请见……出曰：‘二三子，何患于丧乎？天下之无道也久矣，天将以夫子为木铎。’”（《八佾》）“天纵之将圣”是说天赋予孔子博施济众，经世济时的使命；“天将以夫子为木铎”，是说天赋予孔子行教化于天下的使命。这些话，虽非出于孔子之口，但与其思想是一致的。

上述孔子对“天”的新解释，基本上改变了人对天的主宰无能为力的状态。由于天只是把“德”或“使命”赋予了某些人，对人间事不再过问，个人的进德修业全凭自己，人就具有了极大的主观能动性。所以，人要实现自己天赋之德和天赋使命，发挥自己的主观能动性。孔子的天命观就为人的自主活动提供了基础，也为人们行人道指出了正确方向。

2. 人道思想

孔子创立的以仁为核心的人道思想，是奠定在他的天命观基础之上的。

孔子人道思想的基本范畴是“仁”。《吕氏春秋·不二篇》说：“孔子贵仁。”“贵仁”被视为孔子人道思想的基本特征。

“仁”这一范畴，产生于春秋时代。《诗经》中曾把仁与美连用，“洵美且仁”（《郑风·叔于田》），“其人美且仁”（《齐风·卢令》），说明仁属于人的一种德行。《国语·晋语一》提出“为仁者，爱亲之谓仁；为国者，利国之谓仁”的思想。“爱亲之谓仁”和“利国之谓仁”，都含有“爱”的意思。所谓“爱亲”即不忘记自己祖先、血缘关系的意思，故“不背本，仁也”（《左传·成公九年》）。“利国”指惠爱百姓，是爱亲的扩大。上述含义说明，“仁”是由“爱亲”逐步扩大到“爱人”。“仁，人之爱也”（《国语·周语下》），说明仁是一种爱之德，而爱的对象是人，故“言仁必及人”（《国语·周语下》）。可见，爱人是仁的表现。正是在对春秋以来“仁爱”观念的概括和总结的基础上，孔子明确地提出了“仁者爱人”的人道思想。

孔子雕塑

与春秋时期的“仁爱”思想相比较，孔子的贡献是：首先，他突出了“仁”在各个相关范畴间的核心和主导地位。孔子指出：“仁者必有勇，勇者不必有仁”(《宪问》)，认为仁高于勇。在智、仁、勇三德中，他强调了仁，把智、勇纳入了仁的要求，还把恭、宽、信、敏、惠作为实现仁的标志。“子张问仁于孔子。孔子曰：‘能行五者于天下，为仁矣。’‘请问之。’曰：‘恭、宽、信、敏、惠。’”(《阳货》)认为“刚、毅、木、讷近仁”(《阳货》)，这种说法都表明，仁是诸种道德范畴的统摄者。

其次，孔子明确以“爱人”释仁。“樊迟问仁。子曰：‘爱人。’”(《颜渊》)孔子把“爱人”提升为学道、为政的根本原则，认为“君子学道则爱人”(《阳货》)，主张“道千乘之国，敬事而信，节用而爱人，使民以时”(《学而》)。又据《论语·乡党》记载，“厩焚。子退朝，曰：‘伤人乎’，不问马”。马棚失火，孔子退朝，问伤人没有，本来是很平常的事情，但后面加了一句“不问马”，就有了特别的意义。这在奴隶制时代，反映了孔子对人的重视。

最后，孔子不仅把仁作为处理人与人关系的基本准则，而且视为做人的最高准则。孔子说：“夫仁者，己欲立而立人，己欲达而达人”(《雍也》)；“己所不欲，勿施于人”(《卫灵公》)。这一人我之间最基本的原则，被其学生曾参概括为“忠恕之道”。孔子又说：“君子去仁，恶乎成名？君子无终食之间违仁，造次必于是，颠沛必于是。”(《里仁》)这是说在任何情况下，人都必须信守仁。这样一来，在孔子那里，仁不仅是处理人际关系、做人和治国的最高原则，而且也被升华为人的内在本质和道德精神。孔子说“仁远乎哉？我欲仁，斯仁至矣”(《述而》)；“志士仁人，无求生以害仁，有杀身以成仁”(《卫灵公》)，这种人的内在本质和道德精神，或者说是道德理性，就是孔子人道思想的“道”。

怎样使仁升华为个人的一种内在本质和道德精神呢？这就必须修己、求仁。如何修己求仁呢？这就牵涉到仁与礼的关系问题。礼是孔子人道思想中的一个重要范畴。在孔子看来，礼不仅是治国的原则，“为国以礼”(《先进》)，而且是人必须遵守的行为规范。孔子认为，要修己求仁，只能到礼中去求，离开礼，是无仁可求的。据此，孔子明确提出学礼、约之以礼和自觉地循礼行事三个即礼求仁的步骤。

孔子说：“不学礼，无以立。”(《季氏》)认为只有通过学礼，人才可以从知性上把握社会典章制度和行为规范，知道当做的和不当做的。这是修己求仁的入门。但是，学礼、知礼不等于就能按礼行事，还必须有一个对修己者加以约束的阶段，所以说“博学于文，约之以礼，亦可以弗畔矣夫”。(《颜渊》)“以约失之者，鲜矣。”（《里仁》）约之以礼，是修己求仁必不可少的环节。通过学礼，约之以礼，人便会由一个礼仪规范的被动接受者转化为循礼而行的自觉的主体，外在地对人予以约束的礼，也就随之转化为人的内在的行动。孔子弟子中以德行著称的颜渊、仲弓等都达到了这一境界，表现出一种强烈自觉的循礼行事的实践意向。

在论述修己求仁过程中，孔子着重提出和阐述了几个重要理论问题。首先，孔子通过对文质关系的辩证，阐述了人的内在品质与其仪表是一种一致的关系，而人的道德修养也与其知识水平相关联。孔子说：“质胜文则野，文胜质则史。文质彬彬，然后君子。”（《雍也》）所谓的“质”，指在修己过程中内化而成的仁，亦即人的道德精神，人的内在本质；“文”则指人的仪表、风度和知识。孔子认为，只有正确解决人的品质和仪表、道德和知识的关系，也就是善与美、德与才的关系问题，才能做到人格上真善美的统一。

其次，在修己求仁过程中，孔子十分重视充分发挥人的主观能动作用，强调自律原则，说：“为仁由己，而由人乎哉？”（《颜渊》）“人能弘道，非道弘人。”（《卫灵公》）认为在修己中能否发挥主观能动作用，是区分君子和小人的分水岭：“君子求诸己，小人求诸人。”（《颜渊》）基于对修己中主观能动作用的重视，孔子又提出了“内自省”的原则。他主张要经常自我反省，要“躬自厚而薄责于人”（《卫灵公》），要“能见其过而内自讼”（《公冶长》），“见善如不及，见不善如探汤”（《季氏》），“见贤思齐焉，见不贤而内省也”（《里仁》）。因此，孔子对于能够闭门思过的蘧伯玉曾予以高度评价（《宪问》）。

最后，在修己求仁过程中，孔子明确提出了修己的具体程序，即“下学而上达”（《宪问》）。所谓“下学”系指“学诗”、“学礼”、“学文”、“学道”、“学干禄”等“六艺”。“上达”则指礼乐之道，也就是主体精神。孔子认为，要把握礼乐之道，即主体的道德精神，必须借助于思。因此，从认识的角度来说，“下学而上达”也就是学思相结合的过程，“学而不思则罔，思而不学则殆”。（《为政》）学与思二者之间，学是基础，不学礼乐六艺，仅凭思去体认形上之道是徒劳的，“吾尝终日不食，终夜不寝，以思，无益，不如学也”。（《卫灵公》）但是，光学不思，也不能上达于道，通乎高明，所以说“可与共学，未可适道”。（《子罕》）

孔子认为，只有通过以求仁为核心的修己之道，人才能成为君子，算作“成人”。但是，君子、成人并不是一蹴而就的，而是要经历一个不断深化的过程。这样，孔子又进一步提出他的人生境界和理想人格说。

3. 人生境界

一个人人生境界的高低是通过什么反映出来呢？孔子认为，一般是通过志趣、情感、出处等反映出来。

“志者，心之所之”（陈淳：《北溪字义》卷上）。孔子对“志”很重视，认为它最能反映一个人的境界，故常让学生各言其志。“颜渊、季路侍。子曰：‘盍各言尔志？’子路曰：‘愿车马、衣轻裘，与朋友共。敝之而无憾。’颜渊曰：‘愿无伐善，无施劳。’子路曰：‘愿闻子之志。’子曰：‘老者安之，朋友信之，少者怀之。’”（《公冶长》）《论语·先进》中又记载孔子让子路、曾皙、冉有、公西华等弟子各谈其志的情况，对曾皙的“莫春者，春服既成。冠者五六人，童者六七人，浴乎沂，风乎舞雩，咏而归”的志趣，十分赞同。这说明，孔子弟子的人生境界确有高下之分，颜渊、曾皙的志趣明显高于子路等人，而孔子的“老者安之，朋友信之，少者怀之”，又高于颜渊、曾皙。

忧乐是一个人对自我认定的价值实现与否的情感表现。与一般人把贫富作为人生价值取向不同，孔子明确把闻道、体道、与道合一视为人生的根本价值。他提出“君子忧道不忧贫”（《卫灵公》）的主张，说：“德之不修，学之不讲，闻义不能徙，不善不能改，是吾忧也。”（《述而》）孔子认为，一个人的所忧所乐均关系到其价值观念，而价值观念又直接体现其人生境界，所以说：“饭疏食饮水，

孔子讲学雕塑

曲肱而枕之，乐亦在其中矣。”（《述而》）“一箪食，一瓢饮，在陋巷，人不堪其忧，回也不改其乐。”（《雍也》）正因如此，儒家始终把“孔颜乐处”作为人生哲学的一个重要课题。

在出处进退问题上，孔子是主张“学而优则仕”（《子张》）的。但是，他认为，人生境界的高下并不在于是否出仕为政，而在于是否合于道。所以，孔子实际上是主张当仕则仕，当隐则隐。他说：“天下有道则见，无道则隐。邦有道，贫且贱者，耻也；邦无道，富且贵焉，耻也。”（《泰伯》）这绝不是明哲保身，而是审时度势、积极主动的人生态度。

在上述基础上，孔子通过自身的体验，把人生境界划分为几个阶段：“吾十有五而志于学，三十而立，四十而不惑，五十而知天命，六十而耳顺，七十而从心所欲不逾矩。”（《为政》）其中，所谓“立”与“成”同义，“三十而立”意即三十岁时已为“成人”。“不惑”意谓“于事物之所当然，皆无所疑”（朱熹：《论语集注》卷一）。这时的人已成为一个自为的道德主体。“知天命”即明于天人之际，在此阶段，人实现了主客的统一。“耳顺”是说此时的人心已与道合而为一。“从心所欲不逾矩”是在心道为一基础上提出的。由于心即是道，心之所欲必然合乎人道。人按其所欲行事，也必然不会超越社会典章制度和道德规范。这是一种获得自由的人生最高境界。

当一个人通过修己求仁达到做人的标准，进入一定的人生境界时，也就具备了人格。由于孔子把自己的人生理想和社会理想贯彻其中，故称“理想人格”。孔子设计的理想人格有两种，即君子和圣人。孔子所谓的君子，是指道德高尚的人。既然仁是道德的本体，那么君子必然也是一个仁人，所以在孔子理想的君子人格构成中，仁是最基本的因素，并由仁派生出各种君子的品德，如“君子泰而不骄”，“君子和而不同”（《子路》），“君子贞而不谅”，“君子义以为质，礼以行之，孙以出之，信以成之”（《卫灵公》），“君子欲讷于言而敏于行”（《里仁》），“君子周而不比”（《为政》）等。当然，孔子认为，知也是构成君子的一个基本因素，所以，在《论语》中多次出现仁、知相提并论的记载，以仁、知双修来要求君子。

在孔子的理想人格中，还有一个比君子人格更高的人格，即圣人。圣人在孔子心目中具有崇高的地位。他认为，只有古代的尧、舜、禹、汤、文、武、周公才当得起圣人的称号，甚至他自己也从不敢以圣人自许。孔子提出的君子和圣人理想人格，既含有现实性，也包括有终极性。在他看来，君子是每个人都应当达到、经过努力也能够达到的具有现实性的理想人格，圣人则是人生终极目标，并非人人都能达到的。然而，这一目标的重要性恰恰也在这里，即追求圣人人格，比圣人本身更重要。只有不遗余力地朝着成为圣人的方向努力，才能实现他的人生价值。

4. 执中用和

“中”、“和”两个范畴在孔子的人道思想中，既有德的含义，又是他的思维方法论和哲学理论。

“中”这一范畴由来已久。《论语》中记载有尧对舜的告诫辞：“允执厥中”；《尚书·盘庚中》有“各设中于乃心”;《尚书·酒诰》中有“作稽中德”。这说明，“中”这一范畴早已为人们所重视。但是，孔子把“中”作为一个哲学范畴引入人道思想，并提出了“中庸”的范畴。他说：“中庸之为德也，其至矣乎！民鲜久矣。”(《雍也》)视中庸为至高之德。中庸作为至高之德，可以看做是道德范畴，但在孔子的人道思想中则仍属于哲学范畴。

什么是中庸?《礼记》的解释是“执其两端,用其中于民”。朱熹解释说:“中者，不偏不倚，无过不及之名；庸，平常也。”(《四书集注·中庸章句》)中庸的基本含义是无过无不及。孔子认为，过与不及都不合乎中庸的要求。“子贡曰：‘师与商也孰贤？’子曰：‘师也过，商也不及。’曰：‘然则师愈与？’子曰：‘过犹不及。’”(《先进》)孔子不仅把中庸贯彻到其教育实践中，说：“求也退，故进之；由也兼人，故退之”(《先进》)，即对胆大好胜的子路予以抑制，对胆小退缩的冉求予以鼓励，使他们都达到中庸的道德；并且把中庸原则作为处理问题的思维方法，说：“吾有知乎哉？无知也。有鄙夫问于我，空空如也。我叩其两端而竭焉。”(《子罕》)这种从两端入手解决问题的方法，注意的是对立面的统一，反对过于极端。在孔子看来，即使是对于不仁之人也不能憎恨过甚，“人而不仁，疾之已甚，乱也”。(《泰伯》)他提出的“毋意，毋必，毋固，毋我”(《子罕》)，也是要人们思考和处理问题不要过于极端。应该指出，孔子提倡中庸，并不是不分是非，不讲原则，他曾明确反对“乡愿”，即言不顾行，行不顾言，阉然媚世的人，认为这种人是“德之贼”。(《阳货》)

据《国语·郑语》记载，西周末年的史伯提出了“和”与“同”这对范畴。所谓和，照史伯说是“以他平他谓之和”，指不同性质事物的和谐统一；所谓同，照史伯说是“以同裨同”，指性质相同的事物的无差别同一。“和”与“同”这两个对立范畴反映了两种不同的哲学观念，在当时思想界颇有影响，齐国政治家晏婴也提倡“和”，反对“同”。

孔子继承了西周末年以来关于和与同的思想，提出“君子和而不同，小人同而不和”（《子路》），把和与同作为君子与小人区别的标志。和不仅是道德范畴，而且也具有哲学意义。和与中一样包含着丰富的辩证思想方法。在孔子的《论语》中，中与和还是被分别论述的，到《礼记·中庸》中，二者已经被联系起来予以阐发了。《中庸》说：“喜、怒、哀、乐之未发，谓之中；发而皆中节，谓之和。中也者，天下之大本也；和也者，天下之达道也。”认为达到了中和，就可以赞天地之化育。这说明中、和已经是孔子和其所代表的儒家思想最重要的哲学范畴之一。

事实上，在孔子的人道思想中，仁与礼范畴和中、和范畴是紧密结合的，前者是靠后者来协调的。

在孔子的人道思想中，仁与礼的含义并不相同。按其本义，仁是以爱人为出发点，强调人的平等原则，礼则是区别等级贵贱，强调等级差别。仁是孔子人道思想中反映时代特征的新观念，礼则是维护宗法关系的旧印记，两者显然是矛盾

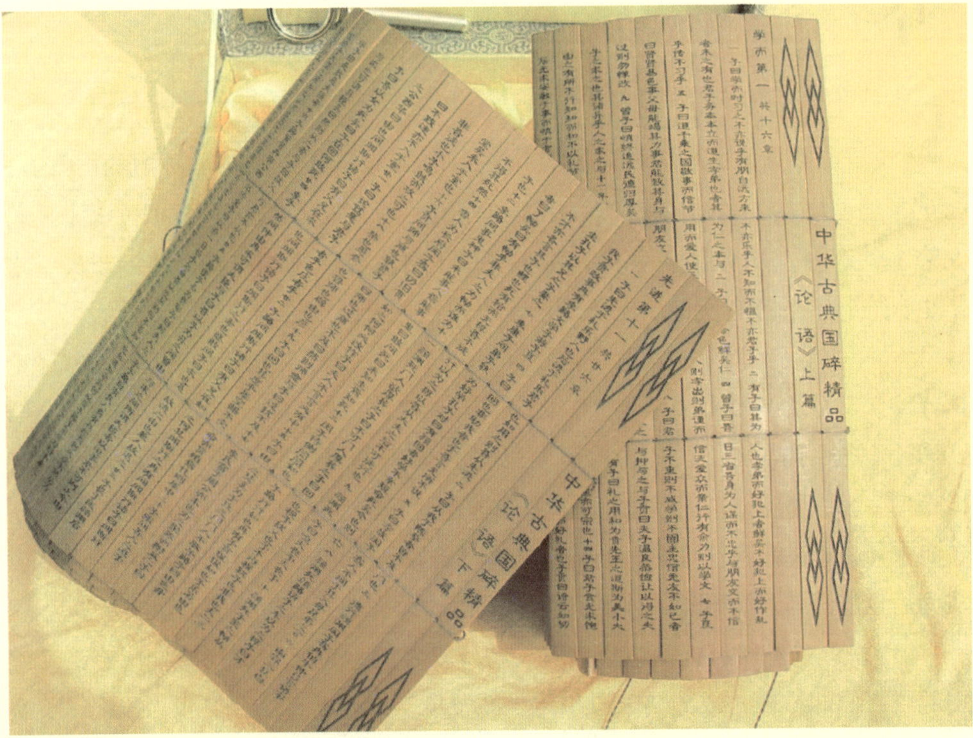

仿古竹简《论语》

的。但在孔子人道思想中，两者又是统一的。这就体现了他的中、和原则。因为，从中、和原则来说，一方面要用仁来充实礼，“礼云礼云，玉帛云乎哉？乐云乐云，钟鼓云乎哉”（《阳货》）。说明礼不仅仅只是形式，而是有其内容即仁。孔子认为，礼的根本就在于在内心感情方面都符合礼的要求，只有做到仁，才会真正遵守礼乐制度，所以说：“人而不仁，如礼何？人而不仁，如乐何？”（《八佾》）可见，仁与礼的结合正是孔子人道思想的特征。这既表现了孔子人道思想中的新旧交织，又表现了他重道德情操与道德规范的统一。

仁与礼虽靠中、和来协调，但中、和也必须“以礼节之”，否则也是不可行的。孔子说：“礼之用，和为贵。先王之道，斯为美。大小由之，有所不行。知和而和，不以礼节之，亦不可行也。”（《学而》）孔子还说：“君子之于天下也，无适也，无莫也，义之与比。”（《里仁》）这是说，君子对于天下之事，虽然没有规定怎么去做，但只要是合于义的就去做。其中，所谓的“知和而和”，“以礼节之”，“义之与比”，都是主张用礼、义来节制中、和。一方面，孔子用中、和原则，协调仁与礼并使之和谐统一；另一方面又用礼、义来节制中与和，这就把他的人道思想建立在辩证的思维方法之上了。这些思想对中国古代智慧的发展有重要的影响。

二、《论语》简述

《论语》是儒家最重要的经典著作之一，由孔子的弟子和后学根据孔子的言行记录整理而成，大约成书于战国初期。《论语》书名的含义，根据《汉书·艺文志》的解释，“《论语》者，孔子应答弟子时人及弟子相与言而接闻于夫子之语也。当时弟子各有所记。夫子既卒，门人相与辑而论纂，故谓之《论语》”。

今本《论语》计12700余字，分为20篇，每篇取篇首几字为名，杨伯峻《论语译注》又分为510章（节）。《论语》传至西汉时，曾出现三种抄本：《鲁论语》20篇，《齐论语》22篇，《古论语》21篇。各本的篇次与文字均不尽相同。汉成帝时，安昌侯张禹将《鲁论语》和《齐论语》混而为一，并称《张侯论》。至东汉末年，郑玄就《鲁论语》的篇章参考《齐论语》和《古论语》，作《论语注》，成为后世的流传本，现行本《论语》就是由此而来的。

《论语》在中国历史的进程中有着特殊重要的地位。在战国时期《论语》就引起了人们的重视，成为儒家思想传承的源泉。汉代把《论语》视为传记，汉文帝时设传记博士加以传授，由此成为重要的专门学科。汉武帝以来，《论语》的

地位因“独尊儒术”的政策而进一步提高，东汉时列为《七经》之一，以后各朝更将其列入学官，设专门博士。时至南宋，朱熹把《论语》辑为《四书》之一，作《四书章句集注》。从元仁宗起到明清诸帝，则又把《论语》钦定为科举考试的必考科目。而直到解放以前，《论语》还一直是蒙学教育中修身和识字的启蒙教材。

对于《论语》这样一部重要的经典，历代对其研究和注释的著作可谓汗牛充栋，风格也有所不同。大体而言，唐代以前重于训诂和诠释，西汉有孔安国，东汉有郑玄、马融、包咸等，魏晋六朝则有王肃、何晏、皇侃等，重要著述有郑玄《论语注》、何晏的《论语集解》等；北宋时强调义理之学，重视阐述《论语》中的微言大义，邢昺的《论语注疏》可视为这一变化的代表之作；南宋朱熹则在其《四书章句集注》中，开创了阐发理学思想的先河；清代以后，兴起乾嘉考据之朴学，注重训诂和考证，重要著述有刘宝楠、刘恭冕的《论语正义》等。近代以来，《论语》还被译成多种外文，在世界范围内广泛传播。

在中国思想史、文化史、政治史和教育史上，《论语》都有着重要的地位。其开创的儒家思想成为中国2000年来的统治思想和文化正统。在2000多年的历史中，《论语》的浸润和积淀，对中国人的素质修养、道德观念、心理结构和社会习俗，也都产生了深刻的影响。同时，《论语》对朝鲜、日本、越南等亚洲国家的思想文化和社会发展也影响颇深，并且成为西方国家了解中国文化的重要媒介。

孟子与《孟子》

孟子，名轲，字子舆，战国邹（今山东邹县）人。生卒年代不可确考，约生于周烈王四年（公元前372年），卒于周赧王二十六年（公元前289年）。《史记·孟子荀卿列传》说孟子“受业子思之门人”，因此，将孟子与子思相联结而称其学说为思孟学派。孟子是孔子之后儒学的主要代表人物。

孟子非常推崇孔子，认为孔子是“圣之时者也”（《孟子·万章下》，以下凡引该书，只注篇名），文化思想的集大成者，“自有生民以来，未有盛于孔子也”。（《公孙丑上》）并以学习孔子为其志愿，“乃所愿，则学孔子也”。（《公孙丑上》）

孟子雕塑

其思想保存在《孟子》一书中。从《孟子》一书看，孟子是在与当时各个学派的学说，特别是与杨朱的“为我”和墨子的“兼爱”思想的论争中，继承和发展了孔子的人道思想。

一、天人合一

在孔子天人观念的基础上，孟子提出了他的天人合一说。孟子相信天命的存在，认为王位的传授是上天决定的。他说：“天与贤，则与贤；天与子，则与子。”（《万章上》）尧传舜，舜传禹，而禹传子，并不是尧、舜、禹决定的，而是天命决定的，所以说“天子不能以天下与人”，是“天与之”（《万章上》）。但是，与前人相比，孟子的天命观念又有所变化，这主要表现在他继承了西周以来重人的思想。孟子虽然承认君权是由上天授予的，但他又认为并不是由上天直接发布命令，“天不言，以行与事示之而已矣”（《万章上》）。所谓“以行与事示之”，就是“使之主祭，而百神享之，是天受之；使之主事，而事治，百姓安之，是民受之”。（《万章上》）因此，君权是“天与之，人与之”，即天人共同授予的。在这里，天是虚设的，人则是现实的。所以他说：“桀、纣之失天下也，失其民也；失其民者，失其心也。得天下有道：得其民，斯得天下矣；得其民有道：得其心，斯得民矣；得其心有道：所欲与之聚之，所恶勿施尔也。”（《离娄上》）这实质上是假借天命的名义让百姓决定天子的命运。

在这种新观念的基础上，孟子提出“莫之为而为者，天也；莫之致而至者，命也”（《万章上》）的论断，认为天命是一种外在的超自然的力量，非人力所能左右。这种对天命的看法，已经蕴涵一种对客观必然性的认识，其具体表现就是他提出了“势”与“时”的范畴。他说：“虽有智慧，不如乘势；虽有镃基（锄），不如待时。”（《公孙丑上》）所谓“势”与“时”在这里指的就是一种客观必然；而“乘势”、“待时”则是指的符合客观必然。孟子认为，只要符合客观必然，就可以事半功倍，“事半古之人，功必倍之，惟此时为然”（《公孙丑上》）。他还用揠苗助长的寓言，说明违反客观必然规律，“非徒无益，而又害之”（《公孙丑上》）。

孟子又说：“天时不如地利，地利不如人和。”（《公孙丑下》）在这里，所谓天时的天，已不具有人格意志，而是指的自然之天。并且，天地人三者相比较，孟子更为重视的还是人事。正因为孟子重视人，认为人心的向背决定天下的命运，所以，他特别强调心的作用，第一次明确把心视为思维器官，提出了“心之官则思”（《告子上》）的命题，这在认识史上有着重要的理论意义。然而，他又夸大了心的作用，提出了“诚”即属于心的一种最高境界的观念。他说：“诚者，天之道也；思诚者，人之道也。至诚而不动者，未之有也；不诚，未有能动者也。”（《离娄上》）把“诚”视为“天之道”，“思诚”则视为“人之道”，通过反思而达到“诚”，就是“天人合一”了。因此，他说：“尽其心者，知其性也。知其性，则知天矣。存其心，养其性，所以事天也。”（《尽心上》）尽心、知性，达到知天，关键在于诚，所以说“万物皆备于我矣，反身而诚，乐莫大矣”（《尽心上》）。这就又通过诚沟通了天与人。

总括上述，孟子的天人合一说，实际上包含两个层次：一是具有神学色彩的“天与”和“人与”相结合的天人合一说，一是具有思辨特色的以诚沟通的“天之道”与“人之道”的天人合一说。这两个层次的天人合一说，对后来儒家思想的发展都产生了重大影响。

二、爱有等差

孟子继承发展了孔子的仁学思想，并做了具体的阐述和提升。孟子明确提出“仁者，爱人”（《离娄下》）的命题，认为爱人首先是爱亲，“亲亲，仁也”，“仁之实，事亲是也”（《离娄上》）。然后又由爱亲扩展到爱人，即由尊敬自己的长辈，扩展到尊敬别人的长辈；由爱护自己的子女，扩展到爱护别人的子女，这就是所谓的“老吾老，以及人之老；幼吾幼，以及人之幼”（《梁惠王上》）。孟子又说“仁者以其所爱，及其所不爱；不仁者以其所不爱，及其所爱”（《尽心下》）。但是，在“仁者以其所爱及其所不爱”时，不是不分先后，而是优先于贤者，故说：“仁者无不爱也，急亲贤之为务”；“尧、舜之仁不偏爱人，急亲贤也。”（《尽心上》）

这样，就由亲亲，扩展到爱人；又由仁民，扩展到爱物，所以说："君子之于物也，爱之而弗仁；于民也，仁之而弗亲。亲亲而仁民，仁民而爱物。"（《尽心上》）可见，孟子的仁爱思想既保留有以血缘关系为纽带的宗法伦理特征，又带有浓厚的感情色彩，越是亲近者，越是爱得深厚，这就是爱有等差。孟子的爱有等差思想使孔子的爱人思想更加具体明确了，成为儒家人道思想中的经典理论。

在此基础上，孟子又提出义、礼、智三个范畴，与仁相并列，同时又做了详尽的论述。首先，孟子认为，"义"与"仁"一样，是人生而具有的德行，他说："孩提之童，无不知爱其亲者；及其长也，无不知敬其兄也。亲亲，仁也；敬长，义也。"（《尽心上》）仁、义虽然都是人生而具有的德行，但其功用却有区别，他说："仁，人心也；义，人路也。"（《告子上》）"仁，人之安宅也；义，人之正路也。旷安宅而弗居，舍正路而弗由，哀哉。"（《离娄上》）视仁为人内心具备的德行，义则作为人必须遵守的准则。这就把仁与义直接结合了起来。孟子不是用礼而是用义规范人们的行为，反映了春秋到战国时期的时代变化。

孟子像

次于仁、义的是礼。孟子讲的礼的含义，与孔子讲的礼有原则区别。他说："迎之致敬以有礼，则就之；礼貌衰，则去之。"（《告子下》）"君子以仁存心，以礼存心。仁者爱人，有礼者敬人。爱人者，人恒爱之；敬人者，人恒敬之"。（《离娄下》）说明孟子的礼已不再是区别等级名分之礼，而是礼貌待人的恭敬、辞让之礼。在孟子看来，智不仅是知识范畴，而且是道德范畴。特别是把智作为明辨是非之德，更是孟子首次提出的。他说："是非之心，智也。"（《告子上》）

总括上述，仁、义、礼、智构成了孟子人道思想中最基本的道德范畴。他说："恻隐之心，人皆有之；羞恶之心，人皆有之；恭敬之心，人皆有之；是非之心，人皆有之。恻隐之心，仁也；羞恶之心，义也；恭敬之心，礼也；是非之心，智也。”（《告子上》）前面已经指出，孟子虽然仁、义、礼、智并提，但四者的地位是不完全相同的，他说：“仁之实，事亲是也；义之实，从兄是也；智之实，知斯二者弗去是也；礼之实，节文斯二者是也。”（《离娄上》）这说明，礼、智皆从属于仁、义，是为仁、义服务的。由于孟子突出仁、义的地位，仁、义自此就成为儒家人道思想的代称，也随之成为我国封建伦理道德的代称。

三、人性本善

孔子创立了以研究人性善恶为对象的人道理论体系，提出了“性相近，习相远”（《论语·阳货》）的命题，开创了我国古代专以善恶论人性的端绪。但是，有关人性的系统研究，到战国时期才产生不同的观点和理论。据《论衡·本性篇》记载，孔门弟子中已经有人探讨人性问题：“周人世硕，以为人性有善有恶，举人之善性，养而致之则善长；性恶，养而致之则恶长。如此，则性各有阴阳，善恶在所养焉。故世子作《养书》一篇。虑子贱、漆雕开、公孙尼子之徒，亦论情性，与世子相出入，皆言性有善有恶。”虑子贱、漆雕开等都是孔门弟子，其人性说，据王充上述的说法，可能有人主张人性为善，有人主张人性为恶，但影响都不大，真正对后世产生影响的是孟子的“性善说”和荀子的“性恶说”。因此，孟、荀人性学说的提出，在一定意义上说是孔子人道思想的逻辑展开，把孔子的潜在思想发展出来了。

“孟子道性善，言必称尧舜。”（《滕文公上》）在《告子上》中，孟子亦曾列举了当时的各种人性观点：“公都子曰：‘告子曰：性无善无不善也。’或曰：‘性可以为善，可以为不善；是故文武兴，则民好善；幽厉兴，则民好暴。’或曰：‘有性善，有性不善；是故以尧为君而有象；以瞽瞍为父而有舜；以纣为兄之子，且以为君，而有微子启、王子比干。’今曰：‘性善’，然则彼皆非欤？”就这段记载看，已有四种人性观点：“性无善无不善”；“性可以为善，可以为不善”；“有性善，有性恶”；“性善说”。其中，第二种观点为何人主张，已不可考，第三种观点与上引王充所述虑子贱等的主张相同，第一种观点是告子的主张，第四种观点则是孟子的主张。孟子的“性善说”主要是在批驳告子的“性无善无不善”中阐述的观点。

告子主张“性无善无不善”的根据，就在于他提出的“生之谓性”的命题，即把人天生的自然本能称之为性。告子又说：“食、色，性也。”（《告子上》）食、色这些生理本能是与生俱有的，因此，它们作为性，无所谓善与不善。告子的这种人性观点，曾被后来的荀子所采纳，提出“生之所以然者谓之性”，“不事而自然谓之性”（《荀子·正名》）。由于告子是把天生的自然本能称之为性，所以，他认为，若把属于善的仁义硬说成是人的本性，就好比把自然的素材杞柳说成是人加工制成的桮棬。在这里，告子区别了自然资质和后天人为，反对把后天人为的仁义归之于人的先天本性，不无道理。但他只看到人的自然本性，看不到人与动物的区别，人的社会性，也有其历史局限性。

针对告子的人性观点，孟子则把属于后天人为的仁义，视作人先天具有的本性，说“仁、义、礼、智根于心”（《尽心上》），“仁、义、礼、智，非由外铄我也，我固有之也，弗思耳矣”。（《告子上》）孟子以仁义为人的本性驳斥了告子的人性观点，理论根据是他提出的人禽之辨。他说：“人之有道也，饱食、暖衣，逸居而无教，则近于禽兽。”（《滕文公上》）这是说，人如果只知道吃饱、穿暖和安逸，就与禽兽相差无几。因为，人除了穿衣吃饱之外，还应该懂得“父子有亲，君臣有义，夫妇有别，长幼有叙（序），朋友有信”（《滕文公上》）等人伦道德。在这里，孟子实际上提出了人具有的两种本性，即自然本性和社会本性。人在自然本性方面与动物并没有多大差别，但动物只有自然本性，没有社会本性，而人不仅具有自然本性，还有社会本性。在这种人禽区别的基础上，孟子认为，人作为一个统一的物类，是有其共性的：“尧、舜与人同耳”（《离娄下》），“圣人，与我同类者”（《告子上》）。据此，孟子进一步指出：“凡同类者，举相似也。何独至于人而疑之？”（《离娄下》）同类的东西，都有共同的本质特性，人也不应例外。那么，人类的共性是什么呢？他说：“屦之相似，天下之足同也……口之于味也，有同嗜焉；耳之于声，有同听焉；目之于色也，有同美焉。至于心，独无所同然乎？心之所同然者何也？谓理也，义也。圣人先得我心之所同然耳。故理、义之悦我心，犹刍豢之悦我口。”（《告子上》）在这段话中，孟子把人类的共同本性归结为三点：（1）体貌相似，即天下之足同；（2）感觉相同，人认为是美味的，我也会认为是美味；（3）心对理、义的认同，而这是人的共性中最重要的。

应着重指出的是，孟子提出的“理、义之悦我心”，即理、义使人心理愉悦，是中国哲学史上第一次从共同的心理来考察人的特性，说明人不仅有共同的生理需求，而且有共同的心理需要。心理方面的共同需要，是人与动物相区别的根本标志。而所谓的共同心理需要，就是指的仁、义、礼、智，它们都是人生而具有的，所以他说：“人之所不学而能者，其良能也；所不虑而知者，其良知也。”（《尽心上》）有无良知、良能，即有无恻隐之心、羞恶之心、辞让之心、是非之心，就构成了人禽的根本区别。“无恻隐之心，非人也；无羞恶之心，非人也；无辞让之心，非人也；无是非之心，非人也。”（《公孙丑上》）“恻隐之心”、“羞恶之心”、“辞让之心”、“是非之心”即“仁之端”、“义之端”、“礼之端”、“智之端”（《公孙丑上》），也就是仁、义、礼、智决定了人心是善的。

孟子虽然认为人的共同心理需要，即仁、义、礼、智决定人心是善的，但是他又从更深一层的意义上指出，仁、义、礼、智只是使人可能为善的“四端”，“四端”背后还隐藏着一个使人可能为善的东西。孟子认为，心有两种含义，一是指体言，心即能思之官；二是指用言，即心官应物而产生的知、情、意。因心有二义、所谓心性关系亦有两种：一是以体言心与性的关系，旨在说明心具有区分理、义的能力；二是以用言心与性的关系，则系指使人能够产生恻隐之心、羞恶之心、辞让之心和是非之心。可见，从体上说，性是一种伴有确定价值取向的判断理、义的能力；就用上说，性则是产生仁、义、礼、智四端的根据。综合这两个方面，孟子进一步指明性可以确定不移地把人的思想行为引导向善。这就为人们遵守和执行伦理道德规范找到了内在的理论根据。

四、人生修养

基于性善说，在人生问题上，孟子提出了修身立命的主张。他说：“夭寿不贰，修身以俟之，所以立命也。”（《尽心上》）其中虽有命定论的成分，其核心思想却在于“尽其道而死”（《尽心上》），即正确地对待生命。他说：“居天下之广居，立天下之正位，行天下之大道；得志，与民由之；不得志，独行其道。富贵不能淫，贫贱不能移，威武不能屈，此之谓大丈夫。”（《滕文公下》）又说：“得志，泽加于民；不得志，修身见于世。穷则独善其身，达则兼济天下。”（《尽心上》）要正确地对待生命，首先要有道，即居仁由义，所以说：“居仁由义，大人之事备矣。”（《尽心上》）只有居仁由义，具备了仁义道德，才能成为大丈夫，而成为大丈夫，就懂得了如何正确地对待人生。他说：“饱乎仁义也，所以不愿人之膏粱之味也；令闻广誉施于身，所以不愿人之文绣也。”（《告子上》）这是说，仁义道德很充实了，也就不羡慕别人的肥肉细米了；广为传扬的好名声在自己身上，也就不羡

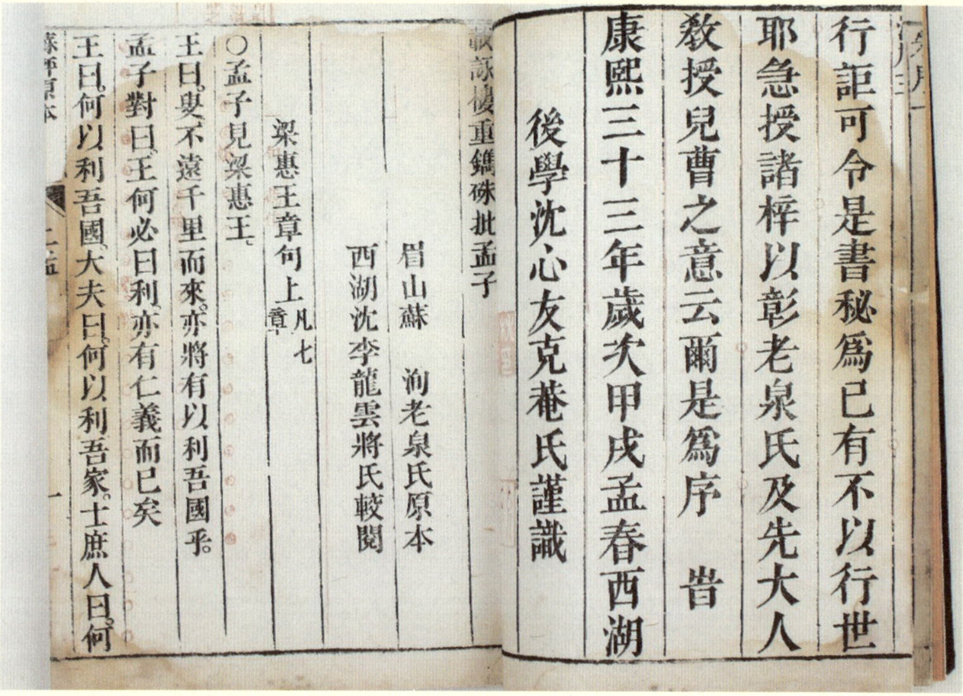

《孟子》内文

慕别人的锦绣衣裳了。这是把人的道德情操和精神生活看得比物质生活更高贵，更重要。

孟子不仅重视人的道德情操，而且重视人的道德价值。他说："欲贵者，人之所同心也。人人有贵于己者，弗思耳矣。人之所贵者，非良贵也。"(《告子上》)"有贵于己者"即自身所具有的德行。他认为，荣辱不在于富贵与贫贱，而在于仁与不仁，"仁则荣，不仁则辱"(《公孙丑上》)。他重视的是人自身的道德价值和人格尊严。他说："一箪食，一豆羹，得之则生，弗得则死。嘑尔而与之，行道之人弗受；蹴尔而与之，乞人不屑也。"(《告子上》)这是说，人格是不可辱的，人不会为了活命去吃嗟来之食。所以，他非常称赞伯夷的高风亮节(《万章下》)。为保持自己人格的尊严，孟子认为，一方面要以道义为原则，尊德乐道；另一方面也要磨炼自己的心志，"苦其心志，劳其筋骨，饿其体肤，空乏其身，行拂乱其所为，所以动心忍性，增益其所不能"(《告子下》)。只有如此，才能培养为道义原则献身的精神，做到"天下无道，以身殉道"(《尽心上》)和"舍生而取义"(《告子上》)。这样，也只有这样，才叫做正确对待自己的生命，即"正命"。

为了保持“正命”，孟子十分强调自我道德修养，即修身。孟子认为，所谓道德修养，首先是要保持人天赋的德行不丢掉，这就要“存心”。他说：“君子所以异于人者，以其存心也。君子以仁存心，以礼存心。”（《离娄下》）有道德的君子与一般人不同的地方，就在于能够保持天赋的仁、义、礼、智之心。因此，他反对自暴自弃，说：“言非礼义，谓之自暴也；吾身不能居仁由义，谓之自弃也。”（《离娄上》）自暴自弃是一种舍正路而不走的极其可鄙的行为。

其次是“养性”和“养气”。孟子认为，君子和小人的区别还在于存养不同。他明确提出“从其大体为大人，从其小体为小人”的论断，主张人要“先立乎其大者”（《告子上》）。所谓的“大体”是指天赋的仁、义、礼、智的心性，“小体”则指饮食等生理物质需求。孟子认为，只要注意存养自己天赋的心性，就可以成为一个有道德的君子，反之，“养小以失大”（《告子上》），只注重生理物质需求，必定会失去天赋的心性。天赋的心性，是决定人的道德精神的根本。这种道德精神，孟子又叫做“浩然之气”。“浩然之气”是“集义所生”的，是人们修身的一种精神境界。有了这种道德精神境界，就可以无所畏惧，能屈能伸，进可以做一番惊天动地的大业，退可以保持气节。这种在保持天赋心性基础上又重视保持自我道德精神的修持过程，孟子把它叫做“养气”。

最后是“寡欲”。孟子说：“养心莫善于寡欲。其为人也寡欲，虽有不存焉，寡矣；其为人也多欲，虽有存焉，寡矣。”（《尽心下》）这是说，存养心性的最好办法是减少物质欲望。一个人物欲不多，其天赋善性即使丧失，也不会丧失很多；相反，一个人物欲很多，其天赋善性即使保存，保存的也不会太多。孟子认为，在修身方面，只要做到“存心”、“养性”、“寡欲”，即可以“反身而诚”（《尽心上》），即只要反省内求，诚实不欺，内外合一，就一定会达到人生最高的精神境界。

应该指出，在修身过程的第一个环节中，孟子自始至终强调贯彻反省内求的修养方法，要求在待人处事的各种情况下，都应反躬自问，端正自己。他举例说：“仁者如射；射者正己而后发；发而不中，不怨胜己者，反求诸己而已矣。”（《公孙丑上》）仁与不仁有如射者一样，中与不中只应在自身上寻找原因。孟子倡导的“反求诸己”即正人正己，不仅是一种修身方法，也是一种思维方法。这种修身方法和思维方法对后世的儒家学说，特别是对陆王心学有着重大的影响。

庄子及其学说

庄子（约公元前369年—公元前286年），战国时期著名的思想家、哲学家、文学家，道家学派的代表人物，老子哲学思想的继承者和发展者。后世常将他与老子并称为“老庄”，他们的哲学被称为“老庄哲学”。

庄子的思想包含着朴素的辩证法因素。庄子认为，是与非，长与短等，其性质和差异都是相对的。这些性质差异和矛盾关系，都是不断变幻的，都处在循环无尽的圆圈运动之中。由此庄子得出“万物齐一”，“道通为一”的结论（事物从一到二、到三、到万物，最终又回到一）。

（1）个体价值与精神自由——走进庄子的“反文化”（反儒家）

在先秦诸子中，老子最早认识到“人”在自然界中的重要地位。但是真正从人的本性意义上，突出个体的地位、尊严、价值的人，却是庄子。从现存《庄子》33篇中看，庄子思想是老子思想的发展。

庄子雕塑

春秋战国时代，物质文明的迅速发展，导致了财富、享受、欲望和野心、权势、罪恶同步增长。这种文明进步与道德沦丧，越来越尖锐地刺激着思想家，他们提出许多改变现状的主张。如果说儒家是试图从“调节人际关系”入手，来阻止世风的日下，那么道家，尤其是庄子，则强调从“个体自身的价值”入手，来呼唤人性的复归。因此庄子不承认任何的绝对权威，这点很像西方哲学家尼采的观点：“上帝死了，一切价值都需要重估。”庄子对现存的一切制度的怀疑、批判与否定以及追求绝对自由的精神，成为庄子学说的一大特点。他说："牛马四足，是为天，络马首，穿牛鼻，是谓人，无以为人乐天。"就是说，牛马四足是天生成，而装饰马头，穿绳于牛鼻子，这都是人做的，不要以人为的道德观念，去破坏一切自然的天性。

庄子在文化史上的辉煌和悲剧，都源于他的两超（自身文化智能的超高和思维形态的超前）。由于天高不可测，道更无处寻，道就只能心领而难以言传，道便不可道。

庄子认为，人的自然本性，被外在的物（名利、家族、事业、死亡等）所掩盖，所扭曲，所伤害。而这些外在之物，恰恰都是没有意义、没有价值的。只有超越这一切的束缚，复归人的自然本性，才是人的价值的真正实现。如何超越？庄子认为要彻底回到"民知其母，不知其父，与麋鹿共处"的原始社会。但是社会的发展是不可逆转的，于是庄子便逃离现实的物质世界，到纯粹的精神世界去寻求自由。

庄子追求的精神自由，主要是通过"内省"实现的。具体方式是"心斋与坐忘"。即不要粮食，保持心灵的空寂，摒除情欲，虚静端坐，彻底忘掉一切，让精神离开肉体的躯壳，在宇宙中作"逍遥游"（自由自在地遨游于"无功、无名、无自己"的一个绝对自由的境界）。庄子这种做法，在他人看来"形如槁木，心如死灰"（《庄子·齐物论》），是个活死人，庄子却认为，这才是获得了真正的幸福和自由。

（2）庄子的全生避害"三世"说

人毕竟不可能终日在精神领域里生活。道家的天道无为（历史观），朴素辩证法与相对主义（认识论），个体价值与精神自由（理想的价值观），这些都不是一个纯理论的问题，更有一个如何实践，如何落实到立身处世的实际问题。正如哲学大师冯友兰说："道家的中心问题，本来是全生避害，躲开人世的危险。"全生避害的基本方针，就是以超然的态度来对待尘世的纷争。

道家视功名如粪土，视帝王如秕糠。庄子非常厌恶"窃钩者诛，窃国者为诸侯"的黑暗现实。同时又反对儒家为改变这一切，而强加给人民什么仁智礼义、修齐治平的精神枷锁。

人们通常称儒家为"入世"，称道家为"出世"。老子身体力行，为后世树立了"出世"的楷模。庄子将出世思想加以丰富，展开为"超世、顺世、游世"三种境界，以便让立足于出世的人们，从不同角度的价值选择，得到不同层次的心理满足，这又是庄子的天才创造。

①超世。庄子的愤世嫉俗情怀，表现为超世的孤傲独行。这种超世主义，后来为“不事权贵，不媚时俗”的刚直不阿之士们无数次地仿效。但是一味地愤世嫉俗，并不能改善社会政治的一丝一毫，精神自由的肥皂泡沫，在冷酷的现实面前碰得粉碎，于是超世主义便转化为“顺世”。

②顺世。顺世主义在中国，几乎成了超时空、超阶级的自我解脱的精神法宝。其高雅者有如陶渊明，其低贱者有如阿 Q。单纯的超世主义，难免于冻馁灾祸；单纯的顺世主义，又必然导致人的自然本性的失落。如何才能“顺人又不失己”？庄子提出了最高境界的“游世”说。

③游世。即寓身仁义，位居高官，也可以不为世俗所累，仍能游心于尘世之外。从此，后世的士大夫们，在志得意满时，无不以“治国平天下”为己任，出将入相。在心灰意冷时，又可以毫无梗介地皈依老庄隐居。这种仕途上的进退自如，正是以心理上的儒道互补为思想基础的。

正是在这一层意义上，道家以独特的超逸之风，给中华民族，尤其是士大夫阶层的文化心理至今以深刻影响。

墨子创建墨家学派

墨翟，鲁国人，生活于孔子之后，孟子之前，曾为宋国大夫，相传墨翟早年曾受过儒家教育，后来却抛弃儒学，创立墨家学派。《墨子》一书，一共有 53 篇，大部分内容是墨翟的弟子或再传弟子记述墨翟言行的集录。

墨子的社会理论经是兼爱，用“兼相爱，交相得”的原则作为拯救天下的药方。同时，“节用”是墨翟学派的经济理论的核心，他反对穷奢极欲、挥霍浪费，“节葬”、“非乐”就是由此而提出的。

相传公输般为楚制作进攻的器具将要攻宋，墨翟闻讯就从齐国行十日十夜至郢都见楚王和公输般，宣传“兼爱”、“非攻”的道理，让楚不要攻宋，并和公输般比试攻防的器具效能，使公输般甘拜下风。墨翟还派 300 弟子赴宋帮助坚守。

墨子的哲学是浅薄和陈腐的，但他的哲学是实用的，他宣扬天意的目的，说穿了是为了证明他就是天意的代言人。

墨家学派的伟大贡献在于其科技上的观点。墨子力学的展开方式是墨子三表法的应用，也就是在对事物的本、原、用中展开对象。运动（动、行）在他的物理学中有重要的地位。墨子实际上在运动中考察时间和空间，从而在运动中把它们合为一体，这与希腊乃至西方的时空分离是不相同的。因此可以说，时间和空间的组合是在运动变换中完成的。

墨经在力学上的主要贡献是分析上，以发悬物（若发长均匀，则力分散平均）、杆杠、球体平衡、垒石平衡就都具有这一特点。

墨子的光学是墨经中的一部分，在墨经中其他物理学科占分量极少的情况下就显得极为突出。

虽然表面上它包含了很像是几何光学的东西，却不是现代意义上的几何光学。墨子几何光学的核心是影，它是在影的构成和变化的说明中包含了几何学光学的东西。

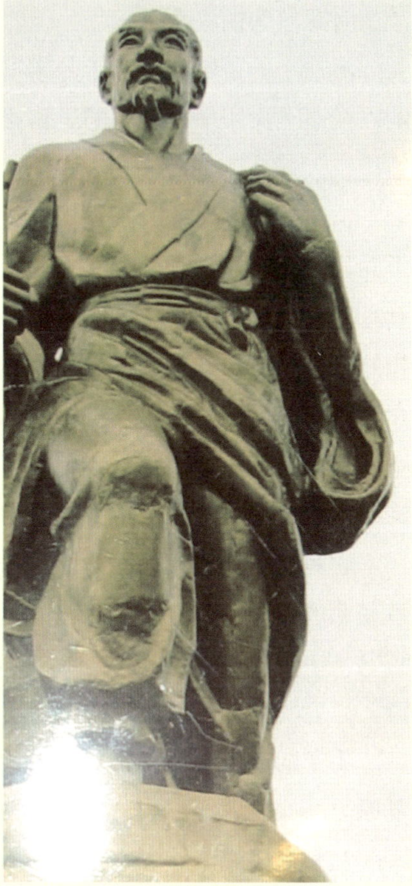

墨子雕塑

因此，墨子几何光学是其变换范式的一个应用，这个范式是三表法中“用”的升华，即在用对象中，在使他物作用于对象使之变换中展开对象的性质。

墨经中包含小孔成像（小孔使影在大小、正反上的变化），有投影、反射以及平面、凸面、凹面镜对影的改变。这些物体都是围绕影的，是它们使影的结构发生变换。

因此墨子几何光学不包括光、光线性质的讨论，因此也缺少反射角、折射角的研究。它的核心是组合（影）在事物作用下的变换结构。

但是这八条在古代几何光学史上也是很辉煌的了，不但在当时是先进的，在后代中国也没有可以与之相比的。

《墨子》特别是其中的墨经含有很多科技内容，几何就是其中一种。墨经彻底否定了中国人擅长代数不懂几何的说法。墨子几何从很多基本几何观念上表明了当时几何的抽象水平。

墨经中的逻辑学内容十分丰富，它关于达、类、私三大种属和专名概念的分别以及谓（命、举、加）的逻辑语法是异常重要的，这已经构成概念逻辑的基本结构。

这一结构的核心是四同（重同，二概念的外延同；体同，一方包容另一方；类同，外延相交；合同，二者组成另一概念的外延），这就构成了概念的基本结构，《大取》分为十同是烦琐化。它把概念的结构叫谓，是在实名词间进行的，二者相并组成判断叫“合”，二者相作用使之变动叫“为”，合有三种，为有六种（存、亡、易、荡、治、化）。它关于判断的三种类型是易于理解的，而相关的理论则不那么容易了，这实际上才是战国文明的特殊性所在。四同的概念说超出了希腊文明，而“为”则是对这个概念结构的操作变换（“合”才是希腊式判断）。

它对于蕴涵（“故”）的形式（“体”）的两个件（“端”）的充分必然的双向关系是明确提出了的，对于同一律（“彼，彼此于彼；此，此止于此”），不矛盾律（“不两可”）、量词（“尽”与“或”），偷换论题，说谎者悖论（“‘以言为尽悖’悖”），表明墨经逻辑知识不但丰富，而且与希腊文明相比大大超前。

墨子的逻辑在概念结构及其变换上达到了一个奇妙的境界，可惜我们已不能复原。在此之后，中国逻辑学上没有人再达到墨经的水平。

从整个墨经来看，它们指的应该是《大取》的“以故生，以理长，以类行”，生对存亡，理对易荡，行对治化，是根据本（故）、原（类）、用（理）来展开概念构成辩论。相比之下，类推、援比、假设等议论和推论方式则是零散的了。

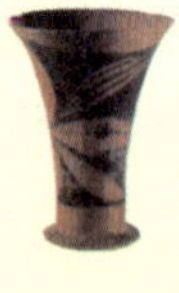

儒墨之争

墨子尽管放弃了钻研儒学，并对儒学大行批判，但他的思想却自觉不自觉地深受儒家思想的影响。在一些方面，墨子接受了儒家的思想，比如“尚贤”和“兼爱”之论，但更多的方面是故意与儒学唱对台戏，以至于走到了滑稽可笑的地步。儒家倡导礼乐，墨子就主张“非乐”，并且认为，只要是不能带来任何实际利益的娱乐活动，都是多余的。

儒家注重孝道和丧葬，墨子就主张“节葬”，但同时又认为鬼神是实际的存在，应该加以待奉。儒家看重“天命”，墨子就主张“非命”，但同时又认为自然现象与人间君主的作为息息相关。墨子反对儒家的等级制，但同时又认为在下位者应该无条件地服从在上位者。

为了与儒家的势力相抗衡，墨子甚至不惜歪曲儒家的思想，并不遗余力地诋毁孔子本人和他的弟子的个人形象和名声。由墨家挑起的儒、墨之争，说明思想界百家争鸣的局面已经展开。

总的来说，墨子本人确实是位关心世人命运的实干家。但他的思想却没有达到当时思想界的最高境界，并且缺少哲学家的风范。他断言，当诸侯们互相喜欢的时候，天下就不会再有战争了。这种非常幼稚的话，确实不应该出自哲学家之口。他之所以认定命运是不存在的，只是因为没有人曾经听到或见到过命运是什么样子。这种论证显然也是缺乏说服力的，因为墨学有种种致命的不足，到战国后期就销声匿迹了。

韩非与法家学说

韩非（约公元前 281 年—公元前 233 年），战国时期著名的哲学家、思想家、政论家和散文家，中国古代法家思想的集大成者。

法家既是“百家争鸣”中一学派，也是在与旧势力斗争中产生的新兴政治势力。

儒家力图以血亲人伦来淡化、美化、融化社会矛盾；墨家借“天志”的名义，向统治者呼吁兼爱；道家则企图超越时代，返归人的古朴本性。这一切，在人欲横流、争战日烈的现实面前，都成为不同程度的空想。唯有法家对现实政治有着特殊的深刻理解。构成法家学说的“冷峻”特色的是：冷眼静观的理智态度，冷冰冰的人际利害关系的算度，冷酷无情的利己主义。其代表人物是荀子与韩非子。

一、对社会世象的冷静分析

法家对社会“民道弊”的原因分析，认为是人口繁衍多了，物质需求多了，却供不应求所致，而不是抽象地用仁智礼义做得不好去理解“世风日下，人心不古”。我们认为“是人口所致”更为贴近问题的本质（这有助于我们理解当今计划生育的国策）。这正是法家从“财有余，故民不争”，而“货财寡，故民争”之论，深入到人际关系中去，撕去蒙在社会秩序、道德观念、行为规范、人伦情感之上的一切温情脉脉的面纱，揭示了在面纱掩盖下的赤裸裸的利害关系。儒家将父子血亲作为一切人伦关系的范本，法家则从父子关系上开刀说：“父母之于子也，产男则相贺，产女则杀之，此俱出于父母之怀衽，然男子受贺，女子杀之者，虑其之长利也。”以此说明父母对子女不一定都是“亲”。至于君臣之间也不可能有什么“君使臣以礼，臣事君以忠”的和谐关系。因为“爱臣太亲，必危其身，人臣太贵，必易其位”。

韩非像

二、进步的历史进化观

法家用发展的眼光看历史，认为古今形势不一，就要因时变法，“世异则事异，事异则备变”。法家以冷静的历史、社会、政治分析为依据，昂扬着革新、奋发、创造的力量，集中体现了新兴地主阶级的蓬勃朝气和开拓进取精神。这种“法后工”的主张，成为历代有为统治者“革新除弊，厉行新政”的常用常新的有力武器；在封建社会的漫长岁月里，一再起到推动历史前进作用。为争霸当强国，法家提倡“农战”。“禁游宦之民，而显耕战之士”，提高耕战者地位（平日种田，战时打仗）。特别是荀子发展经济的《富国》说，提出“强本节用、开源节流”成为2000年来，封建社会治国理财的金科玉律。

三、政治学说的“三要素”

荀子冷静的世事分析，进化的历史观，并不等于强有力的行政力量，还不能驾驭政治机器的有效运转。对此韩非子依据“当今争于气力”，“力多则入朝，力寡则朝于人”，“严家无悍虏，而慈母有败子”，证明“威势之可以禁暴，而德厚不足以止乱”。他赤裸裸地鼓吹暴力专制主义的强权政治，总结前代法家人物的思想，进行综合改造，提出政治学说的三要素，即：

（1）法。要有统一的法令、政令，提出“不务德，而务法”，此为“治之本也”。

（2）术。要有策略，只讲法不讲术，自己会落得粉身碎骨。但君王要“藏权术于心中，玩臣下于股掌”，以防止臣下“蔽君之明，塞君之听，夺之政，而专其令”。

（3）势。权势也。要“赏善罚恶”，才能建立权威，统一天下。

韩非子集前代法家思想之大成，提出三要素统一的政治学说，“法、术、势”三者的有机结合，构成了诸子百家中最为切实有效的政治学说。他说，法、术、势“皆帝王之具”。这区区五个字，准确地道出法家政治学说的全部内容。的确，只有法家学说才能在巩固、强化封建帝王专制统治中发挥巨大作用（其思想均见后人编辑的《韩非子》）。从“政治学”原理的学术意义上去探讨法家的卓越文化贡献，它强调要有健全的法律制度（法），要有正确的政策策略（术），要有领导集团的权威（势），这三点，至今都是任何一个希望“安定发展”的社会所孜孜以求的。

唯物思想家荀子

荀子一生，主要从事讲学和著述。他曾两次入齐，三度担任稷下学官的祭酒。他还到燕国游历，到秦国进行政治考察，并向秦昭王讲说儒家“王道”的政治主张。随后，他返回赵国和临武君议论兵法，认为应该兴“仁义”之师，争取民心。后来，他接受楚国春申君的邀请，入楚担任兰陵令。春申君遇刺身亡后，荀子也丢官，从此定居兰陵直到终年。当时，荀子的名气很大，不少人投拜门下，弟子中数韩非和李斯最为杰出。荀子的传世之作是《荀子》32 篇。

一、荀子的唯物主义思想

战国后期，封建制度已在各诸侯国稳固建立起来。结束分裂割据，建立统一的封建国家，成为不可拦阻的时代大势。荀子正是顺应了这一历史潮流，在意识

荀子雕塑

形态领域，自觉地担当起综合“百家”的任务。荀子对先秦诸子的学术思想都有深刻的分析和批判。正是在分析、批判诸子思想的基础上，荀子扬长避短，逐渐丰富充实了自己的思想，建立起一个规模宏大的学术体系，成为先秦诸子百家的集大成者。荀子自称儒家，以孔子继承人自居，他对当时子思、孟子等儒家门派的思想都有批判，他不同意子思、孟子“法先王”的主张，认为孟子宣扬“性善论”是歪曲孔子学说，甚至指斥子夏、子游之流是“贱儒”、“俗儒”。他批评墨子，非难其兼爱平等的观点，但对其“尚贤”主张有一定继承，对墨子后学中认识论和逻辑学方面的成果，更是予以吸收。他批评自己的老师宋钘“见侮不辱”、“情欲寡少”，同时，吸收了宋钘关于“气”的学说，从而使自己的天道观建立在唯物主义的“气”本体论基础上。应该看到，荀子学说的博采众家之长的特点，正是当时新兴地主阶级积极向上的思想风貌的体现。

荀子反对殷周以来有神论的天道论，不相信宇宙受着一个有感情有意志的神的主宰。他说，日月的照耀，众星的旋转，四季的更迭等全是自然现象，依照一定的规律进行，“不为尧存，不为桀亡”，与人事根本无关。他进一步提出“天人相分”的命题，指出自然的“天”是没有意志的，它不能主宰人类的命运。至于自然界出现的变异现象，无非“天地之变、阴阳之化，物之罕至者也”。像日食、月食、风雨不调、彗星、流星的出现，每一个时代都会发生，禹的天下和桀的天下都免不了，但禹却能修治天下，桀只能扰乱天下。可见，政治的成败，人事的好坏在人而不在天。他指出只要人们注意发展生产，生活节俭，那么，“天”就不会使之贫困；只要人们注意饮食营养、经常锻炼身体，那么，“天”就不会使之害病；只要人们顺应事物的自然规律而行动，那么，“天”也不能使之遇祸。

更可贵的是，他提出了与其“从天命而颂之”，宁可“制天命而用之”的主张，认为人类能够掌握自然规律，并以此改造自然、利用自然。这一“人定胜天”的思想，把古代唯物主义自然观推向了一个高潮。他的“天人”思想，对两汉时代的哲学思潮有着深刻影响，对后代中国唯物主义哲学的发展，也起到了极大的作用。

二、荀子的“性恶论”思想

在社会政治思想主张上，荀子以儒家学说为主体，兼收法家的政治主张。他针对孟子的“性善说”而提出“性恶说”，认为人性本“恶”，而“善”则是后天人为的结果。“人性”就是饿了想吃饭，冷了想取暖，劳累了想休息，愿意得到好处而不愿意受损害。基于这样的“人性”，人类社会就产生了：人人都有各种欲望，欲望得不到满足，就会产生追求，如果追求时没有人、己权益的界定、没有适当的分寸，就会产生争斗，一有争斗天下就乱了，一乱大家就都会陷入困境。于是，圣人就出来申明礼义，教化百姓，建立法律，治理天下，施行刑罚，使人们不敢为非作歹，这样，天下就安宁了，就符合“善”了。如果说，孔子“礼治”的思想中，已颇有“法”的意味，那么，荀子明确地将礼、法相区分，一方面强调礼义教化的重要性，强调对人们进行思想教育，一方面则主张严刑峻法治理天下，认为没有法治，天下就会大乱而不可收拾。荀子指出了“礼”、“法”作为统治手段应该互相补充，缺一不可。事实上，他已为后代封建地主阶级的统治制定了大方略。在中国2000年的封建社会中，除了最初的秦王朝忽视了“礼教”的软的一手，其他王朝无不“王霸杂用”。只不过，他们不像荀子那样公然宣称要把礼义教化与强有力的刑法结合起来，而是打着“孔孟”、“仁义”的幌子，掩盖自己对天下百姓的专制统治和压榨剥削。

孙武与《孙子兵法》

孙武，生卒年不详，春秋末期兵家的代表，字长卿，齐国乐安（今山东惠民县境内）人。据《史记·孙子吴起列传》记载，他曾以兵法13篇见于吴王阖闾。阖闾曾说："子之十三篇，吾尽观之矣。"这即是传世的《孙子兵法》13 篇，也说明当时孙武的著述已流传较广。阖闾欲试其治军才能，令孙武"小试勒兵"，他以宫女 180 人分二队操练。初始，宫女皆嬉笑不听军令，在三令五申后，依然如故，为严明军纪而斩"左右队长"，宫女皆听令而行，"中规矩绳墨"。这即是广为传扬的"吴宫教战"故事。"于是阖闾知孙子能用兵，卒以为将。西破强楚，入郢，北威齐晋，显名诸侯，孙子与有力焉。"

孙武像

《孙子兵法》13 篇，具体篇目为《计篇》《作战篇》《谋攻篇》《形篇》《势篇》《虚实篇》《军争篇》《九变篇》《行军篇》《地形篇》《九地篇》《火攻篇》《用间篇》。《孙子兵法》是我国古代最著名的军事著述，也是世界上最古老的兵书，在我国古代军事学术史及世界军事学术史上占有突出地位，对后世影响久远而深广。孙中山曾给予高度评价，认为《孙子兵法》首创了中国的军事哲学。《孙子兵法》于公元 8 世纪开始传入日本、朝鲜，渐次传遍世界，已被译成日、英、俄、法等十几种文字，目前仍是国内外研究的热点之一。

《孙子兵法》来源于战争实践，是在战争实践基础上的理论升华，其论述充满了朴素唯物论和辩证法因素，语言简练概括，并已为人们所熟知并运用。孙武认为："兵者，国之大事。"他强调"知己知彼，百战不殆"，注重了解情况，全面地分析敌我、众寡、强弱、虚实、攻守、进退等矛盾双方，并通过对战争客观规律的认识和掌握来克敌制胜。他还提出"兵无常势，水无常形，能因敌变化而取胜者，谓之神"。他同时也特别强调了战略战术上的"奇正相生"和灵活运用。此外，他在具体的战略战术、作战原则、方式方法及选将、用兵、用谋等方面，均有精辟论述。

魏文侯以儒术称强

公元前 403 年（魏文侯四十三年），魏文侯（斯）被周王册命为诸侯。在战国前期，魏国最先进行政治改革并且达到国富民强，而这一成就，与魏文侯的治国之道是分不开的。

魏文侯在公元前 446 年继位，随即就开始了政治改革。与魏文侯的改革联系最紧密的一个名字，是孔子的弟子子夏。子夏是孔子晚年弟子，在孔门之中以通晓周朝的文物典章而著称。孔子去世后，子夏在鲁国受到同门弟子的排挤，回到魏国。此时，魏文侯还没有继位。但是，因为受子夏的学问和名声的吸引，文侯马上就请子夏做了自己的老师，这样就使子夏有机会向年轻的文侯灌输孔子儒学的治国之道。据说子夏很长寿，魏文侯继位后，子夏还在世二十余年，得以对其的治国方略施加影响。同时，子夏的许多弟子，如田子方、段于木、李悝、吴起等，或者为其的座上客，或者担任国家的重臣，对魏国的强盛作出了很大贡献。

儒学对文侯的影响，主要表现在任用贤才方面。在孔子看来，国家的大治，并不在于君主对国家事务样样精通，而在于信任有才能的大臣。

君主制定大政方针，具体事务则放手由大臣去处理，在魏文侯的时代，魏国确实是人才济济。文有李悝、翟璜、魏成子（文侯之弟），武有乐羊、吴起。据记载，翟璜是识别和推荐人才的高手，李悝、乐羊、吴起，都是翟璜推荐给文侯的。魏文侯不仅任用了这些贤才，还不懈地支持他们的工作。文侯这种政治作风，在专制时代的君主中是不常见的。魏文侯还热心参与子夏之儒的学术活动，这对于儒学的传播和发展都有相当的促进作用。

西门豹治邺

公元前 403 年前后，在翟璜的推荐下，魏文侯任命西门豹为邺（今河北临漳）地的县令。邺地是魏国多水患的地区，并因此而贫困不堪。当地的贪官污吏，以治水为名，多方盘剥百姓，其手段令人瞠目。他们与当地巫祝联手，发明的治水办法是，每年向百姓摊派巨资，说是要为河神娶妻，其实大部分钱财都被他们据为己有。为了完成给河神娶妻，还要选择容貌姣好的女子抛入水中，其实就是人祭。西门豹到任后，为了革除这一陋习，采取了颇有策略的一招。在这一年给河神娶妻时，西门豹到场参视。他看了给河神选定的妻子后，大摇其头，认定此女子不会让河神满意。于是，西门豹决定让主持活动的老巫婆辛苦一趟，告诉河神改日再送个好女子。不由巫婆分说，西门豹就命令士卒们把巫婆探听消息。此时，当地的贪官早已吓得魂飞魄散，纷纷跪地请求饶命。给河神娶妻的陋习就此被根除。紧接着，西门豹利用惩治巫婆和贪官树立起的威信，开始了大刀阔斧的改革。他说服民众兴修水利，去除水患。

西门豹雕塑头像

经过几年的努力，共凿水渠 12 条，引漳河水灌溉农田，使邺地得以大治。在西门豹治邺的过程中魏文侯顶住了对西门豹的种种议论，使西门豹在邺地的改革最终收到了成效。

吴起在楚国的变法

公元前 382 年至前 381 年（楚悼公二十年至二十一年），来到楚国的吴起，在这期间主持楚国的变法，并因此而身亡。以吴起好胜的性格，常年担任魏国的西河郡守必定不能合其心意。眼看得不到魏武侯的重用提拔，吴起就在公元前 384 年前后南行，到达楚国。在位的楚悼王，很想效仿周围的国家，通过改革走上富国强民之路。所以，在公元前 382 年，就把吴起从宛（今河南南阳）地郡守升迁为令尹，主持楚国的政治改革。

与同时代魏国李悝和赵国公仲连的改革相比，吴起的改革更彻底，手段也更激烈，其核心是严厉打击世袭贵族的特权和势力。他削减大臣的权力和俸禄，去掉一些不实用的官职，减少对贵族封赐，已经受封的贵族，三代之后，就要交回受封的土地，以此减轻农民的负担，便于发展生产。而节约下来的开支，又可以增加军费，巩固国防。他把集中在城市里的贵族，疏散到荒远之地；同时，对贵族施行连坐之法。吴起还统一国家的意识形态，禁止各种异端邪说。这些措施，是比较明显的法家模式。在正统法家看来，国家只有两种人是有用的，即士兵和农民。循着这个路子走下去，首当其冲的受害者必然是世袭贵族。不过，当时有楚悼王的全力支持，贵族们的反对还只能停留在口头上。不幸的是，变法仅一年，还没有取得像样的成效，楚悼王就死了。利益受到侵害的贵族们随即发动政变，攻击吴起。吴起被贵族们围攻致死之后，又受了车裂之刑。

吴起变法的失败，一般认为主要是由于支持他的楚悼王过早死去。不过，更深层的原因，恐怕还是因为他的变法过于激进，有人也强调是因为吴起性格中“刻暴少恩”的一面，以至于在改革中采取了太多的铁腕手法。关于吴起的政治思想，传世的有《吴子》一书，但明显不是他本人所著，而是后人托吴起之名而写。

胡服骑射

公元前 307 年，赵国之主赵武灵王统率大军，对东面的中山国发动进攻。赵国军队打到中山国南部的房子（今河北高邑县东）时，久攻不克。中山军队趁机发动反击。赵国军队虽然人多势众，却被中山军队打得连吃败仗，不得不退出中山国境。赵国边境的鄗邑也被中山国占领。

燕国得知中山正与赵国交战，也想趁机夺取中山的土地，于是从北部攻入中山国。可是，燕国军队打到中山（今河北唐县）时，也被中山军队打得大败。

赵武灵王归国之后，带领众臣子到全国各地巡视。他对大臣楼缓说：“咱们国家的四周都是强邻啊！北面有燕国、东胡，四边有秦国、韩国和楼烦（部落名），东面有齐国、中山。我们如果没有办法使国家强大，赵氏宗庙就保不住了！”

赵武灵王又说：“我军与胡人（北方少数民族）交战时总是失利。他们的衣服很短小，袖子很窄，打仗时占了很大的便宜。所以我在国内推行胡服，提高军队的战斗力，你看可好？”楼缓说道：“您的办法真是太好了！咱们学习胡人的衣着，一定能改变在战场上被动挨打的局面。既然胡人的服装对打仗有利，为什么不学习他们？”

赵武灵王像

赵武灵王说：“我们不但学习胡人的衣着，也可以学习胡人的作战方式。我们是利用战车作战，而胡人是骑马作战，比我们要灵活机动得多！”楼缓也表示同意。可是随侍的其他大臣却说：“楼缓的看法不对！我们祖祖辈辈都穿宽大的服装，没人说不好。为什么轻易地改变衣着？”

回京后，赵武灵王又对大臣肥义说：“我看胡人的服装和作战方式对打仗有利，想学习胡服骑射。但很多臣子反对，你看应当怎么办？”

肥义说：“人们做事情如果顾虑太多，反而不会成功。大王如果真的想学胡人，就不要考虑大臣们的议论，要做就做。古代的帝王就曾经改变过生活习惯。舜曾经学习有苗氏部落的舞蹈，禹在治水时路过‘裸国’，也学他们的样子裸露着上身。”听了肥义的话，赵武灵王终于下定了改革旧习俗的决心。

赵武灵王先宣王叔公子成入宫，将穿胡服、学骑射的好处一遍遍地讲给他听。公子成代表传统势力，开始说什么也不愿穿胡人的衣服。可是到后来，他觉得赵武灵王的话确实有道理，也就愿意支持“胡服骑射”。赵武灵王大喜，立刻赐给他一套胡服。

群臣一见向来以谨慎守旧著称的公子成也开始穿胡服，知道“胡服骑射”的潮流难以阻挡，从此也改穿了胡服。

于是，赵武灵王下令在全国范围实行“胡服骑射”。很多人听从他的命令，穿起了更适合活动的胡服。赵武灵王还在北部地区召集一些善于骑射的人入伍，又将步兵改为骑兵，甚至还收编北方少数民族的武装。这样，一支赵国铁骑终于建立起来了。

当时，中原各国都崇尚礼乐，以中原文化为正统。而赵武灵王却认识到中原文化的不足，进行改革，这说明他不愧是一位伟大的政治家。

“胡服骑射”的改革收到了很大的成效。赵武灵王统率着赵国骑兵，不但打败了中山，而且战胜了林胡、楼烦等胡人部落，迫使他们向北迁移，使自己的国土不断扩大。

中国首创生铁铸造技术

春秋战国时期，中国在世界上首先发明生铁铸造技术。

冶炼生铁必须具备几个最为基本的条件：一是具有足够高的温度，二是始终保持足够强的还原性气氛，三是具有足够大的冶炼空间。中国古代很早发明了竖炉炼铜，积累了一整套高温还原冶炼的经验，中原地区在冶炼出块炼铁后不久，就炼出了生铁。长沙杨家山鼎形器等，是中国，也是世界上最早的生铁铸件。

春秋战国时代的生铁铸造遗址在河北易县燕下都，河北兴隆，河南登封、西平、新郑，山东临淄、滕县等都有发现，其中出土了大量铁渣、部分铸范以及炉壁残块。春秋时期的铸铁实物，已出土的有铁鼎、铁块、铁条、铁削（匕首）、铁臿、铁锛等。出土地点分别为江苏六合程桥，湖南长沙龙洞坡、识字岭、杨家山，常德德山，河南三门峡后川，洛阳中州路，信阳长台关，山西侯马等地。从这些实物中，我们可知当时生铁冶铸技术的基本状况。

铁炉技术。1977 年，河南登封阳城外发现一座战国铸铁遗址，出土了许多炉底残块和壁残块。前者是由掺了粗砂的黏泥制成，后者依工作部位的不同，从材料到构筑方式都有三种情况：一是炉底周壁残块，由耐火泥加入铁锄残块制成；二是炉腹内壁残块，是用泥条船筑而成；三是址炉壁口部残块，是由草拌泥条上下重叠而成。

出土的古代铁器

陶范铸造。登封阳城陶范的器形有镬、锄、镰、斧、刀、削、戈、带钩等，所有范料都由细碎精制而成。1957 年，长沙出土的战国铁铲器型完整，器身厚 1 至 2 毫米。可见战国陶范铸造技术已达相当高的水平。

铁范铸造。铁范约发明于战国前期，战国中晚期后，人们将它用于农具、手工业工具的铸造上。今河北兴隆出土的战国铸铁器具共有 87 件，器形有锄、镰、镬、斧、凿、车具等。铁范可反复使用多次，既可减少工作量，又可提高生产率。

生铁铸造技术的掌握及其后不久生铁经退火制造韧性铸铁和以生铁为原料制钢技术的发明，标志着生产力的重大进步，铁器在更大程度上满足了社会生产、社会生活的需要。相比之下，欧洲几乎迟了 2000 年才掌握了生铁冶铸及铸铁可锻化退火处理的技术。

商周的饮食

从新石器时代直到殷商时期，人们对谷物的加工一直比较原始简单。先民们通过碾盘、碾棒、杵臼等对谷物进行粗加工，难以提供大量去壳净米来满足饭食需要，只能连壳一起食用，只有少数贵族才有权享受去壳谷物。到了周代，石磨的出现，是谷物初加工方法的一次飞跃。

古代青铜鼎（仿品）

与谷物加工相比，周代的肉类加工更为考究，而且，作为对肉类初加工的选割，与后期烹制具有同样的重要性。尤其是周王室贵族在祭祀、宴会时所享用的各种肉类，其选割及烹制，由专设的官署“内饔”与“外饔”执掌。周代从进食方式到筵席宴飨，都对等级之别有着严格的规定。当时盛行的青铜饮食器具——鼎便是衡量社会身份等级的标志物：国君用九鼎，卿用七鼎，大夫用五鼎，士用一鼎或三鼎。豆也是如此，《礼记·

礼运》载天子之豆三十有六，诸公十有六，诸侯十有二，上大夫八，下大夫六。食品的消费是有严格限制的，《国语·楚语下》载观射父语：“天子食太牢，牛羊豕三牲俱全，诸侯食牛，卿食羊，大夫食豕，士食鱼炙，庶人食菜。”

《尚书·洪范》述：“惟辟作福，惟辟作威，惟辟玉食。”这就是说只有君主才能作威作福，吃玉食。《礼记·王制》说：“诸侯无故不杀牛，大夫无故不杀羊，士无故不杀犬豕，庶人无故不食珍。”夏商时期的烹饪方法非常少，到了周代，烹饪方法已非常多样，主要有煮、蒸、烤、炙、炸、炒等。当时用于煮食物的炊具主要的是釜、鼎、鬲等。食物的品种不断增多，各种炊具的相继发明，更新和更先进的烹饪方法的涌现也顺理成章，如炒、炸、炖、煨、烩、熬以及腊、醢、菹脯等腌制菜肴之法，都为中国烹饪技艺的发展奠定了基础。

魏开运河

公元前 361 年（魏惠王十年），魏国开凿鸿沟（运河），沟通黄河与圃（pǔ）田（湖泊名，今河南中牟西），此鸿沟是现今鸿沟最早的一段，魏国导引黄河水入网田，又筑沟渠引圃田水灌溉农田，鸿沟在战国时陆续被开凿成功，形成济、汝、淮、黄的交通水利网，是中原地区最早的大规模水利工程。鸿沟修成后，经秦、汉、魏、晋、南北朝，一直是黄淮间主要水运交通线路之一。它在今河南省荥阳北引黄河水，东经中牟北，开封北折而向南，经尉氏东、太康西、淮阳，再分两支：南入颍水，东入沙水，两者皆入淮河。中途在开封东分水入汳水（占汴水）。又南，向东分水睢水、油印涉（涣）水，皆可通淮。再南，向东分水淮水，直通淮河，形成黄淮间的水运交通网。

颛顼历问世

公元前 360 年左右颛顼历问世，与此前创制的黄帝历、夏历、殷历、周历和鲁历，合称“六历”。古代的这六种历法，都以一回归年为 365.25 日，所以也称“四分历”。根据云梦秦简的记载，秦国使用颛顼历，魏国则使用夏历。

颛顼历，以每年为 365 日又 1/4 日，采用 19 年 7 闰法，这是当时世界上最精确的历法之一。它与儒略历（儒略创制于公元前 46 年）相同，但在时间上却早于儒略历 300 多年。也有人研究确定，颛顼历成于春秋末年，那将比儒略历早 500 年。颛顼历以夏历十月为一年之首，闰月放在九月之后，所以有“后九月”的说法。中国古代的历法，既有计算时日的考虑，也有农业生产方面的考虑。各国或各个朝代采用的历法，不同之处大多在于一年之始在哪一月。这显然与各地不同的农业生产规律有关。

铜镜铸造业的发展

铜镜是古代用以照面饰容的用具，青铜铸造，一般作圆形，镜面磨光发亮，背面中央多设钮，在钮周围常铸各种花纹和铭文。

铜镜在我国起源久远。根据考古发掘，在原始社会末期的齐家文化遗址中就出土有距今 4000 多年的铜镜。从齐家文化经过商至西周，铜镜皆为圆形，镜身较薄，钮多为拱形，镜背已有简单的花纹，形体小，铸造量少，制作粗陋，始终处于原始状态。

春秋战国之际是我国铜镜铸造业迅速发展时期。春秋时期铜镜铸造数量有所增加，在河南、山东、山西、辽宁、湖南等地都有发现，主要仍为小型素面镜，制作粗糙，出现的少量花纹仍显出稚拙，未脱离原始状态。战国时期铜镜数量增多，质量显著提高。制镜工艺以楚国最为发达。早期铜镜镜背花纹精致，多采用蟠龙纹、饕餮纹、兽纹、涡纹等。中期以后，镜背花纹分为“地纹”和“主纹”两层。一般以云雷纹、涡纹作地纹，衬托以山字纹、花菱纹、禽兽纹和蟠龙纹为主体纹。此时铜镜多数为圆形，也已出现方形镜。有的镜背铸出透雕式兽

汉代铜镜（仿品）

纹和蟠龙纹，也有用金银错的工艺饰出各种生动复杂的花纹，十分精致。

汉代是我国铜镜铸造业昌盛时期，铜镜的制作和使用比战国更为普遍。西汉前期铜镜形制、花纹仍保留战国时代作风。当时最流行的是蟠龙纹镜，另外出现了“规矩形”纹样。这时铜镜上开始铸有铭文。汉武帝时期，铜镜的形制和花纹出现了显著的变化。镜钮普遍做半球状，还有伏兽、蛙形和连峰状。花纹严格对称于镜面中心，铭文增多。中、后期主要铜镜种类有“草叶纹镜”、“星云纹镜”、“重圈纹镜”、“日光镜”等。

王莽时期，大量流行“方格规矩镜”。此外，还有青龙、白虎等“四神”纹样和子、丑、寅、卯等十二辰文字的。镜铭中开始出现纪年。东汉前期最常见的是“方格规矩镜”和“连弧纹镜”。中、后期又开始流行“兽首镜”、“龙凤镜”、“盘龙镜”和“双头龙凤纹镜”，都以图案化的动物为纹饰。在长江流域，从东汉中期开始，还出现了“神兽镜”（以东王公、西王母等神像和龙虎等兽为主纹）和画像镜（车马、歌舞、历史人物、传说故事等图像）。花纹多对称于镜面圆心，还出现了对称于镜面直径的，纹样为浮雕式，内容丰富，立体感强。隋唐是我国铜镜铸造业高度发展时期。在形制、花纹等方面都呈现出新的面貌。在形制上突破了方、圆二形，创造性地设计出葵花形、菱花形、荷花形，还有钟形、盾形等多种式样，并出现了有柄镜。镜钮以圆形居多，也有兽形、龟形、花纹状。盛唐以后，镜上大量饰有瑞兽、凤凰、鸳鸯、蜻蜓、蝴蝶、葡萄、团花、宝相花和人物故事等新纹样。还采用了镏金、金银平脱、螺钿和宝石镶嵌等工艺，使唐镜脱离汉代铜镜的拘谨古朴状态，显示出其多姿多彩、流畅华丽之风。

宋、元、明、清时期，我国铜镜铸造业日趋衰落。北宋铜镜在形制和纹饰方面承唐遗风。南宋铜镜主要为湖州和饶州“铸鉴局”所造，在形制上最突出的是有柄镜增多。镜上多无纹饰，只铸出印章，标明铸造者的名号。元、明时期铜镜铸造都较粗糙，形状多为圆形，花纹有云龙纹、双龙纹和双鱼纹等。许多铜镜无花纹，只铸出纪年铭文。唐、宋以后，特别是明代，仿古镜风气盛行，主要是仿造各种汉镜。清代以后，则逐渐为玻璃镜所取代。

石头“书”与石鼓“书”

在古代，当纸张还没有发明之前，先人们要用文字记载他们所要表达的思想和事物，往哪儿写呢？春秋战国之际有位思想家叫墨子（约公元前 468 —公元前 376 年），他在《墨子》这本书的《非命》篇中就写有“书之竹帛，镂之金石，琢之盘盂”这么一句话。这句话的意思就是说将文字书写在竹简缣帛上，镌刻在青铜器和石头上，雕琢在盘盂上，可见在纸还没有发明之前，人们书写文字的载体就是竹帛、金石和盘盂。《墨子・非命》中为什么没有提到龟甲兽骨这一书写文字的载体呢？说明在墨子所处的年代，已见不到这一载体了，它早已在人们的记忆和视线中消失了。

石头是先人们书写文字的一种载体，自春秋战国以来镌刻于石头上的“书”

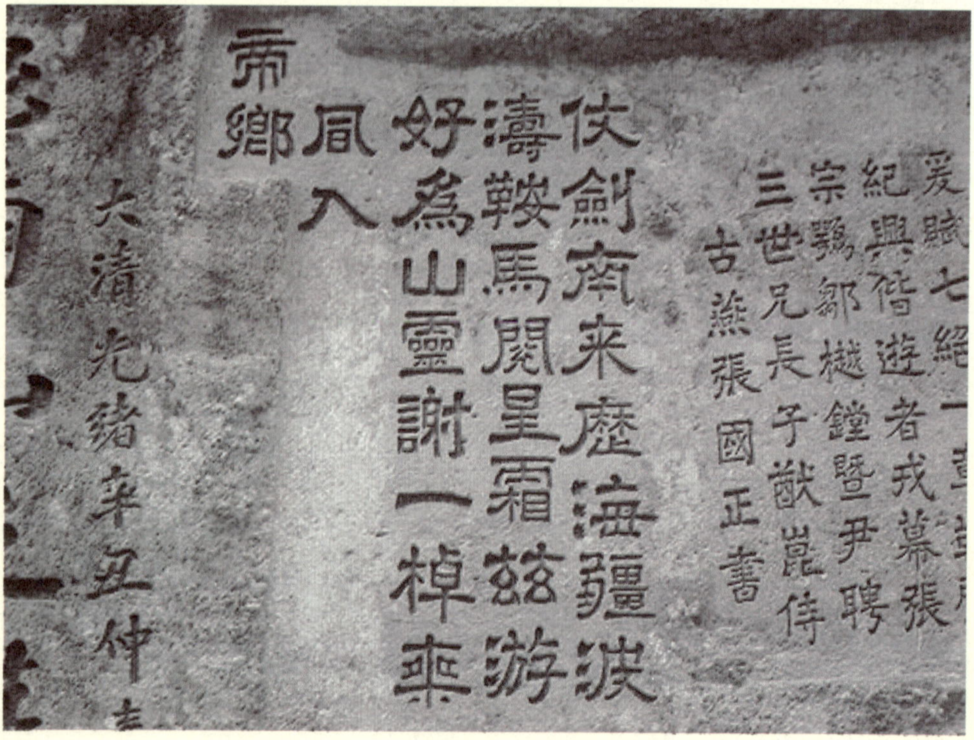

泰山大摩崖石刻

逐渐多了起来，在形式上各有不同，因而这些石头“书”的名称也各有不同。举例来说，将文字镌刻在长方形石头上的“书”叫“碑”，这种写在碑上的文字就叫做碑文，也叫碑书；将文字镌刻在圆首形或方圆之间、上小下大形状的石头上的叫做“碣”，这种写在碣上的文字就叫做碣文；碑和碣又统称为“碑碣”。碑碣文字在石头的“书”中较为常见，历史上著名的碑碣文字有战国时代秦楚之战时秦国诅咒楚国的《诅楚文》刻石；为秦始皇统一天下歌功颂德的秦刻石；将儒家经典镌刻于石碑的《熹平石经》《正始石经》《开成石经》《蜀石经》《北宋石经》《南宋石经》《乾隆石经》等。还有将佛教经文镌刻在方形石板上的叫做“经板”，著名的有被誉为“北京敦煌”和世界上最大的石刻图书馆之称的北京房山云居寺《房山石经》。还有将文字镌刻在山岩上的叫做“摩崖石刻”，闻名于世的有泰山大摩崖石刻《经石峪金刚经》，泰山唐摩崖石刻《纪泰山铭》等。

这些石头的“书”既是重要的文字记载，又是杰出的书法艺术精品，其中流传至今的都是国之至宝。

石鼓“书”就是将文字镌刻在石鼓形状的石头上的“书”。唐太宗（李世民）贞观元年（627年），有人在岐州雍县的三畤原（今陕西省凤翔和宝鸡交界处）的南园草丛中，发现了10个鼓形的石头，将石头身上的泥土清除干净后，发现石鼓上镌刻有许多文字，于是引起了人们的注意。

这10个石鼓是用花岗岩石凿刻而成，圆顶平底，底大而平，上狭下大，中间微凸，圆而见方，呈鼓形，故称之为石鼓。每个石鼓直径约1米，重约1吨。最为奇特的是每个石鼓的鼓腹上镌刻有四言韵文的诗各一首，每个石鼓上的字数不一，每字约2寸见方。这10个石鼓上的文字由于年代久远，并且石鼓长期暴露在田野之中，经风吹、雨淋、日晒，石鼓上的文字已有剥落，虽早在唐代发现时，就有人将石鼓上的文字拓下，但这些拓本后已失传，因而这10个石鼓最初究竟有多少文字已无人知晓。有人估计有700多字，也有人估计有600多字，说法不一。现存世最早的是北宋拓本，见到的文字已不到500字。北宋欧阳修（1007－1072年）见到时仅存465字，到了宋徽宗大观年间（1107－1110年）又减至432字。清乾隆年间（1736－1795年）摹拓时已减至310字，至现代，这10个石鼓上的文字大多剥蚀，有一石已一字无存。现存拓本中以明代嘉靖年间锡山安国所收藏的三种北宋拓本为最佳，这三种拓本分别命名为先锋本、中权本和后劲本，其中先锋本为安氏十鼓斋中第一本，其摹写文字更近于原本。我们今天想一睹石鼓文字的真面目，也就只能从宋拓本中见到了。

镌刻在石鼓上的文字与唐代文字不同，为人们前所未见，这些文字既不同于金文，也不同于小篆，经研究这种文字属于大篆，也就是籀文，因为镌刻在石鼓上，所以称之为《石鼓文》，这是金文之后、小篆之前的一种文字。《石鼓文》文字十分优美，宋代诗人苏轼在他所作《石鼓歌》中赞誉为“文字郁律蛟龙走”，清代康有为评之为“如金钿委地，芝草团云，不烦整裁，自有奇采”。《石鼓文》是我们至今能见到的现存最早的石刻文字，因而被誉为“石刻之祖”。

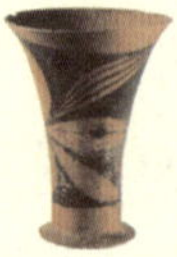

简策版牍

古人在龟甲、青铜器、石头上刻写文字，这种龟甲的“书”、青铜器的“书”和石头的“书”，我们称之为原始的“书”，因为它们毕竟还不是正式的书，应用和传播的范围也不广，这些“书”在当时是不能买卖流通的。在纸张尚未发明之前，古人发现竹木可以用来作为文字的书写材料，于是，“简策版牍”便出现了。

竹木怎样可以作为文字的书写材料？这些将文字写在竹木上的书为什么叫做简策版牍呢？

将文字写在竹木上之前，这些竹木是要经过一番加工的，并且还有一定的规格和要求。将竹木加工成长条形的竹片或木片叫做“简”，用竹做成的就叫“竹简”，用木做成的就叫“木简”。在竹简、木简上写字成书的叫“简书”，将写成简书的竹简、木简用绳编连在一起，以便于按次序阅读和保存的，就叫做“简策”或“简册”，“策”和“册”两字，在古代是可以通用的，都是一个意思。此外，用木加工成板片形状（不同于前说的长条形的木简，而是长方或正方形的），以此作为书写材料写成的书，就叫做“版牍”。以上这些书的总称就是“简策版牍”，简称“简牍”。

简牍

但是，牍并非一定全是木质的，也有少数的牍是竹质的。《简牍文书学》（作者李均明、刘军，广西教育出版社 1999 年 6 月版）一书中说：“但非绝对地简必竹质而牍必木质。木质之简极多见，如居延、敦煌汉简所见即是；竹质之牍亦曾出土，如 1993 年湖北江陵王家台 15 号秦墓出土竹牍一枚，残长 21 厘米、宽 4 厘米（荆州地区博物馆《江陵王家台 15 号秦墓》，《文物》1995 年第 1 期）。1975 年江陵凤凰山 168 号汉墓出土一枚竹牍，长 23.2 厘米、宽 4.1 — 4.4 厘米，牍面微弯（纪南城凤凰山 165 号汉墓发掘整理组《湖北江陵山 168 号汉墓发掘简报》《文物》1975 年第 9 期）……出土简牍中，南方所出多为竹质……以木制简，北方地区较普遍，皆由就地取材而致。今已出土之简牍，木质约占总数的三分之二以上。”

关于竹简和木版的制作方法，古书上早有记载，东汉应劭撰写的《风俗通义》一书中有这样的记述：“刘向《别录》云杀青者，直治竹作简书之耳。新竹有汁，善朽蠹，凡竹简者，皆于火上炙干之，陈楚间谓之汗。汗者去其汁也。吴越曰杀，杀亦治也。”（《太平御览》卷六〇六引）东汉王充在《论衡 · 量知篇》中也有如下记载：“截竹为简，破以为牒（dié），加笔墨之迹，乃成文字。大者为经，小者为传记。断木为椠（qiàn），为加刮削，乃成奏牍。”在《后汉书 · 吴佑传》李贤所写注中对此也作了解释：“杀青者，以火炙简令汗，取其青，易书，复不蠹，谓之杀青，亦谓汗简，义见刘向《别录》也。”以上三处引文中有两处提到刘向的《别录》，他们的记述是源于刘向的《别录》，刘向是西汉经学家、目录学家、文学家，汉武帝时奉命整理校勘群书，写成《别录》一书，此书后失传。

从上面所引古人的记述可以得知，竹简的制作是先将竹截成一定的长度，再劈成一根根一定宽度的竹简，还要在火上烘烤，以去掉竹中所含的水分，这就叫做“杀青”或“汗青”，这样既便于书写（易上墨），又可以防止变形和虫蛀。木简和木版的制作方法是将树木截断并分成板片后，再加以刮削平整而成。

“杀青”、“汗青”两词在古时又被用来作为著作已写成脱稿的名称，宋陆游在《读书》一诗中说：“《三苍》奇字已杀青，九泽旁行方著录。”在《新唐书 · 刘子玄传》中说：“头白可见，汗青无日。”这里所说的“杀青”、“汗青”都指书稿的完成，“汗青无日”说的是书稿的写成尚不知何日。

总之，以竹木作为文字书写的载体，与以甲骨、青铜器、石头作为文字的载体相比，是一大进步，为古人著书立说创造了方便条件。正是由于有了以竹木制成的简策版牍作为文字载体的出现，才有春秋战国时期“百家争鸣”的繁荣局面，各种学说得以用策牍的形式写作表达；古代一些重要的著作，如西汉司马迁的《史记》等，都是写在竹简上的，因而得以传之后世。

帛 书

一、帛书最迟出现在春秋战国之际

帛书（包括帛图、帛画）这种以缣帛作为书的形式，最早是在什么时候出现的呢？从发掘出土的帛书实物来看，现存出土最早的是战国时期的楚帛画和楚缯书，战国时期以前的至今尚未发现。但是从古代文献记载来看，春秋时期已是简帛并存的时期，这个时期已出现用缣帛作为书写文字的载体，春秋战国之际的思想家墨子，在《墨子》一书中有“古者圣王，书之竹帛，遗传后世子孙”这么一句话，这句话字数虽然不多，但足以证明在墨翟之前已以竹帛作为文字书写的载体。“竹”指的就是简策版牍，在上一个故事中已作了讲述；“帛”就是缣帛，在缣帛上所写的书就叫帛书，所作的图就叫帛图，所作的画就叫帛画。

此外，在《晏子春秋》中记载有齐景公对晏子说的一番话也是一证，齐景公说：“昔吾先君桓公予管仲狐与谷，其县十七，著之于帛，申之以策，通之诸侯。”近代研究认为，缣帛用于书写，当与毛笔使用时代相当。

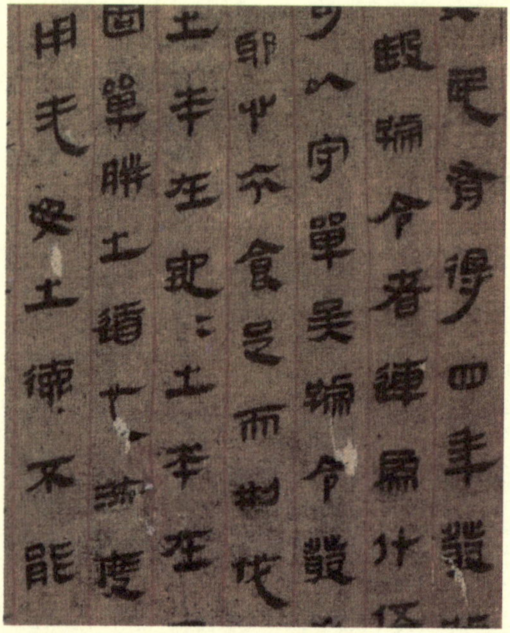
帛书

缣帛是丝织物，通过养蚕织丝才会生产出缣帛，有了缣帛才会有帛书，因此要从我国于何时起才会养蚕织丝说起。我国是世界上最早发明养蚕织丝的国家，传说黄帝的妻子嫘祖发明了养蚕缫丝，她教民养蚕，把蚕丝织成丝绸，用来做衣服穿，改变了人们冬天披兽皮，夏天把树叶串起来围在腰上的穿着方式。北周以后，嫘祖被祀为“先蚕”

（蚕神），人们尊称她为“先蚕娘娘”。这是古代传说，还要用事实来证明。

从考古发现表明，我国早在原始社会晚期，蚕丝纺织技术已经达到了一定的水平。1927 年，考古工作者在山西夏西阴村一处距今 5000 多年的遗址里，发现被切割过的半个蚕茧和一个石纺轮；1958 年，在浙江吴兴钱水漾一处距今 4000 多年的遗址中，发掘出麻布残片、细麻绳和一小块绢片、一段丝带，绢片和丝带是用蚕丝编织而成的。以上实物的发现，证明在四五千年前，我国已发明了养蚕缫丝和使用织制丝织品。早在商周时期，我国养蚕业已相当发达。安阳殷墟甲骨中已经有丝、蚕、帛、桑等字，西周典籍中也有养蚕、纺织和缫丝的记载，可知丝织已经是当时重要的家庭手工业。1993 年，欧洲公布了一个考古发现：奥地利考古学家在发掘古埃及一具女性木乃伊时，在木乃伊头发中发现了一块丝绸，这块丝绸与木乃伊同属一个时期，年代相当于中国的商朝，而商周之际的中国是世界上唯一的丝绸产地。早在公元前 2 世纪，我国大量丝织品就经古代横贯亚洲的交通道路西运，从而促进了我国和欧、亚、非各国的友好往来，这条西运之路就被称之为丝绸之路。

二、何谓帛书、缯书

我们将以缣帛为载体，在上面书写文字的书叫做帛书、缯书，这“帛”和“缯”都是丝织物的一个总称。我国古代第一部字典性质的字书，东汉著名经学家、文字学家许慎（公元 58 —公元 147 年）所著的《说文解字》，在“帛部”和“糸部”对“帛”、“缯”两字的解释是：“帛，缯也”，“缯，帛也”。所以，古代用缣帛写书作画就叫做帛书、帛画，有的也叫做缯书，如战国楚缯书，但一般多称帛书。

三、何谓缣帛的“缣”

缣帛的“缣”也是丝织物的一个名称，缣是双丝织成的细绢，是质量较好的丝织品。《释名·释采帛》中说：“缣，兼也，其丝细致，数兼于绢，染兼五色，细致不漏水。”说明缣的质量好，能染五色，还密不漏水。有一首古诗叫《玉台新咏·古诗八首》，其中有以下两句：“织缣日一匹，织素五丈余。”“匹”是绸布等织物的量名。《汉书·食货志下》中说：“布帛广二尺二寸为幅，长四丈为匹。”织缣一天能织一匹，四丈长，织素一天能织五丈多，织素要比织缣容易。

四、何谓“织素五丈余”的“素”

素也是一种丝织品，是白色的生绢。古乐府《上山采蘼芜》中有以下 4 句：“新人从门入，故人从阁去；新人工织缣，故人工织素。”“新人”指新娶的妻子，新人织缣织得好；“故人”指已被丈夫休弃的前妻，故人织素织得好。还有一种丝织品叫缣素，这是一种专供书画用的白色细绢。

五、何谓细绢、生绢的“绢”

前面提到缣是双丝织成的细绢，素是白色的生绢，缣素是专供书画用的白色细绢，那么什么是“绢”呢？绢是一种质地厚实而又坚韧的丝织品。《急就篇》卷二颜师古注：“绢，生白缯，似缣而疏者也。”绢是生白缯，说明绢是一种用生丝织成的白色的缯，是一种质地很好的平纹织物，可作书画、装潢等用。

由此可见，帛书、帛画的帛包括缣、素、绢等丝织物，这些丝织物都是帛书、帛画的书写作画的材料，所以帛书在古代有缣帛、缣素、缣书、素书等种种名称。

六、所谓缥囊的“缥”和缃素的“缃”

缥是一种青白色的丝织品，缃是一种浅黄色的丝织品，古代用缥或缃做书囊或书衣，用缥做的叫做缥帙、缥囊，用缃做的叫做缃素、缃帙。囊就是用丝织物制作的盛书的口袋，帙就是用丝织物做成的包书的套子。南朝梁文学家萧统（武帝长子，世称昭明太子）在《文选序》中说：“词人才子，则名溢于缥囊；飞文染翰，则卷盈乎缃帙。”这就是古代的缥和缃。

书法艺术的初起与发展

中国书法的历史源远流长，自殷商的甲骨文至西汉，先后出现了金文和篆书。甲骨文、金文和篆书虽然书契工具不同，字体也有所区别，但是书法特征大致相同：一是结体繁复，字形的象形意味较浓；二是线条单纯，无明显的粗细变化和形式区别。

从东汉到唐代前期，我国书法艺术进入成熟期。这时，书法开始由“原始实用”向“纯艺术”转换。但绝大多数仍承载着一定生活内容的实用书牍。当时，近代意义上的自觉的“书法艺术创作”作品还没有出现。

盛唐以后，我国的书法艺术进入了繁荣期。书法艺术日益多样化。以唐楷为例，就有欧（欧阳询）体、褚（褚遂良）体、颜（颜真卿）体、柳（柳公权）体等。行草书则更自由奔放，或沉雄豪健，气如幽燕老将；或和婉清丽，形同绝代佳人；或浑穆苍古，神似山村野老；或端庄凝重，貌似谦谦君子，出现了百花争艳局面。

一、金文

我国古代称铜为金，古代在各种青铜器物上铸刻的铭文称为金文，也称吉金文。此外，古代青铜器有礼器、乐器之分。礼器主要以鼎为主，乐器则以钟为主，古代人把钟鼎作为重器，多在上面铸以文字来记事，金文因此也称为“钟鼎文”。金文主要承袭甲骨文字而来。

金文最初开始于商代末期，盛行于西周。它的内容主要是记录当时社会，特别是王公贵族的活动情况，大多以祭祀典礼、军队征伐、各类契约等事情为主。

金文可大致分为四种类型，即殷金文（约公元前 1300 —公元前 1046 年）、西周金文（约公元前 1046 —公元前 771 年）、东周金文（公元前 770 —公元前 222 年）和秦汉金文（公元前 221 —公元前 219 年）。

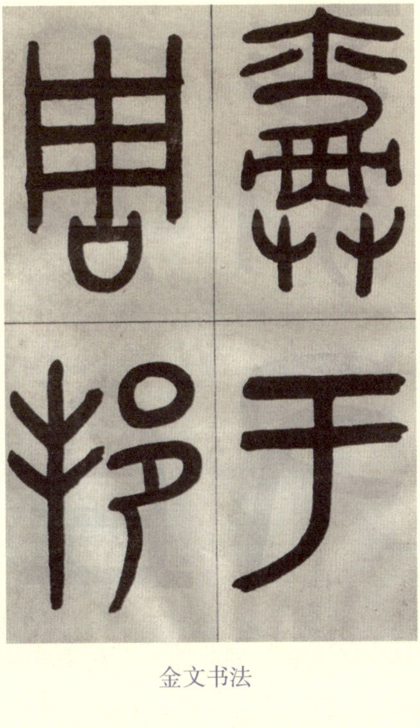
金文书法

殷朝是一个统一的朝代。当时的金文与甲骨文一样，一个字有着许多种写法。但字体比较工整，字形较为整齐和规范，笔画和结构上简单明了，例如乙亥鼎、丁巳尊、戊辰彝。

殷代金文的形体与甲骨文相近，字数较少，字体都取纵势，布白参差有致，大小不齐，有自然之妙。从金文的字体和书写来分析，金文的产生正是由殷周时甲骨文发展到大篆时期的过渡阶段，因此其风格与甲骨文相近。金文出现在商周时代，这与甲骨文同属于一个体系。可以这么说，金文继承了甲骨文，在部分的文字当中甚至保存了比甲骨文更早的文字书写方法。与此同时，金文却又以跨越式的形式为汉字的进一步发展奠定了基础。金文所使用的字体比甲骨文多且丰富，特别是形声字多，这充分体现了汉字形声构字的原则。形声字开始在汉字的发展史上取得优势性地位，也正是从这时开始的。此外，金文书写的笔画明显减少了，字体书写与甲骨文相比较更为简练、规范，体现了汉字由繁到简的一个发展过程。

周朝初期仍然延承了殷代的风格：笔致方折、体势多纵、文辞增多、辞藻茂美，布局上日趋整齐、大小均匀，例如盂鼎、静敦、楚公钟等。其中“盂鼎”有铭文 19 行，291 字，落笔雄壮。

西周中期至东周初期，金文的用笔由折变锋，收锋处常以抽毫为注墨，末笔波磔全部消除；文字书法渐趋整齐宏伟；铭辞趋于长篇，有近 500 字左右的作品出现。历史上的著名铜器大都出自该时期，如毛公鼎、散氏盘、虢季子白盘、颂鼎、大克鼎、宗周钟等。

秦汉时期，小篆兴起，金文逐渐走向衰落。

二、篆

篆，也称籀文，因为其记录于字书《史籀篇》而得名。《汉书·艺文志》：“《史籀》十五篇，周室王太史籀作大篆。”大篆是西周时期普遍采用的字体，上承西周的金文，下启秦代的小篆，相传为夏朝伯益所创。

籀文是秦国所使用的文字，后来发展成为小篆。在我国的文字史上，夏、商、周三朝对文字发展的贡献，主要以史籀为主。据传，“籀”的意思是“诵读”。春秋时期，秦人作的《史籀篇》中收录了 223 个字。史籀是周宣王时的史官，他别出心裁，创立了这种新字体，以求书写简便。后来就用史籀的名字为该种文字命名，故世称“籀文”。

西周后期，大篆在相当大的程度上保留了西周后期文字的风格，只是略有改变。大篆的书写逐渐线条化，无明显的粗细不均的现象。早期粗细不匀的线条变得均匀、柔和，笔势圆整，随着实物刻画出的线条非常简练生动。它的形体结构比金文工整，字形结构也趋向于整齐一致，逐渐摆脱象形的拘束，奠定了后来方块字的基础，同一器物上几乎没有异体字。大篆在相当大的程度上保留西周后期

篆书书法

文字的风格，只是略有改变，笔画更加工整匀称而已。

唐朝时出土的“石鼓文”一般被认为是大篆遗留下来的真迹。唐初在天兴县陈仓（今陕西宝鸡）南之畴原出土的径约 3 尺，上小下大，顶圆底平，形状像馒头一般的十个鼓状的石墩子。据考证它是秦献公时所刻写，石墩子的上面刻有秦献公十一年（公元前 649 年）所作的十首四言诗，是我国最早的刻石文字。石鼓上原刻有 700 多字，现仅存下 300 多字，现藏于北京故宫博物院。其内容大都为畋猎之事的记载，后人称为“猎碣或雍邑刻石”。石鼓上所刻写的文字与《史籀篇》中文字相同，是籀文的代表作。

三、隶书

隶书是汉字的一种字体。它的书写庄重，略微宽扁，横画长而直画短，讲究“蚕头雁尾”、“一波三折”。隶书孕育萌芽于战国时期，在秦代有所发展，到西汉时期基本定型，在东汉时期达到顶峰。魏晋以后的书法，以草书、行书、楷书发展最为迅速，隶书虽然没有被废弃，但因变化不多而出现了一个较长的沉寂期。清代时，在碑学复兴浪潮中隶书再度受到重视，出现了郑燮、金农等著名书法家。他们在继承汉隶的基础上有所创新。

有关于隶书的起源，众说纷纭，归纳起来大约有以下两个方面：一是秦代篆书写起来烦冗，不利于流通和使用，因此代以“篆之捷”的“佐书”，而在民间中下层中，草率急就的“草篆”体十分流行；二是这种“简捷易写”的“草篆”

体格式上并不统一，后来秦狱吏程邈提出的一套改进方案被官方采用，由于他曾经入狱为徒隶，所有这种字体就被称作“隶书”，这就是历史上的程邈创立隶书说。隶书的演变过程称为“隶变”，隶变承前启后，对草书和楷书的形成有重要的作用。

隶书也叫“八分”，初为古隶，后来出现的汉隶被称为八分。一般认为，隶书包括八分，八分是隶书中的一部分。但“隶书”和“八分”的关系，至今尚无定论。

西汉初期仍然沿用秦隶的风格，到新莽时期开始发生重大的变化，产生了点画波尾的写法。西汉中期以后，隶书脱离篆体作为独立的字体已经完全得到确立。现存较有代表性的隶书有：20世纪出现于西陲流沙中的西汉宣帝五凤元年（公元前57年）、成帝河平元年（公元前28年）、新莽始建国天凤元年（公元14年）等时期的书简、乐浪汉墓出土的西汉平帝元始四年（公元4年）、东汉明帝永平十二年（公元69年）的漆盘上的铭文等。这些字从结构和字形上都完全改变，笔势则长波更自然横出，和篆体的直垂形大不相同。相像的字形在东汉的碑刻中还能见到很多。

西汉的碑刻中还发现了一些面积大都方正或个别字带长形，又仅有极短波势的字体，其代表性作品有西汉宣帝五凤二年（公元前56年）的《鲁孝王刻石》、东汉安帝元初四年（公元117年）的《祀三公山碑》等。在这些碑刻中已经基本上消灭篆体而形式稍有小异的“正体字”。该种字体应为隶书，因为其形式自秦到汉，变化不是很大。

四、章草

汉代是书法艺术的繁荣时期。章草也在汉代应运而生，一般认为是书写章奏或章程所用的比隶书简捷的书体。章草改变了横平竖直，笔笔间断的隶书写法，成为圆转牵连，粗细交替，形态检束的字体。这种字体右边仍有波磔，这是它保留隶意，不同于今草的特征。

章草是风格上仍然带有一些汉隶特点的草书，笔画上有隶书的波磔和挑笔，字与字之间没有牵连而单独存在。其草法艺术仅表现在单个字体上，结构上比较平整，结体和笔法上解散隶法，为以后出现的草、行、真书的结体、笔法的萌生奠定了基础。在敦煌出土的西汉晚期木简中，我们可以看到整简成熟的章草体貌。

东汉时，章草在简牍中的作品更多了，笔法精到，风格丰富多样。

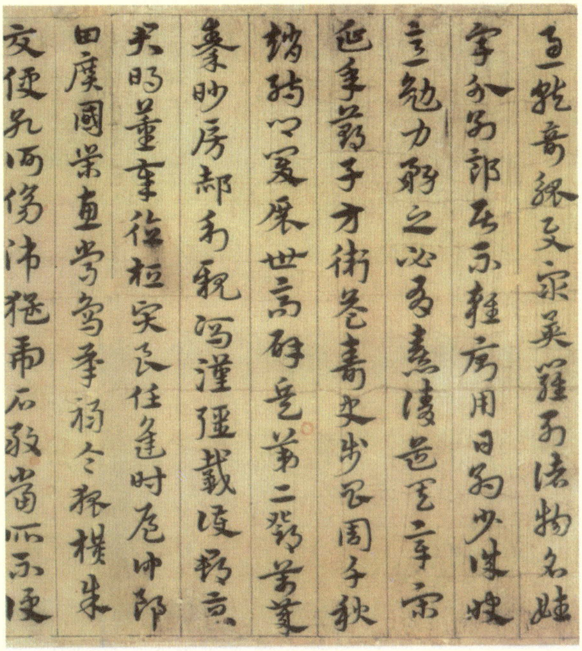

章草书法

章草是一种对隶书的草写，是从秦代草隶中发展演化出来的一种新书体。西汉元帝时史游通过整理后编写了《急就章》，使得章草这一书体规律化，表现在书体有了范本。章草的特点是每个字都是独立的，不似今草字与字纽结纠缠在一起。它的笔画特点是：圆转如篆，点捺如隶；单个字笔画间有牵丝萦带、缠绵连接；笔画的粗细轻重变化比较大，有些横画常常似隶书捺脚状向右上方重笔挑出，仿似隶书收笔。

章草省掉隶书的蚕头却保留了雁尾。因为雁尾的重笔挑出，对于快速书写很不方便，因此章草后来逐渐发展为今草，并被其所取代。今草的很多方面明显体现了对章草的承袭关系。书家王世镗曾说："初学宜章，既成宜今。""习今而不知章，是无规矩而求方圆，未见其可也。"《书学概论》："倘徒以今草是尚而昧于章草，等于学帖而无碑，其卑俗浮滑自不待言。"

关于章草的由来有两种说法：一是相传章草是由汉元帝时的黄门令史游所创立，作有《急就章》，后人取其"章"字称该字为"章草"；二是后汉章帝喜欢杜度的草书，命其在上奏本章时写成草书，因此得名"章草"。

五、今草与狂草

今草，又称"小草"，是草书的一种。今草是在继承章草的基础上适应隶书形体上的发展演变，减少章草的点画波磔而发展起来的。它的行笔自然，刚柔相济、疏密相宜、笔画连绵回绕，文字之间有连缀，书写较之长草，更加自由便略。

相传，今草起源于东汉末年张芝的冠军帖，后世将张芝列为"草圣"。东晋以后逐渐成熟，为东晋王羲之所发扬完善。今草代表作是王羲之的《十七帖》。张芝之后的草书家崔瑗在《草书势》中是这样描述草书的："状似连珠，绝而不离"、"绝笔收势，余綖纠结"、"头没尾垂"、"几微要妙，临时从宜"。从中我们可以知道东汉末期的草书笔势流畅，已经不再拘泥于各类章法。

狂草，又称为大草，是在今草的基础上将点画连绵书写，形成的"一笔书"，在章法上与今草一脉相承。狂草笔意奔放，体势连绵。在唐代时出现的以张旭、怀素为代表的狂草，是完全脱离实用的书法艺术创作。张旭的狂草左驰右骛、千变万化，极诡异变幻之能事。他喜欢饮酒，往往大醉后挥毫作书，或以头发濡墨作书，如醉如痴，世人称之为"张颠"。他与李白、贺知章、李适之、李琎、崔宗之、苏晋、焦遂称为"酒中八仙"。他精工楷书、草书，尤以草书见长。他的书法得于二王，而又独创新意。楷书《郎官石柱记》，取欧阳询、虞世南笔法，端庄严谨而不失规矩，展现出楷书的精妙。张旭的书法热情奔放、豪迈恣肆如"飞鸟出林，惊蛇入草"。张旭的草书虽然狂、草，但却不失法度，一点一画，都有规矩。张旭传世的作品不多，现今遗存的有《肚痛贴》、《古诗四帖》等。

怀素擅长草书，也喜好饮酒，每至酒酣兴发之时必挥毫书写，笔走龙蛇，人称"醉僧"。他的笔法圆劲有力，使转如环，奔放流畅，一气呵成。怀素的草书笔法瘦劲圆转、飞动自然、法度完备。其字一笔而成，偶有不连而血脉不断。当时，有人描述他作书时，称："忽然绝叫三五声，满壁纵横千万字。"怀素的书法可以说是古典的浪漫主义艺术的生动体现，对后世书法的影响极为深远。

六、行书

行书是介于楷书、草书之间的一种字体。行书一定程度上可以说是楷书的草化或草书的楷化。偏向于楷书的叫做"行楷"，偏向于草书的叫做"行草"。它是为了弥补楷书的书写速度过慢以及草书的难于辨认而产生的。

行书大约产生于东汉末年。《书断》一书的行书绪论中说，行书是刘德升所创作。又据同书书家评传说："刘德升字君嗣，颍水人。桓灵之时，以造行书擅名，虽以草创，亦丰妍美，风流婉约，独步当时。胡昭、钟繇，并师其法，世谓钟繇行押书，是也。"

行书的出现大概与八分楷法时间相近，其形式也和八分楷法及后来的正书十分接近，只不过游走一些，所以称为"行"。因此，可以认为它是在隶书向（章）

草书转变过程中，由“正体字”中出分支出来的。桓、灵时期的“正体字”除了隶书之外，还有“八分楷法”，所以行书又被人们认为是“八分楷法”的别支。其实与其他书体一样，它最初也是由民间的群众书写者创制的。只要将八分书写得较其他书法游走一些，再去其隶体波势，就变成行书了。在出土于汉末的简书中多见这种形态。

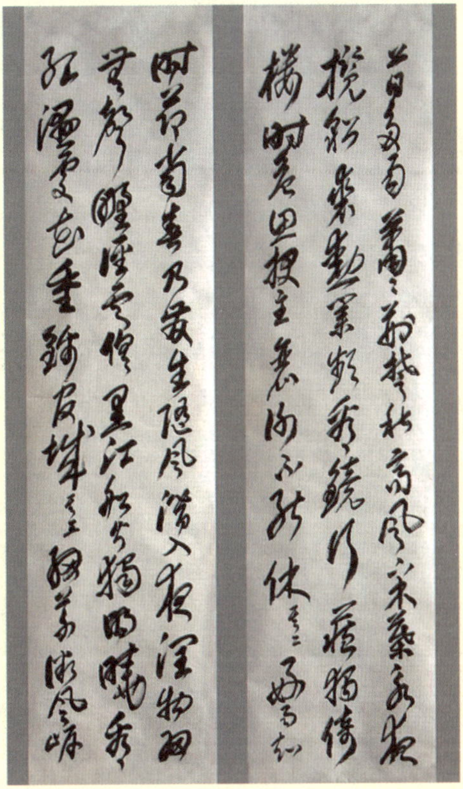

行书书法

钟繇行押书的墨迹已经失传，《淳化阁帖》中录入的钟书，只有《雪寒帖》比较流行。此外，黄伯思考定的王羲之早期仿钟书的《长风帖》倒是更接近行书。此后，行书普遍流行于信札往来以及一般文书中，晋唐之后名手就更多了。存世最古的行书著名墨迹真本（不包括刻本）应推王殉的《伯远帖》和唐摹王羲之的《丧乱帖》等。

行书书写确实比草（章）书、楷书要简便，它接近正体字，比较容易识别。所以这种字体一直到今天还为人们所使用，也是所用范围最广的一种。我国现存最为著名的行书作品是东晋书法家王羲之的《兰亭序》。

七、魏碑

魏碑是南北朝时期北朝的碑刻书法作品的统称。魏碑原称北碑，在北朝相继的各王朝当中，以北魏的享国时间最长，后世就用“魏碑”来代称包括东魏、西魏、北齐和北周在内的整个北朝的碑刻书画作品。魏碑多在悬崖峭壁上刻像造石，故碑刻居多，其碑版、墓志、塔铭、造像题记、幢柱刻经等数千万计。

北朝是历史上石刻书法兴盛的时期，它是继东汉桓、灵时期隶书兴盛之后出现的第二个石刻书法的高峰。这一时期的石刻书法继承汉隶的笔法，结体谨严，笔姿厚重大方、雄健挺拔，为世人所宗。其风格多样，所谓“隶楷错变、无体不备”。魏碑的书法艺术，主要分为两大类：一类主要是佛教的造像题记。北朝信奉佛教，其碑刻作品主要是以“石碑”、“墓志铭”、“摩崖”和“造像记”的形式存在的，其中比较著名的是龙门石窟的造像题记。这些题记有三千余品，最为著名的是《龙门二十品》。另一类是民间的墓志铭。墓志在南北朝时期十分流行，北魏时期的墓志铭比以往各朝代的都要多，书法作品带有汉隶笔法。

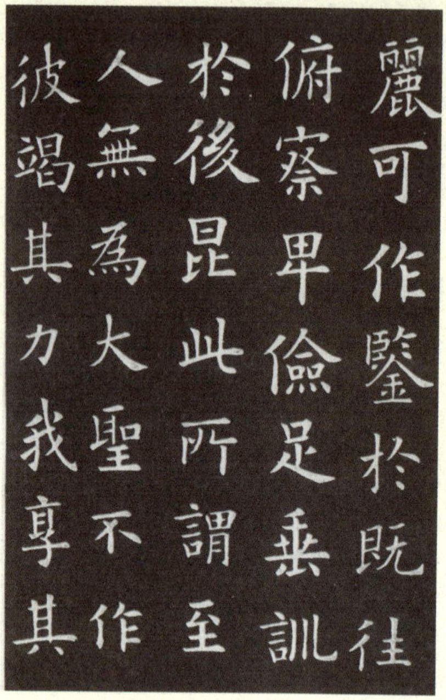

楷书书法

我国现存的魏碑书体都是楷书。魏楷和晋楷、唐楷并称“三大楷书字体”，其特点是笔力、字体强劲，是我国传统书法作品的楷模。我国的魏晋之际就已经有了楷书作品，钟繇的《宣示表》和王羲之的《黄庭经》等楷书作品在当时已经是较为成熟的楷书作品了。钟繇和王羲之初步完成了隶书变楷书的过程。由于当时北方政局不稳，大批的西晋知识分子跟随晋室南渡，北朝的书风开始与南朝书风有很大的差异。由于晋室南渡，北魏的民间书法家并没有继承晋室遗留下来的成果，而是遵循民间书法原有的轨迹发展。其书法作品更多的是直接从汉魏时期的隶书发展演变而来的。所以，北朝现今存留下来的碑刻作品很多是民间作品，这些作品与南朝士大夫所提倡的书法风格有很大的不同。

北朝石刻留存以河南洛阳最多，次则山东泰山、岗山、尖山、铁山、葎山诸摩崖刻经（其中《泰山经石峪金刚经》最具特色）以及云峰山、百峰山、太基山题刻，再有就是陕西耀县药王山及富平、铜川一线的造像记等。

八、楷书

楷书，又称“正书”、“真书”，是汉字书法中常见的一种字体。这种字体的特点为形体方正、笔画平直，可作楷模，因此而得名。楷书是现代汉字手写体的参考标准。我国古代楷书的名家很多，如欧阳询（欧体）、虞世南（虞体）、颜真卿（颜体）、柳公权（柳体），以及元代的赵孟頫（赵体）等。

楷书是从古隶演变而来的。初期楷书仍然残留极少的隶笔，横画长而直画短。东晋以后，南北分裂，书法亦分为南北两派。南北朝时期，因为地域间的差别、个人习性，书风迥然不同。北书刚强，南书蕴藉，各臻其妙，无分上下。

在北魏前后的一段时期中，楷书的时代共性感很强烈，艺术个性也是千姿百态。此时的楷书带着汉隶的遗型，笔法古拙劲正，而风格质朴方严，长于榜书，形成了中国书法史上楷书的第一个高峰——魏碑。唐代时，楷书的发展达到鼎盛时期，书体成熟，大家辈出，楷书迎来了又一次发展的顶峰——唐楷。

楷书对大篆、小篆、汉隶、汉简、章草等各种书体的笔画进行综合，提炼出一套基本笔画：点、横、竖、撇、捺和提、折、弯、钩。这几个常用的笔形极为精简，做到以简驭繁而又不失基本造字之旨。随后，楷书确立了各种笔画的标准形态，使得汉字的形体空前规范。特别是在笔画的穿插、组合和各类偏旁结构的处理上，楷书做得非常精密、合理。楷书是汉字长期书写实践的产物，是中华民族文化智慧的结晶。

相对于魏碑而言，唐楷是一个进步。但是随着唐楷而来的“馆阁”之风愈演愈烈，由宋元至明清，人们对其逆反心理逐渐增强，于是有了清代碑学的反思，有了尊魏卑唐之论，大家开始回头向魏碑去寻求营养。平心而论，魏碑古拙简朴的逸趣实在是法度精严的唐楷所缺乏的。人们的追求从唐楷转向魏碑，证明了魏碑含蓄深厚的艺术魅力。在过去尚未被全部发现和认识的魏碑，是一座沉睡了几百年的宝藏。时至今日，书界似乎形成了不成文的规定：在写了唐楷之后，如不再加上魏碑，器宇就不能算脱俗，也不够层次。这固然和包世臣、康有为等人的大力倡导有关，深层次的原因，恐怕主要还是在于魏碑本身确有唐楷不及之处。

战国铜塑

战国时代的青铜工艺在造像上有了突飞猛进，使中国雕塑艺术迅速发展。战国时期，由于青铜工艺的分铸、焊接等技术的进步，失蜡法的应用和错金、银、铜与镶嵌技术的风行，使铜塑有条件追求华美奇巧，出现了许多生动、充满活力的艺术作品。人物铜塑，主要是用以连接承受器物的人形器座，突破呆板，表现出人物活动的瞬间表情。湖北曾侯乙墓的6个钟铜人是战国人物铜塑的代表作，

江苏涟水出土的战国卧鹿（仿品）

其武士装束表现得肃穆、刚毅、有力。战国时动物铜塑也达到很高的艺术水平，其代表作有陕西兴平出土的犀尊、江苏涟水出土的卧鹿、河北中山国墓出土的虎噬鹿器座等。犀尊躯体结构准确，充分表现出巨大体量的动物在静止时的内涵力量。卧鹿据考证是青铜镜架，镜悬于鹿角上。但其造型的完整性完全可以作为独立的雕塑作品看，它很好地表现了在静卧时，仍然保持警觉的鹿的神态。虎噬鹿器表现一头猛虎衔住小鹿向前奔驰的场景，有力地表现了兽类在激烈搏斗中迸发出的冲击力量。这些作品反映了作者对于客观对象的敏锐观察与高超的表现技巧。

都城洛阳的大量考古发现证实，这时的都市已成为大规模生产的中心，工厂生产从青铜器到织物等各种物品。有 8000 件石器被发掘，包括战国时期的各种雕饰和玉器等，它们显然来自同一个作坊。在侯马，一个位于今山西省的晋国大城市，出土了大量青铜铸器，包括超过 3 万件的艺术品铸模和数以万计的坩锅碎片及铸造工具、器皿、武器和钱币的模子。

承继商朝的传统，东周艺术家铸造的青铜器物做工十分复杂，而且装饰精美。约在公元前 550 年，他们开始运用失蜡工艺——一种不同于传统铸模方法生产单个艺术品的精细工艺。运用失蜡技术，他们制造蜡模，并在蜡模里面精心雕刻。然后，以湿黏土完全盖住，做成上面留有小洞的铸模。接着，他们烘烤铸模，使蜡熔化，或从小洞中溢出。把熔化的青铜汁浇注在曾有蜡的模具空隙处。这样，他们就铸造了一件与模的形状一样的青铜器，但最初的蜡模却因此消失了。

艺术家们在金、银艺术品的制造方面同样有着较为高超的技艺，这些金、银制品包括食器、酒器、项链、耳环和皮带扣环，还有做成人、鸟、兽形状的各种装饰品证明了这一切。这些属于上流社会的豪华饰品很少被发现。对于贵族们来说，玉被雕琢成项链、头饰、皮带饰物及鸟、动物、几何图形，是最自然的选择。这类制品，不管它们体积大小，都凝聚着匠人们长时间的劳动。

晶莹连接的玉石使得艺术家不能用普通的工具雕刻，他们得去掉玉石的外表，将它们磨碎成粉末状，或打磨成深褐色。

漆艺在商周年间也已趋熟练。东周时期，漆艺被更广泛地运用，技术有了进一步提高。漆艺被运用于木质材料、金属，甚至在皮革上。例如，盾牌是用展开的皮革固定在木板上，并且用松脂一层层将其拉紧。

复杂的图案来自于基本图式，如动物、龙纹，或云气纹，然后以黑、黄、褐、红等色油漆到盾牌上。

战国建筑

战国时期（公元前 476 —公元前 221 年），地主阶级在许多诸侯国内相继夺取政权，宣告了奴隶时代的结束。战国时，社会生产力的进一步提高和生产关系的变革，促进了封建经济的发展。那时手工业发展，城市繁荣，规模日益扩大，出现了一个城市建设高潮，如齐的临淄、赵的邯郸、魏的大梁，都是工商业发达的大城市，又是诸侯统治的据点。据记载，当时临淄居民达到七万户，街道上车轴相击，人肩相摩，热闹非凡（《史记·苏秦传》）。根据考古发掘得知，战国时齐都临淄城南北长约 5 公里，东西宽约 4 公里，大城内散布着冶铁、铸铁、制骨等作坊以及纵横的街道。大

出土的战国青瓦

城西南有小城，其中夯土台高达 14 米，周围也有作坊多处。战国时出现了更多的城邑、宫室。战国都城一般都有大小两城，大城又称郭，是居民区，其内为封闭的闾里和集中的市；小城是宫城，建有大量的台榭。此时屋面已大量使用青瓦覆盖，晚期开始出现陶制的栏杆和排水管等。

战国建筑可以河北平山中山王陵为代表。它虽是一座未完成的陵墓，但从墓中出土的一方金银错《兆域图》铜版，即此陵的陵园规划图，仍可知它原来的规划意图。中山王陵有封土，同时在封土上又有享堂。据《兆域图》和遗址，复原其当初形制是外绕两圈横长方形墙垣，内为横长方形封土台，台的南部中央稍有凸出，台东西长达 310 余米，高约 5 米；台上并列五座方形享堂，分别祭祀王、两位王后和两位夫人。中间三座即王和两位王后的享堂平面各为 5252（米）；左右两座夫人享堂稍小，为 4141（米），位置也稍后退。五座享堂都是三层夯土台心的高台建筑，最中一座下面又多一层高 1 米多的台基，从地面算起，总高可达 20 米以上。封土后侧有四座小院。整组建筑规模宏伟，均齐对称，以中轴线上最高的王堂为构图中心，后堂及夫人堂依次降低，使得中心突出，主次更加分明。中国建筑的群体组合多采用院落式的内向布局，但也有外向性格较强者，中山王陵虽有围墙，但墙内的高台建筑耸出于上，四向凌空，外向性格就很显著。封土台提高了整群建筑的高度，使得从很远就能看到，很适合旷野的环境，有很强的纪念性格，是一件优秀的建筑与环境艺术设计作品。

值得一提的是，墓中出土的《兆域图》是已知我国最早的一幅用正投影法绘制的工程图（此图距今 2300 年，世界上最早的正投影图是埃及金字塔的平面图，距今 5000 年）。图上所标方位与现代地图相反，为上南下北，图上文字均用战国时期的文字——“金文”书写，图上所有线条符号及文字注记均按对称关系配置，布局严谨；图中的尺寸采用“尺”和“步”两种单位表示，比例尺约为 1 比 500。此图不仅表明了当时的制图水平，还告诉人们当时的建筑是先绘制出平面图才施工的。

先秦车舆

先秦车舆作为中国古代文明的一种智慧凝结物，集中体现了古人异常高超而精巧的制作水平。

出土的先秦车舆

先秦的车舆为单辕，亦称“辅”，车辕的制作技术相当精巧。辕是驾车用的车杆，前端通过衡与轭置于马颈上，后端则与车轴相连，所以，车辕前端是与马颈等高的。因马颈较高，一般在 1.3 — 1.4 米之间，如果辕为直木，那么要保持车舆不前后倾斜，维持基本的平衡，就必须加大车轮，使车轮的半径与马颈等高。但这样一来，车轴、车舆也随之升高。车轮太大，运转不灵，车舆太高，登降不便。为了解决这一问题，既不使车轮太大，又要保持车舆大致呈水平状态，于是古人想出了一个绝妙的解决方法，这就是将车辕做成前高后低的曲木，即后半平直，前半弯曲上扬。

古人对车舆前车轼的设计也是相当合理的。从先秦车舆的构造中我们知道，舆的周围设有不太高的栏杆，前有扶持的横木，叫轼，轼高于四周的栏杆。春秋时著名的齐鲁长勺之战，曹刿曾登轼而望齐师。曹刿之所以登轼就因为轼是舆上较高的部位，站在上面可以看得更远。

有些车外表涂漆，并绘有图案，或者镶嵌蚌片、铜片，特殊部位还装有青铜构件,使之更为美观。《诗经·大雅·烝民》中曾有“四牡彭彭,八銮锵锵”的描写，这就是说当雄壮的四匹（公）马行走时，八个銮铃就不停地响着。有的车上还插有旌旗，屈原的《国殇》在描述车战场面时就提到“旌蔽日兮敌若云”。还有车上的伞盖，这种伞盖可撑可合，可装可卸，异常精巧。

从车的结构及车上的装饰可知，它的制作是相当复杂的。所以《考工记》说：“一器而工聚者，车为多。”因它涉及攻木之工，攻金之工（冶铸），攻皮之工和设色之工等多项工种。这充分说明了古代劳动者高超的工艺水平。

先秦音乐

在漫长的原始社会时期，我国的先民就发展出了自己的音乐。根据现存的远古传说，可以知道这些音乐起源于劳动，是和巫术、原始舞蹈、诗歌融为一体的。在古书记载的传说“百兽率舞”与“奋五谷”，即远古音乐与先民们的祭祀、狩猎、畜牧、耕种生活有关的证据。考古工作者在文化遗存地区中也发掘出了原始乐器，例如陶埙、用禽兽肢骨制成的“骨笛”、陶角、鼍鼓及陶铎等。

自公元前21世纪的夏朝开始，中国进入到了奴隶社会时期。如果说夏代的文化仍在摸索中前行，那么夏之后的商与西周已经将文明灿烂的青铜文化推向了鼎盛时期，音乐也达到了一个新的高度。这一时期，音乐作品有乐舞《桑林》《漫》《械》《大武》。在乐器品种上出现了更多的种类，发展出了多种音阶调式，并确立了十二律。在观念上已经有了绝对音高、半音的区分，初步认识了旋宫转

战国编钟（仿品）

调，也兴办了不少音乐教育事业。

春秋战国既是一个奴隶社会向封建社会转化时期，也是一个封建社会初步形成的时期。由于战争频繁，起初的几百个小国渐渐并成了几个大国，我国朝着统一多民族封建国家的方向发展。这一时期，由于生产力的发展和各地区之间交流加大，音乐文化也得到很大发展。最初在郑、卫、宋、齐（今河南、山东）各国，商周旧乐“雅颂”不再具有往昔至高无上的神圣地位，民间新乐“郑声”逐渐兴起。

《诗经》里面记载的“十五国风”中“二南”和“小雅”中的很多都是各地代表性民歌或贵族的吟唱。城市里面的音乐文化生活也非常丰富，涌现出不少杰出的民间歌手和器乐演奏家，以编钟为主的钟鼓乐队的发展很充分。南方楚、越、滇等地的音乐文化气氛十分浓厚，出现了由著名诗人屈原填词、由楚国女巫祀神时演唱的楚声——“九歌”，还有出土的越国裸体女巫跪唱祭祀的铜雕以及滇人祭祀时敲击的铜鼓、羊角编钟，这些都向我们展示了神韵奇特的南国艺术风采。

到了春秋战国时期，我国的音乐理论发展很快。在音乐美学方面，出现了许多取向不同的音乐美学观点：儒家的孔丘、荀卿、公孙尼着重功利和情理；道家的老聃、庄周重视艺术和精神，他们的取向对中国音乐的发展影响深远。

对中国先秦音乐史研究贡献最大的应是1978年在湖北随州南郊擂鼓墩曾侯乙墓中出土的编钟和编磬。编钟是中国具有悠久历史的打击乐器，由青铜铸成，依大小和音高为序。编钟悬挂在钟架上，演奏时以小槌或木棒敲打而鸣。

曾侯乙墓出土的编钟，是至今为止所发现的成套编钟中最引人注目的一套，这套编钟之大，足以占满一个现代音乐厅的整个舞台。整套编钟由钟架、编钟和演奏工具三大部分组成，计有青铜编钟65件、挂钟铜构件65件、大型钟架1副、作为演奏工具的棒或槌8件。更为珍贵的是，整套青铜编钟出土时仍依照当时演奏时放置的原样排列，可使现代人一睹2400年前演奏时的盛况。

编钟的钟架为铜木结构，由立柱和横梁搭架而成，长架长约7米，高约2米，短架长约3米，高约2米。整个钟架由6个佩剑的青铜武士和6根圆柱承托。又分上、中、下三层。6个铜人皆造型端庄，神志肃穆安详，口、鼻、耳刻画细腻，着长袖曳地长袍，细腰束带。虽整组编钟重达2500公斤，但现场试奏时仍不见晃动。

镈傅是编钟中体积最大的，只有一件，呈椭圆形，表面铸有铭文3行共31字，内容主要是记载它的来历。此镈傅最大的意义在于所刻铭文使考古学家能比较准确地确定墓葬的时间，即公元前5世纪左右。

甬钟共45件，下层13件体积较大，有3件挂在短梁上；其余32件置于第二层，短梁上有11件。最大者高153.4厘米，重203.6公斤；最小的高约50厘米，重约15公斤。钟体上窄下宽，表面分布18个枚，枚间空隙处和上部雕满龙纹。

战国镈傅（仿品）

编磬是另一件组合乐器，由架、磬块、挂钩和槌构成。由于长期浸于水中，石质已溶蚀损坏，所以不能测音。但精美磬架保存完整，磬架由青铜制成，双层结构。由两只鹤状怪禽（由多种动物形体构成）支撑。圆立柱身全是错金花纹。磬块共32件，分列4组。磬面刻有文字，约700字，为音律、音阶的名称和编号。

除此之外，出土的乐器都是单体乐器，有鼓、瑟、箫、笙和琴等。箫是用13根依次缩短的细竹管并列而成，再用剖开的细竹管缠缚而成。出土时，其中一件有七八个箫管可以发声。笙则以葫芦作笙斗；以细竹为笙管，管内有竹质的簧片。瑟由整块木料雕成，腔体完整，彩绘十分精美。鼓的皮面已朽烂，仅存鼓腔。鼓中的精品是一件建鼓,鼓座由青铜制成。此鼓应为作战时激励士气所用，所以体积特别巨大，形体也相当精致。

还应当注意曾侯乙墓出土的钟铭。这些钟铭共3755字，刻于钟体、钟架和挂钟构件。钟铭字体纤秀，运笔细匀流畅，比较规整，字体随钟体大小而变化，布局精致。铭文内容可分为记事、标音和乐律关系三部分。除钟体铭文外，仔细观察，才能发现钟架的木质横架上也有铭文，约180字，是悬钟位置的标记，便于挂钟时能对号入座。另外，编磬亦有约800字的铭文，包括记事、编号、标音和乐律关系。这些铭文实际上就是一部中国古代乐理专著，它的发掘与研究，使中国音乐史上许多长期争论的问题得以解释。曾侯乙钟铭为现代人揭开了先秦乐律学史中光彩夺目的一页，因为钟铭所使用的乐律学术语，表现出相当精密的程度。这些乐律术语约有2/3不见于过去的乐律学著作。

1979年，在中国历史博物馆大厅里，世界名曲贝多芬第九交响乐《欢乐颂》的优美旋律，时而清脆明亮，时而深沉浑厚。它既不是钢琴的弹奏，也不是提琴的弦响，更不是铜管的鸣号。这旋律就是发自有2000多年历史的巨型青铜打击乐器——曾侯乙编钟。

曾侯乙墓出土的编钟及其他乐器的学术价值已为世界所公认。它说明早在战国早期，中国就已具有丰富多彩且较为完整的音乐文化。如今，复制而成的曾侯乙乐器已能演奏各种曲乐，使世人感受到中国古老乐器的迷人魅力。

先秦舞蹈

舞蹈是通过有节奏的、经过提炼和组织的人体动作和造型，来表达一定的思想感情的艺术。可以说，中国有多少年的文明，就有多少年的舞蹈史。从最蒙昧的上古时代开始，中国就已经有了原始舞蹈。

原始社会的先民们用形象的语言、富于韵律的曲调，配合节奏感强烈的动作来表达劳动的愉快，丰收的喜悦，节日的欢乐，祈祷的虔诚和不幸的忧伤，这便是原始歌舞的诞生。

原始歌舞具有强烈的模拟特征，它往往是人的劳动、祭祀过程和具体动作的直接再现。正像人们在劳动时为了协调动作、减轻疲劳而齐声呼喊劳动号子一样，原始人也没有不舞而歌或者不歌而舞的。“金石丝竹，乐之器也。诗，言其志也；歌，咏其声也；舞，动其容也；三者本于心，然后乐器从之”。与传说和典籍记载相印证，河姆渡发现的陶埙和骨哨是最早的吹奏乐器，庙底沟发现的陶钟是最早的敲击乐器。我们从近年发现的新石器时代彩陶纹饰中，还可以看到先民们五人一组，手拉手翩翩起舞的欢乐情景。

夏、商时期的舞蹈与其社会的总体发展水平紧密相连。社会分工的明确，既提高了物质生活的水平，也促使乐舞奴隶大量出现，并开始形成了娱人和娱神同一的表演行为。夏代以乐舞为生的奴隶将舞蹈的表现范围和技巧提高到一个新的水平线。从内容上看，尽管一些乐舞被用在了政治斗争上，或另一部分乐舞则带着色情意味，但是有一些乐舞尚保留着先民们淳朴的生活风气。

到了商代，由于甲骨文的记录，我们已经能够清晰地辨认出“舞”字。河南安阳殷墟妇好墓中出土过一件裸体两面玉人，通体圆润，镂刻纹理清晰，神态自然。商人的图腾形象是大鸟，认为太阳即是一只飞鸟。河南安阳殷墟妇好墓中出土的另外一件玉凤，虽然所刻羽毛之纹尚嫌简单，但是整个造型却质朴而生动，如弯弓射月，正待飞翔。这一图像，能够使人大概地捕捉到一点当时舞蹈动态，并体会到所谓“凤凰来仪”的庄重和典雅。

周王朝是我国历史上占有非常重要地位的一个朝代，这个时期的舞蹈有了进一步的发展，主要有：

一、六代舞

据说周公依据周国原来的制度，参照殷礼，制礼作乐，通过这一重大举措，对上古氏族祭祀乐舞进行了一次大规模的整理，不但树立了周朝的权威，也表达了对祖先的敬畏之心。他提倡制礼作乐，并将此作为头等重要的大事来做。所谓“制礼”，即制定各种典章制度，几乎涉及了敬奉神灵、政治、经济、军事、刑法、人们的言谈举止等社会生活的所有方面，从行为规矩到祭祀祖先，从婚丧嫁娶到日常用语，“礼”作为一种“规矩”无所不在。具体地说，“礼”主要又分五类：第一，“吉礼”，是祭祀和敬奉邦国鬼神的礼仪。第二，“凶礼”，是哀忧患、丧亡殡葬的礼仪。第三，“宾礼”，是关于朝聘盟会的礼仪。第四，“军礼”，关于兴师动众的礼仪。第五，“嘉礼”，即婚姻宴饮的礼仪。所谓“作乐”，主要就是指每逢礼仪，就要用“乐”来配合。西周人所说的“乐”，即音乐和舞蹈，特指配合着不同的礼仪而采用的不同音乐和舞蹈动作。礼仪用来区别贵贱，判断是非；乐

印第安人表演的原始歌舞

舞用来缓和上下，整合人心。周代的礼乐制度，是政治和艺术教养的结合，讲求礼乐的相互配合、相互支持，以便充分起到巩固统治，调和人心的作用。

制礼作乐在实际上完成了中国历史上第一次乐舞的大整理，形成了周代祭祀乐舞《六代舞》。

《六代舞》，又称《六乐》、《六舞》或《六大舞》，是周代统治者用于祭祀的六个乐舞。传说是周文王的弟弟周公旦率领文臣乐工在前朝乐舞基础上修订编成。据《周礼·春官·大司乐》记载:《六代舞》即黄帝的《云门》、尧帝的《咸池》(亦称“大咸”“大章”)、舜帝的《大韶》(亦称《大磬》)、禹帝的《大夏》和商汤的《大濩》与周武王的《大武》。据说以文德得天下的帝王就用“文舞”祭祀；以武功得天下者享受“武舞”。因此，前四个属“文舞”；后两个属“武舞”。

《六代舞》是周代礼乐制度的重要组成部分，《六代舞》被历代封建统治者奉为乐舞典范，实际上综合了许多文化成果。周代建立了庞大的乐舞机构“大司乐”。在举行大祭时，由大司乐率领贵族子弟跳《六代舞》，不同的场合演奏不同的乐舞。每一个乐舞都有明确的功能，分别用作祭祀天地、四方山川和祖先。据《周礼》记载：舞《云门》时“奏黄钟、歌大吕”，用以祀天神；舞《咸池》时“奏太簇、歌应钟”，用以祭山川；舞《大韶》时“奏姑洗、歌南吕”以祭四望；舞《大夏》时“奏宾、歌函钟”，祭祀山川；舞《大濩》时“奏夷则、歌小吕”，用以享妣；舞《大武》时“奏无射、歌夹钟”，用以享先祖。表演这六个舞蹈的都是王室和贵族的子弟，乐舞人数更有严格的规定，体现了周礼的等级制本质。

二、《云门大卷》

西周雅乐舞以黄帝的《云门大卷》为开首之乐，用以祭祀天神。周代将其列为“大舞”之一，足见其重要程度。黄帝是传说中的中原各族之共同祖先，文德武功兼备。虽然传说中黄帝因为阪泉之野的大战而战胜蚩尤得以服天下，但他更是文德昭彰，所以，《淮南子·览冥训》记载：“昔者黄帝治天下……使强不掩弱，众不暴寡……百官正而无私……道不拾遗，市不豫贾……”传说中的黄帝号有熊氏，又号轩辕氏、缙云氏，一般认为这是把中国北方许多氏族的称谓融合于一身的结果。相传黄帝曾经为了同炎帝作战而训练熊、罴、貅、虎、貔、貙等六种野兽。据专家考证，这些野兽当为六个部落的图腾。黄帝统一了各部落，才得到了广泛的推崇。后人尊其为始祖神，也与他“统一”大业有关。周代将《云门大卷》

作为“制礼作乐”的祭祀天神之舞，说明了黄帝在周代已经不仅是民间传说里的统一之王，而且已经上升为“神”之代表，这是有深刻含义的。

当然，两周时期的乐舞，无论其内容是记述战事、抒发爱情还是描写宴乐，都多少带有宗教的意味，兼有娱神和娱人的双重作用。湖北随州曾侯乙墓出土的“木雕漆绘乐舞鸳鸯盒”，有一短矮形象在敲击建鼓，似乎扮装成动物，而另一舞者则是典型的巫师形象。另一幅图上，暗红色的漆画上有动物装扮的巫师正敲击编钟，整个气氛肃穆庄严，而画面线条中透露出质朴和怪诞。

先秦雕塑、绘画与书法

先秦的雕塑、绘画与书法均有一定程度的发展。雕塑包括青铜雕塑、陶塑、玉石雕刻和木雕。青铜器发端于黄河流域，早在新石器时代晚期的龙山文化和齐家文化阶段，已出现黄铜或红铜锻打的工具及青铜铸造的铜镜。青铜是铜锡合金，较之铜有熔点低和硬度大的优点。由形制、花纹、雕塑、铭刻结合而成的青铜艺术可以说是当时匠心凝聚的最高艺术表现，彝器（青铜器礼器通称彝器）在政治、社会方面所发挥的功能是青铜艺术发展的原动力。先秦具有圆雕性质的青铜雕塑，包括铜铸人像和鸟兽形铜尊卣，其艺术成就十分引人注目。玉石雕刻在商代就已十分发达，其特点是：造型简洁，讲究对称，结构紧凑，立体感很强。春秋战国的玉石雕刻向精雕细刻方向发展，神秘色彩减弱；夔龙形玉佩多数饰有蟠虺纹及涡云纹，形式多种多样，造型矫健自如。安徽寿县朱家集出土的战国石卧牛，呈扭头蜷腿打滚状，标志着战国雕刻已突破商代左右对称的呆板造型。

出土的先秦青铜器

先秦绘画主要包括先秦壁画、青铜器上的纹饰图案、战国帛画。1975

年冬，在殷墟小屯曾发现建筑壁画残块，以红、白两色在白灰墙的表面绘出卷曲对称的图案，颇有装饰趣味。春秋战国时代，壁画创作更加兴盛。大多数公卿祠堂及贵族府第都以壁画作为装饰。《庄子》说“叶公好龙，室屋雕文，尽以写龙”。东汉王逸《楚词章句》称“楚有先王之庙及公卿祠堂，图画天地山川神灵，琦玮僪诡，及古圣怪物行事”。屈原仰见图画，呵而问之，才成《天问》之作。青铜器上的纹饰图案商代以饕餮纹（又称兽面纹）为主。西周礼制的宗教色彩减弱，逐步走向仪式化，因此纹饰删繁就简，兽面纹已衰退，凤纹渐多，出现如∫或∪的波曲纹、动物纹、鳞带纹。西周晚期则出现重叠交叉（如龙相交缠）的纹饰或较复杂的四方连续动物纹。这种风格一直发展至春秋时代。战国时代，生活气息浓郁的狩猎、习射、采桑、宴乐、攻城、台榭等图案纹饰，广布于青铜器上。战国帛画以长沙楚墓先后出土两幅旌旛性质的战国帛画为代表。

商、西周的文字已具备用笔、结体和章法等书法艺术的三个要素，标志书法已初步形成。商代、西周时期的书法主要是甲骨文和金文。春秋末年和战国时期，金文产生了地方风格，北方晋国出现尖头肥腹的笔形书法文字，即所谓的蝌蚪文，例如《智君子监》；南方江淮一带的文字，笔画多曲折，有的以鸟形和点子作装饰，这种很像图案的文字常在兵器上看到，应是所谓的鸟书。

领先世界的先秦科技

中国古代科学技术在世界科技发展史上占有极其重要的历史地位。它的发展从远古时代原始积累，在春秋战国奠定基础，中间经魏晋南北朝的充实提高，到汉宋元达到两次高潮。

商周在科学技术方面，以青铜冶炼技术的纯熟掌握和应用最为突出。如今能见到的商周时代的青铜器还有万件之多。记载周代手工业生产技术和经验的著作《周礼·冬官·考工记》，介绍了“攻皮”、“设色”、“刮摩”、“搏埴”等技术经验。《墨子》记载了许多科学知识和生产技术，包括对力学、光学、几何学等的很多现象都形成了一定的认识，并进行总结，上升为理论。这是古代生产力发展的结果，显示了我国先秦时期科学发展的水平和成就。

农业是中国古代社会的主要生产部门，而天文历法与农业有着密切的关系。

扁鹊雕塑

中国对天文历法的研究自石器时代就开始了。周烈王时，即公元前370年左右，我国出现四分历，包括颛顼历和殷历。四分历规定一年为365又四分之一天，十九年之中置七闰，是当时世界上最精确的历法。公元前46年，古罗马曾创造儒略历，与我国的颛顼历相似，但要晚300多年。在医学方面，神医扁鹊成为我国中医脉络学的创始人。

经过夏、商、周三代的发展，到春秋战国时期，我国古代科学技术进入全面奠基时期，同时也是第一次大发展时期。由于新兴的封建制度优胜于奴隶制度，其成就不仅赶上而且超过了早期科学技术最为发达的古希腊。

春秋末期出现了炼铁渗碳钢技术，战国时期又出现了白口铁处理技术。冶铁技术的发明是社会进步的一个突出标志，正是它大大促进了农业和手工业的发展。在农业方面形成了以精耕细作为主要内容的中国传统农业。战国末年写成的《吕氏春秋》，其中的《上农》《任地》《辩土》《审时》等篇称得上是这时期农业科技的成文理论的开端。都江堰、郑国渠两个大型灌溉工程的兴建，标志着古代水利工程设施的空前发展。《考工记》是我国古代第一部工程技术知识的总汇，其中对生产工具、建筑、交通运输、皮革制造、染色、乐器、玉器等36项专门的实用工艺技术的记述，显示了这一时期手工业内部分工的细密化及其技术的规范化、科学化程度已达到相当高的水平。《墨子》一书不仅是我国第一部几何光学著作，而且其相关成就在世界上也是领先的，比欧几里得几何光学要早百余年。“力”概念的提出，光沿直线传播思想的揭示，更是为《墨子》增添了亮丽的光彩。《考工记》与《墨子》作为春秋战国时期人们生产、生活实践经验高度概括的成果，一起被看做是我国古代经验科学出现的标志。

数学方面在这一时期都有了广泛的发展。十进位制和筹算制度不断得到完善，为后世具有中国特色的计算数学体系的形成奠定了基础。有关天象观测的记载详尽准确，即使在今天仍不失为天文研究的宝贵历史资料。在地学方面，《山海经》《禹贡》《管子·地员》等著作的出现，标志着人们的地理知识已从对地理资料的简单积累，上升到进行某种形式的综合论述与区域对比，以适应当时政治、经济的需要。医学方面，以《黄帝内经》等著作为代表，以人体器官整体观、阴阳五行论与脏腑经络学说为理论基础，以人体解剖、生理、病理、病因诊断等的研究与实践为重点，兼及针灸、经络、卫生和保健等诸多方面，构成了我国特有的医学体系的最初基础，并在临床上显示出杰出的贡献。

我国人民对自然界物质本源认识的探求，继五行、阴阳说之后，元气说与原子论是其两大发展线索，它们的确立分别肇始于这个时代的荀况与墨翟。

先秦时期是我国古代科学技术发展的又一高峰期。一方面，经过了春秋战国的长期酝酿、积累和实践，科技本身已达到了量变足以引起质变的地步；另一方面，由于社会政治上的统一与安定，经济的恢复与持续发展，为科技活动和科技新高潮的到来创造了良好的外部条件。因此，呈现出科技人才辈出，著作大批问世，成果灿烂辉煌，对生产的渗透愈深，与生产的协调日益显著等诸多特点。

一、水利

都江堰是我国战国时期兴建于今四川省都江堰市西北岷江中游的水利工程。

岷江上游，流经川北山区，坡度很陡，水流湍急，挟带着大量的泥沙。岷江进入都江堰市以后，就进入了成都平原，水流也变缓慢了。成都平原的地形是西北高东南低，以致岷江流域的平原西南部容易水涝，而平原的东北部又缺乏江水、

都江堰水利工程

容易干旱。要解决成都平原的水利和水涝问题，只有开一条新河，把岷江水撇一部分去东北。都江堰的兴建正好解决了这一问题。

都江堰水利工程，简要说来，就是在都江堰市的附近新建内江河道，把流入都江堰市区附近的岷江江水分出部分流入内江。这样，在洪水泛滥时，可减轻外江负担，免除外江流域的水患。同时，外江新开辟灌溉河渠，兼具灌溉和排洪的作用。内江系统也开辟许多河流和渠道，可以灌溉也可以通航。

早在古蜀国时期，就有劳动人民开凿宝瓶口，兴修水利的记载。公元前261年，李冰被任为蜀郡守，他是我国古代著名的水利家，在修建都江堰的水利工程中他作出了重大贡献。

都江堰工程的主要设施，是在都江堰市西北方的岷江修筑“百丈堤”，以保护河岸不被上游冲来的石块冲毁。同时加筑挑水坝一条，由江东岸连到江心沙洲，逼使江水直奔右岸正流，准备分水。离百丈堤不远的岷江中心，以大竹笼装卵石，堆砌成鱼咀形状的分水堤，这就是“都江鱼咀”——都江堰工程最重要的部分。都江鱼咀延伸于岷江中心，把浩浩荡荡的岷江劈分为二，从这开始岷江分别流入外江和内江。都江鱼咀以下修筑金刚堤，金刚堤分出“外金刚堤”和“内金刚堤”，外江沿外金刚堤、内江沿内金刚堤下流。沿内江河岸紧接内金刚堤又修建“飞沙堰”，飞沙堰起堤岸作用。如果内江江水超过需要而可能引起水灾时，水流可以越过飞沙堰流入外江。然后在内江流经都江堰市西南的离堆地方开山道而成“宝瓶口”，内江流经宝瓶口而下，分出了大小干支渠，穿入成都平原，灌溉面积可达古代亩三百多万（古代每亩合今亩五分二厘）。

《华阳国志》记载秦时在江中立石人测量水位，“水竭不至足，盛不没肩”。就是说水枯时水位在石人足下，水涨时水位不能过石人肩膀。石人测水说明古人基本能掌握水位规律，从秦汉时代起就逐步摸出“分四六、平涝旱”的规律，就是做到江水小时，内江分入六成，水大时，内江只流入四成，收到避免水旱灾害的功效。在都江堰的河渠灌溉网系统的大小水口，都安置了“斗门”，斗门是用来调节水流的，需要水时打开斗门，水多时可以关闭斗门。由于形成了一套科学的治水和管水的办法，古书上把都江堰誉为做到了“水旱从人”。

都江堰附近的河底经常容易被沙砾卵石充填淤高，每年必须在冬季和初春的枯水季节进行淘挖。淘挖内江时截断流入内江的水使它全部流入外江，然后又以同样方法把水拦往内江而淘挖外江。相传李冰时曾制定了“深淘滩、低作堰”的修河原则，后来发展成为总结经验性的“遇湾截角，逢正抽心”的八字格言。就是在江流遇到转弯拐角的地方，为了水流顺畅，截去突出的陆地部分；江河里如遇有沙洲、小岛，影响和分散水流，就挖掘掉。形成了一套行之有效的治河管河办法，使都江堰千百年来一直为四川人民谋福利，使成都平原成为“沃野千里”古今闻名的“天府之国”。

公元前 246 年（秦王政元年），秦始皇采纳韩国派来的水利工程家郑国的建议，由郑国主持，在关中地区的渭河平原上，开凿了西引泾水东注洛水的大型灌溉渠——郑国渠。这又是战国时期继都江堰之后的又一著名水利工程。

郑国渠的开凿，改变了关中地区的面貌。这一地区雨量稀少，郑国渠对于农田灌溉和战胜干旱收到了巨大的效益。同时又改良了灌溉地区的土壤。关中地区土质带卤性，土壤矿化度高，而泾河河水浑浊，夹带的泥沙含有丰富的有机质，既增加了土壤的肥力，又对降低耕土层中的盐碱含量有良好的作用。《史记·河渠书》说：“用注填阏之水，溉泽卤之地。”使关中地区“为沃野、无凶年”就是这个意思。

郑国渠起自今天的陕西礼泉县东北，引泾水东流，至今三原县北汇合浊水及石川河水道，再引流东经今富平县、蒲城县以南，注入洛水。干渠全长一百二十公里。郑国渠的开凿，从选择干渠开始的地方到干渠流经的地域都对开渠和灌溉很有利。泾河从陕西北部流来，上游永寿、淳化等地是群山，冲出群山流至礼泉就进入关中平原。郑国渠干渠开始于礼泉县东北的谷口地方（谷口又

郑国渠水利工程

叫瓠口），这里是泾河冲出群山进入平原的一个峡口。峡口的东面和西面都是山，渠首选择这一很有利的地形，修筑石堰坝，抬高水位，拦截泾河入渠。泾河流经关中平原，平原东西数百里，南北数十里，北面有山。地形特点是西北略高，东南略低。郑国渠充分利用这一有利地形，使干渠沿着北面山脚向东伸展，很自然地把干渠布置在灌溉区的最高地带。由于把干渠开在高处，不仅最高限度地控制灌溉面积，而且形成了全部自流灌溉系统。郑国渠灌溉面积约为今天的二百万亩，渠成以后农业产量增加。司马迁在《记史 · 河渠书》里还说，由于郑国渠的兴建，“秦以富强，卒并诸侯。”这就是说郑国渠的兴建对秦国的富强起了重大的作用，使秦国能够消灭别的诸侯国，最后统一中国。

郑国渠开凿以来，经历代改建和修治，由于泥沙的淤积，使谷口地方干渠首部逐渐填高，水流不能入渠，历代以来在谷口地方不断改变河水入渠的渠首地方，但谷口以下的干渠渠道始终不变，2000 多年来一直为促进农业生产服务，使关中地区成为我国自古以来的富饶地区。

二、天文和历法

天文和历法是人类最早发展起来的自然科学之一。在我国这门学科不仅有着悠久的历史，而且一直走在世界的前列。相传在黄帝时代，就有专门掌管“占月”、“占日”、“占星气”的人。同时还传说有大挠、容成两人创立的“甲子”和历法。有关天文历法产生于原始社会后期的这些传说，可能反映了一部分历史真实。恩格斯说：“游牧民族和农业民族为了定季节，就已经绝对需要它。”（《马克思恩格斯选集》第三卷，第 523 页）（它指天文学）在我国，从仰韶文化起就进入了以农业生产为主的发展阶段。由于农业生产的需要，当时可能已有了一定

早在战国时期就被我国天文家发现的木星（模拟图）

的天文历法知识。近年来，在仰韶文化的陶片上，已发现了不少关于天文方面的花纹图案，这就是很好的证明。

进入阶级社会的夏朝，天文历法知识已较为丰富了。《夏小正》传说就是夏代的历法。再从夏朝国王有用天干命名看，当时可能有“甲乙丙丁……”十干与“子丑寅卯……”十二支配合的甲子了。干支的创造，是我国天文历法发展史上的一个很大进步。

到商朝，天文历法已相当发达。从甲骨文中已可看到，商人纪年（商人不称年，商人一祀大致相当于一年）平年分为12个月，闰年13个月，并知道分大月和小月。纪日则用干支。十日为一旬，白昼为日，夜晚为夕。一日之中又分为明、大采、大食、中日、昃、小食、小采、暮等时间段落。称过去之日为昔，未来之日近期为翌、远期为来。同时，我们还在甲骨文中看到许多有关日食、月食以及风、云、雨、雪等天象记载，可见商朝的天文历法水平已经很高了。

到周朝，特别是进入春秋战国时期，天文历法，随着社会生产的不断发展已有了更大的进步。《周礼》一书中所讲的冯相氏、保章氏是周王朝设立的掌管天文历法的官职。由于周王朝对天文历法的重视，掌管天文历法的人对各种天象的记录、历法的推算都十分注意。比如公元前776年（周幽王六年）的一次日食记录，就是世界上最早而有明确时间的记载。进入春秋以后，从公元前720年（鲁隐公三年）至公元前481年（鲁哀公十四年）的三百多年间，据记载共观察到37次日食，其中有30次是确实可靠的。关于彗星的记载，我国也是最早的。彗星，在我国古代又叫做孛星、长星或蓬星。现在通称的哈雷彗星，我国最早观测到是在公元前613年七月（春秋时期的鲁文公十四年），而且有可靠的记录。而在西方，这个彗星则迟到公元1682年，才被哈雷所发现，已经晚2000多年。

春秋时期的天文家们在恒星的观测和历法的推算方面，成绩是卓著的。从公元前665年（鲁庄公二十九年）到公元前541年（鲁昭公三十一年）的一百多年间，不仅有许多的恒星观测记录可以查考，而且在历法的制定方面，也更加准确和完善了。我们知道，一个季节准确的历法，首先要求准确地测出冬至和夏至的时刻。这方面至少在春秋鲁僖公五年（公元前655年）就做到了，而且做了记录。我国传统历法的三要素——节气、朔、闰，在春秋时期已经完全具备。到战国时期，更出现了许多有名的大天文学家，如齐国的甘德（一说鲁国或楚国人），魏国的石申等人，都在天文方面取得了卓越的成就。甘、石二人不仅测定了黄道附近约120个恒星的位置，以及这些恒星距北极星的度数，甘德还编写了我国第一部星经。石申已经知道了日食和月亮的关系。战国时期的天文家还发现了岁星（木星）在恒星星座中的位置是逐年移动的，走一个周期大约是 12 年。

当时的天文家又把黄道周围平均划分为 12“次”（十二宫）。用来记载天象发生的位置。这些都说明了当时天文家对星球的运行规律已有了更进一步的认识。随着天文历法的进步，以及日常生活和工作的需要，战国时期还创造了一种计时间的仪器——滴漏。这是将一个装水的壶打一小孔，水逐渐漏出，用以计算一天之内过去了多少。这种滴漏计时器，从我国古代一直沿用到明清时的自鸣钟传入后都还在使用。

三、数学

我国数学的产生也很早，今天通行的九九乘法口诀和十进制数字，相传在伏羲时代就有了。汉武梁祠画像有伏羲手执规，女娲手执矩的形象。规和矩都是日常生产和生活中应用数学里作圆画方不可缺少的工具。又传说黄帝使隶首作数，开始创造出了数目字。这都反映了一定的历史事实。因为在仰韶文化的陶片上，就发现了许多刻划符号。在甲骨文中，我们可以看到当时的记数法是严格地按照十进制的方法记数的。甲骨文中已有从一到万的数字。十以上都用合文，有关商朝的文献资料上，不仅也有从一到万的数目字，而且还有万以上的亿、兆等数目字的使用。

在周朝，贵族子弟上学要学习礼、乐、射、御、书、数六艺，其中的数就是数学课。而开始口诀，即《周礼》一书中说的“九数”。可见，那时已把数学作为一门独立的必修课设置在贵族子弟学校了。由于当时对数学学科的重视，所以到春秋时期，它就更加发展起来，并把这门科学推进到了一个新的高度。据载，公元前 510 年（周敬王十年），各国诸侯派人为周王筑城。晋国的士弥牟在施工前预先把王城的长、宽、高，水沟等需要的土方石方材料、人工以及各

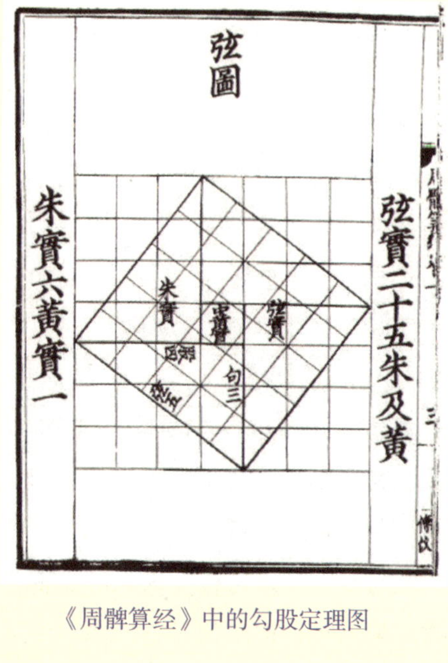

《周髀算经》中的勾股定理图

国人工往返路程和需要吃的干粮都计算得一清二楚。这说明当时数学已相当发达。

到了战国时期数学的计算方法上也有了新的创造。我国古代劳动人民独创的筹算，大概就产生于春秋时代，而完成于战国。这是和当时的生产发展、科学和技术的进步相联系的。根据对考古和文献材料的研究，筹算是以筹——一种用竹或骨做的一根根小棍作工具，把它摆成横式和纵式两种数，来进行加、减、乘、除等计算的。由于算筹的发明与运用，就有可能对复杂的数学问题进行计算了。这不仅使数学在计算上大大向前发展了一步，而且，还为后来的珠算发明作了准备，是当时数学发达与进步的重要表现。数学的发达与进步，还突出地表现在数学理论著作的出现。有名的《周髀算经》，就成书于战国时期。《周髀算经》假托周公与商高的对话，对战国以前的数学成就作了很好的科学总结。举世闻名的商高定理，就是在这部书中提出来的。商高定理又叫勾股定理。用现代数学上的一般讲法就是：直角三角形斜边的平方等于其他两边的平方和。

由以上的介绍，我们可以看到：在先秦时代我们的祖先已经在天文历法和数学方面取得了相当大的成就，对世界文化科学的发展作出了伟大的贡献。

秦始皇文化的统一

秦始皇统一天下后，建立了统一的文化，促成了中华文化共同体的基本形成。政治的统一为文化的一统创造了必要的外部条件，在中国文明史上具有划时代的意义。

一、文字的统一

殷商以来，文字逐渐普及。作为官方文字的金文字形制比较一致，但是到了晚周，兵器刻款、陶文、帛书、简书等民间文字，则大有区域的不同。到了战国时代，文字的形体更是非常混乱，各国文字不统一，不但字体不同，同一个字所采用的声符、形符也有很大差异。秦统一六国以后，“文字异形”给政令的推行和文化的交流造成了严重的障碍，于是秦始皇责令丞相李斯对文字进行整理，除去和秦文字出入较大的，制定出新字体作为官方文字。李斯取史籀大篆，又汲取齐鲁等地通行的蝌蚪文笔画简省的优点，创造出一种形体匀圆齐整、笔画简

秦始皇雕塑

略的新文字（称为“秦篆”，又称“小篆”）作为官方规范文字，颁行全国。对此，东汉著名文字学家许慎曾明确写道：

秦始皇帝初兼天下，丞相李斯乃奏同之，罢其不与秦文合者。斯作《仓颉篇》，中车府令赵高作《爰历篇》，太史令胡毋敬作《博学篇》，皆取史籀大篆，或颇省改，所谓小篆者也。

这说明秦始皇统一文字，主要是以秦字为基础，废除与“秦文”不同的原六国的异体字。简化字形，斟酌简省繁杂的史籀大篆，整理为“小篆”，作为全国规范化的文字。为推广小篆，命李斯、赵高、胡毋敬分别撰《仓颉》《爰历》《博学》三篇，并用“小篆”写成，作为文字范本。

在秦代，除法定的“小篆”外，社会上还流行着一种更为简易的“隶书”。由于“隶书”笔画平正，结构趋于合理，便于书写辨认，因此在社会上广为传播，并成为全国常用的通行字体。

秦代文字的统一，“隶书”的通用，结束了战国以来文字异构丛生、形体杂乱的局面。秦朝地域辽阔，各地方言差别极大，但有了统一的文字，使各地经济、文化的交往得到极大的促进，这在我国文字发展史上占有重要的地位。从此，汉字的字形结构基本定型。

二、道路的统一

战国时代，各国车辆形制不一，道路宽窄有异，加之战争所需之城郭、堡垒林立，关隘险阻充斥，交通十分不便。秦始皇统一中国后，下令拆除种种障碍，定车宽以六尺为制，一车可通行全国。公元前220年，秦始皇下令以首都咸阳为中心，修筑“驰道”（天子道），汉·贾山在《至言》中写道：

（秦）为驰道于天下，东穷燕、齐，南极吴、楚，江湖之上，濒海之观毕至。

道广五十步，三丈而树，厚筑其外，隐以金椎，树以青松。

贾山是汉初文帝时人，离秦不远，所说“驰道”之事应该是可信的。秦朝的“驰道”以国都咸阳为中心，东达今山东、河北和辽宁，南抵今湖北、湖南，东南至今安徽、江苏和浙江。而且路面极为宽阔，路基高厚，又以铁锤（金椎）夯筑得坚实平稳，还在道旁栽种了树木。在2200多年前，我国就能修筑如此宏伟的交通工程，实在令人惊叹！

秦始皇三十五年（公元前212年）又修筑咸阳通九原（今包头西北）的“直道”，劈山填谷，长达1800余里。司马迁曾亲自考察并走过这条“直道”的全程，所以他在《史记》里多次写道：

（始皇）三十五年，除道，道九原，抵云阳，堑山堙谷，直通之。(《秦始皇本纪》)

始皇欲游天下，道九原，直抵甘泉，乃使蒙恬通道，自九原抵甘泉，堑山堙谷，千八百里。(《蒙恬列传》)

关于“直道”的路线和途中经地，史籍记载不详。1975年，历史地理学家史念海先生进行一次实地考察后认定，“直道”从秦林光宫即今陕西淳化县北梁武帝村起，沿子午岭主脉北行，经旬邑县石门关及陕、甘两省交界处的五里墩至黄陵县沮源关后，再沿子午岭主脉西侧的甘肃省华池县东，又直北经陕西省定边县东南，复折东北方向达内蒙古乌审旗红庆河、东胜县西、昭君墓东，至包头市西的秦九原郡治所九原县。秦直道“堑山堙谷”，穿过沙漠草原，全长1800里，合今约700公里。这条重要通道的修筑，对于防御匈奴奴隶主贵族的南下侵扰，密切北边与内地的经济文化交流与政治联系，有着重要的战略意义。

秦始皇还在偏远的云贵地区修筑道路。在水路交通方面，疏浚鸿沟（今河南汴河），连通济、汝、淮、泗等河流。又凿通连接湘江与漓江的灵渠，使长江和珠江两大水系联系起来。这些措施大大加强了中央与各地的联系，方便了商业贸易和文化的交往。

三、度量衡的统一

战国时期，各国货币的标准、制度十分混乱。当时，不同的国家对铸币权限往往有不同的规定。秦、楚由国家直接掌握铸币权。秦自惠文王二年（公元前336年）“初行钱”以后，就由国家统一铸币。但在魏、赵、韩、齐等国，除

秦始皇像

国家铸币外，地方及一些大城市也可以独自铸币，甚至还能铸出地名。由于诸侯割据，各国货币制度殊为不一，因而货币的形状、大小、轻重、使用价值以及计算单位往往各不相同。仅就形制而言，就有布币、刀币、圆形方孔币、圆形圆孔币、郢爰和铜贝等。币制的混乱不利于商品交换，更不利于统一国家的财政收支和社会管理，因此，秦灭六国后，秦始皇下令统一全国货币。规定由国家统一铸钱，并把秦传统的严禁地方和私人铸钱的法令，推行到统一后的全国。以秦币为准，废除其他六国货币。货币分两种，黄金称上币，以镒为单位，重二十两；外圆内方的铜钱为下币，以半两为单位。秦始皇统一货币政策的实施，从根本上改变了长期以来币制的混乱状态。秦钱遍行于全国，有利于商品经济的发展和国家的统一。

在田制上，秦规定六尺为步，二百四十方步为一亩。这一亩制沿用千年而大致不变（今一亩的面积相当于秦亩的101%）。

四、文化习俗的统一

秦始皇据五行说，自以为得水德，因亥属水，便以亥月（10月）作为岁首。黑属水，故衣服旌旗均尚黑，庶民以黑布裹头，称为“黔首”。法律也从水德，所以崇尚严刑峻法，“以法为教”。会稽刻石严令“禁止淫泆”，以杀奸夫无罪的法律条款来矫正吴越地区男女之大防不严的习俗，使之无异于中原，“大治濯俗，天下承风，蒙被休经。皆遵度轨，和安敦勉，莫不顺令。黔首修洁，人间同则，嘉保太平”（《会稽刻石》）。秦始皇多次出巡各地，颁令刻石，“大圣作治，建立法度，显著纲纪……普施明法，经纬天下，永为仪则……黔首改化，远迩同度，临古绝尤”（《史记·秦始皇本纪》）。秦政府还在各地设置专管教化的乡官，名曰“三老”。这一制度为秦以后历代承袭，成为中国封建政治的一大特色。“三老掌教化。凡有孝子顺孙，贞女义妇，让财救患及学士为民法式者，皆匾表其门，以兴善行”（《后汉书·百官志》）。

焚书坑儒

焚书坑儒是指秦始皇于公元前213年和公元前212年焚毁书籍、坑杀术士和儒士的事件。

秦始皇三十四年（公元前213年），博士淳于越反对当时实行的“郡县制”，要求根据古制分封子弟。丞相李斯加以驳斥，并主张禁止百姓以古非今、以私学诽谤朝政的行为。秦始皇采纳李斯的建议，下令焚烧《秦记》以外的列国史记，对不属于博士馆的私藏《诗》《书》等也限期交出烧毁；有敢谈论《诗》《书》的处死，以古非今的灭族；禁止私学，想学法令的人要以官吏为师。该事件一直持续到公元前206年秦朝灭亡。

公元前212年，秦始皇妄想长生不死，命令方士卢生等人为他造延寿仙丹。卢生等人花费了大量金钱，仍然造不出来，就把秦始皇大骂了一顿，企图一跑了之。秦始皇勃然大怒，下令捉拿方士、儒生，共捉住460人。秦始皇硬说他们有“诽谤罪”，将他们全部活埋。

秦始皇还不解恨，又命人在骊山深谷种瓜。由于骊山地下有温泉，所以这些瓜在冬季仍然结实。秦始皇召集了700多位儒生，骗他们去观看，然后将他们全部活埋。

后人把秦始皇灭绝文化、枉杀儒生的行为称作“焚书坑儒”。

秦始皇焚书坑儒，本意是为了排除不同的政治思想和见解，维护统一的集权政治，也在短时间内取得了一定的成效；但从长远来看，它钳制了人们的思想，不利于国家长治久安，不利于社会发展，而且这一举动毁灭了古代许多典籍，造成文化史上难以弥补的损失。

兴建秦长城

匈奴是我国多民族大家庭中，居住于北方的一个古老的民族，战国末年开始强大起来。为了防御匈奴，秦、赵、燕三国都因与匈奴邻近，分别修筑了长城。燕长城，西起造阳（今张家口怀来），东至辽东；赵长城，西起高阙，东至代；秦长城，西起临洮，东北经固原，至黄河。这三条长城，彼此不相衔接。

公元前222年秦灭赵后，匈奴乘机占据了原属赵国的河套地区的黄河以南。秦统一六国后，在公元前215年，秦始皇派大将蒙恬率军30万反击匈奴，收复河南地。接着，便命令蒙恬把原来的秦、赵、燕三段长城，连为一体，重新加固，并增调民力戍守。这便是西起临洮，东至辽东的秦代“万里长城”。此后，历经西汉、北魏、北齐、北周以至隋唐，各朝都对长城有所改线重建，增筑修缮。特别是明代，又对长城进行一次全面整修改建，形成了今天我们见到的西起嘉峪关，东至山海关，长约11000里的坚固雄伟的长城。明代长城与秦代长城路线走向已经不同。秦长城的遗迹，在甘肃临洮等地还可以寻见，虽然已是残垣断壁，仍可想见当年巍然矗立的雄伟面貌。

秦长城遗址

秦代即已修成的万里长城，在古代战争手段比较落后的历史条件下，不失为一条坚固的军事防线。多年来，它阻挡着北方游牧民族对中原地区的骚扰，保护了内地的先进生产方式。因此，也有利于包括长城内外的，以汉族为主体的统一的多民族国家的巩固、发展。万里长城正是我国各个民族相互融合的伟大历史见证。同时，长城是在1000多年中，经过于百万劳动人民的双手，不断辛勤劳动所建成的，它的工程之浩大与艰巨，世所罕比，确实是人类的一个奇迹。

毛笔的起源

毛笔是人们相当熟悉的书写工具，但它的起源你是否知道？

毛笔是我国特有的传统书写工具，在我国古代文化发展中，起了重要的作用。如果谈到它的起源，必须先谈谈毛笔制造者的祖师蒙恬。

蒙恬是2200多年前的秦朝大将，曾率30万大军北击匈奴，保卫国土。在毛笔发明前，中国的文字是用刀锲刻的。传说蒙恬率军驻扎在边疆，需要经常向秦始皇奏报军情，由于边关战情经常变化，文书往来非常频繁而刀刻速度又较慢，情急之下，蒙恬从兵士的装备上撕下一撮红缨，绑在竹竿上，蘸着颜色写起来，觉得速度很快，就如法炮制，做了许多能写字的工具。北方狼多，士兵们常打狼，剥皮后，便将狼毛制成笔头。塞外草原，牧羊成群，羊毛也自然成了制笔的材料。后来的狼毫毛笔和羊毫毛笔就是从这里来的。这样看来，说蒙恬发明了毛笔的确当之无愧。

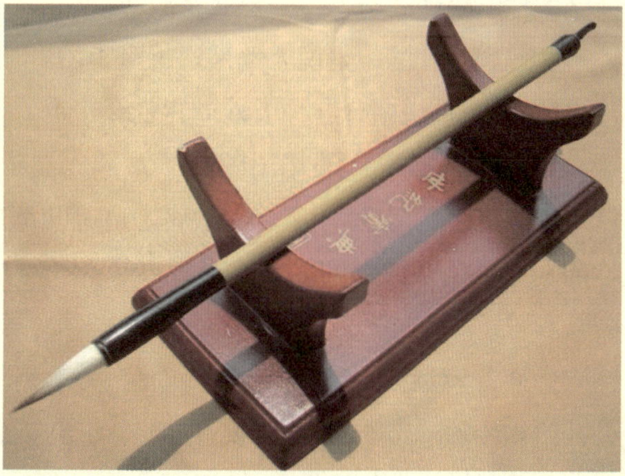

毛笔

但1954年6月，在长沙左加公山发现了一座保存完好的战国古墓，随葬品中有一个竹筐，竹筐内发现了毛笔，笔毛是用上好的兔箭毛做的，这是至今为止发现的年代较早且最完整的一支毛笔，比蒙恬用毛制笔时间要早。另外，5000至6000年前的仰韶文化，其文化特点是彩陶，彩陶器形很多，上面绘有人面纹、鱼纹、鸟纹、鹿纹、三角纹等多种花纹，彩陶的制作过程是先在软的陶坯上描绘图案，然后烘烧，推测当时的描绘工具应是毛笔类柔软而富有弹性的工具。但由于一切都没有实物加以证明，只能是一种推测。这两种推测到底哪一种是正确的，一时也无法确定。

《中庸》

《中庸》，旧说为子思所作，其实是秦汉时儒家的作品，它也是中国古代讨论教育理论的重要论著。

《中庸》是儒家阐述“中庸之道”，并提出人性修养的教育理论著作。《中庸》郑玄注：“中庸者，以其记中和之为用也；庸，用也。孔子之孙子思作之，以昭明圣祖之德也。”

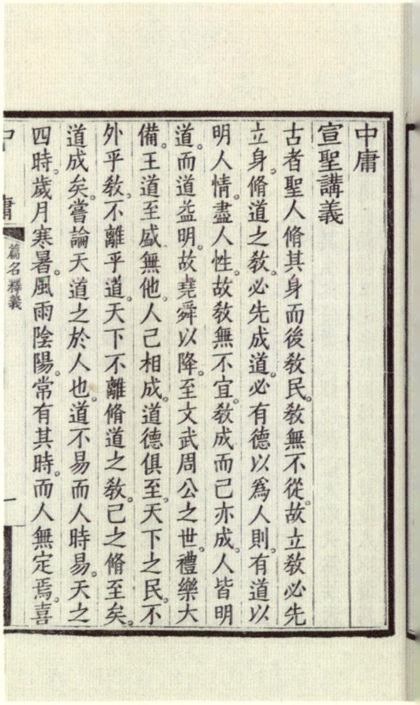

中庸

宣聖講義

古者聖人脩其身而後教民教無不從故立教必先立身脩道之教必先成道必有德以爲人則有道以明人情盡人性故教無不宜教成而已亦成人皆明道而道益明故堯舜以降至文武周公之世禮樂大備王道至盛無他人己相成道德俱至天下之民不外乎教不離乎道天下不離脩道之教已之脩至矣道成矣嘗論天道之於人也道不易而人時易天之四時歲月寒暑風雨陰陽常有其時而人無定焉喜

篇名釋義

《中庸》内文

《中庸》强调中庸之道是人们片刻也不能离开的，但要实行“中庸之道”，还必须尊重天赋的本性，通过后天的学习，即《中庸》所说的“天命之谓性，率性之谓道，修道之谓教”。

“天命之谓性”，是说人性是由天赋予的。“率性之谓道”，是说循着这种天性而行就合于道，认为人性是善的。教育的作用就在于治儒家之道，所以说“修道之谓教”。实行“中庸之道”既是率性问题，也是修道的问题，这是发展了孔子“内省”和曾子“自省”的教育思想。

中庸之道就是忠恕之道。《中庸》要人们贯彻孔门相传的“忠恕之道”，说：“忠恕违道不远，施诸己而不愿，亦勿施于人。”正是孔丘“己所不欲，勿施于人”思想的发展，要求在处理人与人的关系上合于“中庸之道”。

《中庸》又提出了有德之人必须好“三达德”，实行“五达道”，才能达到“中庸”的境界。所谓“五达道”即“君臣也，父子也，夫妇也，昆弟也，朋友之交也”。处理这五方面关系的准则是：“君惠臣忠”、“父慈子孝”、“夫义妇顺”、“兄友弟恭”、“朋友有信”。“五达道”的实行，要靠“三达德”：智、仁、勇。而要做好“三达德”，达到中庸的境界，就要靠“诚”。教育的目的就是要人们努力进行主观心性的养成，以达到“至诚”的境界。

《中庸》阐述了学习程序，并强调“择善而固执之”的勤奋不懈精神。它说“博学之，审问之，慎思之，明辨之，笃行之”这是为学必有的过程。在教育上，它所提出的为学程序与顽强的学习精神，对人们至今仍有借鉴意义。

《国语》

《国语》是我国最早的一部国别体历史著作，在中国史学史上具有重要的地位。梁启超在他的《中国历史研究法》里称它是“史学界最初有组织之名著”，实不过誉。

关于《国语》的作者，过去一般认为是左丘明。司马迁在《史记》里说到左丘明撰作《左氏春秋》，又说“左丘失明，厥有国语”。但这种说法自宋代以后就不断被人怀疑和否定。《国语》是一部汇编之书，它仅仅记载了春秋时期周、鲁、齐、晋、郑、楚、吴、越八国之事，每一国家所记史事详略不同，写法各异，不像出自一个人的手笔，很可能是当时各国的史官把史事记下来后，后人在这些材料的基础上不断进行整理、加工、润色而成的。《国语》的最后成书，应该是由战国时期的学者完成的。

《国语》全书七万余字，共二十一篇。内分《周语》三篇，《鲁语》二篇，《齐语》一篇，《晋语》九篇，《郑语》一篇，《楚语》二篇，《吴语》一篇，《越语》二篇。所记史实，上起西周穆王征犬戎（约公元前 967 年），下至韩、赵、魏三家灭智伯（公元前 453 年），约五百多年。它所载西周史事较少，主要反映的是春秋时期各国政治、外交、军事等多方面的史实，是我们研究春秋史乃至上古史不可缺少的典籍。

《国语》最明显的特点，是以记言为主。它往往通过一些历史人物的言辞议论来反映历史事件，这与《左传》以记事为主的特点大异其趣。比如“邵公谏厉王弭谤”一节，记周厉王凶残暴虐，一意孤行，拒不纳谏。“里革论君之过”一节，主张君主应该关心民事，怜悯百姓。“子常问蓄货聚马斗且论其必亡”一节，谈统治者聚敛财宝和名马必然招致败亡。“勾践灭吴”一节，反映越王勾践用文种、范蠡之谋，十年生聚，十年教训，最后打败吴国的经过，等等。这些内容都是通过谈话的方式表达出来，说理充分，人物性格也很鲜明。只是《国语》偏重于记言，取材零散，缺漏甚多，远不如《左传》那样完整、系统、可靠。但二者言事相参，可以互证；有无相备，可以互补。后人把《国语》和《左传》看做是姊妹篇的著作，称《左传》为《春秋内传》，称《国语》为《春秋外传》，并不是没有道理的。

《国语》首创国别史这种体例，在历史编纂学上是有突出贡献的。这种以国为记事单位，以时间先后排列材料的体例，对后世史书的编纂产生过很大的影响。《战国策》便是分国编排的，《三国志》《十六国春秋》《十国春秋》虽是纪传体，却也是分国编写的，《史记》的《世家》《晋书》的《载记》，明显地受到国别史这种体例的启发。唐代史学家刘知几提出“六家二体”之说，把《国语》称为“《国语》家”，与《尚书》《春秋》《左传》《史记》《汉书》并列为六家，足见其重视程度。

《国语》所反映的进步思想虽不如《左传》鲜明，但精彩之处也不少。如祭公谏穆王征犬戎说：“先王耀德不观兵。”邵公谏厉王弭谤说：“防民之口，甚于防川。川壅而溃，伤人必多，民亦如之。是故为川者决之使导，为民者宣之使言。”这些都包含有深刻的兴衰治乱之理。从文学成就上说，《国语》虽不具备《左传》平实严谨、言简意赅、透曲叙事的突出特点，也没有《战国策》那种纵横捭阖、妙趣横生、设喻言理的高明技巧，在刻画人物上更不能和《史记》相提并论，但它仍不乏生动风趣的篇章，在我国散文发展史上占有重要的一席之地。

儒家思想在中国的确立

战国时代，道家之中曾并存着两个重要学派，一个是黄帝之学，一个是老子之说。有关前一学说的著作已佚失。1973 年在长沙马王堆三号墓出土了四种佚书:《经法》《十大经》《称》《道原》，它们很可能是战国时代流行的“黄帝四经”，属于黄帝学说。有关后一学说的著作，便是传世的《老子》，亦即《道德经》。道家的这两个学派均讲“道”，主要不同点是，黄帝之说还讲“法”，或者说是在“道”之中又包含着“法”。

一方面汉初的封建统治者亲身经历过秦末农民战争，目睹了显赫的秦帝国土崩瓦解的全过程；另一方面，汉初又面临着经济衰落、百废待兴的严重局面。所以，西汉统治者迫切需要总结秦朝灭亡的教训和制定合适的统治政策，以缓和阶级矛盾，恢复、发展生产，使西汉王朝的统治巩固起来。而在寻求治国方针政策的过程中，黄帝、老子之说特别引起汉初统治者的注意。学说中的“历记成败、存亡、祸福、古今之道，然后知秉要执本，清虚以自守，卑弱以自持”(《汉书·艺文志》)，非常符合汉初社会形势和封建统治的需要。因此，汉初统治者便将黄帝、老子的学说糅合在一起，并加以引申、发展，使之成为汉初封建统治的政治指导思想，时称“黄老之术”或“黄老言”，也就是我们所说的“黄老思想”。

秦王朝短期覆亡的过程，汉初统治者历历在目，而秦朝统治思想选择的重大

陆贾雕塑

失误也在警示着汉初统治者。汉朝统治者决心反省自励，进行新的抉择。

陆贾是第一个代表汉代统治阶级进行这种反省和抉择的思想家。在《四库全书总目提要》余嘉锡辩证中引孔融的话说：“汉初之拨乱反正，（陆）贾有力焉，融以贾与叔孙通、范升、卫宏而言，亦以贾为经学之儒也。然贾实具内圣外王之学，非叔孙通辈陋儒所敢望。”

陆贾认为“善言古者，合之于今；能述远者，考之于近”（《新语·术事》）。他从巩固新王朝统治的政治目的出发，检讨秦王朝短期灭亡的根本原因，认为“秦以刑罚为巢，故有覆巢破卵之患；以李斯、赵高为杖，故有倾仆跌伤之祸”（《新语·辅政》）。他根据秦始皇父子“务胜不休”，盲目蛮干，终于导致无所不为而无所为的悲剧性后果，总结出一条规律性的认识：“事愈烦而天下愈乱，法愈滋而奸愈炽，兵马益设而敌人愈多。秦非不欲为治，然失之者，乃举措暴众而用刑太极故也。”鉴于此，陆贾指出“道莫大于无为，行莫大于谨敬”，为政者应当“寂若无治国之意，漠若无忧民之心，然而天下大治”（《新语，无为》）。

在这种认识的基础上，陆贾提出了“无为无不为”的无为而治的统治思想。陆贾“无为无不为”的思想，为汉初的政治、文化定下了基调。而饱受秦苛政之苦及战乱之灾的华夏民族，此时也亟待“休息乎无为”。在这样的背景下，汉惠帝初年，齐国丞相曹参“闻胶西有盖公，善治黄老言，使人厚币请之。即见盖公，盖公为言治道贵清静而民自定，推此类具言之”（《史记·曹参世家》），曹参接受了“治道贵清静而民自定”的说法，以黄老之术治国，安定人民生活，恢复和发展生产，促成了“文景之治”的社会繁荣。

汉初的黄老思想，大体上是在肯定封建统治秩序和君臣关系的前提下，主张“顺民之情，与之休息”，以达到无为而治的理想境界。应当承认，黄老之术作为汉初封建统治者的政治指导思想，对于促进西汉王朝的巩固和社会生产的发展，还是产生了显著作用的。

然而，中央集权的清净无为，恰恰给刘氏皇室分治的郡国提供了充分发展的机会。一些有识之士看到了这种危机，上书皇帝，提醒朝廷对此问题应予以充分重视。贾谊主张削减郡国的权力，景帝时的晁错也认为诸王国太强盛，实际已经威胁到皇室的安危，应该削减诸王藩地。汉景帝三年（公元前 154 年），吴王刘濞纠合吴、楚等六国，以“诛晁错，清君侧”为名，起兵叛乱，晁错被杀。汉武帝即位后，首先在政治上加强皇权的绝对权威，解决了诸王国与中央政权的矛盾。其次在思想上加强了严密的控制，逐渐疏远黄老之学而崇尚儒学。武帝上台初年，还是祖母窦太后掌权，她本来崇尚道家思想，对于提倡儒学的丞相窦婴等高级官员曾予以贬黜。但是这时儒家思想已经抬头，以至武帝即位的第五年，窦太后迫于压力，同意政府设置五经博士，明显表示提倡儒家经典的倾向。

元光元年（公元前 134 年），已经独掌大权的汉武帝策试“贤良”，要求属下解答总结历史治乱经验、指导当时政治活动的根本理论问题。董仲舒在对策时宣扬经过改造的儒家学说——“天人感应”说，这是董仲舒新儒学的理论基石。他认为“天者，万物之祖，万物非天不生”（《春秋繁露·顺命》），人也毫不例外，而且人的形象、情感均同天相符，自然相通，故“天人一也”。他说：“天子受命于天，天下受命于天子，一国则受命于君。君命顺，则民有顺命，君命逆，则民有逆命。故曰：‘一人有庆，兆民赖之’此之谓也。”（《春秋繁露·为人者天》）所以，如果人君统治得好，天就会降下祥瑞如凤凰、灵芝之类以示褒奖；如果管理得不好，国家将有失败之道。因此人君应当谨慎地依照天的意志行事，而且须及时注意改弦更张，这就叫“更化”，包括改正朔、改元、制礼乐、除弊政等。不过，董仲舒又强调指出“王者有改制之名，亡变道之实”，也就是说改制属更化范围，并不意味着改变或影响“道”。因为“道”之大原出于“天”，“天”不变，“道”亦不变。这个“道”，本意是指“天”的意志，而实际上却是具体体现为封建统治的思想原则、基本秩序。

董仲舒从他的“天人感应”论出发，又将“阴阳五行”说同儒家的君臣、父子伦理观结合起来，进而提出“三纲”理论，认为天有阴阳，阳尊阴卑。对应于人事，则是君尊臣卑，父尊子卑，夫尊妻卑。因而君为臣纲、父为子纲、夫为妻纲。

董仲舒雕塑

董仲舒还主张政治上的“大一统”局面，并由此引申出思想上统一的必要性。其所谓“大一统”即损抑诸侯，使天下都来向天子称臣。另外，提出以儒家学说作为封建国家统治思想，认为凡是不研习六艺（六经）之科、孔子之术的，都要断送他们的晋升道路，即所谓

“罢黜百家，独尊儒术”。

总之，董仲舒的新儒学，基本上是以“天人感应”论为核心而建立起来的唯心主义思想体系，它的出现，使儒家思想趋于神学化。这种新儒学极力为皇权的神圣性以及大一统帝国和封建秩序的合理性提供理论依据；同时，它又试图借助“天”的威力，来适当限制皇帝的行为，以防止暴政的出现而导致阶级矛盾的激化。

从此以后，儒家思想便逐步发展成为我国封建社会的正统思想理论一直到清朝末年。

儒家文化对后世中国的影响主要体现在两方面。一方面，因为儒家文化不完全、不直接服从和依赖于政治、经济变革的相对独立性和自身发展的规律，它得以成为封建统治者的官方意识形态，对维护封建社会、维护统治者的利益，发挥了重要作用。另一方面，也正是儒家文化的这种独特性，才能够使中国文化在2000多年的发展中虽经历了阶级、时代的种种变异以及外来文化的冲击，却一直保持形式结构的相对稳定性，使中国文化能够延续2000多年而不中断。

第一，毋庸讳言，基于农业文明基础上的儒家文化，的确有许多思想具有时代性和局限性，有许多方面与现代社会格格不入，它所维护的封建专制思想严重遏制民主政治的实施。儒家由孔子开创的这种融合血缘、心理、人道、人格为一体的具有实践理性特征的文化－心理结构，既有其维护氏族统治体系的保守主张，又包含有氏族民主遗风、原始人道精神和个体人格的追求等合理因素的精神遗产。孔子之后的各代儒学大师从现实需要出发，各取所需，或夸扬其保守的方面，或强调其合理的因素，来重新解说、建造和评价它们，以服务于当时阶级的时代的需要。从而使这个结构形式在长期封建社会中与封建主义的各种内容如“三纲五常”、“存天理灭人欲”等混为一体而紧密不分了。

儒家文化中包含的对血缘基础宗法等级制的维护，对各种传统礼仪的尊重以及因循、保守，反对变革、更新等观念都与这个结构紧密相连。这个具有民族性的文化－心理结构是在生产水平非常低下的条件下建立的，所以它常常满足于某种平均的贫困，以保持、获得或唤起精神上的胜利和个体人格的完成。所谓“安贫乐道”、“何必曰利”，以道德而不以物质作为价值尺度，满足和维护农业小生产的劳动生活和封闭体系，和建立在这基础上的历史悠久的宗法制度是这个结构所具有的社会历史性的严重缺陷和弱点。鲁迅所揭露和指责的中国民众所具有的那种麻木不仁、封闭自守、息事宁人、奴隶主义，满足于贫困、因循、“道德”、“精神文明”等国民性问题正是儒家文化给中国人民在心理上、观念上、习惯上等带来的深重印痕。比如以这个结构为基础建立的制度化的儒家纲常伦理的思想，强化等级尊卑，强调绝对的义务体系，就严重束缚了人的个性解放。虽然如上述所言，儒家也追求个体人格，但这种人格的追求是以维持社会的秩序化、和谐化为目标的，从而在某种程度上束缚了个体人格全面而自由的发展。所以从这个意义上来讲，对个体人格的完善与追求本身就是对个性解放的束缚。这些都严重地阻碍了中华民族迈向工业化、现代化的脚步，成为五四运动以来直到今天仍然是我们不断地、彻底地要加以肃清的封建主义遗毒。

儒家“仁”的文化—心理结构的实践理性由于强调人世现实，过分偏重与实用结合，便相对地轻视、忽视甚至反对科学的抽象思辨，使中国古代科学长久停留并满足在经验论的水平，缺乏理论的深入发展和纯思辨的兴趣爱好。而没有抽象思辨理论的发展，是不可能有现代科学的充分开拓的。同时，由于实践理性对人的情感表露采取克制、引导、自我调节的方式，这就使生活中和艺术中的情感

顾炎武雕塑

经常处在自我压抑的状态中，不能充分痛快地表露出来。这一方面造就了中国人的逆来顺受、“张公百忍”的性格；另一方面，在艺术中的情感压抑固然造就了“意在言外”、高度含蓄的美学风格，但“文以载道”、“怨而不怒”，要求艺术服从、服务于狭窄的现实统治和政治，却又是有害于文艺发展的重大短处。这个短处由于得到老庄道家和楚骚传统的补充，才使中国古代文艺保存了灿烂的光辉。当然“仁”结构中的人道精神、理想人格对文艺内容又有良好的影响。

然而，上述这些负面影响只是儒家文化对中国社会的一个方面，另一方面，儒家“仁”的这个文化－心理结构又对中国产生了非常重要的积极影响。毋宁说，中华民族及其文化之所以具有如此顽强的生命力，历经数千年各种内忧外患而终于能保存延续和发扬光大，与“仁”结构的稳定性具有直接的关系。

第二，用历史的眼光看，儒家“仁”文化所具有的这种独立品性，致使儒家文化既与皇权紧密地结合在一起，起到稳定社会、完善社会组织的作用，同时其作为一种有着独立品性的文化，它对中国社会的道德人伦规范起到了极其重要的作用。“列君臣父子之礼，序夫妇长幼之别”，是对当时经济政治资源配置的相对合理地选择。儒家文化适应了承平时期凝聚社会人心，积极有为地推展事功的需要。儒家思想比较平易合理，使朝野都能接受，满足“内裕民生，外服四夷”的社会心理，其所主张与推行的伦理教化，大体上还是与民众的要求，特别是社会的秩序化、和谐化，缩小贫富差距，端正人心，淳化风俗的要求相适应的。

儒家文化中的人道精神和人格理想，重视现实和经世致用的理性态度，乐观进取和舍我其谁的实践精神等，都曾在漫长的中国历史上感染、教育、熏陶了一代又一代的仁人志士。秉承儒家文化的仁义忠恕之道的传统儒生关切民间疾苦，批评时弊，参与社会政治，弹劾贪官污吏，使道统、政统、治统、学统之间保持了必要的张力。儒家所追求的“道统”与学术传承、经世实践、治民方略是相互配合的。儒生修养完善自身的道德人格，追求并护持“道”，道德的正当优先于政治上的利害。正是儒家文化的熏陶造就了像范仲淹的“先天下之忧而忧，后天下之乐而乐”、张载的“民吾同胞，物吾与也”、文天祥的“孔曰成仁，孟曰取义”、顾炎武的“天下兴亡，匹夫有责”、王夫之的“六经责我开生面，七尺从天乞活埋”……这些都闪烁着我们这个民族的基本观念、情感、思想、态度的灿烂光华。

儒家建立在宗法观念基础上的伦理政治理想对秦汉以后中国国家政治结构造成了深远影响。首先，“家天下”政权模式的长期延续。宗法制度原则的本质就是家族制度的政治化。家天下的家族统治在中国传衍了 2000 年之久，王朝的更迭往往是新旧家族的代兴与衰亡。其次，亲亲伦理政治原则的不断扩张。亲亲是宗法制度的基础，在西周的社会政治秩序中，亲亲成为首要的政治原则。由亲亲而重孝，重孝而慎终追远。古代的宗法文化不仅给君主一种血亲的归属感，同时它也构成一种现实的政治力量。亲亲伦理政治原则影响国家政治的另一表现是，它造成任人唯亲的官僚习气。亲亲原则给中国传统的政治涂上了浓厚的宗法色彩。最后，宗法原则成为维系王朝政治的习惯力量。家国一体、父权与君权结合的政治结构，在中国历史文化的形成发展过程中，发挥了独特的作用。以亲亲为基础，以君王国家为核心的伦理型文化是中国传统社会具有持久凝聚力的精神保障，也是中华文化历经磨难而未中绝的文化动力。在魏晋南北朝时代长达数百年的分裂局面之下，在统一的国家基本上不存在的时候，中国文化仍能保存传承，就得益于中国有一个以亲缘关系为基础的社会组织，它是中华民族重新走向聚合的社会基础。

儒家从每个个体内心的要求去寻求构建社会（家、国、天下）的秩序化、和谐化的基础，使儒家文化渗透到朝野上下的每一个个体的内心，具有很强的民间性与草根性，民间不识字的老人、妇女亦怀抱同样的价值。儒家文化在民间、在历史上浸润近 3000 年，对各民族及其宗教、习俗、文化的融合，对中华民族及其国家的形成都起了极其重要的作用。

总之，儒家思想深深地渗透到中国的政治、经济、哲学、文学、历史、艺术等文化思想里面，对中国的民族精神、历史发展乃至风俗习惯都有着深远的影响。儒家文化不仅是中国传统文化的核心内容，而且 2000 多年来的发展，已经使儒家文化内化为一种人文品格，深深地积淀在中华民族的精神血脉里。

匈奴的崛起

匈奴是中国北方的游牧民族，发源于河套阴山一带。中外学者都认为，匈奴语属于阿尔泰语系，但究竟属于该语系的蒙古语族还是突厥语族，存在争议。从国外的研究来看，东方的学者多认为匈奴语属于蒙古语族，而西方的学者多认为匈奴语属于突厥语族。中国学者中也是两说并存。匈奴人没有自己的文字，但自

古代匈奴人（模拟像）

有文字记载以来，匈奴即以不同的名称出现在中国的文献中。殷周时代称他们为鬼方，周代又称他们为混夷、獯鬻、猃狁，春秋时称他们为戎狄，战国、秦汉以来称之为胡或匈奴。

直至战国晚期，匈奴各部仍然自有君长，部落联盟并不巩固。匈奴利用当时各诸侯国逐鹿中原无暇北顾之机，在阴山河套地区逐渐发展壮大起来。从战国时期的燕、赵、秦三国皆筑长城以防范匈奴的态势来看，当时匈奴已具有相当的实力。秦始皇统一六国后，虽命大将蒙恬统率30万大军北击匈奴夺取“河南地”及高阙、阳山、北假等地，但仍未能将匈奴纳入其统治范围。蒙恬北击匈奴之时，正值匈奴头曼单于在位时期。在强秦的军事压力下，匈奴被迫向北迁徙。但据《过秦论》记载，匈奴北撤700余里，似乎并未完全离开阴山河套地区。秦末中原大乱，匈奴乘机越过长城，收复了被蒙恬夺去的河套阴山地区。

匈奴从崛起至鼎盛，前后经头曼、冒顿、老上、军臣祖孙四代，历时约150年。这一时期，匈奴国家的各项制度日益完善。

草原民族最基本的社会组织，是由一同游牧的若干个具有亲属关系的家庭所组成的血亲组织，中国史书中往往称之为“邑落”或“落”，后期也称为“氏族”，但这与恩格斯所使用的氏族一词内涵并不相同。由若干个具有亲属关系的血亲组织组成更大的血亲集团，中国史书中往往称之为“种”、“部”。具有相同语言和文化背景的若干个血亲集团构成更高一级的社会组织，中国史书称之为“类”、“族”或“族类”。其中，血亲组织、血亲集团这两级社会组织是到处都存在的，具有较强的内聚力，也比较稳定，但由血亲集团联合形成的“族”却很不稳定，这种联合也比较松散，常常是各“部”自行其是，只有在对外作战时，才组成一个临时的整体。当草原民族以血亲集团作为最高级社会组织时，他们则不可能形成自己的国家。“族”是草原民族由前国家形态向国家过渡的“瓶颈”。只有各血亲集团迫于外部的压力——这种压力往往是战争——的需要建立起长久的联盟之后，草原民族也才开始了向国家的演进。

由于草原民族的频繁迁徙，不同语言和文化背景的“族”之间的接触是非常频繁的。当某一个“族”内部的血亲集团形成牢固的联盟之后，其与外“族”之间的关系也会随之发生变化，既可能出现对其他“族”的血亲集团的军事征服，使之臣属于自己，也可能为对付共同的敌人而与其他“族”结成更高一级的联盟。不论是在哪一种情况下，联盟的结构都变得更加复杂，不是原有的部落机构所能驾驭得了。最初，联盟的首领委派自己的亲信协助自己进行管理，这就在原有的部落首领之外形成了一套新的领导体系，当出于将权力固定下来的目的而创设部落之外的新机构时，游牧国家也就形成了。但是原有的血缘组织并未被打破。中央存在新的机构，而地方仍旧靠血亲集团进行统治，大大小小的血亲集团现在转化为新出现的游牧国家的地方行政机构，血亲集团的首领仍旧掌握本“部”的行政与军事权力。但由于其获得权力的方式不再仅仅是自下而上的选举，还需要得到自上而下的任命，因此，其身份也就变成国家的地方行政官员了。

匈奴是蒙古草原上第一个完成这种转变的民族，在蒙古草原上建立了第一个以游牧经济为基础的国家——匈奴帝国。单于作为最高首领，总揽所有的军政大权，以左右屠耆为单于之下的最高官职，单于帐内的辅政大臣为骨都侯，由异姓贵族呼衍氏、兰氏、须卜氏担任，呼衍氏居左，兰氏、须卜氏居右，主断狱讼，已经粗具中央政府的规模。由于匈奴人尚左，所以左屠耆王通常由单于继承人担任。屠耆是汉语“贤”的意思，因此，汉族史家又称左屠耆王为左贤王。这说明匈奴人已经确立起最高首领的世袭制度。匈奴有左右贤王、左右谷蠡王，以及左右大将、左右大都尉、左右大当户、左右骨都侯等“二十四长”，他们被称为“万骑长”，就是由原血亲集团的首领转化来的地方军政首脑。在万骑长之下，又设有千骑长、百骑长、什骑长、裨小王、相封、都尉、当户、且渠等小官，这是由原血亲组织的首领转化来的地方基层行政组织的官员。所有官员都有自己的分地，平时由其负责管理，战时他要率分地内所有成年男子参战。所有机构与官员都是军政一体的。

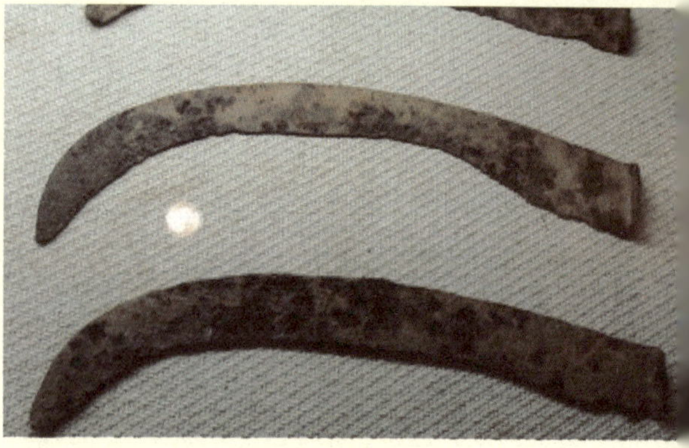
匈奴古墓出土的铁镰

匈奴将所有统治区分为三部分，除了最高统治者统领的中心区外，划分左右二部以管辖各个地区。一是设在云中郡以北的单于庭（中部），由单于自己统治着自此以北的中部诸国；一是位于上谷郡（今河北怀来县一带）以北，统治东方的左贤王庭（东部）；一是都于上郡（今陕西榆林县一带）以北，统治西方诸国的右贤王庭（西部）。

总的来看，由于其政权建立在流动、分散的游牧经济基础之上，匈奴人的政治体制还比较简单和松散。但是，这种国家体制最适合草原民族的游牧的生活方式，因而被以后在蒙古草原上建立国家的各族效仿，对草原民族影响深远。

匈奴是一个以畜牧业为主的游牧民族，畜牧业生产在其社会经济中占主导地位。他们经常逐水草迁徙，没有固定的城郭、居室，畜群是他们的主要财富。在塞北特殊的地理环境和游牧的生产生活方式下，他们不断积累经验，创造了许多独特的生产技术，不仅善于放牧马、牛、羊，而且驯养骆驼、驴、骡等杂畜。匈奴人已懂得选育良种、培养杂交牲畜和依季节变化放牧、选择草场等技术。除畜牧业之外，狩猎在匈奴人的经济生活中亦占有很重要的地位。因畜群的饲养、繁殖需要丰盛的水草和适宜的气候，所以，匈奴人的经济受自然条件的约束和限制比较大，游牧经济极不稳定，这在一定程度上阻碍了生产经验的积累、生产技术的改进及文化水平的迅速提高。

随着黄河流域农耕文化的不断北移以及汉人入居匈奴地区，蒙古草原上也逐渐出现了农业。汉代中期，有关匈奴农业的记载越来越多地见于史册。在诺颜山匈奴墓葬中不仅发现有残存的农作物种子、农具，而且还出土了盛有谷物的大型陶器。公元前119年卫青出击匈奴时，曾在阗颜山赵信城（今蒙古人民共和国杭爱山南面支脉附近）获得匈奴储存的大量粟米。随着铁制农具的使用，蒙古草原的农业也有一定发展，但就当时的生产水平而言，匈奴国内的农业生产尚远远不能满足其对粮食的需求。匈奴的粮食供应主要来源于中原农耕地区，主要途径可能是互市贸易和掠夺。

随着畜牧业和农业的发展，匈奴人的手工业也有所发展。在初具规模的手工业中，最重要的当推冶铁。在诺颜山（原匈奴单于庭辖境，今蒙古国乌兰巴托北70英里处）和中国内蒙古的匈奴古墓葬中发现了大量的铁镰、铁铧、铁斧、铁刀、铁镞、铁马嚼、剑等物。木器制造业、陶器制造业、毛织业和皮革业也很发达。匈奴人还懂得筑城、架桥、凿井、挖沟等建筑技术。在当年匈奴人活动的地区内不断发现城塞和定居遗址，证明匈奴社会也存在一定程度的定居生活。

为解决生产和生活上的需求，匈奴人迫切需要把牲畜和皮毛与汉族的农产品和手工业产品进行交换。保持同汉族的产品交换是匈奴游牧经济赖以生存的条件之一。匈奴输入内地的物品以马、牛、羊、骆驼、皮革和毛织品为大宗。匈奴人除了和中原汉族进行交换以外，还与乌桓、羌族以及西域各族保持贸易关系。从诺颜山第六号匈奴墓葬出土的希腊丝织品来看，匈奴人很可能通过西域间接地与希腊人及其他西方民族保持贸易往来。

张骞通西域

“西域”一词，最早见于《汉书·西域传》，是和张骞的名字分不开的。

西汉时期，狭义的西域是指玉门关、阳关以西，葱岭以东，即今巴尔喀什湖东、南和新疆的广大地区。广义的西域还包括葱岭以西的中亚和西亚、南亚的一部分，以及东欧和北非的个别地方，是中国当时就地理知识及对“西”方地区的泛称。

那时候，在塔里木盆地周围散布着“三十六国”：南缘有楼兰、女若羌、且末、于阗、莎车等，习称“南道诸国”，北缘有姑师（后分前、后车师，在今吐鲁番）、尉犁、焉耆、龟兹、温宿、姑墨、疏勒等，习称“北道诸国”。此外，天山北麓有前、后蒲额和东、西且弥等。它们面积不大，多数是沙漠绿洲，也有山谷或盆地。人口不多，一般两三万人，最大的龟兹是8万人，小的只有一两千人。它们多数从事农业，少数以游牧为生，在邻国有“寄田”。这些地方出产五谷，盛产葡萄等水果和最好的饲草苜蓿。在张骞通西域前，这里受匈奴贵族役属，在焉耆等国设有童仆都尉，“赋税诸国，取畜给焉”，对这些小国进行奴役和剥削。

但是，正在伊犁河流域游牧的大月氏，是一个著名的“行国”，拥有人口40万。他们曾居住在敦煌和祁连山之间，被匈奴一再打败后，刚迁到这里不久。匈奴杀月氏王，“以其头为饮器”。因此，大月氏与匈奴是“世敌”。

此时，汉朝日趋强盛，正在计划积极地消除匈奴贵族对北方的威胁。武帝听到有关大月氏的传言，就想与大月氏建立联合关系，又考虑西行的必经道路——河西走廊还处在匈奴的控制下，于是公开征募能担当出使重任的人才。

建元三年，即公元前138年，张骞“以郎应募，使月氏”。“郎”，是皇帝的侍从官，没有固定职务，又随时可能被选授重任。

张骞，汉中城固人，性格坚毅，办事灵活而又信实。他出使中途即被匈奴截留下来，在匈奴十多年，始终保持着汉朝的特使符节，匈奴单于硬叫他娶当地人做妻，且生了儿子，也没有动摇他一定要完成任务的决心。

一天，张骞终于率领部属逃离了匈奴。他们向西急行几十天，路上遇不到人烟时，就打鸟兽充饥，越过葱岭，到了大宛。由大宛介绍，又通过康居，到了大夏，大夏在今阿姆河流域。张骞最终到达了大月氏。十多年来，大月氏这个“行国”，已经发生了很大的变化：一是在伊犁河畔受到乌孙的攻击，又一次向西远徙。乌孙，63万人，也是个“行国”，曾在敦煌一带游牧，受过月氏的攻击。后来匈奴支持乌孙远袭大月氏，大月氏被迫迁至阿姆河畔，而乌孙却在伊犁河留住下来。自从大月氏到了阿姆河，不仅用武力臣服了大夏，还因这里土地肥沃，逐渐由游牧生活，改向农业定居，无意东还，再与匈奴为敌。张骞在大月氏逗留了

西域风光

张骞雕塑

一年多，得不到结果，只好归国。回国途中，又被匈奴拘禁一年多。公元前126年匈奴内乱，张骞乘机脱身回到长安。张骞出使时带着100多人，前后13年，只剩下他和堂邑父两个人回来。

张骞回来以后，向武帝报告了西域的情况。这就是《汉书·西域传》资料的最初来源。之后，由于张骞随卫青出征立功，“知水草处，军得以不乏”，被武帝封为“博望侯”。

元狩四年（公元前119年），张骞第二次奉派出使西域。这时，汉朝业已控制了河西走廊，积极进行武帝时对匈奴最大规模的一次战役，正是决战的关键时刻。几年来汉武帝多次向张骞询问大夏等地情况，张骞着重谈了乌孙到伊犁河畔后，已经与匈奴发生矛盾的具体情况，建议招乌孙东返敦煌一带，跟汉共同抵抗匈奴。这就是“断匈奴右臂”的著名战略。同时，张骞也着重提出应该与西域各族加强友好往来。这些意见都得到汉武帝的支持。

张骞率领300人组成的使团，每人备两匹马，带牛羊万头，金帛货物价值“数千巨万”，到了乌孙，说乌孙王东返，又未成功，乃分遣副使持节到了大宛、康居、月氏、大夏等国。元鼎二年（公元前115年）张骞回来，乌孙派使者几十人随同张骞一起到了长安。此后，汉朝派出的使者还到过安息（建立在伊朗高原的古代国家）、身毒（印度）、奄蔡（在咸海与里海间）、条支（安息属国）、犁轩（附属大秦的埃及亚历山大城），汉朝使者还受到安息专门组织的2万人的盛大欢迎。安息等国的使者也不断来长安访问和贸易。从此，汉与西域的交流建立起来。

张骞通西域后，汉族和西域各族间的经济文化关系日趋密切。西域的核桃、葡萄、石榴、蚕豆、苜蓿等十几种植物，逐渐在中原栽培。龟兹的乐曲和胡琴等乐器，丰富了汉族人民的文化生活。汉军在鄯善、车师等地屯田时使用地下相通的穿井术，习称“坎儿井”，在当地逐渐推广。此外，大宛的汗血马在汉代非常著名，名曰“天马”，“使者相望于道以求之”。那时大宛以西到安息国，都不产丝，也不懂得铸铁器，后来是汉的使臣和散兵把这些技术传了过去。中国蚕丝和冶铁术的西传，对促进人类文明的发展，有着重大贡献。

北匈奴西迁

匈奴人长期以来与中原人民有着经济、文化的联系。自汉武帝大规模抗击匈奴后势力衰落，公元 48 年，匈奴分裂，南匈奴逐渐归汉，北匈奴继续盘踞在漠北。公元 89 年东汉联合南匈奴一起夹击北匈奴，取得大胜。又过了几年，东汉的军队在今天的阿尔泰山附近大败北匈奴，他们落荒而逃，从此，北匈奴在东方销声匿迹。一个剽悍民族的消失自古以来就是吸引人们追寻的谜，况且这个民族还与我们有着千丝万缕的联系，那么匈奴人的结局如何，一直成为千百年来人们追问的一个话题。有人说，他们逃往了西方，在我国的史书上还有一些零星的记录，但是他们究竟走的什么路线，到了什么地方，好奇的人们一直想揭开这个谜底。

一种说法是融合于其他民族，国内外的研究表明，历史上一度十分强盛的匈奴，在中国北方、中亚乃至欧洲各地不断地进行征战、迁居，再征战、再迁居，经过几个世纪与当地居民的混杂、通婚和民族融合，作为民族的匈奴在公元 6 世纪后基本消失，渐渐同化到其他民族之中，其所经地区其他民族或多或少都带上了匈奴“因素”。

其实，在内外交困等诸多因素之下，匈奴人或南迁，或西迁（近则中亚，远至欧洲），或滞留草原，通过婚姻、吞并、臣服、迁居等形式融合到其他民族之中的做法是在情理之中的。所以现在持这种看法的人是大多数。专家们说：虽然匈奴作为一个民族消失了，但其文化习俗仍部分保留下来了。以现在主要流行于蒙古国、俄罗斯以及中国的内蒙古与新疆的“胡笳”为例，胡笳虽为匈奴乐器，但其传播、继承却早已超出了匈奴。

关于匈奴族的迁徙，中国史书记录得并不详细。最近，考古学家证实位于陕西省靖边县毛乌素沙漠南缘的统万城，是世界上发现的唯一的匈奴都城遗址。相比之下，欧洲学者对北匈奴西迁这段历史的记载更为翔实：公元 91 年匈奴开始了史无前例的民族大迁移，北匈奴西迁的第一站是乌孙的地盘，即现在的伊犁河上游一带，第二站是康居，也就是锡尔河上游东部，第三站为阿兰聊，已经到了欧洲边缘。在91年到290年长达200年的历程中，这个北方的苍狼为了梦中的家园，在雪地中、沙漠里艰难跋涉。当《波斯史》中提到3世纪末匈奴出现在阿兰聊时，北匈奴人已经对他面前弱小的西方民族露出了爪牙……公元4世纪中叶，阿兰聊灭国，西方震动。从此，匈奴在西方的活动开始频繁起来。公元433年，在匈奴历史上出现了一位传奇人物阿提拉，阿提拉时期的匈奴帝国是匈奴史的最后一章，也是最辉煌的一章。他使罗马人蒙羞，使日耳曼人丧胆，具有令西方人沮丧而无奈的强大力量，以至于他和他的匈奴铁骑都被称为“上帝之鞭”。

关于阿提拉本人各方面的记载，西方史书上有很多生动具体的描写：阿提拉年轻时作战勇猛，登基之后则更主要的是依靠他的头脑，而不是他的武功，完成了对北方的征服。他具有勃勃野心和高超的政治外交手腕，而且为人狡猾、残忍。据传说，他曾自称拥有战神之剑，所以当部下晋见时，如若正面直视他则必须同时后退，否则会烧坏自己的眼睛。他有一个凶猛地转动眼珠的习惯，好像他乐于欣赏受他惊吓的人的恐惧。阿提拉在生活上崇尚简朴，却很能容忍部下的奢侈。他的臣民对他极其敬畏，在他外出巡查的时候，凡见到他必向其欢呼，以示服从；进出宫殿必有华盖迎送，逢宴会还有专为他谱写的赞歌。他甚至还有罗马人赠送的私人秘书。阿提拉的长相似乎令人不敢恭维。据记载，他身材矮胖，双肩很宽，短粗的脖子上长着一个硕大无比的头颅，有粗硬的黑发和稀疏的胡须，鼻子扁平，

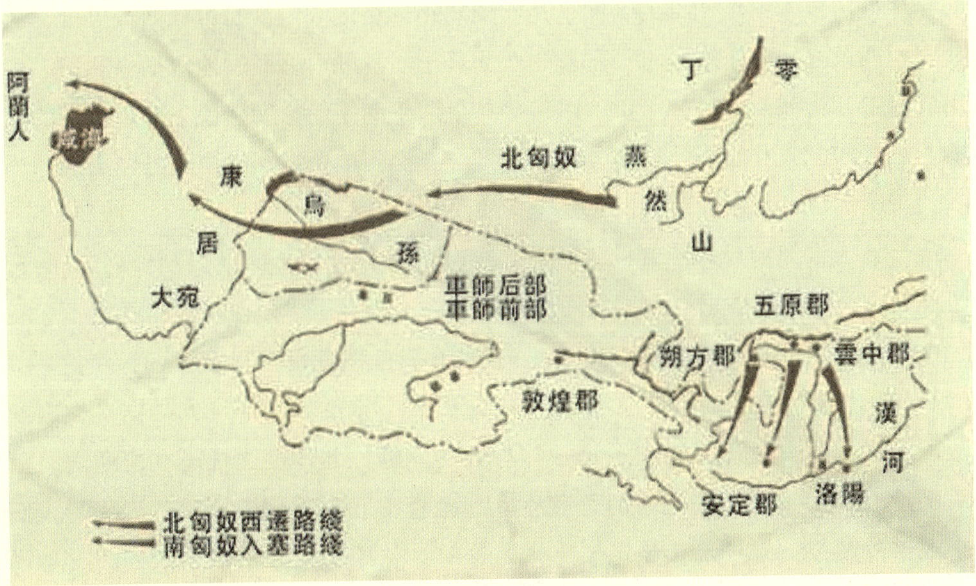

北匈奴西迁路线图

一双黑眼睛锐利而阴鸷。尽管这种描写似乎有些不太恭敬，但有一点毫无疑问，这肯定是一个东方人的形象。也许这说明经过三百多年的西迁后，匈奴人并没有被其他民族混血得失去了原来的体质特征。

还有很多学者提出当今匈牙利人的祖先就是匈奴人。他们举出了许多的证据：比如，匈牙利人吹唢呐和剪纸的情形和中国陕北的一样，他们说话的尾音也与陕北口音很相似。匈牙利诗人裴多菲在一首诗中曾经这样写道：我们那遥远的祖先，你们是怎么从亚洲走过漫长的道路，来到多瑙河边建立起国家的？很多匈牙利学者都认为这个国家与匈奴后裔有着密切的关系。

当然以上的几种推测都是后人的猜测，至于匈奴人是否就是现在匈牙利人的祖先，匈奴人是不是融合在了欧洲各国，目前还没有更充分的证据，但这并不会阻挡人们想象的翅膀，这一美丽的设想给东西方文化蒙上了一层神秘的面纱，恐怕是遥远的匈奴人当初并没有想到的。

于阗古文明

于阗位于今天新疆维吾尔自治区和田、墨玉、洛浦诸县境内。

地处塔里木盆地南部的于阗，是丝绸之路南道的大国，是古代西域王国，唐代安西四镇之一。东通且末、鄯善，西通莎车、疏勒，盛时领地包括今和田、皮山、墨玉、洛浦、策勒、于田、民丰等县市。于阗国的早期居民主要是伊朗的西徐亚人、印度人和汉人。早在公元前 2 世纪，于阗这个城邦之国就已经出现。当时，王国的都城就设在距和田西 9 公里的约特干。

公元 3 世纪前后，于阗称为瞿萨旦那，意译作地乳，印度人则称之为屈丹。于阗自古是印度、波斯、中国之间必经的贸易途径，也是东西往来的要道。

据《大唐西域记》卷十二记载，于阗国王自称是毗沙门天（四天王之一）的后代。按最早的文献看，最先在和田绿洲住下来的是古印度人。据《大唐西域记》说，远古时于阗绿洲还是一片静谧的盆地，北印度无忧王在位期间，因某事迁怒于太子属下，把他们悉数流放到昆仑山北麓洪积扇平原，流牧的人们来到这片葱郁的绿洲后，便定居下来。这时，从中原也来了一些人，两支移民队伍相遇，一场决斗，最终后来者居上，成为统治者，这大约是印度文明与中国文明的初始交汇。后来，于阗定名——瞿萨旦那，一个半耕半牧的城郭国家就此形成了。在此期间的历史里，印度文化占据着主导地位。“毗沙天神”作为古印度诸神中的一位神祇成为国家的尊崇神。

在和田地区博物馆历史展厅，陈列着许多风格奇特、小巧玲珑的陶塑作品，引起了许多文物专家的关注，这些出土于和田地区约特干遗址的珍贵文物，既不同于中原地区的艺术风格，又不同于西方的雕塑艺术，表现出较强的地域特色。它们大部分是于阗古国自汉至唐代的陶塑艺术作品。从种类上看，有栩栩如生的人物、小巧精致的动物，特别是那些举止滑稽的猴子们，数量最多。这里陈列的一组伎乐陶猴高仅 1.5 ~ 2.6 厘米，猴子们均呈跪状，吹排箫的、击鼓的、弹琵琶的，无不妙趣横生，令人忍俊不禁，当然，人物弹奏乐器的也比较多见。从这些残存的陶塑作品中我们不难看出，古代于阗人对音乐的爱好达到了十分痴迷的程度。

于阗是西域各国中受佛教影响最大的地区之一，佛教音乐的传入给本来就崇尚歌舞的于阗国带来了清新的气息。高僧法显在于阗时，就见到“其国丰乐，人民殷盛，尽皆奉法，以法乐相娱”的场景。汉代，随着西域文化的东传，以龟兹乐、于阗乐为代表的西域音乐也西风东渐传入宫廷。当时汉宫就收入了《于阗乐》作为宫廷乐曲，据载，汉高帝常在未央宫“以管弦歌舞相欢娱”；张骞出使西域回到长安时，又带回了经于阗、龟兹乐改编而成的佛曲《摩诃兜勒》；唐代，更

于阗古国遗址

是西域音乐的鼎盛时期，宫廷音乐十之七八都是胡音。

于阗自古以来就以“稼穑殷盛、花果繁茂”著称，玉石、丝绸、地毯被称为和田的三宝。其中最让人心动的就是闻名遐迩的“和田玉”。

于阗是维吾尔语，意为“产玉的地方”。和田玉，古称“昆山之玉”、“于阗玉”，它的出产地是号称“群玉之山”的昆仑山。《史记》中就记载有和田玉产自昆仑的说法：“河源出于阗，其山多采玉。”《千字文》中也有“金生丽水，玉石昆仑”之说。和田玉就夹生在海拔 3500 ~ 5000 米高的昆仑山山岩中，经长期风化剥解为大小不等的碎块，崩落在山坡上。每年 5 ~ 8 月，昆仑山上的雪水融化以及下雨产生流水，就会将这些碎料冲刷入河水之中。经过河水的冲刷以及河底砂石的磨砺，这些玉石就会被打磨成上等的和田玉。

到了隋唐时期，于阗仍然以玉产地著称于世。后晋天福五年（公元 940 年）高居海出使于阗，描述了于阗采玉的情景。据记载，于阗境内有一条玉河，流至牛头山后，疏为白玉、绿玉、乌玉三河，“其源虽一，而其玉随地而变，故其色不同。每岁五六月，大水暴涨，则玉随流而至。玉之多寡，由水之大小，七八月水退乃可取，彼人谓之捞玉。其国之法，官未采玉，禁人辄至河滨者。故其国中器用服饰，往往用玉。今中国所有，多自彼来耳”。这段文字比较全面地记载了于阗玉

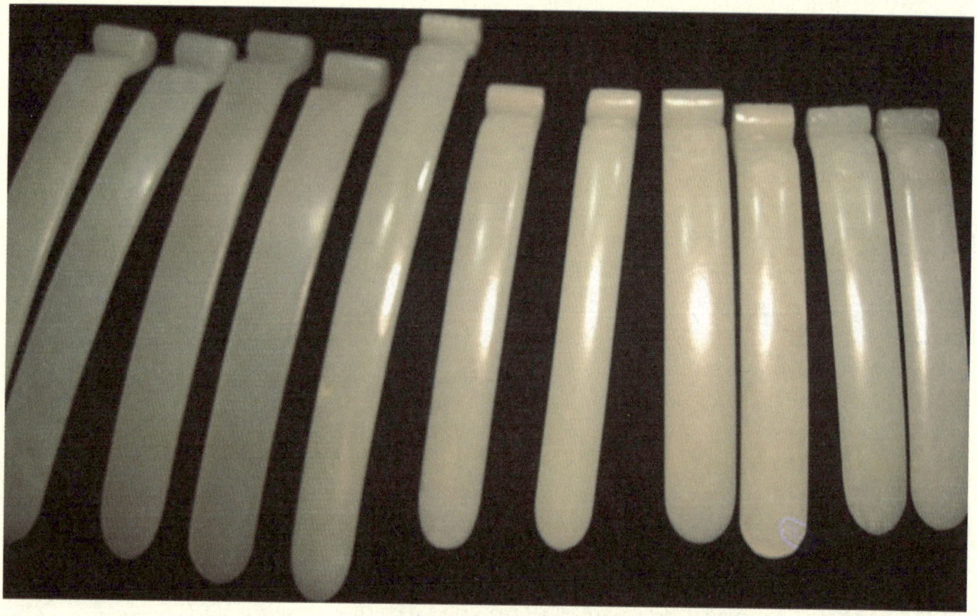

和田玉

石的分布、采集季节、采集方式等，作为政府的重要产业，玉石采集是由官方垄断的，只有官方组织采集之后，才允许个人采集。

据《新唐书·西域传》，德宗即位，遣给事朱如玉之安西，求玉于于阗。得圭一、珂佩五、枕一、带胯三百、簪四十、奁三十、钏十、杵三、瑟瑟百斤，还有其他的珠宝。直到宋代，朝廷使用的礼器及舆轿、服饰，仍然“多是于阗玉”。

在古代西域36国中，于阗是个有名的信奉佛教的国家。与龟兹国一样，于阗是丝绸之路佛教东渐的要道；但与龟兹国小乘佛教占统治地位不同的是，于阗国是大乘佛教的弘法中心。

关于佛教何时传入于阗，《于阗国授记》中说道：“于阗王瞿萨旦那（地乳）19岁时建国，即位为第一代王时，佛涅槃已234年。建于阗国后165年，国王尉迟胜即位，治世五年，佛法兴起。”因此可以推定，大约在公元前76年佛教已传入于阗。

于阗原本盛行小乘，然而到公元5世纪初，盛行大乘佛教，凡传入中国的经典，十之八九都要经过这里。根据《洛阳伽蓝记》记载，北魏使者宋云曾在于阗听到这样的传说：于阗国王原本不信仰佛教，后来，有个商人带领一位比丘昆庐旃前来，对国王说：“今天有一位异国沙门来到城南杏树下，愿王能信受供养。”国王因此受到比丘的感召而信仰佛教，并且建塔供养他。

古于阗国是西域最早的佛教中心，号称“佛国于阗”，晋法显、唐玄奘都曾在于阗留下足迹。

西汉时代，于阗国为西域南道国势最强的国家之一。因位居丝路贸易的重要据点而繁荣一时。佛教进入后，于阗的信仰也随之发生了改变，从这时起，这个崇尚佛教的小国在丝绸之路上存在了整整1300年！一个了不起而无法想象的奇迹！

这个由尉迟氏建立的佛国，历经汉、魏、晋、南北朝、隋、唐、五代，到北宋仍有极强的辐射力，与中原王朝联系不断，朝贡不绝。是中国历史上最长命的下属王朝，国祚之长与生命力之惊人在整个世界史上也极为罕见。

如今一切都已逝去，只留下沧海，留下桑田，留下废墟，留下感叹。隆盛一千多年的于阗佛教，终于香火断绝，钟鼓噤声。作为多元文化交流之地的这片绿洲消失在历史的视野中。

《战国策》

《战国策》是一部重要的先秦典籍，以记言的形式反映了战国二百余年间的史事。全书分国编排，计有西周一篇，东周一篇，秦五篇，齐六篇，楚、赵、魏各四篇，韩、燕各三篇，宋、卫合一篇，中山一篇，总共三十四篇。书中的各篇文章是由各国的史官和策士分别记录下来，大都是战国时期的作品，但不成于一人一时。全书初无定名，或称《国策》，或称《国事》，或称《短长》，或称《事语》，或称《长书》，或称《脩书》，不一而足。西汉末年，光禄大夫刘向奉诏校书，看到皇家图书馆中许多战国策书，内容庞杂，编排体例不一，文字也有脱误残缺。

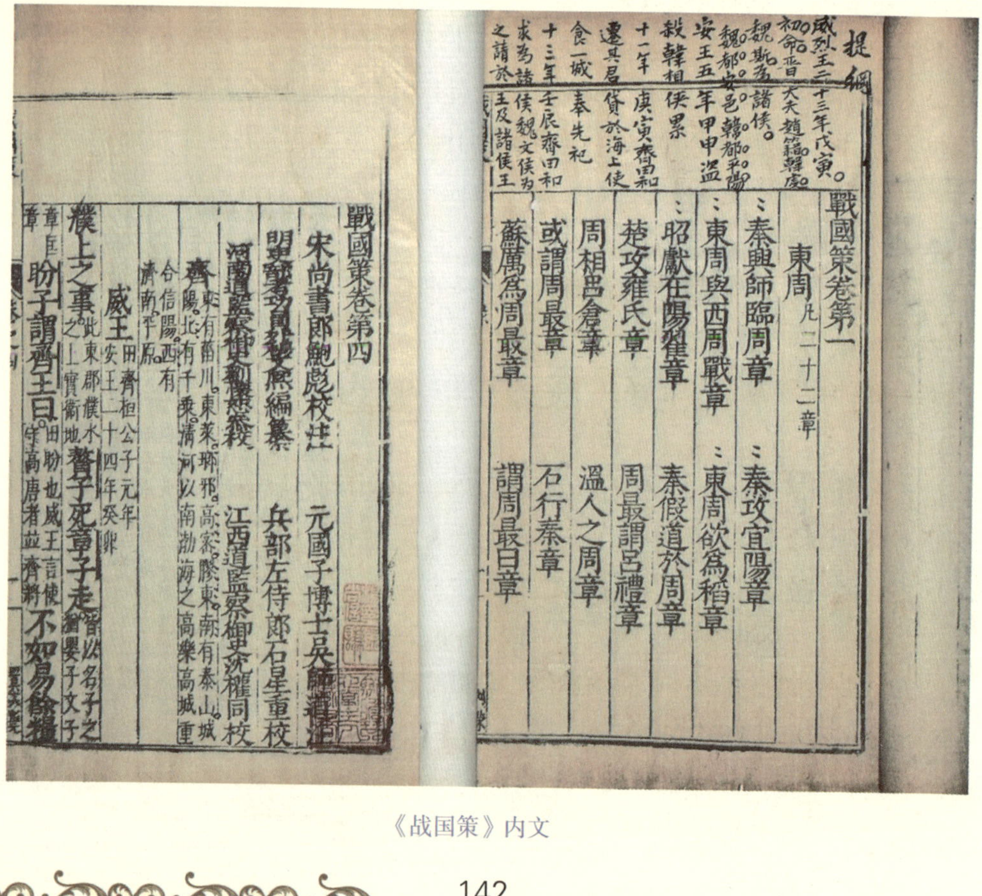
戰國策卷第四
宋尚書郎鮑彪校注　元國子博士吳師道重校
兵部左侍郎石星重校
江西道監察御史□權同校
齊
威王
戰國策卷第一
東周 凡二十二章
秦興師臨周章　秦攻宜陽章
東周與西周戰章　東周欲爲稻章
昭獻在陽翟章　秦假道於周章
楚攻雍氏章　周最謂呂禮章
周相呂倉章　溫人之周章
或謂周最章　石行秦章
蘇厲爲周最章　謂周最曰章

《战国策》内文

于是他把这类书汇集在一起，以国分别，以时相次，依其内容，相为补充，除去重复，写成定本，取名为《战国策》，本书从此问世。不过，当时这类材料除刘向看到的外，在民间流传的还有不少。1973年在长沙马王堆三号汉墓出土了一批帛书，其中有一部分与《战国策》的性质类似，由整理者命名为《战国纵横家书》。这部帛书共二十七章，有十一章见于《战国策》和《史记》，其余十六章是佚书。《战国策》在刘向编定前的原始面貌，从这里还可以看到一个大概。

《战国策》主要录存了当时号称纵横家的谋臣策士游说各国或相互辩论时的言论。战国时期是我国历史发生剧烈变化的时代。政治上王权式微，七雄并争，兵革不休，诈伪迭起，社会正由分裂走向统一。变化万端的政治形势，错综复杂的矛盾斗争，为谋臣策士们提供了政治活动的舞台。他们纷纷奔走于各国之间，游说国君卿相，直接活跃于合纵连横的第一线。他们审时度势，“出奇策异智，转危为安，运亡为存”，起着举足轻重的作用。《战国策》中所载一切攻守和战之计，钩心斗角之事，正是这一时代政治斗争的反映。但这些纵横家的游说之词，有的符合历史事实，有的则不免有夸大失实之处，研究历史必须将这二者区分开来。然而，由于流传下来的战国文献材料十分有限，《战国策》有其无法取代的史料价值。司马迁作《史记》就曾采纳战国纵横家的说辞九十多条，《刺客列传》中的豫让、聂政、荆轲等传几乎全部采用《战国策》的原文。宋代司马光的《资治通鉴》在述及战国史事时，也都离不开《战国策》。时至今日，尽管有关战国的地下出土材料日益增多，《战国策》依然是我们研究战国历史最主要的文献之一。

从文学角度看，《战国策》同时又是一部历史散文总集。它作为游士辅国策谋的记录，语言恢弘明快，无不闪耀着雄辩和智慧的火花。叙述明白流畅、层次清晰、尤其善于夸张铺陈、运用比喻、借助寓言故事，以增强表达的效果。这种语言风格和表现手法为先秦散文注入了一股清新活泼的气息，并对后世的历史学家和文学家有很大影响。如《触龙说赵太后》一文，用十分细腻的笔触写出触龙的举止以及他和太后的家常“闲话”，活画出这个人物的毕肖形态。体贴入微的言辞，一种由于垂暮之年爱子心切而同病相怜的感情，于无意中流露出来，以至完全消融了太后的盛怒。转入正题之后，仍然动之以情，又理喻情中。触龙老成持重，深谙人情和闪烁智慧光芒的性格，栩栩如生，跃然纸上。此外，如《冯谖客孟尝君》《鲁仲连义不帝秦》《邹忌讽齐王纳谏》等名篇都早已脍炙人口，而出于《战国策》的“狐假虎威”、“画蛇添足”、“南辕北辙”、“鹬蚌相争”等成语，更是尽人皆知。《战国策》的文学价值之高，于此可见一斑。

《孝经》

《孝经》是儒家的经典著作之一，汉代列入“七经”之内，是古代儒家论述封建孝道、孝治思想和宗法思想的著作。著者各说不一。《汉书·艺文志》说《孝经》是孔子所作，《史记·仲尼弟子列传》说是孔子的学生曾参所作。但从《孝经》的内容来看，其文字语句多与《左传》《孟子》《荀子》有相同之处，故后世学者认为《孝经》的作者可能是曾参的学生或孟子的学生及其再传弟子，总之，认为《孝经》是战国晚期儒家后学所著。现在学术界有人认为《孝经》可能是作于公元前3世纪期间，其作者可能是曾参门人乐正子春的弟子或再传弟子，这种推断有一定的合理性，但还不是定论。

儒家一贯重视养亲、尊亲之孝道。《论语》中说：有人说孝道就是供养父母，这是不行的；就是狗马，都能得到饲养，如果内心对父母没有孝敬情谊，那供养父母和饲养狗马有什么区别呢？《孟子》中也说过：“孝子之至，莫大乎尊亲。”意思是孝子孝道的极点，没有超过尊敬他的父母双亲的。《礼记·中庸》以承继祖先、父母的思想和行为为“孝”。随着封建制的巩固和发展，“孝”成为大经大法的准则，成为广大人民所遵守的天经地义的纲纪，于是，在此基础上产生了《孝经》。

《孝经》

《孝经》全书1799字，共分18章。在十三经中，《孝经》可算是一部文字最短、内容浅显而又影响较大的儒家经典了。2000多年来，上至王侯将相，下至庶民百姓，对《孝经》尊崇备至，广为习诵。

《孝经》在《开宗明义》第一章指出：“夫孝，德之本也，教之所由生也。”将“孝”作为道德的根本和教育教化所赖以

产生的根据。认为孝是人之天性；行乎于内，父子之道也；行乎于外，君臣之义也。这种由内及外，由个体向群体的转换，“孝道”具有非常重要的作用。所以《孝经》说：孝“始于事亲，中于事君，终于立身”，“五刑之属三千而罪莫大于不孝”，“教民亲爱，莫善于孝；教民礼顺，莫善于悌；移风易俗，莫善于乐；安上治民，莫善于礼”。孝道周流天下，自然“民用和睦，上下无怨”，“天下和平，灾害不生，祸乱不作”，所以“昔者明王以孝治天下也”。

《孝经》认为，孝是人类社会中共同的道德范畴，但对于不同社会等级的人来说，孝的要求又是有所差别的。为此《孝经》还分专章分别论述了天子之孝、诸侯之孝、卿大夫之孝、士之孝、庶人之孝。

《孝经》突出地将“孝”这一伦理范畴同政治紧密联系起来，甚至有时还将“孝”同政治等同起来，表现出了伦理政治一体化的倾向，也正是由于《孝经》的这一倾向，使之具有了维护社会、化民成俗的政治功能，而非单纯的伦理道德功能。所以《孝经》受到封建社会历代统治者的重视，用以巩固他们的政权。汉代“以孝治天下”，汉惠帝以后所有皇帝的谥号前都加了一个“孝”字。汉朝规定天下广诵《孝经》，甚至有几个皇帝亲授《孝经》，把《孝经》与《论语》定为士子学习“专经”之前必读之书。隋唐时期《孝经》也颁行天下，唐玄宗曾两次亲注《孝经》，唐各级学校把《孝经》当做公共必修课程，在科举考试中《孝经》和《论语》并为各科所共同必试。宋真宗曾诏令邢昺撰《孝经义疏》，还亲撰《孝经》诗三章，命群臣赋和，并将《孝经》作为十三经之一，颁行学官，立为法定教材。作为一朝宰相的司马光也推崇《孝经》，称“其文虽不多，而立身治国之道，尽在其中”。金元入主中原后，把《孝经》译成女真文、蒙古文，作为学校教材与科举考试内容。明清时代，《孝经》一直就是社学和蒙学的基本教材。总之，《孝经》既是最重要的经典文献，同时又是最普及的社会通俗读物和蒙学教材；既被看做人伦百行的纲纪，又被当做科举考试进身的阶梯，其影响较为深远。

《说文解字》

中国最早的字典叫做《说文解字》，是中国文字学之祖。他的作者叫许慎，字叔重，生于东汉明帝时期，汝南郡召陵（今河南郾城县东）万岁里人。曾在郡中做过小官，举孝廉，迁为洨长，最后为太尉南阁祭酒。卒于汉桓帝朝，年80余。

许慎雕塑

汉代重视经学，经学家地位很高，经学又因文字问题有今文经学与古文经学两大流派。简单地说，今文经学之书是用当时通用的隶书写成的，古文经书是在民间发现的，是用古代文字写成的。许慎是古文学家，他在汉和帝时跟古文经学大师贾逵学习过，当时就负有盛名，被时人称为“五经无双许叔重”。他还写过一部书叫《五经异义》，已失传。大概在汉和帝永元八年（公元96年），许慎开始撰写《说文解字》，到永和十二年（公元100年）才写成，可还不满意，反复修改，经过20多年，到汉安帝建光二年（公元121年），病中，才派他的儿子许冲献给皇帝。本来许慎编这部书的主要目的是驳斥今文经学解经的说法，但后人却从文字学角度评价它。

严格说来，《说文解字》并不是最早的字书，在《汉书·艺文志》里专有“小学”类，载有周宣王太史所作《史籀》十篇，是用大篆写成的，有的学者认为它是春秋战国时的作品。秦统一后，统一文字，丞相李斯作《仓颉篇》七章，车府令赵高作《爰历》六章，太史令胡毋敬作《博学》七章，这些字书都是用小篆写成的，合起来大约有3300多字。《说文解字》就是根据以上几种字书，并广泛征引古书中的材料和总结秦汉许多学者的成果编成的。

《说文解字》共分为14篇，另有序一篇。收字9353个，有重文1163，许慎的解说有133400多字。字体以小篆为主，在释文中列古文、籀文等异体为重文。按文字的形体和偏旁构造分为540部，这是一项开创性的工作，成为后代字典的先河。释文以许慎自己的解说为主，有时还引用《诗经》《尚书》《左传》《尔雅》等经书来说明字形，证明字音，解释字义。另外还引用方言、俗语、纬书、秦刻石等来解说字义，还有引用秦汉诸子及经师，如孔子、墨子、韩非、司马相如、董仲舒、贾逵等人的说法。

中国文字都是由形音义构成的，许慎在书中根据战国以来分析文字的理论，提出“六书”说，所谓六书，就是分析汉字造字的六种方法而归纳出的六则条例，它们分别是：(1) 象形，是指依照物体形象画成图画似的符号，如日、月，前者像太阳，中间一横为日中之点，后者像缺月。(2) 指事，按许慎说法，是指有些抽象的字义，无法用图画表示，只能用符号表示，唯有仔细体察，才能见其意义，如上下，就用┴┬上下来表示。(3) 会意，就是合并两个或三个字为一个字，两三个意义联系起来，形成一个新的字义，如止戈为武、人言为信，就是合两个字意而形成的字。(4) 形声，由表示事物意义的“形符”，与表示声音的“声符”两部分合成一个字，如江、河，水旁是“形符”，表示江、河属水，工、可是“声符”，标明江、河的读音与工、可有关。(5) 转注，凡意义相同，可以互相训释的就叫做转注。如考和老，主要意义相同，可以互训。(6) 假借，就是借用旧有的同音字表示新的字义，跟现在所说的别字差不多。如令字，本义是“发号”，长字的本义是“久远”，后来借为县官的职名，如县令、县长，这就不是令、长的本义了。这里还要指出，转注和假借的区别是，前者是几个字同为一个意义，后者是一个字有几个意义。我们知道了“六书”，这对于读通《说文解字》会有很大帮助，因为许慎的解说就是以六书说为本，使读者不但可以认识字的音形义，还可以上溯造字之源。如书中常有“从某某声”，这是半体取形半体取声的形声字。如说“象形”，则指象形字。如说“像某某之形”，这往往是指事字。如说从某、从某某，这是会意字，有些标明“从某省”，也是指会意字。此外，许慎的时代还没有发现反切法，而是用“读若”、“读同”等语标明字音，这对我们研究古代字音有很大帮助。

《说文解字》是许慎整理编辑当时众多经学家、文字学家研究成果的一部总结性著作，保留了大部分先秦字体以及汉代以前对这个字的解释，提出了较系统的文字学理论，是研究古文字学和古汉语不可缺少的典籍。有了这部书，我们才能认识秦汉篆书和古文。但《说文解字》也存在一些缺点，除对一些文字的解释有穿凿附会之处，部首分得比较琐碎，编得还不够科学。

《说文解字》在流传过程中，曾经被后人改窜，在唐代，李阳冰曾按己意把《说文解字》编为二十卷，对许慎的解说大加改动，许本原貌即失本真。后来南唐徐锴撰《说文系传》，仍主许慎之说，而反对李阳冰的解说。宋太宗雍熙三年（公元 986 年），徐锴的哥哥徐铉等人奉诏校订《说文解字》，对原书内容作了整理，对所有的字都用反切注音，还增加了经籍中常见字和俗字四百多个，称作“新附字”。此本称作“大徐本”，即现在通行本《说文解字》。徐锴的《说文系传》被称作“小徐本”，二徐本通行后，李阳冰本遂废。1963 年中华书局出版了徐铉整理的《说文解字》，1987 年又出版了徐锴的《说文系传》。

班超出使西域

班超，字仲升，汉族，汉扶风平陵（今陕西咸阳东北）人。是东汉时期著名的军事家和外交家。他曾出使西域，为平定西域，促进民族融合，作出了巨大贡献。

永平十六年（公元 73 年），东汉政府为了恢复丝路交通，命大将军窦固领兵出击匈奴，窦固以班超为假司马（代理司马，较低级武官）。在攻打伊吾庐（今新疆哈密西），大战蒲类海（今新疆巴里坤湖）的战斗中，班超机智勇敢，表现出非凡的军事才能，深为窦固所器重。为了联络西域各国，孤立匈奴，重建汉朝与西域各国的政治关系，窦固决定派班超出使西域。这对班超来说正是建功立业、报效祖国的大好机会。

班超率领从事（辅佐文官）郭恂等三十六人首先来到鄯善。鄯善原名楼兰，在塔里木盆地的东端，是西域南北两道的必经之路。西汉昭帝元凤四年（公元前 77 年），傅介子曾出使楼兰，用计智杀倒向匈奴的楼兰王安归，改名鄯善，恢复了一度中断了的丝路交通。此次班超肩负着与当年傅介子同样的使命来到鄯善。当时鄯善王广由于汉朝大军新破匈奴，失去依靠，所以对待汉使“礼敬甚备”。但数日后，匈奴的使节来到，鄯善有了匈奴做靠山，所以对班超的礼敬忽然疏懈。班超察知其情，乃悉召其吏士三十六人，饮酒高会，从而激励之曰：“卿曹与我俱在绝域，欲立大功，以求富贵。今虏（指匈奴）使才到数日，而王广礼敬即废；如今鄯善收吾属送匈奴，骸骨长为豺狼食矣。为之奈何？”吏士异口同声答道：“今在危亡之地，死生从司马。”班超当机立断，朗声地说：“不入虎穴，不得虎子，当今之计，独有因夜以火攻虏，使彼不知我多少，必大震怖，可殄尽也。灭此虏，则鄯善破胆，功成事立矣。”入夜，班超带领吏士奔向匈奴使者驻地，适值大风骤起。班超命十名吏士携鼓隐藏在匈奴营舍之后，并约定，以火为号，看见火光，立即鸣鼓大呼。其余吏士皆持兵器，埋伏在匈奴营门两侧。部署完毕，班超乃顺风纵火，喊杀之声大起。匈奴人惊慌不知所措，到处乱窜，班超亲手杀死三人，吏士斩杀匈奴使者及随从三十多人，其余的一百余人全部被烧死。明日，班超约见鄯善王广，向他出示匈奴使者首级，鄯善举国震怖。班超好言抚慰，宣传汉德，鄯善王表示愿意与匈奴断绝关系，归附汉朝，并遣其子入汉为质。

窦固将班超的功绩上报朝廷，并请求朝廷复选干员出使西域。明帝同意了他的请求，派遣班超出使西域。

永平十七年（公元 74 年）春，班超来到疏勒（今新疆喀什市）。先时龟兹（qiū cí）（今新疆库车）王建为匈奴所立，他依仗匈奴势力，控制北道，攻破疏勒，杀死其王，另立龟兹人兜题为疏勒王。故当时的疏勒，直接为龟兹王的属国，而间接受制于匈奴。班超在到达疏勒前，在距兜题所居槃橐城九十里处暂驻，派从官田虑先去招降。行前，班超指示田虑说："兜题本非疏勒种，国人必不用命。若不即降，便可执之。"田虑到后，兜题见其人少力弱，毫无归降之意。田虑乘其无备，突然劫持兜题，左右惊慌奔走。田虑将情况派人飞报班超，班超立即赶到槃橐城，悉召疏勒将吏，当众揭露龟兹王倒行逆施的种种暴行，并求得疏勒故王兄子榆勒，更名为忠，立为疏勒新王。疏勒举国欢腾。榆勒及其官属皆请处死兜题。班超为树立汉朝声威，释兜题遣归龟兹。疏勒由是与龟兹结怨。

窦固雕塑

永平十八年（公元 75 年）春，北匈奴单于派左鹿蠡王率领两万名骑兵，反攻车师后部。七月，又围耿恭于疏勒城。八月，明帝死，皇太子嗣位，是谓肃宗章皇帝。冬，焉耆、龟兹乘机围关宠于柳中城。车师复叛汉廷，伙同匈奴共攻耿恭于疏勒城。耿恭食尽穷困，乃煮铠弩，食其筋革，最后仅剩数十人，仍厉众坚守。汉遣征西将军耿秉屯酒泉，行太守事，调发张掖、酒泉、敦煌三郡及鄯善兵共七千余人，星夜驰援。终因道路遥远，未能遽至。龟兹、姑墨（今新疆温宿、阿克苏一带）也趁机屡发兵攻疏勒。当时班超拒守槃橐城，势孤力单，只能与疏勒王忠相呼应，据守一年有余。章帝以陈睦新没，班超力单不能自立，乃悉罢西域都护校尉官，同时下诏征召班超回国。

东汉的势力从塔里木盆地撤退，给西域南道诸国，造成很大的恐怖和压力。因为东汉军队一旦撤退，匈奴必然卷土重来，对他们进行残酷的报复。班超将要起程，疏勒举国忧恐，其都尉黎弇曰："汉使弃我，我必复为龟兹所灭耳。"说罢，竟引刀自刭。班超自疏勒还至于阗，于阗王侯以下皆号泣，抱住班超马脚，曰："依汉使为父母，诚不可去！"班超见此情景，知道于阗将不肯放其东归，自己也因壮志未酬，决定暂不回国，与所率三十六人又折返疏勒。在此期间，疏勒有两城复降龟兹，并与尉头（约在今新疆阿合奇县一带）连兵，企图颠覆班超所建立的疏勒政府。班超回到疏勒后，采取果断措施，勒兵击杀疏勒的反叛者，又击破尉头，诛杀六百余人，使疏勒的局势重新安定下来。

建初三年（公元 78 年），班超率疏勒、康居（在今巴尔克什湖和咸海之间）、于阗、拘弥（在今新疆于田县克里雅河东）等国士兵一万人攻破姑墨石城，斩首七万级。班超欲乘胜平定西域诸国，遂上书章帝，大意说：西域诸国大多数倾向汉朝，只有焉耆、龟兹未服，若能集中各国兵力攻破龟兹，派数百名骑兵护送龟兹侍子向霸回国为王，便可稳定西域，断匈奴右臂，"以夷狄攻夷狄，计之善者也"。章帝览奏，知其功可成，遂于建初五年（公元 80 年）以徐干为假司马，率领驰刑（缓刑）及义从（志愿兵）一千人往助班超。

班超雕塑

先是，莎车以为汉兵不再复出，遂降附于龟兹，而疏勒都尉番辰亦复叛汉。恰巧徐干率兵及时赶到，班超遂与徐干共破番辰，斩首千余级，俘虏甚众。班超既破番辰，又欲联络天山以北之乌孙，进攻龟兹，以牵制匈奴。他上书章帝曰："乌孙大国，控弦十万，故武帝妻以公主，至孝宣皇帝，卒得其用。今可遣使招慰，与共合力。”章帝采纳其建议，遣使与乌孙通好。建初八年（公元 83 年），章帝派班超为将兵长史（大将军置长史、司马；其不置将军而长史特将者为将兵长史），以徐干为军司马，别遣卫侯李邑护送乌孙使臣归国。李邑到达于阗，正值龟兹进攻疏勒，惧不敢前，反而上书陈奏西域难平，并极力诋毁班超：“拥爱妻，抱爱子，安乐外国，无内顾心。”章帝深知班超忠心，乃切责李邑：“纵超拥爱妻，抱爱子，思归之士千余人，何能尽与超同心乎！”因令其到班超处接受节度，同时诏令班超说，如果李邑到达班超处报到，便留与从事。班超不但没有为难他，反而派李邑监护乌孙侍子回到京师。徐干很不理解，问班超为何这样处理？班超回答说：“内省不疚，何恤人言！”为了国家，班超心胸竟是如此之宽广！

元和元年（公元 84 年），东汉政府再派假司马和恭等四人统兵八百增援班超。至此，班超所属汉军前后共有一千八百人，于是他以这些人马为基本力量，同时凭借西域诸国之兵，信心百倍地展开经略西域的英雄事业。班超首先发疏勒、于阗两国的军队，从东西两面夹攻莎车。莎车自知不敌，乃一面以珍宝贿赂王忠，要其从内部反叛，西保乌即城；一面求援于龟兹。当班超出兵以后，疏勒果然叛汉而从莎车。班超于是改立疏勒府丞成大为疏勒王，悉数征发疏勒的亲汉吏民，全力攻忠。由于康居出兵援忠，半年未能攻下。班超又施展外交攻势，联合与康居结姻的月氏，厚赠锦帛，令其晓示康居王罢兵，并执忠以归其国。乌即城遂降于班超。

章和元年（公元 87 年），班超征发于阗等诸国兵二万五千人，复击莎车。龟兹王遣左将军发温宿、姑墨、尉头兵共五万人前往救援。班超召集将校及于阗王商议决定：“今兵少不敌，其计莫若各散去。于阗从是而东，长史（时班超为将兵长史）亦于此西归，可须（等待）夜鼓声而发。”然后故意放松对所获俘虏的监视，令其得便逃走，还报军情。龟兹王闻讯大喜，亲率一万名骑兵驰至西界，阻遏班超。温宿王率八千骑兵于东界，邀截于阗兵。班超得悉二虏已出，遂密召诸部部署兵马，于鸡鸣时赶至莎车营。胡虏毫无准备，惊乱奔走，班超乘势追杀，斩五千余级，大获其马畜财物，莎车遂降。龟兹、温宿等亦各退散。班超由此威震西域，远近慑服。西域南道从此畅通。

永元三年（公元 91 年），在班超的威名震慑下，龟兹、姑墨、温宿诸国皆降。是年底，东汉政府复置西域都护、骑都尉、戊己校尉官，以班超为都护。

班超征服了西域，使通往西亚各国的“丝绸之路”重新畅通无阻。班超在西域的活动，为巩固统一的多民族国家作出了杰出的贡献。

秦汉科学技术的成就

秦汉年间，政治和经济相对平稳发展，形成古代科技的一个高峰。农、医、天、算等各个门类均走向成熟。

一、农耕、冶铁与纺织

第一，农业的发展。秦汉时期实行“以农为本”、“重农抑商”的政策，农业科技得到长足的进步。农业生产工具和生产技术出现了创新局面。首先，铁犁和牛耕得到了推广和改进。其次，农具的种类日益完善，出现了相当多的新型农具，如楼车、翻车、风车。再次，代田法和区田法等农耕技术的发展，促成了两汉时期的繁荣盛世。第二，冶铁业的发展。秦汉时期，特别是在两汉中期以后，冶铁的规模和技术有很大的发展。铁器性能和制造工艺水平迅速提高。至迟在两汉中期，已出现质量优于白口铁的灰口铁。炒钢技术的发明和百炼钢工艺的日益成熟是秦汉时期冶铁技术重大发展的标志。第三，纺织手工业在秦汉时期也有很大发展。当时，贵族享用的纺织品工艺水平很高，花色多种多样。蜀郡的布和齐郡的缣是秦汉时期著名的织品。代表织品最高水平的锦，曾远销罗马，享有很高的国际声誉。秦汉时期所用的纺织机械，有手摇纺车、织布机和提花机。

张衡像

二、天文学

秦汉天文学有很高发展，关于天象的记录非常丰富。《史记·天官书》和《汉书·天文志》，详细记载了周天星座的部位和对一些行星的观测。《汉书·五行志》所载成帝河平元年（公元前 28 年）“日中有黑气，大如钱，居日中央”是世界上最早有关太阳黑子的正式记录。

关于天体结构曾出现了三种不同说法，即

地动仪（仿品）

宣夜说、盖平说和浑天说。宣夜说已失传，内容不甚明了。盖天说以《周髀算经》为代表，认为天像一个盖，地像一个复盘。浑天说更进了一步，认为天和地都是团的。天在外像蛋壳，地在内像蛋中黄。主张浑天说的有落下闳、耿寿昌、张衡等人。

张衡（公元 78 — 公元 139 年，河南南阳人）是我国古代的大科学家。张衡在 17 岁的时候，离开家乡南阳，到长安、洛阳去求学。张衡学习时非常用功，他对别人说：“一个人不应担心官位不高，而应担心品德不高尚；不应为钱财少而害羞，而应为知识少而害羞。”

后来，汉安帝听说张衡的学识很高，就让他到朝廷中担任郎中，过了一段时间，张衡又担任了太史令，专门为皇家观察天文。

汉顺帝即位以后，封张衡为侍中。不久，宦官为发争夺权力，将张衡排挤出京城，担任汉间相。张衡觉得从政没有意思，就上奏章辞去官职，可是，汉顺帝却调他入京，封为尚书。张衡在尚书任上干了不到一年，就因病逝世了，是年 62 岁。

张衡在天文学方面，坚持“浑天说”。这种说法认为：天如同鸡蛋，地好比鸡蛋中间的蛋黄，位于天的中间。天的里外都有水，天地都乘着空气进行运动。张衡根据“浑天说”，创制了一个测量天文的仪器，起名叫“浑天仪”。浑天仪是利用水的力量使自身旋转的，人们通过这个仪器，可以仔细观察日月星辰的升降。

但张衡最大的成就还是对于地震的预测。他身为太史令，长期观测日、月的运行，因此掌握了很多关于天地的知识，对地震有了新的认识。他告诉人们，地动（地震）是大自然中一种正常的现象，与人事并不相干，而且地震可以预测。

那时候，中国的地震发生率非常高。从公元 92 — 125 年，30 年间居然出现了 26 次大地震。张衡对地震非常关心，对反映地震情况的资料进行了长时间的研究，希望能够预测地震，让老百姓少受损失。

公元 132 年（汉顺帝统治时期），张衡发明了一台测量地震的仪器——地动仪，这是世界上第一台测定地震和方位的仪器。

地动仪使用的材料是精铜，直径八尺，跟大酒坛非常相似。仪器顶上有个突起的盖子，能够打开。周围刻着山龟鸟兽的花纹作为一种装饰。仪器内部是一根直立的、上粗下细的柱子，柱子与八道机关紧紧相连。

这八道机关所连接的，是仪器外面头朝下的八条龙。八个龙头分别对准着东、南、西、北、东北、西北、东南、西南八个方向。每条龙的嘴里都衔着一个铜珠，八条龙的底下，蹲着八个铜铸的蛤蟆。这些蛤蟆都张开大嘴，对着龙头。

如果哪个方向出现了地震，朝着那个方向的龙就会把嘴张开，吐出铜珠。铜珠落到蛤蟆的嘴里，发出声响，向管理官员发出地震警报，然后管理官员再向上级报告。

开始的时候，大家都不相信地动仪会准确地预测地震。公元 138 年 2 月的一天，地动仪对准西方的龙突然张开嘴巴，吐出了铜珠。这说明长安西面发生了地震。过了几天，果然有人骑着快马向顺帝报告地震情况。原来，洛阳西面的陇西、金城一带出现了大地震，还伴随着山体崩塌。从此，人们都对张衡心悦诚服了。

地动仪是世界上第一架可测地震方位的仪器，它是利用倒立惯性震摆的原理制成的，其基本构造符合物理学原理，能探测到地震波的首先主冲方向，是现代地震仪的先驱，也是当时世界上居领先地位的发明。国外过了一千多年，直到 13 世纪，在波斯马拉哈天文台才有类似的仪器出现。到 18 世纪，欧洲才出现利用水银溢流来记录地震的仪器。

西汉初年，沿用秦朝的颛顼历，由于年代久远导致朔望颠倒。公元前 104 年（太初元年），汉武帝颁行了由落下闳、唐都等人改订的新历，即所谓太初历。西汉末刘歆等人又完全根据它制成三统历。这个历法完整地保存在《汉书·律历志》里，它规定一年为 365 又 335/1539 日，一月是 29 又 43/81 日，十九年置七个闰月。这是我国保存下来的第一部完整历法。

三、数学

秦汉由于农业生产发展和天文学计算的需要，数学方面也有了新的成就，写成于当时的《周髀算经》中已有了周密的分数运算和著名的勾股定理（勾方加股方等于弦方）。以算筹为主要计算工具的古代数学，发展到汉代逐渐形成完整体系。它的代表著作是东汉初年写成的《九章算术》，它把应用问题计算分为方田、粟米、衰分、少广、商功、均输、盈不足、力程和勾股等九大类别。全书内容包括了分数四则运算、正负数加减法则、联立一次方程解法、二次方程解法等，在数学史上有很高的地位。

四、医学

到汉代，中国的完整医学体系已经建立起来，虽然它披上阴阳五行的色彩外衣，但对人的生理现象、病理现象和治疗方法的解释，则包含着辩证观点。西汉时期的《黄帝内经》是秦汉以前医学临床实验的经验总结，是我国现存最早的一部重要医学著作。它包括《素问》和《灵枢》两部分。《素问》写的是病理现象和治疗原则。《灵枢》记述了针灸法。当时著名医学家有淳于忘（仓公），《史记·扁鹊仓公列传》记载他的二十多例医案中，有患者的姓名、里居、病状、所用药方、诊病日期等，是我国现存最早的医案。考古学也发现了汉代的病例木简以及病症的治疗方法。

东汉时期的张仲景和华佗都是我国古代著名的医学大家。张仲景（又名张机，河南商阳人）精心研究医学，并搜集大量医方，写出了《伤寒论》和《金匮要略》。《伤寒论》是我国第一部论述多种外感热性病的专书。

《金匮要略》对诊断、病因、治疗和方剂各方面都有说明。张仲景总结出中医诊断病因的四诊（望、闻、问、切）八纲（阴阳、表里、虚实、寒热）一理套辨证原则，以及包括汗、吐、下、和、温、清、补、消等治疗方案，成为后世医学者的准绳。华佗（安徽亳县人）在东汉末年，以治疗外科病症所取得的惊人成就而名播全国。他用麻沸散（麻醉剂）使患者失去知觉进行在现在看来也是难度很大的手术。他还发明了使创口迅速愈合的药膏，并创造了模仿虎、鹿、熊、猿、鸟等动作的“五禽之戏”，用来锻炼身体，增进健康以防病，实际上是古代的健身体操，在保健医学史上具有很高的价值。

张仲景雕塑

在医学发展中，秦汉时期的药物学也有很大进步。东汉时期编成的《神农本草经》是较完备的药学著作。它共收药物 365 种，其中植物药 252 种，动物药 67 种，矿物药 46 种，并记录了药物的性能和用途。这些药物还被加工成汤、散、膏、醴等根据不同用途分成不同剂型。外用药已有外敷、外涂、外塞等多种用法。当时的医疗器械也已很先进。河北满城西汉中山王刘胜墓出土的医疗用具中，已有制药专用的“医工”铜盆、铜药匙、铜滤药器。墓中发现的金针（四根）银针（五根），形制准确，是当时医疗需要刺激病症的医疗器械。

五、地理学

秦汉时期形成中央集权的封建国家，对于疆域广大国土的统治，要求地理学知识的提高。所谓“天子受四海之图治”。秦亡后，秦的图籍为萧何所收，大约西汉在它的基础上绘制出《汉舆地图》。东汉光武帝刘秀即位前，在河北得到西汉全国的舆地图，高兴地对邓禹说：“天下郡园如是，今始乃得。”当时不独有全国的郡国图，而且常常通过行军作战，依据山川形势实际制作专用地图。加西汉时期李陵率兵出居延，就给出他一路行军所过的“山川地形”。东汉时，侍御史李恂持节使幽州时“所过皆图写山川屯田聚落百余卷，悉封奏上”。他们所绘制的都是一个地区的专图。还有东汉大将马援在率兵进攻隗嚣时，战前他“聚米为山谷，指画形势”向刘秀讲解作战计划，他所用的已接近于一种活动的地理模型。近年来长沙马王堆汉墓中汉代绢制彩色长沙地区地图的发现，使我们对西汉地图学的水平有了具体的了解。据说绘制这样翔实细致的地图，需要数学、地形学、测绘技术等多方面的知识。在 2100 多年前就有这样绘制水平的地图，在世界地图学史上是罕见的。东汉班固编写的《汉书·地理志》是我国古代第一部疆域地理志著作，它记载了公元 1 世纪初（西汉末年）的分国行政区划以及沿革、户口、山川、物产，是历史地形的宝贵著作。

秦汉工艺美术的发展

一、陶瓷器

秦代的日用陶器虽然发现不多，但是从陕西临潼秦俑坑出土的大量人俑、陶马来看，可以想见当时制陶术的高度发达。入汉以后，又得到广泛的开拓，地面上的瓦砖、日用器皿以及地下坟墓里的明器，其中最典型的是施以彩绘或加黄、绿色釉的陶器，给后来的唐三彩打下了坚实基础。彩绘陶器则是表面上施行以粉地，然后用红色彩绘，往往因其生动的花纹而增强艺术性。如咸阳故城一带出土彩绘着弦纹的灰陶茧形壶、流云纹陶钫等，具有造型庄重、纹饰艳丽的特点。

出土的秦陶瓷器

商周的原始青瓷发展至汉代，烧制技术有了提高，至东汉中期已完全烧制成功。到了魏晋南北朝时期，青瓷工艺进入了成熟期。

东汉青瓷的烧制，遍及南北。浙江、江苏、广东、湖南和河南部有东汉青瓷出土。其中，浙江青瓷的烧制最为普及，上虞、余姚、宁波、绍兴等地发现了大量的烧窑遗址。规模较大的龙窑，依山坡地形建成，窑温可达1300℃。工匠们利用窑内气氛，控制青瓷成品的颜色。青瓷胎体所着的青釉，含有铁质。氧化焰的强弱，使青釉中的铁质达到不同程度的氧化，青釉呈现出不同程度的黄色。在烧制末期的还原气氛，使其中的一氧化碳将氧化铁还原为氧化亚铁，呈现出纯净的青色。

汉代青瓷胎质灰白，釉色多为灰绿或绿中泛黄，有罐、瓿、盂、碗、钵、壶等器皿以及炉具、灯具等。浙江、安徽、江苏还另有黑瓷发现。

在汉代制陶工艺中，铅釉陶和彩绘陶主要作为明器。彩绘陶在战国时期就已兴起。汉代彩绘陶的装饰以云气纹、几何纹、动物纹和人物纹组合，多为适合纹样、带状二方连续纹样，多强调纹样的流动感，十分绚丽。装饰方法上有粉绘、朱绘、彩绘三种。粉绘指直接用粉绘于陶壁；朱绘有直接描绘，也有粉地后再绘；彩绘，顾名思义，就是用多种颜色涂绘，色彩比前二者要丰富得多。河北满城汉墓出土的彩绘陶，中心画白鹭捉鱼，周围两圈和内圈饰云纹，外圈画游鱼四条，十分生动。

铅釉陶在西汉就已烧成，西汉中期以后在关中、关东地区流行，东汉又向南北扩展。铅釉陶在800℃的温度下烧制而成，釉分呈黄绿色、棕红色、褐色，这是由釉体含铜、铁量的不同造成的。汉代南方烧制的铅釉陶，温度较高，施釉也厚，胎质较北方地区的要硬。铅釉陶主要做成奁、盒、博山炉等日用器皿，以及水锥、磨盘、作坊、楼阁、碉楼等模型，以供随葬。

二、玉器

秦汉时代的工艺美术，较之以前有了很大的发展。玉器方面，圭璧之属仍生产，但已接近尾声，当时流行的则是刚卯或佩剑上的饰玉。刚卯是一种长约10厘米，宽约3厘米的长方形玉，是周朝缀流柱玉的演化。玉具剑在战国时期已经产生，这时更为流行，具上多雕螭纹，屈曲流转，变化有致，从而增加了它的艺术价值。

西汉玉雕技艺精湛，水平杰出。1983年广州象岗山南越王墓的发掘，出土不少高浮雕的玉雕精品。玉剑具上雕饰的螭虎纹，通过高低起伏、回环倚侧的形式处理，产生忽隐忽现、变幻无穷的艺术效果，十分耐人寻味；透雕双龙凤纹玉环，虚实相生，繁而不乱。风格与此相近者，存河北满城、北京大葆台西汉墓出土的玉剑具和舞女形玉佩等。

西汉玉雕之杰出代表作，是咸阳北郊汉元帝渭陵附近出土的羽人骑天马玉雕，质料为洁白润泽的羊脂玉，以圆雕形式雕琢而成，包含仙人盗药、天马行空的情节构思，寓意着西汉统治者祈求长生、幻想升仙的思想。该处还出土玉辟邪、玉熊等作品，造型古朴精美。

羽人骑天马玉雕（仿品）

秦汉时代供玩赏的圆雕玉器，虽较前期少，却也有不少精品，东汉玉雕以河北定县北陵头43号墓出土刻有东王公西王母形象的玉座屏、定县北庄汉墓出土刻有勾连云纹的玉枕、陕西宝鸡北郊东汉墓出土的玉辟邪最为重要。后者高18.5厘米。造型格外威武，那昂首嘶鸣的姿态，仿佛具有震撼天地的力量，堪称东汉玉雕之杰作。台北“故宫博物院”所藏之青玉辟邪，高9.3厘米，造型与洛阳出土石辟邪相似，当属东汉遗物，以保存完好而著称。此外，各地东汉墓还不时出土刀法简洁的玉卧猪和玉蝉，形象简洁，做工精巧。

此外，汉代玉用量最大，也最费工的是所谓“金缕玉衣”，这是帝王后妃以及显贵们死后包裹尸体的东西，是用玉片根据死者的大小、爵位高低，分别用金丝或银丝、铜丝连缀而成。这种遗物，近年发现较多，最完整、最著名的是1968年在河北满城发掘的前汉景帝之子、武帝之兄、中山靖王刘胜夫妇的两具金缕玉衣，刘胜玉衣长1.88米，共用玉2498片，金丝1100克，其妻窦绾的玉衣长1.72米，用玉2160片，金丝重约600克。

三、青铜器

秦汉时期，铜的产量很大，但主要用于铸币。与先秦时代相比，秦汉铜器的特点是礼器比重减少，日常生活用品开始流行。在总体文化中的青铜时代逐渐消歇、逝去之时，汉代青铜工艺变得轻快、细腻、亲切，更适合于日常生活的需要。

西汉中期以后，饰有繁缛华丽纹样的铜器逐渐少见，但因为纹饰简素，铜器的制作和使用更为普遍。汉代出现了许多新兴铜器，如博山炉、案、熨斗、炉、漏壶等，广泛运用于日常生活的各个方面。铜镜和灯具则在前代基础上推陈出新。

西汉早期，铜镜纹饰多沿用战国传统，以山字镜见多。武帝时期，铜镜纹饰内容发生变化。博局纹、云气纹、草叶纹成为西汉后期到新莽时期乃至东汉早期的纹饰。

新莽时期阴阳五行思想流行，于博局纹中又加进“四方神”和“十二辰”文字纹样等次纹。同期还流行铭文镜，铭文多为祈福之语。东汉中期以后，出现浮雕式花纹的新样式，有纹饰题材为神仙灵兽的“神兽镜”和饰有人物车马的“画像镜”。

对于规矩纹镜类的图类寓意，有人认为铭文的十二地支、四神方位、仙人遨游等内容应与谶纬学说、神仙道教思想、阴阳五行说有关；而这些流行于汉代的思想学说，与“天人合一”的宇宙和人生解释系统密切相关。

汉代铜灯设计精巧，式样新颖。如满城汉墓所出的长信宫灯，做人俑持灯状，灯盘有双重直壁，插置两片弧形展板作为灯罩，灯盘可以转动，屏板可以调节，以此来调节灯光的亮度和照射方向。侧举的右臂和下垂作灯盖的右袖既增加了造型的美感，还可将燃烟导入体腔，设计极为精巧。

汉代金器（仿品）

牛与农业民族关系密切，因此汉人也多取牛的形象铸灯，如江苏邗江、睢宁东汉墓出土的牛灯即是。其构造设计与长信宫灯相似。

在汉代青铜日用器中，带钩也是普遍流行的品种。其形制基本沿袭战国时期流行的琴形、棒形、匙形等样式。汉代以后，铜带钩逐渐走向衰落，那种“坐客满堂，视钩各异”的情景也日渐少见。

总体言之，汉代的青铜文化仍然光彩绚丽，但毕竟是落日余晖了。此后的魏晋南北朝时期，青铜器业更是一落千丈。

四、金银器

两汉时期，由于统治者相信使用金银器为饮食器，可以延年益寿，又有可封禅成仙的功效，因而帝王侯相大量使用金银器。汉代的金银产量已相当可观，皇室专门于四川广汉郡设立金官管理黄金的生产，这都进一步促进了金银器工艺的发展。银在汉代被称作白金，除用作饰物外，也用于制作银碗、银碟之类的实用品。

在西汉初各诸侯墓出土了许多工艺精细的金银器和错金银青铜器。如河北满城西汉墓出土的 4 枚金针，可能用于医疗之用，反映了我国针灸历史的悠久。东汉时期，花丝工艺日渐成熟。河北定州出土的两件掐丝金辟邪，昂首朝天，雄健壮硕，躯体用金片制成，金丝布成羽翅和斑纹，周身满饰绿松石、红宝石，角和尾用粗细金丝制成，制作极为精细，令人叹为观止。从中可以看出，锤打、掐丝、垒丝、焊接、镶嵌等金银器工艺在汉代已相当成熟。

北方少数民族的金银工艺，有浓厚的民族特色。内蒙古杭锦旗阿鲁柴登出土的匈奴王金冠，顶饰展翅高飞的金鸟，鸟头用绿松石制成，冠顶为半球形，镂刻如意纹样，形成大小相间的连弧式边缘。

神奇的马踏飞燕

1969 年 9 月 10 日下午，甘肃省武威地区金羊乡新鲜大队的民工，在武威县北郊一千米处雷祖庙的雷台之下开挖战备地道时，无意间挖掘出了一座东汉的将军墓。民工们钻进墓穴寻宝，除了一些“破铜烂铁”，什么也没有发现，于是便抡起锄头要砸“破铜烂铁”。幸好人群中有一位回乡知青挺身而出，制止了这种疯狂的行为。但他终究未能阻止众人要把“破铜烂铁”送往废品收购站的意见。情急之下，这位回乡知青给县文物部门打了电话。文物部门立即派人把文物从废品收购站收回，接着又清理了这座残墓。

墓中出土的文物共计 231 件，其中有三颗铸有“将军”字样的银印和一支雄伟壮观的仪仗队，包括马 38 匹，牛 1 匹，车 14 辆，手执矛、戟、钺等兵器的武士俑 17 件，各式立坐奴婢、牵马俑 29 件，共计 99 件青铜器物分成若干组而形成一个完整的仪仗队伍。在仪仗队伍的最前面带头的，则是一件飞奔中的马——奔马身高 34.5 厘米，身长 45 厘米，宽 13 厘米。形象矫健俊美，别具风姿。马昂首嘶鸣，躯干壮实而四肢修长，腿蹄轻捷，三足腾空，飞驰向前，一足踏飞燕着地。一匹躯体庞大的马踏在一只正疾飞的小燕子背上，小燕子吃惊地回过头来观望，表现了骏马凌空飞腾、奔跑急速的雄姿。其大胆的构思，浪漫的手法，给人以惊心动魄之感，令人叫绝。唐代诗人李白《天马歌》中“回头笑紫燕”一

马踏飞燕（仿品）

句，与此可说是不谋而合。艺术家巧妙地用闪电般的刹那将一只凌云飞驰、骁勇矫健的天马形象表现得淋漓尽致。该作品不仅构思巧妙，而且工艺十分精湛：不仅重在传神，而且造型写实。按古代《相马经》中所述的良马的标准尺度来衡量铜奔马，几乎无一处不合尺度，故有人认为它不仅是杰出的艺术品，而且是相马的法式。

事实上，天马在汉代具有崇高的政治象征意义。汉武帝为维护和加强自己的统治，极力敦促臣民向“天马”神祇顶礼膜拜，在全国掀起“马图腾”的热潮。汉武帝《西极天马歌》云：“天马来兮从西极，经万里兮归有德，承灵威兮降外国，涉流沙兮四夷服。”千古时空交替，物质已逝，精神却永久流传，这句话最能说明汉代的文治武功及政经状况。

铜奔马出土后，史学界对其设计制造者一直难以认定。后经实地考察和深入研究，终于认定南阳析县（今河南省南阳市西峡县，古称析县）人张江是国宝“马踏飞燕”的设计创制者。

清人张澍所著《凉州府志备考》，其中所记东汉时期在凉州任职的唯一“侯”兼太守就是张江。他被封为南阳析侯——“析”即析县。因奋勇抗敌，保疆有功，又被封为“破羌将军”。东汉时，凉州张掖盛产铜，凉州的冶铁技术也达到相当的水平。公元 60 年，张江由武威太守被封侯后，为表达对汉明帝知遇之恩的效忠之心，受西汉东门京和东汉马援将军进献“名马式—铜马法”的启迪，打算为明帝铸造铜马贡品。他仿照易象太极图，确定了中心意旨，喻“乾坤轮回，小弱胜强”。启示明帝效汉武帝，重振雄风，打垮匈奴与羌敌。当此铜奔马送到京城洛阳时，明帝十分喜爱，特迎置于平乐观，史称“凉州贡马”。不幸的是，此铜马后在董卓叛乱、攻陷京城时被毁。后人惋惜不已。不想昔日张江铸两套铜奔马。一套进奉，一套自留欣赏，死后私置墓穴中。今日出土，成为光照古今中外的国宝，也成为我国灿烂古代文明的真实写照。

汉代舞蹈艺术

汉代是我国生产力高速发展的一个阶段，特别是从汉武帝起，锐意革新，谋兴礼乐，罢黜百家，独尊儒术，并且施行了一系列政治、经济的有力措施，很快使西汉走向强盛。对于乐舞发展来说，财富的积累也意味着环境的有利因素增大。两汉时期，后宫女乐高度发达，有时多至数千人。西汉社会虽然更多了平民意识，连原来只有诸侯才能担任的“相国”之职也可以由非贵族出身的人出任，但是诸侯豢养女乐却风气越来越强劲，汉代女乐由此而进入了表演水平大提高的时期。

一、宫廷乐舞

汉代乐舞，除去充满了戏剧性的角抵百戏之外，宫廷乐舞也有较大发展。个中原因，一方面是社会生产力有了较大提高，手工业、制铁业、纺织业等进入高速发展时期。安定的社会生活，自然促使审美和娱乐享受之风渐渐兴起。高层统治者对于歌舞艺术的喜爱，对于民俗艺术的重视，也是舞业兴旺发达的重要条件。在这样的情形之下，汉代乐舞发展形成强势之状态，成名的舞人增多，一些舞种开始了流传的历程。

二、宴饮自娱之舞

汉代的社交生活呈现出活跃的态势，上至宫廷里的皇室贵戚，下至一般的官吏甚至普通大户人家，都有在宴饮中礼节性的互相邀舞之习俗，因此使我们能够在史料中见到不少关于宴饮自娱之舞的记载。如：汉孝武帝时期的丞相田蚡为人奢侈骄淫，“田园极膏腴，而市买郡县器物相属于道。前堂罗钟鼓；立曲旃；后房

正在表演汉代宫廷乐舞的石佣（仿品）

妇女以百数。诸侯奉金玉狗马玩好，不可胜数”。大将军灌夫在魏其侯的家中款待田蚡，宴会中起身向他邀舞，但遭到田蚡的拒绝。灌夫为人刚直不阿，席间直言自己的不满，魏其侯赶上前去将他扶走。这是一件很有意思的事情，说明在汉代的官宦府第内举行宴会时，起身歌舞是一件平常之事，而一个人跳完之后，可以“属”向下一个人，彼此互相邀舞，形成欢乐的气氛。大将军起舞属丞相，在遭到拒绝之后，就认为这是失礼的行为，于是不满，这说明汉代的以舞相属是带有一定礼仪性质的，无论官阶的高低，在社交场合都要遵守，否则就被视作不敬。《后汉书·蔡邕传》载有蔡邕参加五原太守王智为他饯行而举行的一次宴会，跳了这种“以舞相属”的舞蹈：“邕自徙及归，凡九月焉。将就还路，五原太守王智饯之。酒酣，智起舞属邕，邕不为报。智者，中常侍王甫弟也，素贵骄，惭于宾客；诟邕曰：‘徒敢轻我！’邕拂衣而去。智衔之，密告邕怨于囚放，谤讪朝廷。内宠恶之。邕虑卒不免，乃亡命江海，远迹吴会。”这种互相邀属的舞蹈，究竟怎样跳法，现在已经无从考证了。或许它原本就没有一定之规，多少有即兴起舞的意思，并可以根据当时的心情而定。《鸿门宴》的故事是人所周知的。其中“项庄舞剑，意在沛公”，而项伯也舞剑掩护刘邦，可见汉代流行的剑器表演也是宴享中可用的自娱之舞，所以才不被看做是直接的侵犯行动。《汉书》曾经记载有人在宴席之上起舞模仿“沐猴”、“狗斗”，结果是“坐皆大笑”。

自娱性的舞蹈，并不一定是在宴饮时或在宴会以后进行的。但是，在宴饮时或在宴后起舞，却是最通常的习惯。在起舞之前，往往先开始歌唱，然后继之以舞，歌和舞都抒发一定的思想感情。汉高祖击败项羽后回师路过沛地（今江苏沛县），与父老乡亲饮宴，并乘兴唱出了那首千古名歌：“大风起兮云飞扬，威加海内兮归故乡，安得猛士兮守四方！”歌中，高祖令120个儿童随他而唱，并高兴地跳起舞来。这段歌舞，概括了一个君临天下者的宏阔胸襟。这类自娱性的歌舞，由于是抒发个人的内心感受，所以有喜则乐而歌之，有悲伤也可以抒慷慨之情，甚至可以在欷歔流涕时以歌舞表达。如：汉高祖刘邦一直宠爱戚夫人，当他病重时，想立戚夫人的儿子为太子却不能如愿。戚夫人知道后非常伤心，刘邦就唱起了“楚歌”，请戚夫人为之“楚舞”，歌舞相合，情感凄凄。

汉魏年间的人如此热爱舞蹈，并有歌舞自娱的习俗，很像中国少数民族，当为淳朴品性的表现。河南荥阳王村出土的“彩绘陶仓乐舞图”，十分生动地记载了汉魏时期人们日常生活里的舞动情形。正面一幅有两层，下层有乐人演奏，一人舞步正酣。该图侧面还有更加生动的两个舞姿，而且从画工所用浓烈的红色来看，舞蹈的情绪大概也相当的热烈。

道教产生与佛教东来

在中国文化史中，两汉时代，伴随道教的产生和佛教的传入，儒、佛、道彼此吸收，相互激荡，既充分显示了兼容并蓄的特征，也揭开了中国文化不断充实自己而确保其生命力的新篇章。

道教作为中国唯一土生土长的民族宗教，自其产生那天起即体现着中国文化的特色，包含着中国人的哲理思辨、人生理想、伦理观念、道德意识、政治制度、经济行为、艺术形式和科学萌芽。因此，鲁迅说："中国根柢全在道教"，"以此读史，有多种问题迎刃而解。"

道教元始天尊图

何谓"道"？何谓"教"？何谓"道教"？在先秦诸子中，道的含义多种多样，既有道家主宰世界起源与运行之道，还有儒家人伦之道等。其中，只有道家之道为形而上，带有更为浓厚的神秘色彩。"教"既可作为先秦诸子某种学术派别的称谓，即所谓"其后学道、学儒、学墨诸家，分明各为一教"，又可作为人伦之教，即《中庸》所谓："天命之谓性，率性之谓道，修道之谓教。"因此，"道教"在先秦实际上应是以人伦之道教化之意，即所谓"圣人以神道设教而天下服"。而道教作为宗教名称，起初不一，有"黄老道"、"鬼道"、"太平道"、"五斗米道"等，是道教在其发轫期的一些称谓。道教之名最早见于东汉时《老子想尔注》："真道藏，邪文出，世间常伪称道教，皆为大伪不可用。”

道教的产生是巫术及神仙方术长期在中国流行和泛滥的结果。巫作为人与神交通的一种中介，在商周时甚至垄断了文化与教育。到春秋战国时期，神仙方士继承了巫的某些术数，以交通神仙、炼不死药、升天成仙而自我标榜。战国末年，齐人邹衍创立阴阳五行说，方士以此为根据，形成了既有术也有说的“神仙家”。秦始皇时，神仙方术因得到最高统治者的首肯而大肆流行，“怪迂阿谀苟合之徒自此兴，不可胜数也”。

汉代初年，黄老风潮甚盛，神仙方术乘机以黄老之学粉饰自己，将道作为其理论核心，黄帝和老子也被作为精神领袖和崇拜对象，树立为准宗教教主。阴阳之术流行和谶纬之学泛滥，为道教产生提供了肥沃的土壤。西汉时，即出现顶礼膜拜黄帝、老子的现象。《史记·乐毅列传》说：“乐臣公盏修黄帝、老子之言，显闻于齐，称贤师。”王莽时，始有“道士”之称。

上层统治阶级的各种迷信活动，对道教产生起到了推波助澜的作用。“武帝即位，尤敬鬼神之祀。”成帝“颇好鬼神”。东汉初年，楚王英开始将黄帝、老子作为崇拜偶像与佛教联系在一起。“晚节更喜黄老，学为浮屠斋戒祭祀”，“诵黄老之微言，尚浮屠之仁祠”。东汉，除“采元始中故事”外，还将老子作为祭祀对象。“延熹中，桓帝事黄老道。”这表明，佛教传入之初，曾将道教作为其生存寄生处，但佛教又反过来为道教提供了宗教上的启示。甚至，佛教也被称为“佛道”，信仰佛教者因无佛经可读而诵黄老之言。对此，连佛教经典都毫不忌讳：“浮屠所载，与中国老子经相出入，佛经未入中土之前，学浮屠者借诵黄老之言。”道教活动，初见于光武帝时。“（张）丰好方术，有道士言丰当为天子，以五彩囊裹石系丰肘云：石中有玉玺。丰信之，遂反。”道教得到官方认可，在延熹八年（公元 165 年），桓帝祭老子。次年，“祭黄老于嫡濯龙宫”，“于是，百姓稍有奉者，后遂转盛”。

早期道教主要有两个派别：一是五斗米教，因入教时需交 5 斗米而得名；二是太平道，因以《太平经》为经典而为号。早期道教所依据的秘经主要有《老子河上公章句》《老子想尔注》《太平经》等。

道教思想渊源复杂而多元，是吸收方仙道、黄老道等宗教以及道、儒、墨、阴阳等学派思想和黄老之学、谶纬之学与经学的某些观点而逐渐形成的一种宗教。与世界上大多数宗教所带有的排他性不同，道教是一种在宗教形式下具有兼容并蓄特征的文化体系，所包含的文化类型众多，可谓是“会通之学”的典型。

道家对于道教的影响，主要表现在道教接受了老庄之“道”作为万物之源的思想，糅合了《管子》书中的“精气入舍”说和《庄子》的“神将守形”说、“形全精复”说，创立了道生万物和长生不死的理论，从而形成了乐生、重生、贵术的思想体系。与世界上形形色色的宗教几乎都对“人死之后如何”表示极大关注不同的是，道教所关心的是“人如何不死”。早期道教视生为乐事，死为痛苦，以“人能养神则不死”作为宗旨，充分体现了道教所具有的特色。

儒家对于道教的影响，在东晋葛洪“援儒入道”之前，主要表现在对《周易》某些观念的吸取上。《周易》所宣扬的“天地感而万物化生”、“顺天应人”思想及“积善之家必有余庆，积不善之家必有余殃”的报应思想，对于早期道教的影响痕迹极为明显。《老子河上公章句》认为：“天人相通，精气相贯。人君清净，天气自正。人君多欲，天气烦浊，吉凶利害皆由于己者也。”显然，这是对孟子“天人相通”观点所进行的宗教性解释。而《老子想尔注》中的“其殃祸反还人身及子孙”和《太平经》中的人必须按照天意行事，因为其行为要给后代带来善恶报应的“承负”思想，都无一不是《周易》中所宣扬的报应思想的宗教性阐发。

道教对墨家文化的吸取也所在多有。道教不仅吸取了墨家所宣扬的“天志”、“明鬼”思想，而且将墨家所主张的劳动、互助、兼爱、交利等思想也全面吸收。《太平经》主张，“人各衣食其力”，“天生人，幸使其人人自有筋力，可以自衣食者”。甚至，《太平经》还认为：“积财亿万，不肯救穷周急，使人饥饿而死，罪不除也。”在政治上，《太平经》主张：“人无贵贱，皆天所生”；“天失阴阳则乱其道……君失阴阳则其道不理，五行四时失阴阳则为灾。今天垂象为人法，故当承顺之也。”这种思想与“君权神授”针锋相对，从而使之成为黄巾起义的理论依据。甚至，道教奉墨子为“地仙”，由此可见道教与墨家关系的密切。

道教对于谶纬之学的吸收痕迹更为明显。谶纬之学的某些图记、谶语以及宗教预言和学说皆为早期道教所吸收。如《易纬乾凿度》有老子之“希夷”；《春秋纬元命苞》有长生久视；《诗纬含神雾》和《孝经纬援神契》说太华山上有仙室，少室山上有灵药；《河图记命符》说有能加减人寿命的鬼神；《河图括地象》中记有三神山、昆仑山等仙境。这些纬书中的图箓，以及谶纬之学所提倡的禅让和“革命”精神，也为道教所承袭。因此，从某种意义上说，谶纬之学是道教产生的直接文化渊源。

佛教传入与道教产生一样，皆是中国宗教文化史上极为重要的事件。佛教，在中国古籍中被称为“释教”、“佛陀”、“浮屠”、“浮图”等。佛教传入中国的具体时间，应为西汉哀帝元寿元年（公元前 2 年）。东汉永平七年（公元 64 年），明帝夜梦“金人长大，项有光明，以问群臣。或曰：西方有神，名曰佛，其形长丈六尺，而金黄色”。于是派遣郎中蔡愔等人前往天竺寻求佛法。永平十年，蔡愔邀请天竺僧人摄摩腾、竺法兰用白马驮佛像和《四十二章经》等来洛阳，随后建白马寺，并翻译《四十二章经》。从此，揭开了我国建寺院、造佛像、译佛经的中外佛教交流史。

佛教传入中国之初，仅在上层社会流行，影响并不广泛，到桓帝后才逐渐在民间流传。献帝时，徐州粮运督管笮融“大起浮屠祠，以铜为人，黄金涂身，衣以锦采。垂铜盘九重，下为重楼阁道可容三千人，悉课读佛经。令界内及旁郡人有好佛者听受道，复其役以招致之。由此远近前后至者五千余人户。每浴佛，多设酒食：布施于路，经数十里，民人来观及就食且万人，费以巨亿计”。笮融不仅建祠，而且还使用施舍酒饭、免除徭役等手段吸引信徒，开创了为逃避徭役而为僧侣的先例。

佛教此时还带有外来文化刚被植于中国文化体系中的特点。在建筑上，早期佛教主要有“以佛殿为中心的，其典型的代表就是仿官署而建的白马寺”和“以佛塔为中心的，其典型的代表就是……笮融在徐州所兴造的以楼阁木塔为中心的浮屠祠”两种类型。对此，《魏书·释老志》说：“自洛中构白马寺，盛饰佛图，画迹甚妙，为四方式，凡宫塔制度犹依天竺旧状而重构之。”在佛经翻译上，两

洛阳白马寺

汉不仅典籍较少，且缺乏对佛教理论系统介绍。最早的佛经为明帝时的口传《浮屠经》和天竺僧人摄摩腾、竺法兰所翻译的《四十二章经》。桓、灵之时，高僧安世高和支娄迦谶才翻译出《安般守意经》《阴持人经》《大十二门经》《小十二门经》《十二因缘经》《道行般若经》《般舟三昧经》《首楞严经》等。这些早期佛经译文，明显带有道家语言的痕迹。如安世高所译《安般守意经》谓："安为清，般为净，守为无，意名为，是清净无为也。"这表明，自佛教传入中国之日起，与中国文化融合的历程即已开始，从而揭开了佛教中国化的历史。

三国两晋南北朝封建制度的发展

三国两晋南北朝的四百年间，中国分裂割据，战乱频仍，生产遭受重大破坏，经常处于停滞衰落时期，恢复与发展往往只是局部与暂时的现象。北方破坏尤为严重，大量人口南逃，江南日益开发，中国经济重心逐渐由北方转到南方。在这一场大变化中，封建的经济组织也发展出了自己独特的形式。

东汉末年，大地主的势力进一步加强，成为豪强大族，许多农民被迫依附于这些人，受其庇护，但亦受其奴役。依附农民数量的日益增加，使豪强势力不向国家负担赋税徭役，损害了国家的利益。所以中央政权总是反对这种倾向的发展，

古代奴婢图

在尽可能的情况下采取措施限制它，如打击豪强、检刮户口等。但是，国家赋税徭役的剥削不断加重，战争的掠夺破坏旷日持久，小农经济在当时生产力的水平上要想得到维持，只有托庇于大地主的保护，而大地主们当然也十分愿意提供这种保护，所以依附农民日见增多。

当时依附形式多种多样，程度亦各有不同。最常见的一种是“客”。客起初是人身自由但被迫佃种地主土地受其剥削的农民，仍被国家认为是其管辖下的编户齐民，但实际上已不受国家控制。西晋初年立品官占田荫客制，正式给予官僚贵族以荫庇佃客的特权，使佃客的存在取得合法地位。“其应有佃客者，官品第一、第二者佃客无过五十户，第三品十户，第四品七户，第五品五户，第六品三户，第七品二户，第八品、第九品一户。”虽然国家规定有荫客的限额，但实际上限制不住。许多佃客更以宗族聚居形式依附于地主。

进入南北朝时期，中国北方大混乱，汉族农民纷纷逃往江南，沦为佃客，佃客制更是日益发展。

佃客耕种主人的土地，负担的大约是一种分成租。租额如依屯田制度类推，则为地主六成，农民四成，或者对半分成。他们的身份也日益降低，受豪强控制，不能自由离开。东晋时明确说明“客皆注家籍”，即客丧失了独立的户籍，人格减等，成为半自由人。所以这时出现了“免奴为客”的记载。即释放了的奴隶只能成为客，证明客是身份低于良人的半自由人。

另外一种依附者被称为部曲。部曲是豪强地主的私兵，在战乱年代，既用以保卫其割据独立，也用以互相攻伐。部曲的来源有的是从依附农民中征召而来，也有的是收编的流民，或志愿投靠大地主的宾客等。当时部曲的存在十分普遍，数目也很大，史载有部曲千人的并不少见。部曲依附于主人，为主人效死疆场，自然更靠主人供其生活。但供应这种庞大的部队也十分不易，所以部曲除了战时作战外，平时也为主人服役种田。他们的身份也日见下降，法律上视其为贱口，甚至出现了买卖部曲的记载。

还有一种地位最低下的依附者即奴婢。由于战争不止，小民流离失所，无以为生，自卖为奴或被人掠卖的很多。各少数民族在战争中又大量掠人为奴，犯罪沦为奴婢的也不少。南北朝时，奴婢劳动的使用相当普遍。北魏均田制规定奴婢可以受田，而南朝记有奴婢数百以至千人的地主也屡见不鲜。奴婢的劳动在当时不仅在家内使用，而且用于工农业劳动中，所以流行着“耕当问奴，织当问婢”的成语。不过这时的奴婢虽然身份很低，但他们往往在经济上仍是独立小生产者，不是一无所有的会说话的工具。

许多大地主，依仗奴役着的大量依附农民，形成割据一方的势力，经济上也呈现出一种独立性。他们为在战乱中据地自守，多建立被称为坞、堡、壁、垒等的建筑，这种建筑的中心是一个大堡垒，住着大地主本人及其家属，以及姬妾、奴仆、宾客、部曲之属，担负着供主人享乐或保卫主人的任务。四周还居住着各种工匠，制造供应当地的各种手工业品。更大量的居民则是各种身份的依附农民，世世代代耕种豪强的土地，受其剥削。西晋末年，北方“五胡”十六国长期战乱，这种割据的堡、坞等更为发展。聚居在一起的人往往还有宗族关系这一形式，即坞主既是大地主，又是聚族而居的全宗族的首领，用宗族关系的面纱掩盖着剥削关系的本质。不过这种堡、坞并不同于西欧的封建庄园，劳役租在这里不占主导，也没有在法律上形成一套固定的形式。

三国两晋南北朝时期经济发展的另一特点，就是货币经济衰落。工商业遭受不断破坏，日渐退步，还能维持的多为官营手工业，民间手工业者被迫依附到豪强大族或军将门下，为其生产，甚或又退回到农村中，和农业相结合而存在。所以商品流通量缩小，货币作用减弱。东汉末年，黄金已退出流通领域。魏时一度罢五铢钱，令百姓以谷帛为市，于是五铢钱也不甚流行。但用谷和帛作一般等价物，又发生了“竞湿谷以要利，作薄绢以为市”的情况，流弊不少。以后历代对货币屡兴屡废，十分混乱。但总的是它的流通减少，自然经济的程度有所上升。所以北齐的颜之推曾描写理想的经济是：

生民之本，要当稼穑而食，桑麻以衣，蔬果之蓄，园场之所产，鸡豚之善，埘圈之所生。爰及栋宇、器械、樵苏、脂烛，莫非种植之物也。至能守其业者，闭门而为生之具已足，但家无盐井耳。

当然，当时的商品经济并未完全消失。贩运奢侈品的富商大贾，仍然不少，在许多城市中活动，并且和官僚勾结在一起，经营牟利。买卖一般商品的集市也依然存在。说商品经济衰落，只是从比较而言的。

从西汉末年以来，中国北方各少数民族即逐渐向内地迁居。迁居的原因有政治的、经济的，情况不一，充分显示了先进的汉文化对少数民族的吸引力。内迁的人中很大一支是匈奴。东汉初年，呼韩邪单于率所部五千余归降，入居今山西离石县一带，为汉守边。曹操时分匈奴为五部。他们已发展到今山西中部各地，总数达数十万人。继匈奴而崛起于漠北的鲜卑，在檀石槐之后，分裂为数部，魏晋时也渐入居中原，杂处河北、陇西等地。在中国西北，青海、甘肃一带，原还住有氐、羌这些少数民族，也渐进入陕西南部一带散处各郡。据说关中人口百余万，氐、羌约占半数，可见内迁的少数民族数目不少。

北方各少数民族原是较为落后的游牧人，进入内地后，受汉族影响，大都转向农耕定居，接受汉文化也日深，有些部落组织瓦解，一些人变姓名为汉姓，并采用汉语。其中个别人物如后来起兵反晋的匈奴统帅刘渊，师事上党儒生崔游，习易、诗、书三经，尤好春秋左氏及孙吴兵法，并博览史记、汉书及诸子百家，文化程度和晋的士族不相上下。不过他们大都还保留着自己的部落组织，有酋长等统帅，也还保留着自己的一些风俗习惯，和汉族之间仍然存在着矛盾。

西晋统治者对待这些少数民族，总的说来是极力压迫、虐待、剥削或把他们收作佃客，令其耕作，或把他们掠卖为奴隶。西晋时有一个并州刺史司马腾，曾派兵大捉胡人，两人一枷，押到冀州去卖。这自然引起这些少数民族对西晋统治者的仇视。西晋统治者对少数民族也歧视、猜疑，认为他们“非我族类，其心必异”，随时可能起来反叛，所以也有人主张用兵把他们驱逐走，即所谓“徙戎”，双方的矛盾日益激化。

3 世纪末，西晋统治阶级内部混战，史称八王之乱。战争以及与之俱来的天灾，使人民无以为生，到处出现流民起义，杀官吏，烧城邑。进入中原深受西晋统治阶级压迫的少数民族也在这时起兵反晋。304 年，匈奴族领袖刘渊起兵据左国城（今山西离石），自称汉王，得到许多反晋军队归附，势力渐强，308 年自称皇帝。311 年，刘渊之后的刘聪遣军攻下西晋首都洛阳，俘晋怀帝（公元 307 —公元 373 年），杀王公士民 3 万余人，焚烧官府民房，纵兵大掠，洛阳成为一片焦土。从此以后的 130 余年间，各少数民族在中国北方各地先后建立了十几个地方性政权，互相攻伐，杀人放火，庐舍为墟，黄河流域文明遭到极大破坏。

这些地方性政权的统治阶级主要是各少数民族，由于他们身受汉族统治阶级的欺压，此时得以反过来加以报复。再加上他们的落后性、野蛮性，所以屠杀、破坏十分酷烈。其中特别野蛮的是羯族石勒、石虎的后赵政权。石勒在战争中凡俘获二千石以上晋官，除少数几个不贪污的外，其余全部杀死。攻下城池后，烧杀劫掠破坏无余，常坑杀数千数万人。石勒的继承者石虎，更为凶残暴虐。他在长安、洛阳、邺城（今河北临漳）大修宫室，每次征发十几万、几十万人，督责繁苛，死者无数。又四处出兵征伐，要人民供应米绢等物，许多人因完不成而被逼令自杀。羯族统治者的野蛮统治激起广大汉族人民的强烈不满，加深了民族矛盾。349 年石虎死后，其部下冉闵掌握了政权。冉闵是汉人，他下令道：和我同心的留下，不同心的任便出城。结果羯人纷纷出城，邺城四周的汉人纷纷入城。冉闵感到羯人不可靠，下令杀羯人，男女老幼一律杀死，前后共 20 余万人。一些人仅只因为鼻子高或胡须长，也被当做羯人杀死。这种民族之间的仇杀，牺牲了无数人性命，汉族与其他少数民族的矛盾也更加激化了。

但稍有见识的少数民族统治者也都知道，如要使自己的政权巩固，必须学习先进的汉族封建文化，实行汉族的行之有效的一整套统治方式，并任用汉族儒生。石勒统治时期，用汉人张宾，提倡经学，重视低级士族，建立各种制度，以缓和汉族农民的反抗。前秦苻坚，任用汉人儒生王猛，整顿吏治，发展经济，不断扩充势力，曾暂时统一北方。后来因为不接受王猛不可攻晋的意见，出兵攻打东晋，383 年在淝水之战中大败，导致政权瓦解。原来十分落后的鲜卑拓跋族，在建立北魏王朝后，经过魏孝文帝（公元 471 —公元 499 年在位）的改革，改变鲜卑旧俗，推行汉化措施，行均田，立三长，建立一整套仿汉族的典章制度，令鲜卑百姓着汉服，禁说鲜卑语等，才使得政权能巩固下来，为后来北方的统一奠定了基础。

从西晋末年到隋朝重新统一中国（公元 589 年），其间经过近 3 个世纪。这一时期北方各少数民族在中国北部进行了长期的战争，使社会经济遭到很大破坏。虽然阶级矛盾与民族矛盾交织，斗争复杂残酷，但是先进的汉族文化以其不可抗拒的力量仍在发生作用。社会发展水平较低的各少数民族，学习了许多先进的东西，日益汉化，并且吸收了许多本来居住在边境以外的各少数民族进入中原。而汉族也从各少数民族那里吸收了许多有益的东西。到隋统一之时，大体上已完成了以汉族为主的各民族的融合。

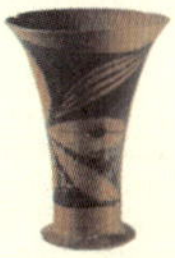

祖冲之计算圆周率

祖冲之（公元 429 —公元 500 年），我国南北朝时期杰出的数学家，科学家。祖冲之出生在宋文帝在位的时候，他祖父在刘宋朝廷里做大匠卿，负责管理土木建筑工程。

祖冲之雕塑

家庭环境使祖冲之从小养成了爱好学习的良好习惯。他二十几岁的时候，就已经很有学问了。朝廷见祖冲之很是博学，就请他去华林学省做研究工作。祖冲之认真总结前人的科学成就，积累了丰富的知识。他读了很多书，又爱独立思考，在前人研究的基础上去进行新的探索。

祖冲之在天文、历史、数学、物理、机械等方面都有重大的成就，其中最重要的是他对圆周率的精确计算。

圆周率就是圆的周长和圆的直径的比例数。木工师傅做木盆或木桶的时候，先做一块一块略带弧形的木板，然后把这些木板拼起来，正好拼成一个圆形的木盆或木桶。祖冲之问他是怎么计算的？为什么木板不会多一块或少一块？木工师傅说：“这道理很简单，三尺圆弧一尺径呗！”

这“三尺圆弧一尺径”，就是最粗略的圆周率，这样粗略的圆周率只能用于制作木盆和木桶；要制造精密的仪器，就需要比较精确的数值了。在祖冲之以前，已经有许多人在探求这个数值。祖冲之在前人的基础上继续努力，决心攻破这个难关。

古时候做计算题，是用筹码（小竹棍）进行的，于是祖冲之在案子上摆了许多筹码。他常常天不亮就起床，一直计算到深夜。筹码因为得经常挪动，都被手磨得十分光滑了。经过了一万多遍的计算，他终于算出了比较精确的数值，确定圆周率是在 3.1415926 和 3.1415927 之间。这个数值相当精确，把前人对圆周率的研究，大大地提高了一步。

祖冲之计算的圆周率比欧洲数学家奥托计算的早了一千多年。所以，有人主张把圆周率改名为“祖率”，来纪念祖冲之在这方面的重大贡献。

伟大的科学家祖冲之，还留下了许多重要的著作，他对人类的贡献是多方面的。他之所以能取得这样巨大的成就，是跟他勤奋好学、不迷信古人、敢于坚持真理的精神分不开的。

天文仪器浑仪与浑象

浑仪与浑象是中国古代两种功用不同的天文仪器。浑仪专指测量天体在天球面上坐标位置的仪器，它是我国古代天文观测的主要仪器。浑象则是我国古代演示天空星象的仪器，类似于现代的天球仪。但由于浑仪与浑象同是反映浑天说的仪器，隋唐以前的古代记载中常把浑仪和浑象统称为浑天仪，使得仪与象两种仪器混淆。隋唐以后，多用浑象与浑天象来称呼天球仪，这就比较明确地把浑仪和浑象区别开来了。浑仪是由许多带有刻度的同心圆环及中间设有窥管组成的一种观测仪器。其主要用途是测定昏、日和夜半中星以及天体的赤道坐标，有时也能测黄道经度和地平坐标。

我国发明浑仪的确切年代目前尚难断定。早期的浑仪结构如何，史无证载。有确切记载的是东晋孔挺所造的浑仪，这是由六合仪（由赤经双环、极轴、窥管所构成的框架）合起来的两重铜浑仪。因为这些都是测量天体赤道坐标最基本的结构，故可以推断早期各家的浑仪相去不远。随着观测的需要，后世逐步增加黄道环、白（月）道环，并且要求赤、黄、白各环都能随天球转动方向运转，就产生了三辰仪。这些都在唐李淳风设计制造的浑

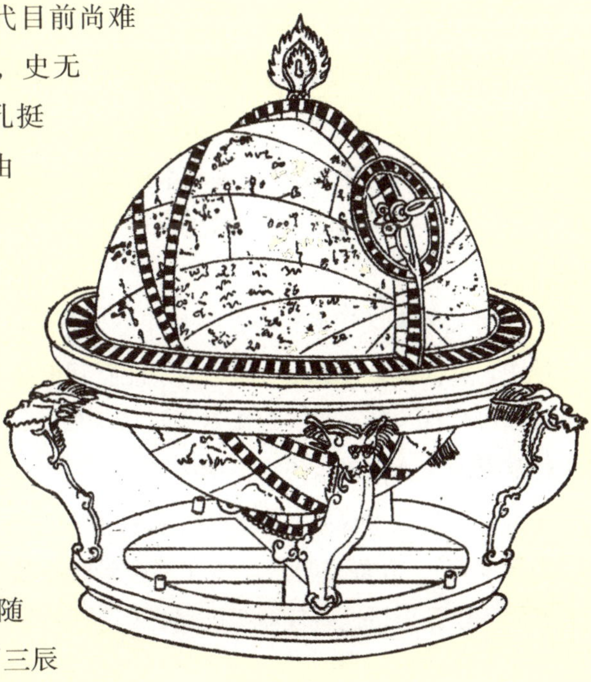

古代浑象图

仪中得到体现。

可是，随着浑仪环数的增多，所遮蔽的天区也越来越多，给观测带来不便。因此，北宋沈括首先去掉三辰仪中的白道环，开始了浑仪的简化工作。元代郭守敬创造出历史上著名的简仪。至明清时代，对浑仪基本无创新之处，仅是仿制而已。现在南京紫金山天文台摆放的一具浑仪，就是明正统二年基本沿袭宋代浑仪仿制出来的。

我国古代所创制的赤道系统装置的浑仪，在世界天文学发展史上具有重要的意义。因为在公元 17 世纪发明光学望远镜之前，西方虽然也使用类似我国浑仪的天文仪器观测天体位置，但他们使用的是黄道系统装置。对于测定恒星的位置，我国所采用的赤道系统要优于黄道系统装置。故到了公元 16 世纪丹麦天文学家第谷抛弃了黄道式装置，而改用了中国的赤道式装置后，被公认为是西方文艺复兴时期天文学上最伟大的技术进步之一。不仅如此，直到现代各国研制各式光学望远镜时，无一不采用古老的中国式赤道装置。

浑象是在一个大球面上刻画或镶嵌有星宿、赤道、黄道、恒隐圈、恒显圈等的演示天象的仪器。可能由西汉人耿寿昌发明。东汉张衡的浑象是他设计的漏水转浑天仪的核心部分。张衡以后，我国天文学家多次制造过浑象，多数和水力机械联系在一起（史料有称为水运浑天的，今通称水运浑象），以取得和天球周日转动同步的效果。三国陆绩、王蕃及南北朝钱乐之制造浑象，都有史载。浑象经过唐一行、梁令瓒、宋张思训和苏颂等人的发展，成为世界上最早的天文钟。到元郭守敬才把报时装置和水运浑象分离开来。现在最古的浑象是清康熙十二年（1673 年）比利时传教士南怀仁监制的，称为天体仪，置存于北京古观象台。

三国时吴国天文学家葛衡曾改革浑象，把围在浑象天球之外代表地的机构移入天球中，天球转动时地却不动。为了能看到天球中的地，必须把天球挖去多块，这种仪器古代称为浑天象，后来就发展成为假天仪。假天仪是人们进入天球里面抬头向上看的，类似现今天文馆的天象厅。

中国第一架假天仪是北宋苏颂、韩公廉等人制造的。他们在竹编纸糊的天球上“因星凿窍”，外面点上灯，人在其中看窍眼如同星星一样。元代郭守敬也造过一架假天仪。可惜这些仪器都已遗失。

魏晋时期的绘画艺术

西晋初年，生产得到一定程度的恢复和发展。一些有文献可考的专业画家开始出现。

一、顾恺之的绘画作品及理论

顾恺之（约公元 348 —公元 409 年），字长康，小字虎头，出生于无锡贵族家庭。年轻时活动在桓温、谢安、殷仲堪等军阀士族之间，做过小官，晚年做过散骑常侍。然而顾恺之淡于名利，疏于高官厚禄，沉醉于艺术之中。顾恺之为人博学有才气，擅长文学，工诗赋，尤以绘画最妙。当时人说他有三绝——“才绝、画绝、痴绝”。

顾恺之平生所作画迹很多，见于《历代名画记》就有二十九件，遗留到现在亦被认为是他作品摹本的仅有《女史箴图》《洛神赋图》《列女仁智图》这三件。

顾恺之雕塑

《女史箴图》是张华同名文章的插图。西晋张华这篇文章是用以讽喻放荡、暴戾的皇后贾氏的，其内容是教封建宫廷妇女如何为人的道德箴条。原文虽如此，但这一画卷则是以一系列动人形象，直接表现了中国古代贵族妇女的活动，从她们的身姿仪表中透露了她们的身份和神采，而且在一定程度上反映了她们的生活。现藏于伦敦的《女史箴图》是唐代的摹本，全卷原十二段，现仅存第四段起的九段。内容包括冯婕妤以身挡熊、班婕妤不与汉帝同载等故事。作品中具有古代妇女特征和装束打扮的宫廷妇女形象，有助于我们认识深受封建礼教束缚的古代宫廷妇女精神面貌和生活状态。其中如“人咸知修其容，而莫知饰其性”一段，作者着重表现妇女对镜理发梳妆，具有浓郁的生活气息。“女史司箴，敢告庶姬”，则刻画了云髻高耸，长裙曳地，秉笔古书的女官，她不仅外表美丽娟秀，而且通过仪态神情的刻画，表现出一个善良纯洁、优婉端庄、忠于职守的动人形象。

《洛神赋图》是顾恺之以诗人曹子建所作名诗“洛神赋”为题材创作的。“洛神赋”是曹植用人神相恋的梦幻境界隐喻在封建压力之下失去爱的伤感诗篇。曹植在青年时代所爱的女子甄氏，在他父亲曹操决定下，被他的哥哥曹丕夺去，甄氏在曹丕那里没有得到稳固的爱情，下场悲惨。她死后，曹丕把她遗留的玉缕金带枕送给曹植，曹植在回归自己封地的路上经过洛水，夜晚梦见了甄氏，于是作“感甄赋”一诗，塑造了甄氏的化身——动人的洛神形象。

《洛神赋图》是插图性的横卷，现藏北京故宫博物院和东北沈阳博物馆的作品均是宋人的摹本。

《列女仁智图》代表了顾恺之肖像画方面的成就。《列女仁智图》取材于刘向《列女传》中的故事，摹本经过千年已有缺失，并且经过挖补，现藏故宫的是宋人摹本，共有十段。其中较完整的有七段。在汉代就已有记载将列女图“画之于

《列女仁智图》（部分）

屏风四堵”，将现存汉画像石中“列女图”与顾氏“列女图”的摹本相比较，可了解到顾恺之已突破了汉代古拙的技法，加强了平列构图的变化，开始注意到空间关系、人物的相互关系、人物的表情刻画等，在创作构思与表现技巧上取得了一定的成就。

据文献记载，顾恺之曾画过道释人物和山水画，最突出的还是他创作了不少追求摆脱礼教束缚和主张本性流露的名士生活和肖像画。顾恺之在艺术上的突出成就，还表现在他塑造人物形象时，并不停留在单纯外表肖似和动作姿态的生动方面，他在总结自己创作经验的基础上，提出了表现人物性格特征和内在深度的要求——“传神”。“传神”的提出标志着我国人物画的表现进入到一个具有历史意义的新高度。据记载，他画人尝数年不点睛，人问其故，答曰：“四体妍媸，本之关于妙处，传神写照，正在阿堵之中。”又尝画嵇康诗意，深有体会地认为“手挥五弦易，目送飞鸿难”。画家充分认识到眼睛的刻画在表现人物心理状态和性格特征中的重要作用。另外，他还注意到表现人物性格方面的其他一些因素，如为谢鲲画像，利用岩壑作背景，揭示谢鲲喜游历的志趣；画名士裴楷像，画家强调对象颊上三毫的特点与细节，达到传神的目的。

线描作为中国画的重要表现手段，顾恺之有所创造和发展。线条不仅要表现对象的形体、结构、质感、动感，还要与艺术形象的神采风度相适应。他那被后人形容为“春蚕吐丝”、“春云浮空、流水行地”、“紧劲连绵、循环超忽”的线描法，与他创造的艺术形象的内心世界相一致，成为与内在心绪、精神面貌水乳交融般的整体。

顾恺之在绘画实践方面取得巨大成就，与他在理论上的研究是分不开的。他的画论著作留传到今天的有《论画》《魏晋胜流画赞》《画云台山记》三篇。

《论画》是评论前人绘画作品的文章。文章谈到了“凡画，人最难，次山水，次狗马。台榭一定器耳，难成而易好，不待迁想妙得也”。他还评论了前人作品中人物形象神情表现的优劣。

《魏晋胜流画赞》是讲临摹的方法，以及选绢、着色、布局、画人应该注意的事项其中保留了一些作画的经验。

《画云台小记》是一篇记述他创作山水画的构思、设想。这篇记述使我们了解到早期山水画的特点，内容包括了神仙怪异的因素，及“山有面则背向有影”、“下为涧，物景皆倒”，说明了当时山水画中已有阴影利倒影的处理手法。

二、画迹遗存

安徽马鞍山朱然墓出土漆器上的精美图案

在安徽马鞍山东吴时期朱然墓出土了相当数量的精美漆器。朱然是三国时东吴名将，该墓中共出土漆器80件，其中漆案、漆盘及漆奁上都绘有精美的图画装饰。漆案上画宫廷宴饮、百戏等人物活动场面，画幅长达80公分，人物55个。漆盘上绘有季札挂剑、百里奚会妻、伯榆悲亲及宴饮、梳妆、童子舞棒等内容，题材十分丰富，构图完整，为我们了解三国时期绘画提供了珍贵的实物资料。漆奁上画有多种珍禽异兽，属于神话祥瑞一类内容。这些漆画彩色鲜明华丽，人物形象亦颇为生动，已显示出刘汉画简括古拙风格的摆脱和向细腻精致风格的过渡。有的漆器上有“蜀君造作牢”字样，由此可大略考察蜀地的绘画水平及髹漆工艺水平。

河西走廊是中原地区通向中亚的交通要道，又是各民族聚居的地区，三国时曹魏屯垦开发，该地区的农业有相当发展。在河西地区经考古发掘发现多座魏晋时期的壁画墓。这些壁画均取材于现实生活，内容非常广泛，包括出行、宴饮、

河西走廊风光

庖厨、狩猎、畜牧、农耕、采桑、习武，等等。鲜明地反映出当时农牧业生产活动和地主享乐生活。民间画工在仅有 36 公分长的砖面上，采用一砖一画的形式，画出多种生活场景和人事活动，具有浓厚的西北地区少数民族生活气息。这些作品风格简练活泼，色调热烈明快，描绘时信笔挥洒，有的粗犷奔放、顿挫分明，有的细密劲力、风格多样，反映出魏晋时期绘画水平的提高与发展。

南北朝时期的绘画艺术

东晋灭亡以来，地处江南的南朝在一个半世纪的历史中，先后有宋、齐、梁、陈四个政权出现，虽然政权更替频繁，但相对北方来说，战乱较少，社会经济有较快的发展。南朝君主大多爱好文艺，对绘画比较重视，不少著名画家为皇帝御用，他们的绘画题材多局限于佛道、贵族、美女之类。但在创作中这些画家注意构思及人物情态的刻画，有些作品还具有风俗画性质。山水、花鸟等题材亦随上层社会之需要而独立出现，显示了绘画的进一步发展。

北朝自北魏以来即提倡吸收汉族先进文化，文艺上也钦慕南朝，又因宣扬佛教，出现了规模宏大的宗教美术创作活动，使因长期战乱遭到破坏的北方美术得到发展机会。但北朝画家文献记录材料较少，现可知者多为北朝晚期北周、北齐时代之画师，他们除从事宗教壁画外，有的还特别擅长描绘车马、宫殿建筑及少数民族生活。

域外画家也随佛教的传播来到中原，中亚及印度的画风被画家们所借鉴，南北朝绘画在南北互相交流并借鉴吸收外来美术中得到丰富和提高，为隋唐美术的兴盛准备了条件。

南朝的主要画家有陆探微（宋）、张僧繇（梁）、顾景秀（宋）、刘瑱、谢赫、毛惠远（齐）、萧绎（梁）等。

一、陆探微与“一笔画”

陆探微，南朝吴人。活跃在南朝刘宋文帝到明帝时期（公元 424 —公元 471 年），史称“常在侍从”，大约是专门的画史。唐张怀瓘《画断》记述：“陆公参灵酌妙，动与神会，毛迹劲利，如锥刀焉。秀骨清像，似觉生动，令人懔懔若对神明。”《历代名画记》说：“陆探微作一笔画，连绵不断。”谢赫的《古画品录》曾记述他的画“穷理尽性，事绝言象；包前孕后，古今独立”。这些评论说明了陆的作品神情生动而有骨气，所画人物属于一种瘦削的形象。陆探微师法顾恺之，但他把草书的体势运用到绘画上，形成了线条连绵不断的“一笔画”画风，用笔有锐利的转折，与顾恺之一样，同属于“密体”。所谓“密体”风格，被认为“精利润媚，新奇绝妙”。陆探微最擅长人物画，也画山水草木、佛教图像等。

二、张僧繇与“张家样”

张僧繇，南梁时代吴中人，生卒年不详，是梁武帝（公元 502 —公元 549 年）时代最活跃的画家。梁武帝崇信佛教。当时修建佛教寺院的风气盛极一时，张僧繇就是受梁武帝器重的佛教艺术的创作者，每修佛寺都令张僧繇作壁画。张僧繇在造型技术上最为人称赞，他所创作的佛教绘画具有独特的风格，称为“张家样”，是唐吴道子出现以前最广泛流行的中国佛教艺术风格。张僧繇也参用西法作画，如在建康（今南京）一寺庙作门画装饰时，参用印度法画成有立体感的花纹，时人称这个庙为“凸凹寺”。这种所谓“凹凸法”即是一立体晕染法，远远望去有浮雕的效果，这种画法在当时并不很流行，而且是

张僧繇像

属于画在门上的建筑装饰，不是一般的绘画。张僧繇有较高的写实能力，他曾为梁武帝画诸王子像，据说“对之如面”。他的笔墨风格被称为“疏体”，即所谓“笔才一二,象已应焉”。这说明他的笔墨洗练而概括,具有较高的技巧。

张僧繇对后世影响很大，并获得极高的评价，唐代的阎立本、吴道子等名家，都是以他为远师的。后人将他与顾恺之、陆探微并列为六朝三大家。

与张僧繇同时代的梁元帝萧绎也是著名画家之一。萧绎（公元 508 —公元 554 年），字世诚，是梁武帝第七子，从小聪慧好学，擅长书画，勤于著述，现流传他的诗文尚多。所画题材广泛，有肖像画、风俗画、花鸟画及佛像等，而以人物肖像最出色。传世《职贡图》被认为是萧绎的作品。《职贡图》真实记录了当时外族人物形象与风土人情，并在人物刻画上达到了一定的水平，人物形态准确，神态自然，传写出不同地区不同国家使者的外貌和神采。在探求人物性格与情态、风土气质等方面取得较高水平。

三、谢赫和他的《古画品录》

谢赫是南齐时代（公元 479 —公元 501 年）的美术理论家兼肖像画家，他能画时装妇女。姚晨在《续画品》中说他：“写貌人物，不俟对看，所须一览，便工操笔。”缺点是“气韵精灵，未穷生动之至，笔路纤弱，不付壮雅之怀”。谢赫在美术史上的重要地位是他总结了中国绘画的实践经验，完成了我国第一部完整的绘画理论著作《古画品录》。

《古画品录》又称《画品》，是中国现存最早的一部完整的评论画家艺术的论著。记录了从曹不兴到他同时代二十七位画家。评论中他把画家分为六品，为我们保留了二十七个画家的可贵史料。然而《古画品录》的重要意义并不仅在于此，尤其在序中提出的“六法论”，在中国绘画美学发展史上产生了极其深远的影响。

由于《古画品录》谢赫原文及古代传抄是不标点和不断句的，又由于后人在标点断句上不同，使得对六法的理解也就有所不同。但不论哪种标注点句，六法所包含的基本内容是大体一致的。根据唐代美术理论家张彦远《历代名画记》的记述：六法原文的标点断句，应是“六法者何？一气韵生动是也，二骨法用笔是也，三应物象形是也，四随类赋彩是也，五经营位置是也，六传移模写是也”。

“气韵生动”是指作品和作品中刻画的形象具有一种生动的气度韵致，显得富有生命力。气韵，原是魏、晋品藻人物的用词，如“风气韵度”、“风韵遒迈”等，指的是人物从姿态、表情中显示出的精神气质、情味和韵致。画论中出现类似的概念，首先是用以衡量画中人物形象的，后来渐渐放大到品评人物画之外的作品，这已不是谢赫原意，而是后代艺术家、理论家根据自己的体验、认识对气韵的具体运用和新的发展。气韵与传神在说明人物形象的精神特质这一根本点上是一致的，但传神一词在顾恺之乃至后人多指人物的面部尤其是眼睛所传达的内在情性，而气韵则更多的指人物的全体尤其姿质谈吐所传达的内在情性，或者说内在情性的外在化。在谢赫时代，气韵作为品评标准和创作标准，主要是看做品对客体的风度韵致描绘再现得如何，而后渐渐涵容更多主体表现的因素，气韵就指的是作为客体融一的形象形式的总的内在特质了。能够表现出物我为一的生动的气韵，至今也是绘画和整个造型艺术的最高目标之一。

“骨法用笔”是说所谓骨法及与其密切相关的笔法。“骨法”最早是相学的概念，后来成为人们观察人物身份和特征的语言，魏、晋的人物品藻，除了“风韵”一类词外，常用的就是“骨”、“风骨”一类评语。“骨”、“骨力”乃借助于比喻来说明人内在性格的刚直、果断及其外在表现等。绘画评论中出现“骨”始于顾恺之，顾恺之所说的“骨法”、“大骨”还和人物品藻、相学有较多的联系，指所画人物形象的骨相所体现出的身份气质。谢赫使用“骨法”则已转向骨力、力量美即用笔的艺术表现了。当时的绘画全以勾勒线条造型，对象的结构、体态、表情，只能靠线的准确性、力量感和变化来表出。因此他借用“骨法”来说明用笔的艺术性，包含着笔力、力感、结构表现等意思。谢赫之后，骨法成为历代评画的重要标准，这是传统绘画所特有的构料工具和民族风格所必然产生的相应的美学原则。而它反过来又促进了绘画民族风格的完美发展。

“应物象形”是指画家的描绘要与所反映的对象形似。“应物”二字，早在战国时代就出现，包含着人对相应的客观事物所采取的应答、应和、应付和适应的态度。对于画家来说，应物就是刻画出对象的形态外观。在六法中，象形问题摆在第三位，表明在南北朝时期，绘画美学对待形似、描绘对象的真实性很重视。但又把它置于气韵与骨法之后，这表明那时的艺术家已经相当深刻地把握了艺术与现实、外在表现与内在表现的关系。

“随类赋彩”是说着色。赋通敷、授、布。赋彩即施色。随类，解作“随物”。《文心雕龙·物色》：“写气图貌，既随物以宛转。”这里的“类”作“品类”即“物”讲。汉王延寿《鲁灵光殿赋》：“随色象类，曲得共情。”随色象类，可以解作彩色与所画的物象相似。随类即随色象类之意，因此同于赋彩。

“经营位置”是说绘画的构图。经营原意是营造、建筑，经是度量、筹划，营是谋划。谢赫借来比画家作画之初的布置构图。“位置”指人或物所处的地位，指安排或布置。位置须经之营之，或者说构图须费思安排，把构图和运思、构思看做一体，这是深刻的见解。对此，历代画论都有许多精辟的论述。

传移模写，“传移模写”或“传移，模写是也”，指的是临摹作品。传，移也，或解为传授、流布、递送。模，法也；通摹、模仿。写亦解作摹。

“六法”中的六条标准在性质上是不同的，但它们之间是一个相互关联的理论体系。气韵生动是总的要求，但要达到气韵生动，首先要看线条的运用，如果用笔不当，或不合法则，就会使对象失去精神，使作品归于失败。其次要看造型如何，画虎类犬不行，虽用笔得力，但形象很差，也不能表达出所需的形象和内容来。颜色不符合对象所应有的色彩，自然也就不能符合真实的形象。笔法、轮廓、色彩都符合要求了，仍然不够，如果不把画面中的各种形象的位置作一番苦心经营，否则也会造成喧宾夺主，或远近不分，疏密失当的现象，影响画面的表现效果，不能成为一个完整的作品。六法是在古代绘画实践经验的基础上上升为理论的，它是绘画艺术发展到一定阶段的一个较为完整的理论总结，他提出了表现对象内在因素的重要性，同时也肯定了根据对象造型的必要性，比如表现手段的笔墨、色彩、构思的表现效果等。“六法”的提出对后来绘画理论产生了深远的影响，后人始终把“六法”作为衡量绘画高下的标准。

此外，谢赫在《古画品录》中，一开始就提出了绘画的目的：“夫画品者，盖众画之优劣也。图绘者，莫不明劝戒，著升沉，千载寂寥，披图可鉴。”在这里谢赫指出了绘画是通过对真实形象的描写，而收到教育的效果，这种对绘画功能的认识，也是一种进步现象。《古画品录》字数虽然不多，但作为绘画史著作，有理论也有适当评述的体例，开创了中国美术史论著述体例之先河。

四、宗炳、王微与早期山水画的发展

1. 山水画的产生

在外国绘画的分类中有风景画，而大体相当于外国这种风景画的中国传统绘画被称之为“山水画”。这种名称的不同不是由于绘画的形式因素以及表现内容的差异而造成的，实际上，它反映出中西绘画在艺术观念上的差异和审美意识、审美情趣方面的不同。在中国的传统观念中，“山水”与“江山”具有代表祖国的深切含义，在某种意义上说又成为祖国的代名词。中国山水画从它萌芽、发展时期，画家们就赋予山水画以决然不同于外国风景画的意境、思想、表现深度和美的理想。

宗炳山水画——澄怀观道

山水画的产生是人类对自然美的认识发展到一定阶段的产物，也是绘画发展的必然结果。自然现象成为人们对自然美的欣赏也是历史地产生和发展起来的。

原始社会中，当自然界还没有被人类所驾驭，自然界仅仅是作为人类的生活环境而出现或仅作为人类物质生活资料的来源时，人类是无法也不可能把它作为独立的观赏对象而企图表现它的。事实上，只有当生产力得到发展和劳动产品增多，使得人们不再以生产实践的对象和成果来决定对自然美的认识时，人们才开始把自然界同人们的精神生活、道德观念联系起来，并试图通过艺术的形式来说明、表现、再认识自然界。我国古代文学著作《诗经》《楚辞》中，便已有描写日出、长江、汉水等自然景象的诗篇，但这时往往还是为了写人，这些自然景物还不是作为独立歌咏的对象，而是古人用“比”、“兴”的手法，借以引起或比喻要歌颂的人或事。

孔子对自然美的看法，比较集中地体现了这种观点。他说“智者乐水，仁者乐山。智者动，仁者静。智者乐，仁者寿”（《论语》）。孔子认为之所以喜欢看山，乐于观水，是因为山或水的自然美体现着仁者、智者美好的德行，他认为山可以使草木生长，鸟兽繁衍，给人们带来利益而无所求。水可以滋润万物而无所私，似德；水所到之处给万物带来生机，似仁；它由高处向低流，舒缓湍急皆循其理，似义；它又奔腾澎湃，冲过千山万壑勇往直前，似勇；水又有深有浅，浅可流行，深则不测，似智等。显然孔子把自然美看做是可以成为人类道德观念的某种象征。这种认识固然在孔子所处的时代还无法用绘画艺术的形式加以表现，但他这种把自然美同人们的精神生活、道德观念联系在一起的审美思想，对山水画的产生、发展，以及对于山水画在漫长的发展历程中，逐步成为中国绘画的主流，却产生了深远的影响，它标志着人类对自然美欣赏的一个新的飞跃，已经开始摆脱直接的物质功利性，而代之以较高级的精神功利性了。

据记载，远在周代帝王的冕服上就有山形的装饰，在同时期玉器上也刻有山川云气花纹的装饰，这些都属于工艺图案的范围，目的显然不是去表现山川之美。秦汉以来，画家表现山水的记载开始出现，像汉代刘褒画的《北风图》以“人见之觉凉”，但仍不能肯定《北风图》已是独立的山水画。因为在秦汉时代，绘画是以表现人的活动为中心的，山水形象只是作为人和自然的关系被体现出来，在东汉后期，山水画才开始出现向完整的山水画方面转变的倾向。例如四川汉画砖中“盐井”、“庭园”、“收割射猎”等画面，已具有现实性的风景描写，虽然有人物出现，但画工对自然风景的描写已展示出独立发展的雏形。

六朝时期是中国山水画的形成阶段。顾恺之《论画》中说：“凡画人最难，次山水，次狗马……”很明显，在东晋时期山水画已经形成与人物画、狗马画等画种一样独立的画种了。另从文献来看，六朝不少画家创作过以山水为题材的作品，如顾恺之画过《庐山图》《雪霁望五老峰图》《山水图》；张僧繇画过《雪山红树图》；戴逵画过《剡山图卷》；陶弘景画过《山居图》等。

2. 六朝时期的山水画

山水画在六朝时期成为独立的画种并得以发展，是有着历史原因的。六朝时期哲学的重新解放，思想的异常活跃，导致了魏晋玄学的产生，人们在一种表面上看来是颓废、悲观、消极的感叹中，在对于生命短促、人生坎坷、欢乐少有、悲伤长多的慨叹中，包含着对于人生、生命、生活的强烈欲求与留恋。“生年不满百，常怀千岁忧”、“人生忽如寄，寿无金石固”、“昼短苦夜长，何不秉烛游”、“何不策高足，先据要路津”……这些人生行乐的诗篇应运而生，人们企图在大

张僧繇《雪山红树图》（部分）

自然的怀抱中寻找人生的慰藉，成为很必然的一个归宿。很多人选择游山玩水，忘情于大自然怀抱之中，构成了这个时期一种新的风尚。无为而无不为的所谓“魏晋风度”，正是这种寄情山水景色、论道谈玄、药、酒与姿容品评的表现。

山水诗的产生是山水画独立成科的一个信息与佐证。晋、宋之际的诗人兼画家谢灵运以及其后的谢脁在他们的诗篇中既表现了自然美，也寄寓了作者的情。这说明人们认识自然美、重视表现自然美的思想，已经发展到人和自然美在感情上产生了共鸣，并渴望去表现山水，诉诸艺术形式，以表达情怀。“从山阴道上行，山川自相映发，使人应接不暇，若秋冬之际，尤难忘怀”，“明月照积雪，朔风劲且哀”，不正是这种思想的表现吗？但从认识自然美、重视对自然美的表现到诉诸艺术形式去表现，还要受到艺术形式、艺术技巧发展水平的制约。

六朝时期的山水画发展脉络我们可以从东晋顾恺之的山水画进行分析。顾恺之不仅是一位著名的人物画家，他在山水画方面作出的贡献，也是不容忽视的。他不仅创作了一定数量的山水画，而且对山水画的创作从理论上也进行了较深入的探讨。他主张山水画创作要“实对”和“全其想”，也就是忠实于实景的处理，是同于“以形写形，以色貌色”这种朴素的技巧的。其次，他画山水“凡天及水色，皆用空青，竟素上下以映日”，并表现出“山有面则背向有影”，“下为涧，物景皆倒”的效果，这就是说，他画的山水重视用色彩来烘托环境，是一种青绿山水，而且用明暗来表现山石的体积与光感，就是水中的倒影也如实地加以描绘。他的这种表现方法虽然今天已无法用实物来证明，但正传为顾恺之的《女史箴图》中有一段题为“道网隆而不杀……”的山水画，中间画一座山，飞鸟翔于天空，一人射中一鸟落下，人和山的比例不准，可从这幅画中看出作者是企图着意刻画山的部分的，只是在空间感、比例等技巧方面还没有得到解决，处于“功倍愈拙”的阶段。到晚于顾恺之的王微、宗炳，则已认识到这一点，并从理论上初步解决了山水画透视这个阻碍山水画发展的关键问题。

六朝时期的山水画面貌，唐代张彦远在他的《历代名画记》中曾有过这样的记述：“魏晋以降，名迹在人间者，皆见之矣，其画山水，则群峰之势，若钿饰犀栉，或水不容泛，或人大于山，率皆附以树石，映带其地，列植之状，则若伸臂布指。”从张彦远的评论来看，首先在空间关系的处理上、在自然界各种物体之间的大小比例上，魏晋以来的山水画，还没有得到解决，这在顾恺之的作品中已得到印证。这种状况的改变是到南朝时期才有所突破，南朝宋时的宗炳在《画山水序》中提出，“且夫昆仑山之大，瞳子之小，迫目以寸，则其形莫睹、迥以数里，则可围于寸眸，诚由去之稍阔，则其见弥小”，他还提出在处理画面时“绡素以远映，则昆阆之形，可围于方寸之内。竖画三寸，当千仞之高，横墨数尺，体百里之迥”。可见他已经认识到透视方面的问题，只是在艺术实践中尚未得到解决。因此在表现技巧时采取“以形写形、以色貌色”的方法，尽量忠实反映自然，绝不是把山水画当做自然景物的翻版，采取自然主义的表现方法，画家们仍是在力不从心的情况下竭力强调自己思想的传达和作者心灵感情的抒发。王微在《叙画》中也首先指出这个问题。“且古人之作画也，非以案城域、辨方州、标镇阜、划浸流。本乎形者，融灵而变动者，心也。”他认为“画之情”就是要通过山水画而“望秋云，神飞扬，临春风，思浩荡”。宗炳也强调“披图幽对、坐究四荒”而达“神之所畅”的作用。可见，他们认为山水画应具有自然的真实性并且按照客体对象的样子如实反映。所以技巧方面的限制似乎不可能阻止画家们对美的热恋与追求，他们在传统绘画的基础上运用相当浓重的色彩气氛渲染，采用具有浓厚装饰风格的技法来大胆探求，终于使山水画的表现技巧逐步脱离“状石则务于雕透，如冰澌斧刃，绘树则刷脉镂叶”、“功倍愈拙”的初阶段，展现出广阔的发展前景。

宗炳（公元 375 —公元 443 年），字少文，南阳人。终生不仕。好山水，爱远游，妙善琴书，精于言理，史书称他为隐逸之士，两宋时期著名的山水画家、书法家。宗炳所著《画山水序》是中国绘画史上最早的山水画理论著述，影响深远。

宗炳《画山水序》是与他的哲学思想相关的。他认为游真山水是为了“澄怀观道”、“畅神而已”。按宗炳的理论，世界万物，都是精神外化的结果，圣人心中包容的“道”映照出万物，贤人澄洁的胸怀，回味圣人映照的物象。在他看来，贤者的任务就是在于“澄怀味像”，“避心事物，移影清微”，“精神四达，并流无极”，追求精神的绝对自由。他认为圣人以其主观意志效法自然之道使贤者通，山水以其美丽的外表使仁者乐，两者很相近，都是为了心灵得到净化。真山水的作用虽然很大，但当“老之将至”名山再不能遍游，因此需要山水画“卧以游之”。宗炳对山水画的要求是以理想中的形象去摹写自然，以理想的景色去状貌自然。对山水画的表现，宗炳认为“不以制小而累其似”，即不要因为按照理想把自然景色缩小移入画面，而损伤了自然之美，因而他提出“迫目以寸，则其形莫睹，迥以数里，则可围于寸眸。诚由之稍阔，则其见弥小”的透视理论。这在 1500 多年前，能把透视理论提出并运用于绘画实践，是十分可贵的。宗炳强调山水画“畅神”的陶冶性灵的审美功能，为后世文人画的发展在理论上做了铺垫。

王微（约公元 414 —公元 453 年），字景玄，琅玡临沂人。少好学，无不通览，善著文，能书画，兼解音律、医方、阴阳术数。所著《叙画》强调了作为一种高级的精神活动，要与一般的手艺区别开来，强调绘画的感情色彩。他还特别强调在审美感受中“心”的作用，并提出表现不同的山水景观要用不同的笔法的见解，十分难得。

宗炳、王微虽然没有绘画作品传世，但他们留下的山水画论，为后人研究中国早期的山水画提供了宝贵的资料。

五、北朝画家

北朝的画家姓名保留下来的较少，在少数知名画家中，杨子华是较杰出的。他是北齐时代的宫廷画家，官直阁将军、散骑常侍等，当时被称为画圣。阎立本认为他的作品是“自像人以来，曲尽其妙，简易标美，多不可减，少不可逾”。他的作品中有肖像画，也有风俗画。唐张彦远在《历代名画记》中将杨子华与张僧繇并列，称其是“下古画风”的代表，可见他的人物画继顾恺之、陆探微之后又有新的发展。现存宋人《北齐校书图》据说是根据杨子华画本临摹的，可作为了解杨子华画风的参考。

曹仲达是北齐具有特殊地位的画家，西域曹国（撒马尔罕）人，仕至朝散大夫，以画“梵像”著名。他的独特在于他的画风带有显明的天竺风格的佛教式样，而被称为“曹家样”。其特点被概括为“曹衣出水”，“其体稠叠，而衣服紧窄”。这种风格在遗存美术作品中还可见到，特别是雕塑中多见，为南北朝隋唐时期富有影响的佛教艺术式样之一。

曹仲达作品——“梵像”

北朝的画家尚有北魏的蒋少游，他是由俘虏擢升为高官的多才多艺的工艺家，善人物画及雕刻、建筑等。北齐的田僧亮擅画“野服柴车”、刘杀鬼擅画斗雀等。北齐、北周的一些著名画家，如展子虔、田僧亮、董伯仁、闫毗、郑法士等人后来进入隋代，因此往往被当做隋朝的画家。

六、南北朝时期的画迹遗存

南北朝画家作品，除极少数摹本流传至今外，多已散失，但大量的石窟壁画、墓室画像砖石、墓志、造像碑石残刻以及工艺品上的绘画性纹饰多有发现。这些无名工匠的作品成为我们研究当时绘画水平及艺术面目极为珍贵的资料。

南朝墓葬壁画，先后在南京、丹阳发现《竹林七贤与荣启期》的画像墓，其中南京西善桥南朝墓壁画是最具有典型意义的代表作品。墓室左右壁中部为壁画，内容为“竹林七贤图”。壁画是先刻木模，然后印在砖坯上，再经烧制而成。南壁自外而内为嵇康、阮籍、山涛、王戎四人；北壁自外而内为向秀、刘伶、阮咸、荣启期四人。壁画人物形象生动，个性突出。“竹林七贤”是两晋时期的人物，荣启期为春秋至先秦时期的高士，与七贤气质相同，作者把他们排列在一起，并取得了构图上的左右对称。画中环境、道具非常简单，然而这简单的道具与环境却恰当地衬托并反映了他们共同的诗酒山林生活及人物的性格特征。从技法上看，墓室壁画线条流畅，有韵律，“如春蚕吐丝”，用笔刚柔相间，人物比例匀称，风格典雅。上述的一些特点，相传都与顾恺之的《女史箴图》相似，显示了我国绘画早期的作风。

河南邓县南朝墓彩色画像砖以及墓门壁画，可能为南北朝后期遗物。画像砖内容有神异形象、孝子故事及出行等，为汉代以来流行内容。出行画像包括侍从、侍女、鼓吹、甲马、牛车等。作品十分重视人物风度刻画，动作活泼生动。墓门两旁画仗剑守门。上部有凌空飞舞之飞天，充满节奏感。邓县为当时军事要地，画像虽为模印浮塑，但绘画性极强，艺术技巧熟练。画面线条流畅，气势连贯，极具节奏感和韵律感，显示出南朝民间绘画水平的提高。

北朝画迹除传为杨子华的《北齐校书图》摹本传世外，没有其他卷轴画作品流传下来。20 世纪以来考古发现不少北朝墓室壁画、石刻画等，为我们了解北朝绘画风貌提供了可靠的实物资料。

宁懋石室是北魏横野将军甄官主簿宁懋墓祭祀祖宗的石室，1931 年 2 月河南洛阳故城北半坡出土，现藏美国波士顿美术馆。石室在内外壁上以阴线刻满绘画，其内容依一定规制，将不同的画幅安排在特定的位置上。画面均以独幅形式表现一定的情节内容。内部正壁，左右山面、门内两侧刻绘着许多社会生活场景，真实地再现了当时马具、车服、陈设、器用等形象。画中山石、树木等内容，有着“刷脉镂叶，多栖梧菀柳”的装饰风格，正是南北朝时期绘画风格的真实反映。画中人物多属秀骨清像类型，虽然人物的面部表情刻画简略，但通过人物之间彼此不同身态、不同动作，使表达的内容及情节上自有一种情意上的内在联系。

宁懋石室外壁线描图

洛阳北魏皇帝陵区不断有画像石棺出土，这些画像石棺刻画精美，具有较高的艺术价值。藏于洛阳古代艺术馆的一具升仙画像石棺，棺的两壁前后档和棺底都有画像。两壁为长卷式升仙画面，表现墓主夫妇分别乘龙升天的画面，前后有飞天羽人、乐伎吹奏。女墓主后有 5 名乘凤双髻女侍拥立华盖。前后均有山林，天地间画有流荡的云气川泽与腾飞的神禽异兽。装饰缛密，渲染出升仙的欢腾气氛和天国仙界的奇妙景象。

现藏于美国堪萨斯城纳尔逊美术馆的一具北魏画像石棺，两壁各刻绘 3 个孝子故事，并有标题。在人物刻画及山水表现上具有很高水平。“子舜”中的娥皇、女英衣袂当风飘举，颇似传世顾恺之的《洛神赋图》中人物。“蔡顺”一图表现了蔡顺在守灵时火势延及居室而不避，抚棺恸哭的背影与室外救火的紧张情形形成鲜明对比。“尉”（王琳）中刻绘了正面和背面的马匹，这一难度较大的动态造型表现得非常成功，显示出匠师卓越的绘画技巧与造型能力。画中以山水连缀故事，景物与人的比例基本协调，富有较强的装饰风格，反映了早期山水画发展面貌。

北魏司马金龙墓艺术遗物，是反映北朝时期绘画艺术的重要史料。北魏司马金龙墓出土于山西大同，遗物中有木板漆画、石棺床线刻画等。木板漆画保存有较完整的五块木板，上面绘有十八幅画面，每幅都有榜。如“汉成帝”、“汉成帝班婕妤”、“孝子李充奉亲时”、“如履薄冰”、“卫灵公”、“卫灵公夫人”等，它的内容是根据汉代刘向《列女传》的内容而画的。内容以传统的儒家观点而绘制的木板画在北魏墓中出土，说明北魏统治者在大力推行“汉化”政策的同时，积极吸收汉族的传统文化，对民族文化的交流起到积极的促进作用。木板漆画的艺术特色也值得我们重视。它设色富丽、对比强烈、浓淡晕染的技法已很成熟。它的造型是以连绵不断、循环变化的线条为基础的，与内地绘画的联系十分紧密。另外，漆画上的人物描绘方法，不同于传统的中心人物大于陪衬人物的方法，主次人物大小基本相仿，而是采用精减次要人物，以达到主要人物突出的目的，构图简洁明了。

近年来在河北、河南、山东、山西、宁夏等地先后发现多座北朝时期精美的壁画墓，其中比较重要的河北磁县东魏茹茹公主、北齐高润墓、湾漳村大墓、山东临朐北齐崔芬墓、山西太原娄睿墓、宁夏固原北周李贤墓等。这些墓中均有精美壁画面世。

敦煌莫高窟的壁画

从兰州经武威、酒泉、安西到敦煌，古代称之为“河西走廊”。河西走廊是中原地区去天山南北各地的必经之路。早在汉武帝时，就曾在敦煌设郡，南北朝初期，这里曾聚集了一些佛教徒，如大月氏的竺法护，龟兹的鸠摩罗什等都在河西长期停留。汉末以来中原地区的长期混战，使一些读书人也避乱到了敦煌，他们对河西地区文化的发展作出了贡献。因此，敦煌自古就有高度发展的西域文化和中国传统文化。在这一中西交通要道上的重镇敦煌也因此留下莫高窟这一艺术宝库。

敦煌莫高窟

敦煌莫高窟俗称千佛洞，位于敦煌县东南的鸣沙山东南三危山间的峭壁上，南北长约1610米，有洞窟600多个，唐代的洞窟占了总数的一半。其中469个都有壁画和塑像。始凿于东晋穆帝永和九年（公元353年），或说是前秦苻坚建元二年（公元366年）。经历了将近千年的不断增筑而成。据窟内唐代碑文记载，前秦建元二年（公元366年），有位僧人名叫乐傅，行到此山，忽见金光照耀，状似千佛，于是在崖壁上开凿了第一个窟龛，称莫高窟。后经南北朝、隋、唐、五代等10多个朝代的开凿，形成了一个规模宏大、举世闻名的石窟群。

1900年在17号窟内发现了一个内容极其丰富的藏经洞，窟内堆积着数以万计的从5世纪到11世纪的文献、书籍、画卷、丝织品等。文献书籍有佛经、道经、儒书、字书、地志、小说、诗词、通俗词曲、俗讲、信札、账簿、医卜、户籍、契据、状牒等数十种，使用的文字种类也很复杂，除绝大部分汉文外，尚有藏文、印度文、古和阗文、回纥（古维吾尔）文、龟兹文等。这些珍贵的典籍在后世遭到了外国文化强盗的抢劫，英国人斯坦因、法国人伯希和、日本人桔瑞超等，大量地将这里的经卷绢画盗走，美国人华尔纳更盗走了塑像多尊，壁画26方。直到新中国成立以后，敦煌石窟才得到重视、保护和深入地研究。

敦煌石窟的壁画极其精美，闻名于世。敦煌壁画的内容十分丰富，包括佛、菩萨、伎乐、飞天、供养人及佛传、本生和因缘故事等。六朝时期的壁画以讲述佛祖前世和一生乐善好施、舍己为人、拯救生灵的本生故事、佛传故事数量最多，也是六朝敦煌壁画中最富时代特征的题材。这类壁画早期以单幅构图的形式出现，后演变为连续性的长卷式横幅。窟内通常绘满壁画，大致分布为：窟顶和四壁上层绘诸天神、伎乐、飞天等；四壁下部一般绘药叉和装饰纹样；四壁中部主要绘佛、菩萨、佛传、本生和因缘故事及供养人等。壁画场面宏大，构图丰富。因时间的先后变化，壁画在风格上也不相同。下面我们择其中比较重要的一些画面加以介绍。

《尸毗王本生图》的内容大意是：佛前世为尸毗王，他为救一只被饿鹰追捕的鸽子，不顾后妃劝阻，割肉舍身以换取鸽子的生命。此题材在新疆及敦煌壁画中均甚常见，敦煌以275窟（十六国后期）、254窟（北魏）为代表。275窟的构图情节较简单，只画尸毗王舍身割肉，而254窟则以单幅画形式收入更多情节。如鹰逐鸽，尸毗王以掌护鸽，割肉、举身坐天平上，后妃哀痛，诸神感动，结构严谨，主题突出。画面刻画尸毗王之高大身躯及在舍身时镇静自若的“牺牲”精神。

《萨埵那太子本生图》故事大意是：佛前生某世为萨埵那太子，一日与二兄

敦煌壁画《尸毗王本生图》（部分）

游猎山林，见山崖中母虎及小虎因饥饿奄奄待毙。萨埵那随发宏愿救虎。他以竹刺颈，舍身跳崖，使虎饮血食肉得救。敦煌 254 窟北魏壁画在单幅中以舍身为中心表现复杂情节，通过跳崖动作突出舍身之“悲壮”。428 窟（北周）壁画则在长带形画面中连续表现故事的详细情节。如：郊游、射靶、歇马、入山、见虎、发愿、太子脱衣卧于虎前，饿虎无力吃人、刺颈跳崖……画面内容繁复，布局严谨，主题突出，打破时空界限，生动地展示出故事的发展过程。

《须达那本生图》描绘佛前生某世为须达那太子，不择对象乐善好施。它将本国作战勇猛之大象舍与敌国，被其父驱逐入山，最后又将亲子施舍与人为奴隶。428 窟壁画亦用长带画面表现这一故事的连续情节。

尸毗王、萨埵那、须达那等本生故事皆通过荒诞故事宣扬不择对象地施舍一切终成正果的思想，然而妻儿离散、弱肉强食正是当时人民普遍的遭遇。本生图则以宗教形式消极的态度进行了颠倒的虚幻反映。

值得注意的是有些本生故事情节系根源于印度民间故事，虽经过宗教的改造，仍部分保留了原有的光彩。257 窟（北魏）《鹿王本生图》即为一例。内容大意为：一溺水人为九色鹿所救，鹿不图报答但求勿向外人泄露它的行踪。恰该国贪心之皇后要以九色鹿美丽之皮角作衣饰，溺水人忘恩负义，贪图赏赐，向国王告密，并引国王行众捕鹿。九色鹿向国王陈明原委，国王深受感动，下令允许九色鹿在全国自由行走，不得对它进行伤害。溺水人则遭到遍身恶疮而死之恶报。壁画采取长带画面表现连续故事，而独出心裁地将鹿向国王陈述之高潮绘于画面中心，两头情节向中央汇集，手法简洁而新颖。壁画中塑造的九色鹿昂然而立，王后形象妖娆，甚为生动。故事主题中对溺水人的鞭笞及对九色鹿高尚行为之讴歌，反映了人民对善恶的判断。

壁画的一些形象描绘也值得注意。257 窟之《须提摩女》故事画，表现须提摩女拒绝信仰外道，登楼焚香请佛。壁画描绘了一长串诸神弟子形象，画面活泼热闹，体现了工匠丰富的想象力。

佛教本生为外国引进之故事，壁画亦可能来自西域之粉本，为了适应群众的欣赏习惯，必须在民族绘画基础上，加以吸收与改造。实际上佛教美术随佛教由中亚传入新疆地区后，经少数民族匠师创作即已带有浓厚的地方色彩。在传至敦煌及内地，又进一步与汉族传统绘画相融合，从敦煌现存较早的十六国、北魏各窟壁画（如 275、274、257 等窟）可清楚地看到，那些感情强烈外露，动态明显夸张的人物，注重晕染的着色方法，用赭红色加散花图案装饰衬底的形式，都明显地带有域外或新疆的绘画风格，而长带形构图，为加强宣传效果亦由单幅而发展为连续故事画。作品中某些生活细节形象的处理，又是传统绘画中所常用的。表现了佛教美术中对外来艺术的吸收和融合，使我国绘画的内容和形式技巧都得到丰富和提高。

画工们在创作中渗入自己的情感、理想和对描绘对象的理解，适应了群众的审美爱好，佛教美术的民族化是一个值得注意的地方。例如 249 窟顶壁画上，传统神话与佛教神祇夹杂出现，既画玄武、白虎、十一首蛇身怪兽（可能是“人皇九首”或共工之臣柳乡氏），还画有旋转运鼓的雷神。帝释天妃乘坐龙凤云车，旌旗飘扬，怪兽腾跃，有如《洛神赋图》中之云车。地面山峦起伏，群兽奔跑，猎手骑射，寥寥数笔，即达到生动传神的效果，尤其猎手策马直追鹿群和另一猎手拍马跃起回身张弓射猎的动人情节更动人心弦。

285窟是西魏时期极为精美的方形洞窟，有538年的题记，覆斗形窟顶中心绘莲花图案及垂帐纹，流苏在四角垂下，仿佛张起华丽的天幕，四面坡上绘有手执规矩的伏羲、女娲及羽人、风伯、雷神、朱雀等形象，地面是山林岩穴中苦修的情节。并画出野猪、虎猴、鹿等动物自由地游弋其间，更衬托出环境的幽静。四壁绘飞天，花叶旋转，收到满壁风动的效果。285窟的菩萨像及供养人像皆褒衣博带，体态修长，面容清癯，略带微笑是中原流行的“秀骨清像”艺术风格在敦煌壁画中的典型反映。龛楣上的图案，采用退晕手法，可与记载中凹凸花印证。

南壁上的《五百强盗成佛》故事画，表现五百“强盗”造反遭到官兵镇压，受到剜眼酷刑后，得到释迦挽救，最后皈依佛教的故事。此传说原流行于西域，但本图人物已完全是中国装束，起义者手持兵刃与骑马披甲的官兵勇敢作战，被俘受刑的场面，剜眼后痛哭呼号之状及树木摇动之气氛渲染，都很生动。壁画从另一个侧面反映了当时阶级斗争的激烈复杂。本图末段裸体之飞天，仍残留外来粉本的痕迹，但整个说来本土传统画风已在敦煌佛教艺术中得到进一步发展。

云冈、龙门石窟造像

云冈石窟位于山西省大同市城西16公里的武周山南麓，现存洞窟53个，石龛1100个，造像5.1万余躯。

从道武帝建国（公元386年）至孝文帝迁都洛阳（公元494年）的一百多年间，山西大同都为北魏都城。北凉时期，佛教即在此处传播，所以有一定的根基。魏太武帝灭北凉后，崇尚道教，贬抑佛法，于太平真君七年（公元446年）下令毁佛。“太武灭法”后的第七年（公元452年），文成帝即位。文成帝好佛，即位之初，就下令恢复佛法。《魏书·释老志》记载：“和平初，师贤卒，昙曜代之，更名沙门统。初昙曜以复法之明年……与京城西武州山塞凿山石壁，开窟五所，镌建佛像各一，高者七十尺，次者六十尺，雕饰奇伟，冠于一时。”

从公元453年至孝文帝迁都洛阳的四十余年间，为云冈石窟开凿的主要时期。根据云冈石窟开凿的时间与风格演变又可以将其分为三个时期。

云冈石窟早期（公元460 —公元466年）的代表石窟为昙曜五窟（16 — 20窟）。昙曜五窟的窟形呈马蹄形，穹隆顶，依印度草庐式。佛像内容丰富，主尊以三世佛（过去、现在、未来）为主，还有释迦牟尼和交脚弥勒，外壁饰以千佛。第20窟前半山崖已坍塌，原为三世佛像，右侧立佛已毁。主尊为跏趺坐入定式，高13.5米，造型庄严伟岸，肃穆挺拔。第19窟的本尊结跏趺坐，作说法手印。二胁侍佛位于窟外耳洞中，取倚坐式。第17窟的本尊为交脚弥勒，二胁侍佛一为立佛，一为结跏趺坐佛。昙曜五窟的佛、菩萨及飞天形象，依犍陀罗样本，躯体浑圆，面相圆健，鼻梁耸直，直通额际，长眉大眼，薄唇阔耳。佛像的服饰有两种，一种为袒露右肩式，里面着“僧祇支”、外罩袈裟，下身着裙；另一种为通肩大衣式，盖住身体。衣纹采用平直兼阴刻线，排列得极具韵律美。衣纹紧贴身体而有起伏，衬托出身体的圆润。第19 — 20窟的本尊为褒衣博带式，比较特殊，大概是开凿得较早，而完工得较晚的缘故。在佛教庄严精神的刻划上，昙曜五窟也各具特色。第20窟佛像的威而不厉、宽厚慈祥，第19窟佛像的端庄俊雅，第17窟交脚弥勒的挺拔劲健，具有鲜卑民族的精神内涵，但它们都没有远离佛

云冈石窟

家庄严仁慈的基本要求。在雕刻技法上，强调精神气质的传达，省略细节描写，力求博大深厚的精神诉求，十分大气。

第二期（467 — 494 年）为云冈石窟开凿的鼎盛期。孝文帝之崇佛，比之文成帝、献文帝更甚，云冈石窟的开凿也因此而受到了前所未有的重视，开凿量大增。目前所存的第 1、2 窟以及第 5 — 13 窟都为这一时期的成就。窟形也有所变化，洞窟分前后室，窟与窟之间还凿有通道。例如，第 1、2 窟，第 5、6 窟，第 7、8 窟，第 9、10 窟均为一组双窟，第 11、12、13 窟为一组三窟。造像题材日趋丰富，除原有的题材外，还出现了七佛、供养天以及八部护法、佛本生故事、佛传故事、维摩经变和供养人，加上各类装饰浮雕，数量之大，几乎囊括一切，包罗万象。佛像的装束也逐渐变成了宽厚的褒衣博带式。其中，第 5、6 窟可作为这一时期繁缛多变风格的代表。第 5 窟后室的释迦牟尼像，结跏趺坐，高 17 米，为云冈第一大佛。第 6 窟中央为通顶方塔，塔身及四壁布满佛龛、浮雕。其中，采用与佛龛雕刻相结合的手法，表现释迦降生、降魔成道的佛传故事，共计 39 幅，尤为精彩。这个时期的造像气势已不像早期那样伟大，形制都有所收敛，面部表情和蔼可亲。第 6 窟中央方塔中的八躯供养菩萨，微笑含情，充满人情味。第 7 窟拱门内壁的六个高浮雕供养人像，优美洒脱，活泼灵动。常见的伎乐天、飞天形象已成定式，以衣带的飘举助其凌空之势，轻盈飘逸。佛像面容的威严也不复多见。在衣纹处理上以直平阶梯式为主，圭角形状略减，反映出较强的本土化倾向。

第三期（494 — 526 年）为孝文帝迁都洛阳之后开凿的一些中、小洞窟。造像艺术受到绘画的影响而日趋成熟。第 29 窟东壁的说法像，造型清瘦，长颈削肩，有“瘦骨清象”之风。题材略有一些拓展，有释迦、多宝对坐像和维摩经变、法华经变等故事。佛像皆褒衣博带，衣服下摆的衣褶，或重叠繁复，或呈密褶式平行线。另外，第 15 窟西壁的水藻鱼鸟浮雕带、第 38 窟的“幢倒伎神”，表现顶高竿和叠罗汉等杂技动作，都体现了情节处理与深入刻画细节的能力。与第一、第二期相比，第三期的构图简洁单纯，刻线更为流畅，人物神态雍容秀雅，风格典雅清新，与第一期的浑厚质朴、第二期的繁缛多变形成了极为鲜明的对比。

云冈石窟自孝文帝迁都后即有衰退的迹象。后期受农民起义的困扰，至平城被占后就冷落不兴了。但在其渐衰之时，龙门石窟始兴，它所积累的艺术实践经验，为龙门造像艺术的成熟，以及推进中原地区造像艺术的本土化，提供了良好的范本。

龙门石窟位于河南省洛阳市城南十三公里处的伊水两岸的东、西山崖上。始凿于孝文帝迁都洛阳前后，历经东魏、西魏、北齐、北周、隋、唐、五代、北周、隋、唐、五代及宋诸朝的经营，现存龛窟两千多个，造像十万余躯。其中北朝的龛窟占了近三分之一弱，属于北魏的代表性洞窟有古阳洞、宾阳中洞、莲花洞。

古阳洞开凿得最早。在孝文帝以皇家名义的倡导下，历经多次开凿，才形成了现在的局面。佛像以“一铺三尊式”为中心，主尊结跏趺坐，作禅定手印，广颊长颐，褒衣博带。二胁侍菩萨为立像，宝冠垂发，璎珞帔帛下垂，交于腹部，然后环绕双臂飘浮而下，上身裸露，下身着裙，下摆微敞，衣褶紧密，为直平阶梯式。二菩萨一手抚胸，一手持净瓶、摩尼珠，面形修长，体形挺健，神态自然，姿态匀称秀逸。南、北壁的大、小龛中，多为释迦像、交脚弥勒像，个别为释迦、多宝并坐像，造型清秀俊美。这些造像都有来头，如比丘慧成为其父始平公造像，杨大眼为孝文帝造像，等等。在龛楣上刻以浮雕，表现佛传故事、维摩经变故事，内容丰富，尤为细致精美，佛的背光也是如此。古阳洞的造像风格与云冈石窟的造像相比，佛像的面部表情已经由僵板变得近乎自然，脱

龙门石窟

尽质朴而变得秀丽生动。

宾阳洞共有南、北、中三洞，其中宾阳中洞是在北魏后期完成的，比较典型。宾阳中洞正壁为释迦牟尼说法像，左右分别侍立大弟子迦叶、小弟子阿难及二胁侍菩萨，为“一铺五尊式”。南、北两壁各有一佛、二胁侍菩萨，为“一铺三尊式”。共计造像十一躯。造像造型修长，面容清瘦，削肩长颈，神色亲和。十一尊造像各有性格特征，迦叶和阿难的对比尤为鲜明。

穹隆顶有莲花浮雕，周围围绕八个伎乐天，有云彩飞花点缀，飘逸洒脱。前壁有浅浮雕，共分为四层。最上层为维摩经变故事，表现维摩诘与文殊菩萨的论辩，说明居士形象的维摩诘逐渐为北方贵族所接受。所雕的维摩诘与敦煌、云冈石窟的相比，在风格上发生了很大的变化，“有清羸示病之容，隐几忘言之状”。维摩诘与文殊菩萨俱机警而有风度，为典型的文士形象。第二层雕《须达那太子本生故事》《萨埵那太子本生故事》的情节片段，其中的树石与顾恺之画中的树石相同。第三层为《帝后礼佛图》。宾阳洞本为孝文帝和文昭皇后而凿，浮雕北段为孝文帝礼佛的场面，南段为文昭皇后礼佛的场面。场面人物众多，前后层叠，构图统一而有变化，又能通过细节描写突出主要人物的身份、特点，颇为用心得意。第四层雕十神王像，形象怪异，很有想象力。

宾阳中洞构思精密，雕刻手法结合汉以来的技巧并且更加丰富，更具有表现力，使得雕刻、造像艺术更为纯熟，

莲花洞以窟顶的莲花藻井最为有名，莲蓬、花瓣、荷叶、飞天，层层递进，层层烘托，十分精彩。莲花洞的中心佛像为“一铺五尊式”，与左右两壁的佛龛像破坏都比较严重，但其装饰浮雕保存得较好，艺术水平不在宾阳中洞之下。

龙门石窟艺术受南朝文化艺术的影响，人们努力运用雕刻技巧，以汉民族的精神语言阐释佛教的世界，艺术的外来因素逐渐被融化，建立了新的雕刻语言程式，为中国雕刻艺术史上辉煌的一章，上承秦汉，下启隋唐。

永靖炳灵寺石窟及天水麦积山石窟

甘肃地区的石窟艺术，除敦煌外，永靖炳灵寺石窟及天水麦积山石窟的风格、规模都很吸引人。

炳灵寺石窟为我国有据可循的最早石窟，约开凿于十六国时期的西秦，经各代至元、明仍有开凿。现存石窟195个，造像776躯，壁画900平方米。第169、172窟为西秦造像窟，以犍陀罗风格为主体。北魏的造像较多，可以以第126、128、130的一组三窟为代表，与北魏后期的造像风格同步，有“秀骨清像”的造型特征。北齐的造像较少。

麦积山石窟与敦煌、云冈、龙门石窟号称我国“四大石窟”。始凿于后秦，曾有名僧鸠摩罗什、玄高在此弘扬佛法。现存洞窟194个，壁画1300平方米，造像7200余躯。其中，泥塑占一半，最高的达16米，为泥塑艺术之宝库。第74、78窟为后秦遗制。北魏后期的造像占绝大多数。第23、100、115、121、123等窟所塑佛、菩萨、弟子、供养人像，多为真人大小。刻画人物形象的内心世界、个性特征，手法精细，人性、佛性兼具，成为其泥塑艺术的主要特色。最具代表性的为万佛洞（第133窟）、天堂洞（第135窟）。万佛洞的造像碑精彩绝伦，天堂洞中央的“一铺三尊”为石刻造像的精品，替代了“秀骨清像”的流行造型，有向唐代风格过渡的倾向。七佛阁（第4窟）中，4.5米高的金刚力士，前壁后廊的五组薄肉塑飞天，形态娇媚。前佛阁的阁道上，有258尊泥塑，十分壮观。

炳灵寺石窟

巩县石窟

巩县石窟距河南巩县东北约8公里，位于洛水北岸的山崖上。开凿于北魏，延续至宋代。现存洞窟5个、小龛238个以及3尊摩崖大佛。摩崖大佛为“一铺三尊式”，北魏时期作品，立佛高5.3米，风格与龙门宾阳中洞造像接近而神气有所不及。所存五窟亦为北魏所建，有佛、菩萨、罗汉、释迦与多宝对坐等佛像，维摩经变故事也出现在其中。此外，第5窟的浮雕《帝后礼佛图》水平较高，其莲花藻井仿自龙门莲花洞。

河北响堂山石窟分南北两处。南响堂山有三个北齐窟、两个隋窟、一个唐窟、一个明窟；北响堂山七个窟全为北齐所造，与山西太原天龙山石窟造像一样有“曹衣出水”的风范。

五族入华与北魏孝文帝改革

从东汉末年开始，匈奴等五个少数民族大规模向内地迁移。西晋灭亡之后，这五个少数民族在中国的北方建立了许多割据政权，后由鲜卑族建立的北魏所统一。五族的入华与汉化，极大地加深了中国各民族之间的交流与融合。中国古代的史籍谈到魏晋南北朝时期进入中原并建立政权的五个少数民族，有“五胡乱华”的说法，这无疑流露出一种夷夏大防的狭隘观念。五族进入中原，虽然改变了汉族在中原地区旧有的统治地位，但从文化融合的角度看，异族文化与汉族文化的碰撞、交流，却为双方的文化都带来了新的面貌。由于时局的分裂动荡，两晋南北朝时期的民族融合充满激烈的碰撞、冲突，甚至是战争与流血，但中国文化却因此而开拓了格局，更新了血液。

早在西汉时期，我国边疆就生活着许多少数民族；东汉以来，西部和北部边疆的许多民族开始向内地迁移，在辽西、幽并、关陇等地，同汉族犬牙交错地生活在一起。汉魏统治者为了边防和经济上的需要，常常招引其入塞，这样，北方的民族关系就逐渐复杂起来。这其中主要有匈奴、鲜卑、羯、氐、羌五个民族。西晋灭亡以后，晋室南迁，北方出现了十六个割据政权，其主要是由这五个民族建立的。

匈奴：东汉时期，北方的匈奴分裂为南、北匈奴，南匈奴归附东汉，北匈奴向西方迁移。东汉末年，南匈奴迫于鲜卑的压力，向山西北部、中部迁移，与汉人杂居。北方混战期间，匈奴豪族拥众据土。曹操统一中原后，严加控制，分匈奴为五部，每部置帅，选汉人做司马进行监督。西晋时期，塞外匈奴、“杂虏”又源源入塞，前后共达二十余万人。西晋末年，匈奴贵族刘渊起兵反晋，刘渊在进攻西晋中，于永嘉二年（308 年）在平阳（今山西临汾）称帝，国号汉。永嘉五年（311 年），匈奴兵攻下洛阳，晋怀帝被俘，晋军在长安拥立愍帝。建兴四年（316 年），匈奴刘曜夺得长安，西晋灭亡。西晋灭亡后，镇守关中的刘曜于 318 年灭汉，在长安建立前赵。后匈奴族人又建立大夏、北凉。

鲜卑：东汉时期，鲜卑活动于今西拉木伦河流域以北的蒙古草原东部，后趋于强盛，连年侵扰幽、并、凉三州，直到光和年间，才有所衰落。三国时期，鲜卑族的慕容部内迁辽西；西晋时期，内迁徒河（今辽宁义县），不久又迁到大棘城（今辽宁锦州），从事农桑和畜牧。西晋灭亡后，鲜卑慕容皝于 337 年称燕王，342 年迁都龙城（今辽宁朝阳），史称前燕。在关东地区，鲜卑慕容部先后建立了后燕、西燕、南燕三个政权。

古代鲜卑族人（模拟图）

鲜卑族的拓跋部原先居住在今黑龙江省嫩江流域大兴安岭北部，后逐步南迁，公元 258 年移居盛乐（今内蒙古自治区托克托县）地区，发展顺利。当北方各民族反抗西晋时，拓跋猗卢统一了拓跋部，出兵援助西晋刺史司

中华文明简史一本通

马腾、刘琨，被西晋封王。西晋灭亡后，鲜卑拓跋部在平城（今山西大同）一带建立代国。376 年，代国被苻坚所灭。淝水之战以后，拓跋珪在 386 年重建国家，改国号为魏。398 年，拓跋珪称帝，定都平城。此外，陇西鲜卑乞伏部乞伏国仁建立西秦，定都苑川（今甘肃榆中）。

羯族：羯族早先附属于匈奴，又被称为“匈奴别部”，在西晋时入塞，其主要部分在上党郡武乡县同汉人杂居。居住在上党的羯人习惯农耕，生活上与汉人已经没有多少差别。西晋灭亡后，羯人石勒在襄国（今河北邢台）称赵王，329 年灭前赵，330 年称帝，迁都邺城，史书上称“后赵”。

羌族：羌族是我国的古老民族之一，商周时期已经出现在我国历史上。羌人分布在西海（今青海）附近，南抵蜀汉以西，西北接西域诸国。汉武帝、汉宣帝时曾派兵镇压羌人，此后一部分羌人逐渐内迁，在金城、陇西一带与汉人杂居。王莽时期在羌人地区设立西海郡，迁羌人居住其中。王莽末年，羌人大量入居塞内，散布在金城等郡，与汉人杂处。东汉时期，羌人掀起过大规模的反抗活动，虽然被东汉王朝镇压，但动摇了东汉王朝的根基。东汉末年，不少羌人居住在关中、益州。有些羌人还远离故土，散处中原。曹魏政权为了充实关中，常常向关中强行迁徙羌人，使关中的羌人大量增加。羌人姚苌在 386 年于长安称帝，史称“后秦”。

氐族：氐族与羌族一样，除大部分居住在青海、甘肃以外，也有不少人居住在关中和益州。曹魏时期，统治者大量向关中迁徙氐人。西晋灭亡后，在后赵时期徙居中原的氐族，在后赵崩溃之际，由苻坚率领西归关中。351 年苻坚自称大秦天王、大单于，352 年改称皇帝，在长安建立前秦。前秦在 370 年灭前燕，376 年灭前凉和代，不久又夺得巴蜀，进入西域，使北方又出现统一的局面。383 年，前秦苻坚发兵九十万，企图攻灭东晋，在淝水之战中被东晋击溃。前秦政权随之灭亡，北方再次陷入混乱。396 年，氐人吕光建立后凉。

十六国的割据局面，由鲜卑族建立的北魏所结束。鲜卑族拓跋部的拓跋珪建立魏，魏太武帝拓跋焘完成了北方的统一。其后北魏分裂为东魏和西魏，又被北齐、北周所取代。从北魏到北齐、北周，总称为北朝。

五个少数民族进入中原并建立政权之后，和汉族的交往日益加深，同时由于建立了政权，需要加强和巩固对国土内各族人民的统治，因此汉化就成为一个迫切的问题。五族中的许多割据王侯，都意识到要学习汉族的文化，借鉴汉族的政治、经济制度。在十六国中，几位颇有政绩的君主，都曾积极地推行汉化。前赵的开国之君匈奴族人刘曜，在长安设立儒学，仿照汉族建立了租税制度。建立后赵的氐人石勒，很注意吸收汉人为官，他本人虽然不识汉字，却很注意学习汉族的历史文化。据史书记载，他常常要别人读史书给他听，对政治很有自己的看法。他的一些措施就效法汉高祖。他攻取河北以后，在襄国设立太学，挑选汉人中“明经善书”之人，任命为“文学掾”，教授氐人将佐的子弟。他还要求各地也建立学官。后赵灭亡后，由氐人所建立的前秦，在苻坚时期曾一度统一黄河流域，国势比较强盛。苻坚十分重视汉化。他重用有治国之才的汉人王猛，抑制氐族部落贵族的势力。氐族贵族十分排斥王猛，建有大功的氐族贵族樊世当众侮辱王猛，苻坚坚决支持王猛，处死了樊世。王猛后担任中书令、京兆尹，曾于数十天中，诛杀贵戚豪强二十余人，于是政令大行。苻坚还注重兴修关内水利，发展交通运输，兴办学校，在他统治的十余年内，“关陇清晏，百姓丰乐”，为其统一黄河流域奠定了基础。前秦灭亡之后，姚苌建立后秦，也很重视学习汉族文化，他大兴儒学，促进了汉族文化的保存和发展。

当然，在五族中，汉化最深入，成效最显著的还是建立北朝的鲜卑族。北魏初年的统治者大力发展农牧业经济，大力兴办学校。孝文帝亲政后，在政治上加强中央集权，整顿吏治，严格考课；在广大农村实行三长制，即五家立一邻长，五邻立一里长，五里立一党长。这样就将对基层的管理权集中到官府手中。在经济上，他推行均田令、制定并实行“户调制”，改善了国家的财政状况。太和十八年（494 年），孝文帝不顾鲜卑贵族的反对，将都城迁到洛阳，从此开始了

古代氐族人（模拟图）

全面、彻底的汉化过程。他禁止在朝廷上使用鲜卑语，要求使用汉语；还将鲜卑族原有姓氏改为汉姓。他还废除鲜卑式的官服，改用汉式官服。他兴办学校，制定了郊祀宗庙的礼制，认为鲜卑贵族命官颁爵以武功为主，与汉人制度不合，妨碍了鲜卑族和汉族统治者的进一步融合，也下令加以改革。他大力提拔汉人，规定诸王的属官都要任用汉人，他为自己几个弟弟定亲，也求婚于汉族高门。婚姻的纽带加强了鲜卑族和汉族上层的联系。积极的汉化，使鲜卑族迅速适应了中原的政治、经济生活，北魏的国势迅速强盛。

也应看到，十六国、北朝时期的民族融合，道路维艰。在这个分裂动荡的时代，民族对立的矛盾仍然十分突出，五族的汉化无一不遇到强大的阻力。前秦苻坚重用汉人王猛，氐族贵族人言汹汹。北魏孝文帝推行汉化，遇到守旧的鲜卑贵族的强烈反对，他们多次发动叛乱反对孝文帝的改革。同时，由于南北方的分裂对峙，东晋南朝的汉族与北方的少数民族仍然有很多隔阂。当时南方人称北方人为索虏、伧父、虏父，北方人称南方人为岛夷。南宋著名诗人陆游认为，“汉子”这个称呼大概就来自南北朝时期北方民族对南方汉族的称呼。这种民族对立，无疑对民族文化的融合产生许多消极的影响，这也是分裂动荡的两晋南北朝在民族融合上面临的最大障碍，而统一的隋唐在消除这种障碍上做了更多的努力，民族融合也步入一个新时代。

以中国为中心的东亚文化圈的形成

两汉时代，针对如何处理与周边少数民族的关系，是怀柔还是征伐，中央政府内部进行了持久的讨论。虽然汉王朝还无法决策是否应该放弃传统的“天下一体”观念，但在实践中，统治者实际上已经认识到，将所有已知的东亚世界都纳入郡县制是不可能的，因此，在一些地区开始实行不同于中原的管理体制。两汉在郡县之外新设的地方管理机构主要是两种：属国；护乌桓校尉、护羌校尉和西域都护。

秦代曾设属邦，汉代因为避刘邦之讳改为属国。虽然属邦与属国都是管理少数民族事务的机构，但属邦直属中央，其所统领的多是降附后被安置在首都的少数民族部众，很难说是一种地方管理制度，而汉代的属国则是等同于郡的一级地方建制，是真正的地方行政单位。也有的学者认为，西汉时代的属国更多的是一种军事性组织，东汉时才演变为与郡并列的地方行政组织。从考古资料看，属国虽然在沿边地区设置，但其内部民族成分比较复杂，并不仅有少数民族人口，也包括相当数量的汉族人口。

汉王朝沿边诸郡往往也具有代表中央管理郡县区以外的少数民族的职能。如在东北亚，作为汉王朝的附属国的卫氏朝鲜、大余、高句丽（今朝鲜半岛）都不是直接隶属于中央政府，卫氏朝鲜隶属于辽东郡，夫余、高句丽都是隶属于玄菟郡。

无论采取上述何种统治形式，汉王朝都不改变当地民族旧有的社会组织。汉王朝对其的统治主要表现在对首领的册封上，因为首领成为汉王朝的官员，其所领部落自然也就被认为是汉王朝的属部了。

汉王朝对少数民族首领的册封数量是非常大的。据《汉书》卷 96《西域传》记载：“自译长、城长、君、监、吏、大禄、百长、千长、都尉、且渠、当户、将、

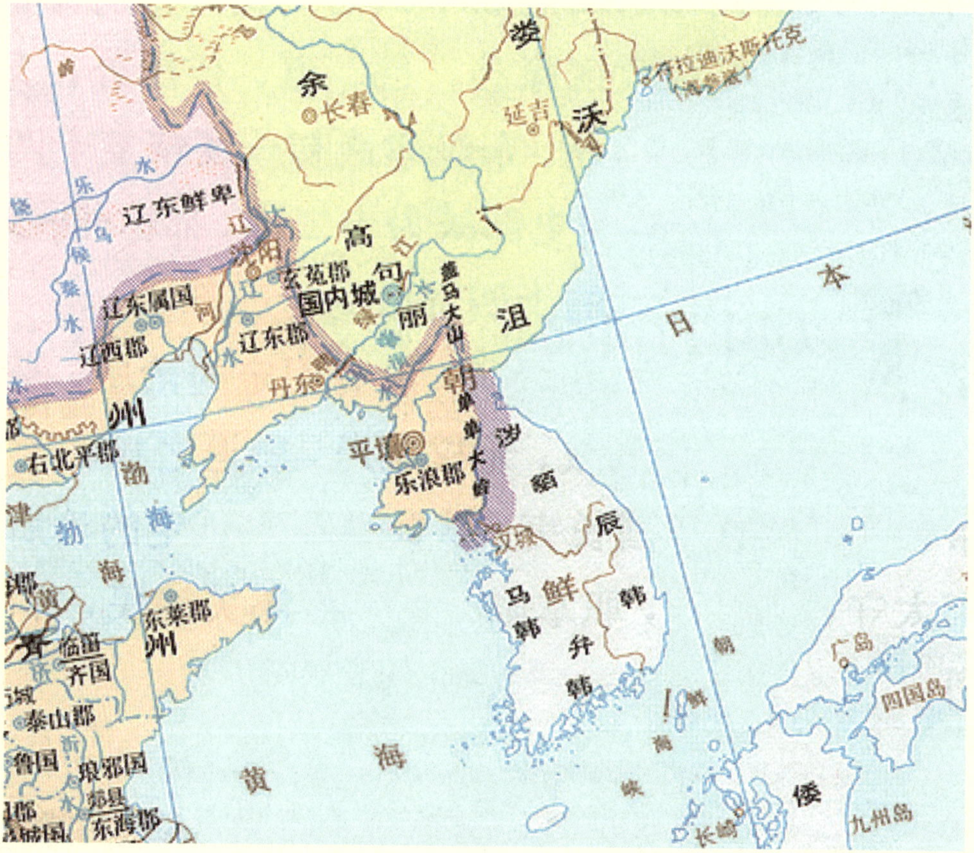

汉代朝鲜半岛图

相至侯、王，皆佩汉印绶，凡三百七十六人。”《三国志》卷30《韩传》称三韩各国：“其官有魏率善、邑君、归义侯、中郎将、都尉、伯长。”还有一部分官名见于已发现的官印上。

在打败匈奴之后，汉王朝通过建立特殊地方行政机构和对少数民族首领广泛册封的方法，将其统治区扩展到从朝鲜半岛南部、农牧经济过渡地带直至中国西南边疆的广大地域。用不同于管理中原汉族的郡县制的新体制管理周边少数民族，这种原则一直为后代所沿用。

唐代势力进一步外拓，将东亚大部分地区纳入版图，而且在各地统一设置州县加以管理，但是，在设于非汉族居住区的都督府、州县，也就是羁縻府州，唐王朝实行与内地完全不同的管理方法。

从机构设置上看，普通州的都督、刺史由中央铨选、任命，而羁縻府州的都督、刺史则任命各族原有的首领担任，并且可以世袭。普通州的组织机构，官员的配备，按府州等级有统一的规定，官员都由中央任命。

从隶属关系上看，普通州县直接隶属于中央，而羁縻府州则由“边州都督、都护所领”，即中央通过边州都督府和都护府对羁縻府州进行管辖。

虽然羁縻府州都是任命当地少数民族首领为都督、刺史，其官职可以在中央认可的前提下世袭，并在土地、军队、赋税等方面享有高度的自治权，但是，其要接受边州都督、都护的押领，接受汉官参治，同时，向中央履行充质、入觐、纳贡、捍边、征讨等义务。因此，羁縻府州是中央领导下的地方行政组织，而不是独立的王国或部族。中央管理羁縻府州的方式不同于内地的普通府州，但二者在隶属于中央政府方面却没有本质的区别。唐代内地共设府州328处，而羁縻府州却多达856处。通过这种方式，唐王朝将除日本之外的东亚地区都纳入了中国的一体统治。所以后人对唐太宗才有“以万乘之主、兼为夷狄之君”的评价。

公元前108年，汉武帝灭亡朝鲜半岛北部的卫氏朝鲜，设立乐浪、玄菟、真番、临屯等四郡，半岛南部的三韩各部也开始向汉王朝称臣朝贡，并接受汉乐浪郡的管辖。在此之后，分布在日本列岛的“百余国”中有30多个与汉王朝建立起朝贡关系。公元前60年，匈奴统治集团内部发生分裂，为争夺单于之位相互攻伐。呼韩邪单于迫于郅支单于的攻击不得不采纳左伊秩訾王“称臣入朝事汉，从汉求助”的建议，决定向汉称臣。

公元前51年，呼韩邪单于朝汉，汉王朝待以客礼，位在诸侯王之上，并以王昭君与其“和亲”。可见汉王朝“承认他是匈奴族的最高首领，也表示汉天子对臣下的册封，在法律（不成文法）形式上确立了君臣的名分，同时也确定了呼韩邪政权——匈奴政权是隶属于中央政权的政治、法律地位”。东汉时，东南亚国家中最早遣使来华的是扶南（今柬埔寨）。此后掸国、叶调国，都曾遣使来朝，尤其是掸国多次遣使朝贡。博南山道开通后，更密切了汉王朝与南亚、东南亚各国的关系，许多边疆或徼外各族纷纷前来归附。秦汉时期中国已经出现成熟的帝国形态，而东亚其他地区则仅处于早期国家的发展阶段，这不仅使秦汉的疆域拓展没有遇到来自其他国家的阻碍，也开始形成以中国为核心大国，其他国家和地区处于从属地位的东亚政治格局。这种格局的最突出表现就是中国对其他国家和部族首领的册封，以及这些国家和部族首领对中国的朝贡。

魏晋以后，虽然中原一直处于动乱之中，无暇他顾，秦汉时代形成的这种政治格局还是保持了下来。

在蒙古高原，继匈奴之后崛起的鲜卑、柔然、敕勒等族，先后和曹魏及南北朝各政权保持朝贡关系。隋唐时，突厥兴起。隋文帝开皇三年（583 年），突厥正式分裂为东、西两部分。东突厥与隋订立约定，宣布“永为藩附”，同时送可汗第七子库合真入朝宿卫。继突厥称雄北方的是薛延陀，贞观十二年（638 年），唐太宗分别册封其可汗夷男的两个儿子为“小可汗”，且赐予鼓乐、旗纛。薛延

呼韩邪单于与王昭君雕塑

陀之后，回鹘强大起来。天宝年间，回鹘首领骨力裴罗遣使至唐，唐封骨力裴罗为奉义王、怀仁可汗。安史之乱后，由于回鹘助唐平乱有功，加封登里可汗为“英义建功毗伽可汗”，其妻为“婆墨光亲丽华毗伽可敦”。

在东北亚地区，高句丽、新罗、百济一直接受中原王朝的册封。北魏册封高句丽王为都督辽海诸军事、征东将军、领东夷中郎将、辽东郡开国公、高句丽王。在册封之后，高句丽还要以高额的谢恩贡来谢恩。高句丽和南朝关系也维持得较好。据统计，从刘宋建立到隋立国前（公元 420 —公元 580 年），高句丽朝贡达 41 次。隋朝时，隋文帝册封高句丽国王为大将军，并改北周时所封的“辽东王”为“高句丽王”，高句丽在东北的优势得到承认。白济、新罗与中原于朝之间也保持着类似的朝贡关系。高句丽政权灭亡 30 年后，靺鞨人大祚荣于 698 年建立震国，开元元年（713 年），唐玄宗派崔忻到渤海册封大祚荣为“渤海郡王”，并以其所统之地区为忽汗州，加授大祚荣为忽汗州都督。

曹魏景初二年（238 年），倭女王派遣大夫难升米等来献，魏明帝封女王卑弥呼为“亲魏倭王”，赐以金印紫带。从公元 238 年到 247 年间，曹魏与邪马台国相互遣使 7 次。南北朝时，日本列岛基本被大和政权统一，进入了“倭五王时代”。此时的大和政权，仍按照公元一世纪中叶倭奴国王历来的传统，都和中国皇帝建立君臣关系，企图取得中国皇帝的保证，许其作为南朝鲜国王，行使统治权。中国东北地区的契丹、奚、雷、黑水靺鞨、室韦等族都向唐朝贡，并接受唐的册封。

松赞干布与文成公主雕塑

在东南亚地区，三国时，吴国曾派朱应、康泰“南宣国化”，扶南、林邑、堂明诸王遣使奉贡。两晋南北朝时，东南亚诸国的朝贡次数有所增加，梁武帝时，扶南、婆利国、盘盘同、丹丹国均前来朝贡。隋唐时，许多东南亚国家都遣使来贡。南诏建立后，在贞观到天宝初年的一百余年间，唐多次册封南诏首领。南诏从细奴罗开始不断遣使入见。到皮罗阁时受封为云南王。

青藏高原地区，吐蕃日益强大，唐太宗将文成公主远嫁到吐蕃，不仅起到了经济上的作用，也起到了监视吐蕃的作用。贞观二十三年（公元 649 年），太宗去世，高宗派使者前去告哀，封松赞干布为驸马都尉、西海郡王。松赞干布派专使前来吊唁。高宗在这之后，又加封其为宝王。松赞干布去世后，唐蕃时战时和，但始终存在着朝贺、报丧、进贡等使者往来。

到唐代，于周边遍设羁縻府州，羁縻制的发展达到鼎盛。在这种新的地方管理体制之下，中国将东亚大部分地区纳入自己的统治。在东亚秩序的确立及演变过程中，中国始终处于主导地位。

以册封和朝贡贸易为媒介，秦汉以后，中国与东亚其他民族和地区一直进行文化的互动。7 — 8 世纪，在大量吸收中华文明的基础上，东亚各国的文化开始趋同，东亚文化圈形成。

日本学者西岛定生最早提出，东亚文化圈的要素或文化特征主要是：汉字、儒学、佛教、律令制度。中国学者多数支持这种观点，只不过在术语上，有些中国学者是把律令制度称为中国式的典章制度。

在东亚文化圈的诸构成要素中，最重要的无疑当属汉字。汉字的传入改变了东亚各国无文字的状态，而且作为重要的先导，使各国得以展开深层次的文化交流。也正是以汉字为载体，儒学才成为各国的官方意识形态，各国也才接受了中国化的佛教，引进中国的典章制度，通过改革成为律令制国家。

根据周有光的研究，汉语的汉字和非汉语的汉字式文字共 18 种。其中 13 种是中国少数民族文字，3 种是邻国文字，1 种是汉语土话文字，1 种是汉语的正式文字。

汉字首先从黄河流域传播到长江流域、珠江流域和其他地域，再传播到汉语各方言区，传播到非汉语的民族和国家。在汉语方言区的传播大致开始于春秋时期，在非汉语的民族和国家的传播多开始于三国和两晋时代。在熟悉汉字文言以后，汉语各方言区、各民族和国家，在民间开始假借汉字书写本地品语，形成各种汉语方言文字和非汉语的汉字式文字。因感到假借汉字存在诸多不便，于是依照汉字的格式，自造新的本地汉字，并进而创造本民族的汉字式字母。中国周边各国汉字式字母的创造，早的开始于唐宋，晚的开始于元明。

汉字的传播路线早期主要是向南。自秦始皇三十三年（前 214 年）置桂林和象郡，至 1945 年越南独立后采用越语罗马字作为“国语字”为止，汉字文言在 2000 年间是越南的正式文字。汉字传播的另一条路线是东线，首先传播至朝鲜半岛。商末箕子率殷遗民 5000 人进入朝鲜半岛北部的大同江流域，应该已经将汉字带入该地区。

朝鲜半岛上用汉字文言进行教育大致始于2—3世纪。高句丽、百济、新罗无一不是以汉字为官方文字。自到1910年被日本吞并为止，汉字作为朝鲜半岛的正式文字时间长达1780年。汉字经朝鲜半岛传到日本是在3—4世纪，汉字作为日本的正式文字延续到15世纪，时间长达1200年。唐代时，日本皇亲贵族的名字也纷纷汉化。日本的天皇一词也是借自汉语，大化革新后，仿中国制定年号。713年开始，诸多的地名都仿中国改成两字。这些都是汉字对日本形成巨大影响的具体体现。

汉字不仅逐渐在东北亚和东南亚各地取得了正式文字的地位，同时也向西传入中国新疆以及中亚各地，成为当地最重要的书写系统之一。罗布泊地区出土的晋简和东晋咸和年间（公元326—公元334年）前凉西域长生李柏致焉耆王书简草稿反映出当时中原对西域的政治影响。公元327年，前凉张骏在吐蕃始置高昌郡，以后经历了前秦苻氏、后凉吕氏、西凉李氏、北凉沮渠氏，高昌一直为凉州属郡。此后在阚、张、马、麴氏于高昌称王时期，“文字亦同华夏，兼用胡书”。20世纪初安西（今新疆库车）的库木吐拉出土的《史记·仲尼弟子列传》、《汉书·张良传》写本残片，皆为唐代抄本，证明汉字在唐代还是这里的通用文字之一。在中亚昭武九姓地区的穆格山曾出土年代在8世纪初的三通汉语文书，说明中亚也通行汉字。在北高加索山区，库班河的上源之一大拉巴河的一条支流巴勒卡流经的莫谢瓦亚·巴勒卡墓葬区，1967年出土了汉语文书的残片，这是目前所知汉字向西传播所达的最远地区。

在学习汉字的过程中，《三字经》《千字文》《四书》《五经》逐渐成为各民族统一的教科书。自春秋时代孔子兴办私学以来，中国早已形成完整的教育体系，有着成熟的教学内容、教学用书体系，也有着行之有效的教学方法。而东亚其他国家在与中国接触之前，没有自己的教育体系，对下一代的培养还停留在传播生产与生活技能的阶段。因此，在学习汉字的同时，他们也引进了中国式的教育体系，包括全套的儒家教学内容。越南称汉字为“儒字”，儿童启蒙即读汉语《三字经》。1969年吐鲁番阿斯塔那第363号墓发现710年西州高昌县昌乡存风里学生卜天寿抄写的《论语郑氏注》，看来，在高昌和在敦煌一样，郑注《论语》为莘莘学子所诵读。以汉字作为载体，儒学开始在东亚各民族中广泛流传。华夏文明的光辉普照四周蛮夷，开启蛮夷之地的民众心志。

儒学传入越南不晚于公元1世纪。儒学何时传入日本存在争议，传统观点根据日本史书《古事记》《日本书纪》，认为应神天皇十六年（公元 285 年），白济人王仁将《论语》和《千字文》传入日本，这标志着儒学传入日本。但是《日本书纪》的记载并不准确，特别是 285 年《千字文》尚未成书，因此有的学者认为，儒学传入日本是在公元 4 世纪，也有的学者认为是公元 5 世纪。

儒学何时传入朝鲜半岛已不可考，但一般认为，日本的儒学是自朝鲜半岛传入的，因此，儒学传入朝鲜半岛的时间不会晚于传入日本的时间。从吐鲁番阿斯塔那第 363 号墓发现 710 年卜天寿抄写的《论语郑氏注》来看，对儒家经典的学习在当地早已流行，儒学传入西域不会晚于公元 7 世纪。随着儒学在各地的传播，东亚各地逐渐形成相似的价值取向、伦理观念，这从深层面塑造出东亚人特有的民族性。圣德太子于公元 604 年制定的《宪法十七条》，其性质大体属于道德教训，其内容即多出自中国的儒家经典。南在唐代以前以中国的《汉律》为主，唐末至清，则以《唐律》为主。

早在西汉时代，佛教就由陆路经中亚、由海路经广州传入中国内地。大约在公元 1 世纪，发源于中亚的大乘佛教传入中国，并广泛传播，逐渐成为中国佛教的主流。经历魏晋南北朝的不断改革、发展，至唐代，中国佛教已经宗派林立，

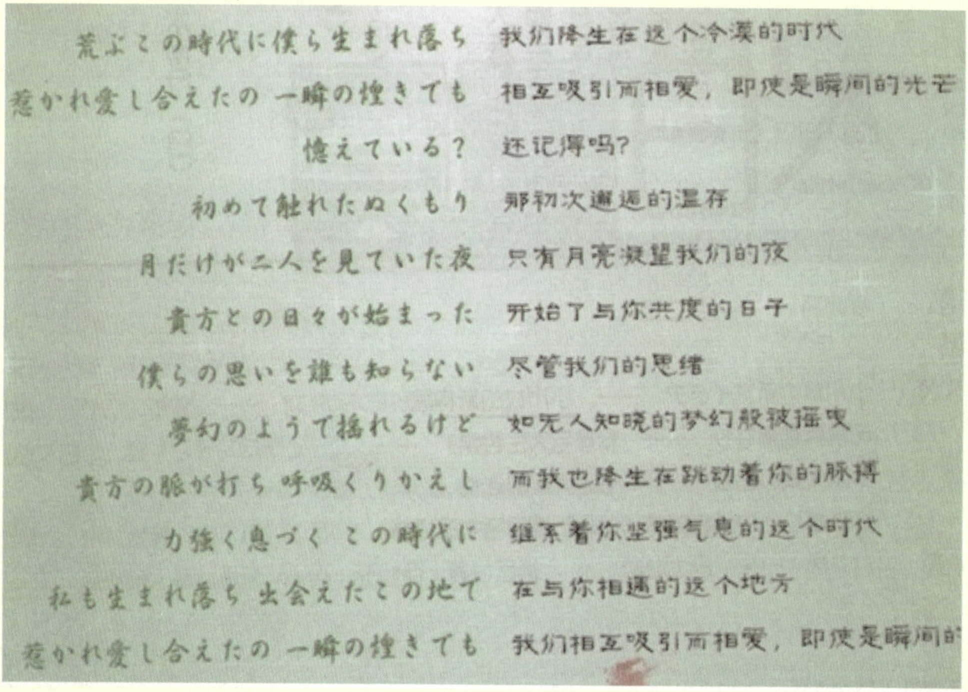

中日文对照图

并具有自己的特点，汉地佛教或者说中国化的佛教最后形成。朝鲜半岛与日本的佛教受中国影响极大，所流传的都是汉传佛教。唐代盛行的佛教宗派，也是朝鲜半岛和日本盛行的佛教宗派，最具中国特色的禅宗，在朝鲜半岛和日本同样盛行。

中国与朝鲜间存在频繁的佛教典籍交流。流传于朝鲜半岛与日本的《大藏经》也是出自中国流传的《大藏经》系统，而与南传佛教没有任何关系。中日佛教交流史上最著名的事件就是鉴真东渡，有的学者认为，鉴真东渡使中国佛教文化大量输入日本，对日本的雕塑、建筑都产生了一定影响。此外，因为朝鲜半岛、日本、越南都流行中国的本土宗教道教，有的学者认为，道教也应该是东亚文化要素之一。

随着汉字在东亚各地的传播，汉字的书法艺术也逐渐成为东亚各地流行的一种艺术形式。中国书法传入日本后一直影响着日本书坛。甚至有的学者认为："可以说，日本书道的历史，就是一部简明的日本文化史，一部中日文化交流史。"由于汉字传入前东亚各族没有本民族的文字，也没有书籍，因此，在汉字传入之后，东亚各地开始大量引进中国图书。至平安朝初期，传入日本的汉字书籍就已达 1579 部，16790 余卷。汉文图书传入各地成为中华文明在东亚传播的重要途径。通过对汉文典籍的学习，朝鲜半岛与日本都逐渐形成自己的汉语文学。

中国的舞乐、散乐早在南北朝时就已经传入日本，日本的伎乐、能歌舞伎及杂技都与中国乐舞戏曲存在姻缘关系。日本雅乐源自唐乐。传到日本的隋唐燕乐曲目多达 100 多种。隋唐燕乐如潮水般涌入日本，渗透到日本人民生活中的各个方面，佛教祭典上演奏着"唐乐"，宫廷礼仪伴着"唐乐"进行，达官贵人的酒宴更离不开"唐乐"助兴，民间节庆群众也喜欢演奏"唐乐"。对日本民族音乐的形成和发展曾产生了很大影响。雅乐理论基本是沿用唐代的音乐理论。中国音乐对越南也产生了重要影响。

日本伎乐

总的来说，发展至盛唐时代，中国文化的各个方面，无不对东亚各地产生巨大的影响。

有的学者就是把食用稻米和使用筷子作为东亚文化圈的特征。中国人的春节也已经成为国际性的节日。因此我们认为，在公元 7 — 9 世纪的隋唐之际，东亚文化圈已经形成。

在中国文化的影响下，东亚各地在上述各个方面逐渐表现出一致性，说明至盛唐时代，以艺术、技术、风俗等外在的形式化的物质文明为表层，以制度文化、宗教信仰、文学修养、哲学理想等结构性的精神文明为中层，以内在的抽象的民族精神、民族性格为里层，在东亚已经形成多层结构的、具有丰富内涵的古代东亚文化圈，这对唐以后东亚历史的发展构成深远影响。

盛唐气象

中国的唐代是一个辉煌的大时代，经济发达，国力强盛，文化繁荣，当时世界各国很难与之匹敌。唐代经济文化高度发展的原因之一，是它能兼收并蓄，吸收中国各少数民族以及外国的文化，加以损益，转化为对自己有用的东西。所以唐代又是一个国际文化交流频繁的时代。

一、唐朝政治概况

唐朝的中央政府无疑是强有力的，不过由于幅员广大、交通相对不便等原因，唐朝皇帝往往只能有效地统治全国主要的地区，特别是交通便利、经济文化发达的地区。越靠近边疆，中央政府的控制能力就越差，近代意义上的中央集权在中国历史上的这一时期并不存在。边疆少数民族建立的独立或半独立政权，有时能扩大势力到相当广阔的地区，甚至对唐朝中央政府形成威胁。像突厥、回鹘、吐蕃、契丹等民族的兴盛，都在政治上、军事上使皇帝面临严峻的考验。有唐一代国力强盛，仍历尽艰难，始得守备开发边疆成绩卓著，直达今中亚地区的阿母河、锡尔河流域。而且邻近各国也纷纷臣服，并因仰慕中国灿烂的文化成就而奉之为学习榜样，日本和朝鲜吸收中国文化的效果尤其明显。然而唐朝仍因以北方少数民族为核心的藩镇割据而陷于动乱，由衰落而至于覆灭。尽管朝廷在管辖周边地区时常有鞭长莫及的问题，唐朝政府与从前各朝政府相比较仍有重大的进步，在开疆拓土和与边疆民族融合方面有了许多成就。

唐太宗李世民"君舟民水、民可以载君也可以覆君"的儒家思想很得唐代君臣的重视。围绕君道的议论集中在如何使朝廷统治的正当性得到人民的认可。唐太宗深知定天下易，安天下难，提出"为君之道，必须先有百姓，若损百姓以奉其身，犹割股以啖腹，腹饱而身毙"，并为此采取了一些措施以减轻百姓的赋税徭役负担。在皇帝与群臣的关系方面，太宗从谏如流，认识到"人欲自照，必须明镜；主欲知过，必藉忠臣"。唐代统治者还致力于提高司法机关的工作效率，所谓"理国守法，事须画一"。唐代法制完备，为后世楷模，日本和朝鲜有所移植。中国古代的帝王统治术到了唐代确已达到了极高的境界，恩威并施、人治法治德治兼用已成为统治阶级得心应手的办法。

唐太宗像

唐代的统一政府与秦汉政府有所不同。在中央政府一级，汉初时置丞相，权力过于集中于一人，显然对皇帝有所不利，所以汉武帝以后，与皇帝亲近而品秩卑微的尚书令等逐渐取得了丞相的职权，尚书台等组织成为中央政府的最高机构。唐代的三省六部制度即由汉尚书台等发展而来。门下省长官侍中、中书省长官中书令和尚书省长官尚书仆射加同中书门下三品等官员由近臣变成大臣，分掌宰相的权力，汉丞相权现由多人行使，以避免一人独揽大权，威胁皇帝。三省的职权和运转算得上复杂精密，既分工合作，又互相制约，各省长官很难独断专行。中书省掌管机要，发布政令，经中书省下行的诏书若有不当，门下省可以封还之。尚书省是政令的执行机关，辖吏、户、礼、兵、刑、工六部。尚书省长官总理天下庶务，职责繁重。六部长官称尚书。掌人事大权的吏部尚书地位比较重要，吏部选官是否公允明显影响官场风气。封建社会选用官吏时裙带关系、卖官鬻爵在所难免，不过制度上当时还是有所防范的，选官有一定标准：体貌丰伟，言辞辩正，楷法遒美，文理优长者优先中选；吏部门禁森严，不许官员与待选之人私下询问。宋承唐制，在中央政府制度上所改动的，主要是更进一步削弱宰相权力以便加强皇帝的专制，三省兵权转归枢密院，财权转归三司，此二机关皆直属皇帝，中书省掌机要文书的职权则为近侍皇帝的翰林学士所夺。

唐朝的监察机构都叫御史台，缘起于秦汉。“御史耳目之任”，专管检举弹劾百官，一般都气焰嚣张，当朝宰相举止失当也在其弹劾之列。唐朝皇帝尤其信任御史，重用不阿权势、敢于直言者，宰相屡有因遭弹劾罢官的。御史由皇帝录选，执行职权几乎不受他官牵制，唐朝御史甚至可以风闻论事，即使论事失实也不受罚。御史官职的设立和权重体现了中国封建政治的特色。

秦汉地方政府有两大问题，一是地方长官权力过大，二是豪门大族难以驯服。唐朝总结前代经验，加强了中央对地方的控制。唐实行州、县二级制，贞观十三年（公元 639 年）计有 358 州，1551 县。州长官称刺史，权位甚至不及西汉郡守，且唐代 4 万户以上即为上州（大州），而汉一郡户口多至 200 万，一县户口也有四五万以上的。另外，唐州刺史的重要属吏一般由吏部从士人中选派，不再全凭州官自己辟除。但边远地区的地方政权独立性仍较突出。为防御吐蕃、突厥、契丹，唐王朝缘边设节度使，由武人担任，总揽一镇（含若干州）的军政大权。节度使有的是少数民族人，有的是行伍出身，割据称雄，父子相袭，自己设置文官武将。节度使力量的膨胀直接破坏了唐代统一局面。

封建皇帝总揽政权，却不可能顾及政务繁杂的细节，必须依靠政府各部门各级官吏的辅助，“君人之道，贵在执要”。中国皇帝实现其专制统治的重要基础是一个庞大的官僚集团，在唐代封建官僚的主体是科举入仕的文人。

科举在唐朝已成为入仕的主要途径，门第不再是授官和提拔的重要依据，科举就是以科目考试选举人才。秦汉以来的选官办法，或者是乡举里选，或者是九品中正制，形式上都很看重德行和名誉，但品评人才靠推荐和舆论并非良策，给仰仗门第、攀缘裙带的风气留下很大空隙。隋朝设立科举制度，唐代加以推行，人才的网罗始有比较合理的渠道。升官最便捷的科目是进士科，“试诗赋各一篇，时务策五道”，要求进士文章优美，又能活用经史子集所述议论时政。唐代进士再经吏部考试后实授官职。科举制对应试者的出身限制不严格，权贵以外社会其他阶层的人士可借此登第授官，加入封建政府。这比爵位世袭的贵族制有进步意义。科举制帮助封建皇帝扩大其统治的社会基础，诚如唐太宗所说，“天下英雄入吾彀中矣”，实在不失为一种高明的统治术。

由科举进仕的文人兼官僚无论他们原来的出身如何，都属于封建社会的特权阶层。官僚和平民百姓之间，在服饰车马等方面都有烦琐的区别，以示贵贱。例如，唐朝只有官员才能穿用紫、朱、绿、青四色，而百姓则不能，不同等级许用的衣料不同，甚至鞋帽腰带的制式也贵贱不同。在刑不上大夫的传统影响下，官僚享有重大的法律特权，唐朝尤甚，司法部门未经皇帝批准不得逮捕高级官员，判决也须由皇帝裁定。最荒唐的是，官员犯罪可减等处罚，可以官抵罪，降级革职以后按刑律应受的处罚可以减轻，甚至全部免去。中国封建社会虽然无印度的“种姓”制度和西欧的骑士制度，但同样是等级森严的特权社会。

二、经济的发展

唐代社会经济较以前有了很大发展。农业上推行均田制，使国家控制的小自耕农经济一度十分繁荣，显示了其充分的活力。另外，人口的增殖，土地的垦辟，尤其是南北朝时期江南经济的开发，都给唐代的经济繁荣奠定了基础。当时社会安定，物产丰盈，粮价下跌，人民富足，各地的路上行人都受到殷勤招待，且更

唐代的交通工具——马车（模拟图）

不必为安全担心。

唐代经济发展的一个重大特点，便是工商业的兴盛以及城市的不断兴起。从首都以至各重要州、县，都集聚有许多工商业者从事活动。手工业者中有沿门求雇的散工，有开设小作坊的个体劳动者，也有规模宏大、工人众多的工场。商人活动尤为频繁，可谓足迹遍天下，贩运各种生活必需品，各地特产以及奢侈品，从米、盐、茶直至珠玉奴婢，应有尽有。工商业者集居各地，行业众多，各行逐渐形成自己的行会组织，以应付官府的差役，保护本行业的利益。

工商业者聚集交易之所，称为市，长安城有著名的东、西市，其他各州、县也都有市，一些乡村出现草市、墟市。市的不断涌现，说明了工商业城市的兴盛。当时的市还带有明显的封建特征，市设有市令，管理交易，负责平抑物价，防止伪劣等。市的交易时间也依规定进行，过时不许交易。唐代后期，经济的发展开始冲破这种限制，出现了夜市。

国家的统一，工商业的发达，促进了交通运输的发展，水陆交通都很方便。陆路以长安为中心，东达汴、宋（今河南商丘），西至成都，南到襄阳，北抵北京，都有大道相连，其他支线小路则更多。水路则有贯穿南北的大运河及长江、淮河等水系，舟船往来，四时不断。重要交通口岸，政府设有驿站，传送公文，招待官吏，民间设立店铺，供应客商食宿，有些地方还为客人提供交通工具。

工商业的发展，导致巨大的商业资本家的出现。一些富商大贾，富比国君，交通王侯，官僚贵族往往奔走于其门下。唐玄宗时长安有富人王元宝，玄宗问他家财多少，他说如以一匹缣系在南山的每株树上，则树尽而他的缣还有余。

唐代除了民间工商业外，还有大量工商业掌握在政府手中。有一大批官工业是供应皇室及政府官员奢侈生活用品以及公用物品，另外还有建筑、矿冶、兵器制造、铸钱等业。至于官家专营商业，传统上盐、铁都是，后来还加上茶叶。官工业用的原料多由征发而来，工人主要是调民间工匠服役，间也有和雇者，而生产出的产品直接供皇帝、官僚、贵族使用，较少投入流通。所以官工业的发展并不能直接说明商品经济的发达，相反还起妨害民间工商业的作用。不过官工业大多技术精良，在提高生产力上是有益的。

三、思想文化的转折

唐代国力强盛，经济繁荣，文化上也博大清新，辉煌灿烂，在当时的世界上放出异彩，发生了深远的影响。唐代文化所以能发展到如此鼎盛，除了有坚实的经济为其基础外，更重要的就是实行广泛的文化交流，吸取外来的许多文化，加以转化发扬；同时也把自己的文化传播出去，供其他国家民族吸收转化。所以唐代文化确能兼收并蓄，百花齐放，整个民族、社会显得生动活泼，昂扬激越，并不断前进。

唐代的统治阶级、知识分子，思想大都比较开明解放，对外来的思想文化并不一味排斥，而积极学习、钻研。他们虽然仍以儒学为正统，可是对佛、道之说也十分迷恋。特别是自印度传来的佛学，它的一些精微的唯心主义哲学思想颇受唐代知识分子喜爱，许多人耽心佛理，钻研佛经，学习梵语也成为一时风尚。具有唯物主义思想的古文大家柳宗元，同时也是一个佛教信徒，极力想调和儒、佛两家的矛盾。佛教流行的结果，是在唐代实现了中国化，与魏晋玄学结合而建立了禅宗，由此而大兴，一些坚守印度教义，烦琐难懂的佛教宗派如法相宗，虽有大师玄奘倡导，却并不流行反而日渐衰落。中国土生土长的道教，其源自称始于老庄，受李姓的唐代皇室重视，也十分兴盛。知识分子中炼丹学道者比比皆是。李白受道箓于齐、自号谪仙人等，就是一个有名的道徒。儒、佛、道三家的攻诘、论战，在唐代十分激烈，并且都想借助统治阶级的行政手段来击败对手，取得独尊。统治阶级也根据形势需要，抑此扬彼，甚至出现过会昌灭佛的坚决措施，不过并未造成定于一尊、万马齐喑的僵化局面。以提倡儒家道统、攘斥佛老闻名于世的韩愈，还能说出“圣人无常师”，“弟子不必不如师，师不必贤于弟子”这样的话来，可见他也是能兼收并蓄的。

其他在音乐、舞蹈、服饰、饮食、娱乐等方面，唐代也吸收了许多外国以及中国少数民族的东西。这些外来的文化、风习最初出现于外国人集居最多的长安，先在统治阶级中传开，逐渐也流传到社会上，有些甚至风行一时。开元天宝间，“女为胡妇学胡妆，伎进胡音务胡乐”。胡旋舞也很盛行，“天宝季年时欲变，臣妾人人学园转”，说的就是这种情况。

唐代长安城，规划整齐，建筑宏伟，人口众多，堪称全球第一大都会，不仅是中国的政治、经济、文化中心，而且是一个国际性的都市，国际文化交流中心之一。以长安为中心，通过国内交通干线，连接起通向国外的道路，东达朝鲜、日本诸地，东南行可顺运河、长江以出海，南下广州出海远航南洋、印度、波斯湾一带。从长安向西，出玉门关西行，经新疆，有三条路可通中亚、西亚以及印度，这就是著名的丝绸之路，由西亚再往西则可连接欧洲了。长安城内居住有许多外国人，有各国政府派遣的使节，也有许多胡商、胡客，即各国的商人，来此互通有无。还有许多外国留学生，来此专门研习盛唐文化，各种教派来此传教的也不少。这些人既带来了本民族固有的文化，也把汉民族的文化带回去，形成了盛极一时的文化交流大场面，也形成了有唐一代我国文化辉煌发达的大时代。

玄奘取经

玄奘出生于一个全家都信仰佛教的官吏家庭。他从小敏而好学，性情温厚，待人诚恳，注意礼节。他的二哥陈素经常带他到寺里听佛经。渐渐地，玄奘对佛学产生了兴趣。他 13 岁那年，皇帝下敕在洛阳寺院招收佛教徒，因年纪不符合条件未被录取。负责招收的大理卿郑善果见他不同凡俗，问他为何出家，玄奘回答：“为了继承和光大佛法。”郑善果暗自称奇，破格录取了他，取法名玄奘。

出家后，玄奘同二哥一起拜师学习佛经。他勤奋好学、刻苦钻研，一般法师讲授刚结束，他就能复述讲授内容，把经义分析得细致透彻，大家为之惊讶。玄奘又和二哥一道从洛阳出发，到京师长安和四川成都拜师求教，探求佛教精义。23 岁时，为了得到锻炼，他不顾二哥阻拦，独自一人乘船下岷江，经峨眉山，穿三峡，到达荆州（今湖北江陵）天皇寺开坛讲经。半年后，他从荆州北上，先后来到河北、河南、陕西等地，跟随高僧钻研佛教经典，拜访了许多大师。玄奘还与众僧切磋交流，学业不断长进。渐渐地，年轻的玄奘终于成为国内知名的佛学家。

玄奘在研究佛经和请教高僧的过程中发现：名师们对佛经经义的解释千差万别；在佛经翻译中也存在着比较明显的错误，和原意不符。为了解决自己和众僧对佛经的疑问，学习真正的佛教经典，推本溯源，玄奘准备亲自到佛教的发源地——印度去求取真经。

玄奘像

公元627年，玄奘从长安出发。他跋山涉水，越过茫茫沙漠，历尽千辛万苦，终于到达了目的地——印度。这时距他从长安出发已经整整一年了。

当时的印度叫“天竺”，或称“婆罗门国”。玄奘先考察了北印度的健驮逻国，这里是印度佛教艺术的发源地之一，都城布路沙布罗有许多庄严华丽的寺院、高耸入云的佛塔和雄伟的佛像，玄奘参观研究古代印度的佛教建筑，参拜了佛教胜迹。玄奘又到迦湿弥罗国，跟当地的高僧学习佛经及因明（逻辑学）、声明（训诂和文字学）等知识。一有空闲就钻研，他居住的寺院中收藏的大量佛经，都被抄写下来。

两年以后，玄奘又到印度各部求学、游览，他的足迹踏遍了印度各地。最后，玄奘定居于印度中部揭陀国的那烂陀寺。揭陀国是佛教大乘教的中心地，拥有众多的寺院，那烂陀寺是这里最大的寺院，也是印度最壮丽的寺院之一。寺中高僧云集，还藏有印度所有大、小乘教经典、著述和天文、地理、医药、哲学、语言文字、科技等方面的著作。玄奘跟著名的印度佛学权威戒贤法师学习大乘教的经典。他专心致志，虚心求教。

一天，有个老婆罗门（印度古代的僧侣贵族）把自己写的一篇论文送给一向支持那烂陀寺的戒日王，公然向那烂陀寺的大乘教学说挑战。戒日王命令那烂陀寺派出四名代表与他辩论，戒贤法师挑选了他最满意的四名僧侣，包括玄奘。论战开始后，气氛相当紧张。那三位僧侣言语木讷，玄奘却十分自信，口若悬河，慷慨陈词，直说得对方瞠目结舌，哑口无言。那烂陀寺终于战胜了对手，赢得了一片掌声。僧侣们对玄奘赞不绝口，佩服他的满腹才学。从此，玄奘在印度佛教界影响日益增大。

公元 624 年 12 月，玄奘参加了由戒日王倡议举行的佛学经典教义的辩论大会，到会的有印度 18 个国家的国王和学识渊博、能言善辩的僧侣 6000 多人。玄奘阐述了自己的见解后，一连 18 天没有一位僧侣敢于与他争辩，反驳他的理论。戒日王按照传统习俗，请玄奘坐在身披锦幢的大象上，由大臣陪伴在侧，巡游天下，引起轰动。

玄奘在印度整整 15 年后准备回国。印度的僧人们和许多国家的国王都再三挽留他，希望他永居印度。有一个国王甚至说：如果玄奘愿意留下来，他将替玄奘造一百所寺院。但他不为所动。

玄奘离开印度前，戒日王送给他许多珍贵的礼物，玄奘一一谢绝，只留下了马匹和大象。玄奘用马和大象驮着他 15 年来搜集的 657 部佛经、印度逻辑学和语言文字学的著作以及佛像、花种等，与大家挥泪告别。玄奘返回的路线开始一段与来时相同，但在翻越大雪山后，从南面越过葱岭（今帕米尔高原），取道疏勒、于阗、鄯善、敦煌到瓜州。两年后，他终于回到了故土。

公元 645 年正月，玄奘回到长安。唐太宗听说后，下令在朱雀桥边举行隆重的欢迎仪式，朝廷将玄奘从印度带回的大批佛经、佛像等公开陈列出来，让市

玄奘取经路上经过的茫茫沙漠

玄奘雕塑

民们参观，展会热闹非凡。人们由衷地感谢他，都以能亲眼看到他为荣耀。

从玄奘25岁离开长安西行取经到如今，已经18年过去了。其间，玄奘行程5万里，游历了110个国家。这使玄奘成为世界伟大的旅行家。

玄奘回国后，负责翻译佛经，著书立说。他通宵达旦，笔耕不辍。和其他高僧花费了19年时间，翻译了大批佛经、论著，仅他自己就翻译了1300万字，共75部，1335卷。玄奘多用直译，文笔忠实、流畅。玄奘还将我国古代的哲学著作《老子》和佛经《大乘起信论》译成梵文（印度古代的一种语言），传入印度。唐太宗亲自写了《大唐三藏圣教序》，高宗又写了《大唐三藏圣教序记》，以示褒奖。玄奘对丰富祖国的文化有一定贡献，为古印度佛教保存了珍贵的典籍，同时沟通了中印两国的文化。在两国关系史上，影响巨大。

在唐太宗的要求下。玄奘完成了《大唐西域记》一书。它是由玄奘口述，弟子笔录，最后经玄奘全面校订，历时一年多完成的。《大唐西域记》一书10多万字，共12卷。书中记述了玄奘西行周游天竺所经历的110个国家和从传闻中了解的28个国家的地理位置、佛教古迹、历史传闻、人物传记、佛教情况，以及山川地形、风土习俗、物产气候等情况。这些前所未闻的记述，开拓了人们的视野。它叙述生动，文辞典雅，是我国古代文化遗产中极其宝贵的一部分，也是研究印度、尼泊尔、巴基斯坦、孟加拉国及中亚等地古代历史和从事考古的重要资料。中外学者一向非常重视这部著作，将它翻译成世界好几国文字，流传甚广。

唐诗的辉煌

唐代是我国古典诗歌发展的全盛时期。这一时期，名家辈出，像满天的星斗，出现了百花争艳、异彩纷呈的鼎盛局面。中国古代诗歌的各种体裁，例如古体诗、乐府诗、律诗等都在这一时期得到了高度发展。诗人们在诗的内容、风格、境界、语言及表现技巧等方面都进行了前所未有的开拓，把我国古代诗歌推向了辉煌的高峰。其中尤以李白和杜甫最为突出。

李白（公元 701 —公元 762 年），被称作诗仙，是唐代杰出的浪漫主义诗人。留存至今的诗作近千首。他的创作开拓了诗歌的表现领域，在盛唐诗坛上他与杜甫一起成为弘扬传统、奋力创新的卓越代表。

李白的诗激情豪放，展示了汪洋恣肆的艺术风格。体现李白诗歌最高艺术成就的是乐府诗。他的乐府诗扩大了乐府旧题的内容和题材，并沿着原来的主题、气象作出了巨大的发展，从而使后来人很难在这一旧题内超越他的水准。

李白雕塑

李白的诗歌不仅在我国文学史上具有崇高的地位，享有不朽的盛名，产生了深远的影响，而且已成为世界文学的一部分。

李白的诗歌很早就走出国门，他的《哭晁卿衡》已载入日本史典。像“李白这样一位在世界文学史中也占有一席之地的优秀诗人”，在日本、新加坡、韩国等亚洲邻邦，从翻译他的作品到进行专题研究，已有很长的历史。现在正“拥有各种各样的研究者”，“各种各样研究方法”，取得了丰硕的成果。在欧、美和澳大利亚等地，参与李白研究的学者有增无减。在德国从十九世纪末人们接触到李白的诗歌始，至今出现了不少著名的汉学家，有的在研究中提出了深刻的见解。20 世纪初美国的意象派作家十分崇尚李白。而俄罗斯在 1911 年就开始以俄文翻译李白的诗，随后对李白创作的研究逐渐深入。1999 年在浙江新昌召开的“李白与天姥”国际学术会议，参加者有日本、韩国、俄罗斯、美国、德国、加拿大、澳大利亚等十几个国家的学者。可见，李白是世界诗人，他的诗歌是世界文学的组成部分，这是今天世人的共识。

杜甫（公元 712 —公元 770 年），被称作诗圣。中国古代伟大的现实主义诗人。他和李白作为诗国盛唐气象的化身，犹如天幕上的“双子星座”，光耀千秋。

如果说李白是盛唐浪漫主义精神的体现，那么杜甫则代表了安史之乱前后大部分士人的忧患意识和写实精神。他敏锐地意识到天宝年间繁荣的背后所隐藏的巨大危机，也遭逢了天下大乱的颠沛流离，品尝到了国破家亡的悲欢离合。他们在突如其来的社会动荡面前，失去了浪漫的幻想，变得苍老成熟了许多。他们不再单凭少年精神去讴歌理想，而是更加现实地思考国家的危亡和百姓的安乐，用他们充满沧桑感的笔触去刻画风雨飘摇中的社会和人生。在这种背景下，唐诗发生了变化，开始向着深沉、苍凉的方向发展，仿佛天气由夏入秋，渐渐带有一丝凉意似的。

杜甫就是处在这一转变中的诗人。他一方面继承了盛唐诗歌的博大、宽广和浑厚，并在其中加入了更多的辛酸和沧桑，使盛唐诗歌的清新明快带有了深沉忧郁的基调；另一方面，他更多采用思力来写诗，充分利用格律、技巧来推动诗歌形式的完善，从而成为唐代具有集大成性质的诗人，成为唐诗承前启后的关键人物。

唐代的诗人除了李白、杜甫以外，还有白居易、王维、杜牧、柳宗元、李商隐等其他无数的知名诗人，像满天的星斗一般。他们的作品，保存在《全唐诗》中的也还有四万二千八百六三首。

白居易是唐代除李、杜外成就最高的诗人。白居易（公元 772 —公元 846 年）字乐天，河南新郑（今郑州新郑）人。白居易主张“文章合为时而著，歌诗合为事而作（《与元九书》）”，即诗文要为时代服务，为现实服务。这种明确的理论是相当进步的。他熟悉和同情百姓疾苦，他的政治讽喻诗《新乐府》50 首和《秦中吟》10 首，都是为民请命的好作品。白居易诗名很大，在外国（如日本）也有很大影响。他的名作还有长篇叙事诗《长恨歌》和《琵琶行》，前者写唐玄宗李隆基和杨玉环的爱情故事，后者写一名乐妓的辛酸遭遇，都写得真切动人，流传千古而不衰。

王维（公元 701 —公元 761 年），字摩诘。原籍祁（今山西祁县），后迁至蒲州（今山西永济），晚年居于蓝田辋川别墅。开元进士科第一（即状元），任过大乐丞、右拾遗等官。其诗、画成就都很高，善画人物、丛竹、山水。他在诗歌范畴显然有更高的成就，是唐代山水田园诗派的代表人物。

柳宗元（公元 773 —公元 819 年），字子厚。祖籍河东（今山西永济）。出生于京都长安（今陕西西安），世称柳河东或柳柳州。柳诗现存 140 多首，均为贬谪后所作。其诗语言朴素而自然，风格淡雅而意味深长。

杜牧（公元 803 —公元 853 年），字牧之，京兆万年（今陕西西安）人。杜牧与晚唐另一位杰出的诗人李商隐齐名，并称“小李杜”。他的古体诗受杜甫的

杜牧雕塑

影响，题材广阔，笔力峭健。他的近体诗则以文辞清丽、情韵跌宕见长。晚唐诗歌的总的趋向是藻绘绮密，杜牧受时代风气影响，也有注重辞彩的一面。这种重辞彩的共同倾向和他个人“雄姿英发”的特色相结合，使其诗歌风华流美而又神韵疏朗，气势豪宕而又精致婉约。

李商隐（约公元 812 —公元 858 年），字义山，号玉谿生、樊南生。原籍河内怀州（今河南沁阳），祖辈迁荥阳（今河南郑州）。李商隐的诗具有鲜明而独特的艺术风格，文辞清丽、意韵深微。有些诗可作多种解释。好用典，有些诗较晦涩。现存约 600 首，特别是其中的无题诗堪称一绝，最为突出的便是他的爱情诗。李商隐擅作七律和五言排律，七绝也有不少杰出的作品。清朝诗人叶燮在《原诗》中评李商隐的七绝“寄托深而措辞婉，实可空百代无其匹也。”

总之，唐代诗歌，无论就其作者之众多、题材之广泛，还是就其艺术之高超、影响之深远来说，都是空前的。

隋唐时期宗教建筑的发展

隋唐时期佛寺建筑有新发展。但经过唐武宗和周世宗两次“灭法”和后代的毁损，除个别殿堂如五台南禅寺大殿、佛光寺大殿等外，并没有成组群的完整寺院存留下来。

一、汉式寺庙建筑

1. 佛光寺大殿

佛光寺大殿外景创建于北魏孝文帝时（公元 471 —公元 499 年），是我国历史文物中的瑰宝。东大殿是该寺的主殿，位于最上一层院落，在所有建筑中位置最高，大有俯瞰全寺、压倒一切的气派。

正殿面阔七间，进深四间。单檐庑殿顶，总面积 677 平方米。正殿柱、额、斗拱、门窗、墙壁，全用土红涂刷，未施彩绘。佛殿正面中五间装板门，两尽间则装直棂窗。其柱网由内外两周柱组成，形成面阔五间，进深两间的内槽和一周外槽。内槽后半部建一巨大佛坛，对着开间正中置三座主佛及胁侍菩萨，坛上还散置菩萨、力

佛光寺东大殿

神等二十余尊，都是唐代的作品，但沿山墙和后壁列置的罗汉像是后代增添。殿前面中央五间设板门，二尽端开窗，其余三面围以厚墙，仅山墙后部开小窗。

佛光寺大殿在创造佛殿建筑艺术方面，表现了结构和艺术的统一，也表现在简单的平面里创造丰富的空间艺术的高度水平。这是中国古代建筑的优秀传统之一。这殿为了适应内外槽平面布局，外槽檐柱与内柱当中，深一间，好像一圈回廊；内槽深两间广五间的面积内别无立柱，内槽大梁（四椽栿），是前内柱间的联络材。殿的梁架，分为明栿和草栿两大类，明栿在天花板以下，草栿不用斧斤加工，在天花板以上。天花板都作极小的方格，与日本天平时代（相当我国唐中叶）的相同，这也是大殿为唐建的例证。

佛光寺斗拱在结构上以列柱和柱上的阑额构成内外两圈的柱架，再在柱上用佛光寺斗拱、明乳栿、明栿和柱头枋等将这两圈柱架紧密联系起来，支持内外槽的天花，形成了大小不同的内外两个空间，而在天花以上部分还有另一套承重结构。这样，天花以下露明的构件——明乳栿、明栿和斗拱等，就可充分地被用来进行空间组织。外槽的前部进深只一间，斗拱只出一跳，而外槽高度约为进深的1.7倍，构成狭而高的空间。可是内槽结构比较复杂，在柱上用连续四跳斗拱承托明栿，明栿不是直接与天花相连，而在栿上以斗拱构成透空的小空间，加以明栿的跨度大，所以在视觉上自地面至明栿底的高度比实际高度为大，再加以天花与柱交接处向内斜收，更增加内槽的高度感，因此，内槽和外槽形成完全不同的两个空间。在左、右、后三面，与这种处理的同时，还利用斗拱、柱头枋与墙结合，把内外槽完全隔绝，使内槽构成封闭的空间，更加突出了内槽的重要地位。五间内槽各安置一组佛像，而以中部三间为主。为了突出佛像与各间的明确关系，各间柱上的四跳斗拱全用偷心造，没有横向的拱和枋，同时明栿又比天花下降一段距离，使得内槽明确地分成五个小空间，而中部三间柱上四排斗拱和月梁，构成和谐的韵律，增加了这三间的重要地位。至于每间高度的实际感觉，则是由地面到天花，与进深成为一个正方形的空间，在这个空间的后部放置比例恰当的佛像，而佛像的背光微微弯曲，与后柱上面的拱的出跳和天花抹斜部分平行，这些处理使得内槽的建筑空间与佛像成为有机的整体。大殿内外槽空间的结构构件的尺度处理，也考虑到与佛像的关系。

平梁上面用大叉手而不用侏儒柱，两叉手相交的顶点与令拱相交，令拱承托替木与脊搏，是唐时期建筑固有之规定。柱头卷杀做覆盆样，前檐诸柱的基础上均有覆盆，以宝装莲花为装饰，每瓣中间起脊，脊两侧突起椭圆形泡，瓣尖卷起作如意头，为唐代最通常的作风。总之，东大殿的表现了结构与艺术的高度统一，具有我国唐代木构建筑的明显特点，它虽然比南禅寺正殿晚七十五年，但规模远胜于彼，且在后世修葺中改动极少，所以国内一般都将东大殿作为仿唐建筑的范例。

大殿的外貌，下面用低矮的台基，立面每间比例近于方形。柱有生起及侧脚。各柱头上直接放置硕大的斗拱，屋顶的正脊长三间，鸱尾恰好位于左右第二缝梁架上，使梁架直接负载鸱的重量，同时在外观构图上，也使正脊、屋顶、鸱尾和殿身各间构成和谐的比例。这些，再加上屋檐和缓的起翘以及造型遒劲的鸱尾，使整个立面呈现出庄重稳定的形象。斗拱与柱高的比例为 1 ： 2，但因为出跳达四跳，整个屋檐挑出约近 4 米（相当于檐口至台基面高度的二分之一），所以在感觉上斗拱的尺度比实际大得多。由于屋顶采用 1 ： 2 的和缓坡度，站在殿前看不到屋面，这样就更突出了斗拱在整个立面构图上的重要地位，使斗拱在结构和艺术形象上发挥了重要作用，这种比例关系，表现出唐代建筑的稳健雄丽的风格。宋代以后，虽不乏大体量的建筑，斗拱用材很大，柱高也仍然与明间面阔相等，但由于柱身加高使每间面阔和斗拱的比例相对地减小，由此所形成的外观也就与唐朝建筑具有显著的差别。

大殿所有结构构件都紧密地结合到一起，互为联系而分工明确，构件虽多但没有多余的。为了缩减梁的跨度，明栿下用四跳斗拱支承，草栿也尽量避免了长跨度，而斗拱和襻间则有着结构机能，因此虽然整个大殿用料较多，但主要构件的断面也有着一定比例，避免使用过大的大料和截锯小料，在一定程度上防止了材料的浪费。

2. 奈良唐招提寺

奈良唐招提寺是著名的鉴真大和尚（公元 688 —公元 763 年）东渡日本后，759 年圣武天皇为其敕建。唐招提寺金堂现存金堂是鉴真去世后弟子如宝建立的，它气势雄伟，仍保存盛唐风貌，即日本天平时代的建筑特点，面阔七间，进深四间，单檐庑殿顶，只是其占去一间做前廊，故室内空间显得局促；此外，其屋顶为近代改建，比原有的唐式屋顶陡峻；它的斗拱结构、墙壁处理及其他也与佛光寺东大殿有所不同。

3. 河北正定开元寺钟楼

河北正定开元寺钟楼，为砖木结构的二层楼阁式建筑，平面呈正方形。面阔、进深各三间，建筑面积 135 平方米。单檐歇山顶，上布青瓦，通高 14 米。其大

奈良唐招提寺

木结构、柱网、斗拱都展示了唐代风格。

4. 五龙庙正殿

五龙庙正殿为唐大和五年（公元 831 年）建造，面阔五间，进深三间，四架椽，单檐歇山顶，柱头斗拱为五铺双抄偷心造，拱瓣棱角显明，内部搁架铺作斗拱硕大，叉手长壮，侏儒柱细短，构成极平缓的厦坡，只有五台山南禅寺可相比拟。殿内无柱，梁架全部露明。整个建筑结构简练，古朴雄浑，虽然瓦件和墙壁为后世改造，并缺乏修缮，但依然无法掩盖大唐建筑的风骨。

5. 河北正定文庙大成殿

河北正定文庙大成殿面宽五间，进深三间，面积 650 平方米。单檐歇山顶，坡度平缓，柱子卷刹明显，柱头不施普柏枋，仅用栏额。柱头斗拱奇大，补间铺作无华拱，只有柱头枋，上面刻影拱。梁架由驼峰及斜柱构成。

二、西藏寺庙建筑

在中国古代，西藏寺庙具有多功能的中心作用，政治、经济、文化、教育都集中于此，因此其建筑通常不是单一的个体，而是由许多具有不同功能的建筑构成的建筑群，藏式寺庙一般由以下几大部分构成：错钦、扎仓、康村、拉康、辩经台；除了上述六类寺庙建筑单元以外，另外还有灵塔殿、佛塔等。这些建筑单元在西藏的寺庙建筑中有着多样的建筑样式和组合形式，如此就形成了众多的建筑格局和建筑风格。

西藏寺庙内景

在建筑结构上，西藏寺庙的建筑常见有一种用灌木柽柳做成的“边玛墙”。它一般位于女儿墙的外侧，以木钉固定，刷深赭红色。边玛墙以这种自重较轻的材料为墙体不仅减轻了上部的压力，还具有较好的装饰作用，特别是在边玛墙上镶嵌的铜制镏金的

"七政"、"八宝"图案，和边玛墙上口的檐下以短木做成一排象征星辰的白色圈点，既装饰了寺庙建筑的外墙平面，又突出了建筑宗教特色，成为西藏建筑最具有地方特色和民族风貌的重要外部特征。另一具有这种性质的外部特征就是金顶。西藏的寺庙举凡重要的佛殿和灵塔都要修建四坡形顶盖屋架结构、上辅镏金铜瓦的金顶，它在太阳的照射下折返出耀眼的光芒，伴随着和风送去阵阵的金顶铃声，承接着人们吉祥的愿望。金顶之上有着丰富的局部装饰。

影响寺庙建筑的还有其建筑的环境，特别是在西藏这样的高原地区，山体连绵，像大昭寺这样的平川式建筑并不多见，比较多的是依山式建筑。这种建筑形式一种是以山为背屏，寺庙建筑由下而上依次展开，如扎什伦布寺、哲蚌寺等；还有一种形式是一所寺庙就建在一座独立的小山头上，形成所谓的"屋包山"，如布达拉宫等。与平川式寺庙不同的是，依山式寺庙借助于山的整体气势，鳞次栉比，更能表现宗教建筑所应具有的那种特殊的宇宙观念和美学意境，而且遥远可望。

据史料记载，建于唐贞观十五年（公元641年）至唐永徽六年（公元650年）之间的大昭寺是最早的西藏寺庙。7世纪中叶，吐蕃王在天尊公主和文成公主影响下，像许多统治者一样出于多种原因而开始信奉佛教，并营造了大、小昭寺。大昭寺作为平川式寺院建筑的代表，其周围环绕经堂、佛殿、回廊、院落的整体结构形式，以其不对称的排列，明显区别于汉式寺院的整体结构。虽然大昭寺的主殿位于寺院整体结构的中轴线上，但是其高于汉式寺庙的建筑空间及其空间结构和构造方式，都表明了藏族寺院建筑的特色。而主殿外观中的单檐歇山式绝对对称的屋顶又反映了藏式建筑从一开始就受到汉族建筑传统的影响。建造大昭寺的缘由已经表明了初期即已存在的汉、藏、印度建筑风格的相互融合，同时也表明了藏式寺院的风格在公元7世纪中叶即已基本确立。

三、隋唐时期的塔建筑

在南北朝时期，塔是佛寺组群中的主要建筑，但到了唐朝，塔已经不位于组群的中心了。尽管如此，它毕竟还是佛寺的一个重要组成部分。它的挺拔高耸的姿态，对佛寺组群和城市轮廓面貌都起着一定的作用。

隋、唐两代的许多木塔都已不存在。现在保存的砖塔，就外形方面来说，唐塔大部分为楼阁式，可登临，典型平面均为方形。大型塔现存数十座，均为砖建。

唐沿袭了南北朝造大像的风气，密宗传入后，又多供菩萨大像，故多层楼阁式中置通贯全楼大像的建筑大兴，间接促使塔向寺外发展。多层塔是在塔的表面上表现出木结构的柱梁斗拱等，如西安慈恩寺大雁塔（公元 652 年）、荐福寺的小雁塔、香积寺塔（公元 681 年）、兴教寺的玄奘塔（公元 669 年）等都属此类。密檐塔一般不用柱梁斗拱等装饰，而轮廓线条优美，如嵩山永泰寺塔和法王寺塔（8 世纪），云南昆明慧光寺塔和大理崇圣寺塔都是此类。墓塔中以山东长清灵岩寺的惠崇塔（7 世纪前半期）为最典型。此类塔一般是两层重檐。顶上有砖或石制的刹。只有唐代嵩山会善寺的净藏塔（公元 746 年）是单层八角形的，塔身用砖砌出柱梁斗拱门窗等。

1. 玄奘塔

玄奘塔是唐高僧玄奘和尚的墓塔。玄奘塔平面呈方形，高五层，高度约 21 米。每层檐下都有用砖做成的简单斗拱。斗拱上面有用斜角砌成的“牙子”，其上再加叠涩出檐。该塔第一层塔身经过后代修理已成为平素的砖墙，没有倚柱，而以上四层则用砖砌成八角柱的一半的倚柱，再在倚柱上隐起额枋、斗拱。这座塔是中国现存楼阁式砖塔中年代最早和形制简练的代表作品。

玄奘塔

2. 香积寺塔

香积寺塔是密檐式砖塔，塔身呈四角锥体。原为 13 级，残存 11 级，现高 33 米，底层边长 9.5 米，平面呈方形，底层每边 9.5 米，塔身用青砖砌成。塔的底层非常高，二层以上高度骤减，每层叠涩出檐，檐下均饰以两层菱角牙子。宽度亦由下至上递减，每层四面皆有砖砌凸起的方形倚柱四根，划分为三开间，柱上施阑额一道，柱头及补间皆承栌斗一，其上为间有二道棱角牙子的叠涩出檐。各层当心间设券形龛，梢间有砖砌檬柱，中为朱绘的直棂窗。每层四壁正中辟券门。塔身壁面作仿木结构，用砖砌成扁柱、栏额、斗拱。每面均作 3 间，左右两间的扁柱之间用赭红绘成直棂窗形。与小雁塔形式相似，但其塔角方直，不像小雁塔那样圆和，又有楼阁式砖塔的一些特点，最突出的特点是塔自顶至底层，顺各层南北拱券处中间裂开，与小雁塔的裂缝极为相似。据史载，这条裂隙在宋元祐年间（1086 — 1094 年）以前就已存在，已 900 余年。

3. 千寻塔

千寻塔始建于南诏劝丰祐时期（公元 824 —公元 859 年），是现存唐代最高的砖塔之一。塔高 69.13 米，为 16 级方形密檐式空心砖塔。方形平面，密檐十六层，下有三层台基，下层长 50 米，宽（东、西）30 米，高 4 米；中层方 30 米，高 1.2 米，四面有栏杆；上层砖砌须弥座，方 20 米，高 2 米。塔身方 10 米，四壁厚 3.3 米，中空 3.3 米，内空呈井筒状。自底层至 14 层，用 48245 厘米条砖丁顺平铺砌筑，外层比内层高 12 厘米；14 以上为实心，中安刹轴。塔身除下层高 13.45 米外，往上各层高度逐步降低，宽度也逐渐收缩；每层间用砖 12 — 14 层叠涩砌出塔檐，檐宽 1.2 米，其外形呈流线型。各层塔身四面逐级交错砌出位置相对的券洞二孔，浅佛龛两侧砌出亭阁式塔，中有大理石梵文注碑，各龛放置石雕佛、菩萨像，现存在 19 躯。塔顶盖有直径 2.28 米的覆釜，有八角形法轮纹饰，釜以上有仰莲、相轮、双圆珠宝盖及火焰珠组成的塔刹。位置在崇圣寺的前部，和位于稍后的左右两座宋朝（大理国）的小塔合成一组，在点苍山的衬托下，显得格外秀丽。

4. 南京栖霞寺塔

南京栖霞寺塔建于五代的南唐时期（公元 937 —公元 975 年），是一座八角五层、高约 18 米的小石塔。塔的整体构图，创造了中国密檐塔的一种新形式，就是它的基座部分绕以栏杆，其上以覆莲、须弥座和仰莲承受塔身，而基座和须弥座被特别强调出来予以华丽的雕饰，是它以前的密檐塔所没有的。本来盛唐时期已开始在小型塔的下面用覆莲作须弥座的装饰（如开元间所建山西阳城县北留村石塔等），唐大历八年（公元 773 年）所建山西长子县法兴寺石灯，则在须弥座上再用仰覆莲承托八角石灯。唐代后期的墓塔如唐乾宁二年（公元 895 年）建造的山西晋城青莲寺慧峰塔和唐末的许多经幢也作这样的处理，不过应用于密檐

南京栖霞寺塔

塔下应以栖霞寺塔为最早。

5. 大雁塔

大雁塔位于西安和平门外慈恩寺内，初期也叫慈恩寺塔。唐高宗永徽三年（公元 652 年）由唐僧玄奘创建，用以存放其由印度带回的佛经。大雁塔初建为五层，高一百八十尺。武则天时重建，后经兵火，五代后又行修缮，为七层，即现存塔状。塔高 64 米，底边各长 25 米，整体呈方形角锥状，造型简洁，比例适度，庄严古朴。塔身有砖仿木构的枋、斗拱、栏额，塔内有盘梯可至顶层，各层四面均有砖券拱门，可凭栏远眺。

唐朝留存下来的单层塔绝大多数是僧尼的墓塔。它们之中有石造的也有砖造的。平面一般都是正方形，但也有少数六角、八角或圆形的。墓塔的体积都不大。

一般高度在 3 — 4 米以内。其中河南登封县嵩山会善寺的净藏禅师塔与山西平顺县明惠大师塔都是重要例证。净藏禅师塔单层，砖建，建于唐天宝五年（公元 746 年）。它的八角形平面是现存砖塔最古老的一例。塔下的基座已经崩毁，难辨原形，推测可能在塔身下有一个矮的台基。塔身仿木构形式，每角有露出五面的八角形倚柱，柱上砌出额枋和斗拱及人字形补间铺作，墙上还隐起门和直棂窗。在佛塔普遍采用正方形平面的唐朝，这座八角形墓塔无异凤毛麟角，可是两个世纪以后，八角形就成为最普遍的塔的平面形式，正方形塔反而少见了。

大雁塔

6. 明惠大师塔

明惠大师塔创建于唐乾符四年（公元 877 年），距今已有一千多年的历史。塔平面呈正方形，通高 65 米，边长 2.21 米，单檐单层五迭四注式，覆钵尖锥顶。通体由塔基、塔座、塔身、塔檐、塔刹五部分组成。整体比例匀称，轮廓秀美。方形塔基为仿木构建筑框架凿造，四面枋柱交错，贯以铁质铆钉，周饰倚柱、立旌，四角柱顶端雕刻凸起的兽头，伸出颈项，支撑全塔。

明慧大师塔塔基上为束腰须弥式塔座，上下三层叠涩，束腰部分每面雕刻壶门 4 个，门内雕石狮 16 躯，形态各异，生动活泼，与五台山佛光寺唐代经幢壶门内镌刻石狮如出一辙。塔身中空，南壁中央辟长方形洞，顶端为火焰状拱券。门龛两侧分别雕刻守门金刚像 1 尊，身着盔甲，足登飞云，手执宝剑和金刚杵等法器，造型丰满，气势威猛。门顶半圆形券面上浮雕伎乐天 3 躯，活泼俊逸，婀娜多姿。门窗之上浮雕垂缦纹样，每根角柱上刻有卷草纹、宝相花、龙串富贵、化生童子人物花卉等线刻花纹图案，精致流畅，庄重美观。塔室内设方形小屋，四壁素面无雕饰。中央刻置一仰莲状覆盆式基座，可能是放置死者遗像或遗骨之基托。室顶刻有平阐天花，塔身上覆以石雕屋顶，塔檐回柱式。檐下在凸起的方框中刻出龟背锦，再上雕刻额枋、椽飞，四翼微向上翘，檐上雕刻瓦垅、戗脊。塔顶高耸，雕成山花蕉叶和仰覆莲、半开莲形状。由下而上由四层雕刻组成，逐层收缩，每层均由束腰、山花蕉叶和覆钵构成。顶端以锥形宝珠收刹。雕工精细，完好无损。在国内已知的唐代石塔中，整体保存完好者，以此为最佳。在塔的前面镶嵌有五代后唐长兴三年（公元 929 年）的铭记。

隋唐五代时期玉器工艺

隋、唐、五代的玉器，从风格和类型上看，应属于一期，唐代是主体，隋和五代是前奏和余波。隋代的玉雕风格基本上接近前代的风格和雕刻手法，至开皇九年（公元 589 年）灭陈之后，开始出现变化，略有一些新的动向、新的尝试，但由于地方不同，风格和手法也就各有特点，尚未形成完整的统一的样式，而隋朝已匆匆夭亡了。可是这对下一朝代唐代来说，确实起到了酝酿和发展的作用。

唐代国力最为雄厚，疆域远及西域，与波斯、天竺接触频繁，经济文化得到充分交流，文学艺术吸取了外来营养，在传统基础上又出现了蓬勃发展的生气，取得了空前辉煌的成就。唐代玉雕着重向写实方向发展，彻底摆脱了汉代残存的商周以来古拙遗风的程式化、图案化的影响，与同期的绘画雕塑艺术的关系越来越密切，艺术水平大大提高，是继汉以后中国古代艺术雕琢史上发展的又一个高峰。

唐代玉器与汉代玉器在类型上有所区别。此时期的礼仪、殉葬用玉数量大大减少，精品极少见到。表示等级的官服上用的组佩质量也远不如汉代，而一般随身佩带的饰物、装饰品、实用品和艺术品等在制作上雕琢精美，数量上也大大增加，成为这一时期玉器中的主流。

唐代玉飞天（仿品）

唐代玉雕新出现的重要品种有玉带和各种新型佩饰、坠饰。玉带是镶钉有玉饰片的腰带，其玉饰片有方形、桃形、长方形、一端半圆（腰圆）等形状。玉带主要是由铸和铊尾两部分组成，镶在带身的饰片称作“带板”，镶在带末端的圆首矩形玉片称作“铊尾”。这些玉带板背面四角有穿孔，可以缀附在衣带上，佩带这种玉衣带是官场礼服上的重要组成部分，是上层统治者系腰所用，并以带板的质地、纹饰、块数不同，来表示品级的高低。

唐代在各种新型佩饰中出现了玉飞天。飞天，梵文名乾达婆，汉语又称番音神。飞天在佛教中被描绘成专采百花香露、能乐善舞，向人间散花放香，造福于人类的神仙。飞天原为印度佛教诸神之一，东汉末年随着佛教传入中国。目前在中国发现最早的飞天形象是在新疆克孜乐千佛洞内的壁画中。飞天，早期多作男像，后来逐渐演变成为娇美的女性。唐代玉雕飞天一般都是雕琢一横身女子，手持花枝，身下有几朵镂雕的云或卷草纹，两臂高抬，两腿略盘绕，上身裸袒，下身着长裙或肥裤。同宗教壁画中的飞天相比，更似人而不似神，如果没有宗教上飞天的启示，人们从玉雕作品上很难看出它们同宗教的联系。目前从传世品来看，玉制飞天是始于唐代。

唐代使用器中以玉制梳背最具特点，玉梳背皆作半月形薄片状，两面用浅浮雕方法雕出各种纹饰，此种玉梳背在形式和风格上与前后各时代都有所不同，是豪华的实用美术品。

唐代玉骆驼（仿品）

隋唐时期圆雕艺术品在考古发掘中发现不多，目前只在西安南郊何家村发现出土有白玉刻花羽觞、水晶杯、镶金牛首玛瑙杯等。

唐代玉雕的图案纹饰完全脱离了汉代的形式，出现了内容丰富、题材多样的全新装饰图案，有卷草云纹、莲花纹、连珠纹等，人物形象有汉人、胡人或西亚人、骑士、文武侍、乐伎人等，动物形玉雕有狻猊、鹿、鹭鸶、牛、马、羊、鹰、雁、孔雀、鹤等。此时期的龙凤纹和前代相比有很大的改变：植物图案雕刻有莲花、牡丹花、宝相花等。从整体风格来看，唐代图案基本上趋于写实，纹饰粗犷，雕琢形式多种多样，完全摆脱了汉代所盛行的谷纹、蒲纹、勾云纹等图案，形成了唐代图案纹饰在风格和面貌上所特有的新格局。

唐代的雕琢方法在保留传统的镂雕、圆雕等手法外，还大量使用阴刻线来表现动物的腿毛等，无论是粗线还是细线，均刀法纹丝不乱，在造型上注重起伏，能表现出内在的美感，强调突出形体的肌肉、动态、力量和体积感，基本上和同时期的石刻雕塑手法相同。

通过上述的特征我们可以看出，唐代的玉器开一代玉雕之新风，其中一些作品，显然受到西域文化的影响，这同唐代思想文化对外开放及儒家思想的削弱有关，这一开端对以后玉器的发展，产生了深远的影响。在雕刻手法上，它广泛地吸取绘画、雕塑之精华，同时又非常重视金银器上的錾花，因此唐代玉雕艺术活泼、开朗、饱满、奔放，在中国玉雕发展史上占有重要的地位，我们可以用“气韵生动”来概括这一时期玉器的艺术风格。

两宋理学的构建及影响

两宋理学以“理”为宇宙最高本体，以儒家礼法、伦理理想为核心。以实现理想人格为人生终极目的，是一种以儒学为主体，吸收和改造释、道哲学，凸显道德价值绝对化的基本导向和准宗教化的“精神性”，囊括三教思想精粹而建立起来的伦理本体论，是一种对中国封建社会后期文化的发展产生极为深远影响的思想体系。

“理学”一词最初由元末张九韶所用，意指两宋周张程朱一派的学术思想体系。在此之前，“理学”多指义理之学，与辞章考据训诂相对应，对程朱一派儒学多以“道学”称之。《宋史》有“道学传”，南宋时有学者曾指出：“道学之名，起于元祐，盛于淳熙。”这说明，曾被称为道学的理学是以继承孔孟道统自命之学，与注重正心诚意的儒学一脉相承。

理学虽是发展、流行于中国封建社会后期的学术思想体系，但其基本思想倾向早在唐朝中后期就已初现端倪。中唐以后，庶族地主崛起并成为封建社会的旗帜，平民在社会生活中的作用日益显著，思想文化界出现了一种旨在复兴与推进儒家伦理的复古运动，从而使儒学进入了一个新的时代。这场与时代相契合的文化运动，甚至在许多方面与欧洲近代的文艺复兴都有类似之处，因而被有的学者称为“合理精神充溢的‘东洋文艺复兴’”。

这场以庶族地主独立地位获得及主体意识觉醒为前提的中国式“文艺复兴”的出现，在两宋时代特殊社会环境的孕育下，终于形成了理学这种中国封建社会后期的新儒学。中唐以后的长期战乱以及北宋积贫积弱、不断遭受强敌欺侮的现实，在士大夫心灵上投下了深重的阴影。基于强烈的社会责任感，一部分经世意识浓烈的精英之士开始在迷惘与困惑中反省人生意义、宇宙秩序以及历史规律。尤其是科举考试在宋代渐趋开放与公正，使愈来愈多的庶族地主乃至贫寒之士借以登上政治舞台。这些知识分子因与六朝士族地主在生活经历及社会背景等方面的不同，在政治态度、伦理主张、文化取向等方面表现出巨大的差异。他们对于现实及文化的反思，使魏晋以来已消沉的儒家学说再显往日生机，导致了以古文复兴、宗教批判为先导，以古典思想重构为标志，以文化世俗性和平民性为特色的文化变迁局面的出现。这种文化变迁虽然不是以工业文明和近代科学为基础的近代化的体现，但同样是一场摆脱类似西方中世纪精神束缚的巨大进步。由此，人的主体性得以彰显，中国文化的人文精神至此才有了形而上的积极意义。因此，有的学者将其视为中国文化的“近世化”，认为是中世纪精神与近代工业文明的一种中间形态。正是因为如此，两宋理学不应被视为封建社会后期没落意识形态或封建社会走下坡路的观念体现，而应是摆脱中世纪精神“亚近代”文化的表现，是适应中唐以后社会变迁而产生，并为中国历史的未来发展奠定了雄健文化根基的文化变迁。

宋代理学的发展历程，大致可分为开创、奠基和集大成三个阶段。宋代理学主要有四个学派，即所谓“濂、关、洛、闽”四个学派。“濂”指道州营道濂溪的周敦颐，

周敦颐像

为两宋理学的开创者；“关”指陕西的张载；“洛”指洛阳的程颢、程颐，二者为两宋理学的奠基者；“闽”指讲学于福建的朱熹，为两宋理学的集大成者。

一、宋代理学的兴起

西汉尊行“罢黜百家，独尊儒术”的文化政策以后，儒学成为占统治地位的理论。但是，董仲舒强调的“天人感应”说，神学色彩很浓，所以很快与迷信结合起来，为玄学所吸纳、替代。儒学的生命力弱化了，玄学则能风行于魏晋这种乱世。唐时，儒、释、道开始合流。起先坚持“沙门不敬王者”的佛教，此时也逐渐中国化了，拥护儒家的“五常”，称“孝道”，“儒释皆宗之”。(《宗密：盂兰盆经疏序》)。封建的治世产生了与乱世相同的意识形态要求。

宋时，战乱基本结束，经济复苏，并大大发展了。玄学期丧失了生命力，儒学复起，重新牢固地在意识形态领域占据统治地位，并获得发展。

宋代，儒家学者研究经书大都不顾旧有的传注，抛弃了传统的训访、义疏。因为，东汉以后的儒学解释已混乱不堪。如东汉秦近君注《尚书》时，仅《尧典》两篇目就解说了 10 多万字。因此，宋儒多直接从经书原文义理性命（指人的本性和命运），因此被称为“性理之学”，简称“理学”。由于这种理学是由孔孟的道统继承而来的，所以也称为“道学”。宋明理学是以孔孟之学为基础，发展了董仲舒为代表的汉代经学，并吸收了佛学、玄学的一些成分，加以糅合、扩充而成的。

二、理学对儒家思想的发展

“天地之性”与“气质之性”。宋之前，儒家对人性的论述多停留在道德修养层次，并没有上升到本体论的高度。孔子说“性相近，习相远”，孟子主性善论，荀子主性恶论，董仲舒主性三品。各执一端，没有突破道德修养层次。

北宋的张载（1020 — 1077 年）把人性起源、善恶归属作了严格区分。他把人性分为“天地之性”和“气质之性”。天地之性是善的，就是仁、义、礼、智、信，是人的形体未形成之前就已存在的。气质之性有善有恶，是人的形体形成之后才产生的。张载稍后的程颢（1032 — 1085 年）、程颐（1032 — 1107 年）兄弟大力宣传并发挥了张载之说。南宋大儒朱熹（1130 — 1200 年）认为，这种区别意义重大。他认为，孟子讲性善，只讲了天命之性，却不知气质之性，因此解释不通恶从何来；荀子讲性恶，只讲了气质之性，却不知天命之性，因此解释不通善又从何而来。因此，两重人性之说“极有功于圣门，有补于后学”，“故张程之说立，则诸子之说泯矣。”

“存天理，弃人欲。”朱熹解释“三纲五常”是天地之性，也就是天理。“未有天地之先，毕竟也只有理。有此理，便有此天地。若无此理，便亦无天地。无人无物，都无该载了。有理便有气，流行发于万物。”（《朱子语类》卷 1）因此，“理”就是“天”，是自然界和人类的主宰。这样，他又把理同天命联系起来了。人性中的天地之性是善酌，之所以气质之性中有不善的表现，是因为被欲望蒙蔽了。所以朱多大力宣传“存天理，弃人欲”，主张遵守封建伦理纲常。

朱熹雕塑

陆九渊（1139 — 1193 年）更吸纳了禅宗的“顿悟”之说，提出“心即理也”（《象山先生全集》卷 22）。认为人不必学习，“《六经》皆我注脚”（同上，卷 24）。明王守仁（1472 — 1528 年）提出“格物之功，只在心上做”，他解释说：“相者，正也，正其不正以归于正之谓也。”（《大学问》）他还将此运用到政治上，针对农民起义提出：“破山中贼易，破心中贼难。”强调意识形态统治的重要。

“理一分殊”。佛教华严宗提出：一即是多，多即是，抹杀了事物的矛盾和差别。朱熹借此发挥，论证“理一分殊”。他说：“本只是一个太极，而万物各有禀受，又各自全具一太极而。如月在天，只一而尔，及散在江湖，则随处可见，不可谓月已分也。”（《朱子语类》卷 94）理只是这一个，道理则同，其分不同。“君臣有君臣之理，父子有父子之理。”（《语类》卷 6）这就把儒家理论上奉为当空皓月、普照大地一样了，如不遵守，则是“伤天害理”了。

三、儒家人生哲学的完善

朱熹将《礼记》中的《大学》、《中庸》二篇抽出，与《论语》《孟子》配合，称为“四书”。从此，四书成为科举考试、著书立说、为人处世的最高经典。儒家思想在此时已具备固定模式。

“仁”是儒家思想的核心。儒家的理想人格是达到“圣质”，能圣必然贤，贤则可以通圣。债家的理想社会是“天下为公”的“大同世界”。要实现大同，就要修身养性，从三纲八目做起。三纲即“弱明德、亲民，止于至善”。(《大学》)即掌握仁义礼智信伦理，然后鼓化别人，执著不放地达到把握天理的境界。八目即格物、致知、诚意、正心、修身、齐家、治国、平天下。《大学》说：“方之欲明明德于天下者，先治其国；欲治其国者，先齐其家；欲齐其家者，先修其身；欲修其身者，先正其心；欲正其心者，先诚其意；欲诚其意者，先致其知。”“诚意、正心、修身”是道德修养，“齐家、治国、平天下”是政治实践，通过道德修养实现政治抱负，强调自我修养，“自天子以至于庶人，一是借以修身为本”(《大学》)。一言以蔽之，即内圣外主，把内心修养所得推广于天下。儒家对个人进退的态度是：“穷则独善其身，达则兼善天下”(《孟子·尽心上》)。在伦理道德方面，儒家以阶梯为本，对各种人际关系都作了行为准则的规定。如在夫妇关系上有所谓“三从四德”，即未嫁从父，既嫁从夫，夫死从子；讲究妇德、妇言、妇容、妇工。

从中国文化史发展的角度看，两宋理学无疑是对传统儒学的重构。理学家以道德匡世、拯救人心为其学术使命，以整顿社会秩序和重立道德规范为己任，注重立身处世的道德自励，并以言传身教开导后学，从而体现出伦理范世的强烈使命感。因此，理学也带有了集天人合一说之大成的色彩。张载即说：“天人异用，不足以言诚；天人异知，不足以尽明。”程明道也说：“天人本无二，不必言合。”朱熹则以“天理”这个天地万物之本作为天人相通、天人合一的要旨，从而发展孟子的天人相类的哲学体系。

进入元代之后，理学无复宋代之盛，但断而未绝。今河南沁阳人许衡，对理学发展虽无贡献，但对理学在元朝的普及却有莫大之功。江西抚州崇仁人吴澄，认为朱熹之理学侧重“致知、格物”之理而忽视“尊德行”，丢弃了为学的根本，主张应回到二程理学之中，一时为天下言理学者所宗。这表明，在宋明期间，元代理学起到了承上启下的作用。

宋代的书院与义学

宋代教育的主要特点，是书院教育的勃兴。理学成为官学教育的主要内容。义学则是为普及文化、光宗耀祖而由家族所创办的学校，是平民文化兴起的一种标志和措施。

一、宋代书院

书院起源于唐末五代而盛于两宋。书院的设置，初期私人设立的较多，有的是私立官助，也有地方政府设立的，后来逐渐由中央令地方统一设立管理。但最能反映书院实质的还是私人或地方设立的。

北宋初期书院较盛，末期则逐渐衰落，南宋时再度兴盛，朱熹兴复白鹿洞书院是一件有重大影响的事件。南宋以后的书院有两个显著的特点，一是书院与理学家讲学发生密切关系，如白鹿洞是朱熹讲学之所。而象山则是陆九渊授徒之地。二是若干书院不仅讲学，亦是纪念理学大师的所在。如徽州的紫阳书院、建阳的

徽州紫阳书院

考亭书院是纪念朱熹的，丹徒的廉溪书院是纪念周敦颐的。

宋代虽积弱积贫，但对文化教育事业一直是很重视的。首先表现在三次兴学运动上。

1. 宋代的三次兴学运动

第一次是以范仲淹为首的仁宗庆历四年（1044 年）的兴学。范仲淹认为只考试而不教育的办法，是不问耕种而只求收获。于是提出兴办教育的建议。主要内容是在州县立学，改进国子学和大学；改革科举制度。实际上是按照改革的需要来培养人才，与庆历新政的政治改革是一致的。但这次兴学不久便失败了。第二次是神宗时王安石执此要培养改革型人才，制定了科举改革、兴办学校等一系列措施。这次兴学也可看做是王安石这位“中国 11 世纪的改革家”进行改革的一个重要方面。主要内容为改革学校制度和创立三舍即按学生成绩分为外舍、内舍、上舍并可依据成绩的优劣进行变换，改革教材，颁定《三经新义》；整顿并改革科举制度。这些主张和措施虽然是进步的，但由于历史条件的限制，并没有取得很大的成功。第三次兴学是在北宋晚期徽宗之时，蔡京为相，主要想恢复并加强王安石时期的一些新政，但在学校制度方面并没有什么改变。这三次兴学都与政治改革有一定联系，这也可以说明，教育与政治历来就是息息相关的。

2. 宋代书院的兴起

宋代教育的特点即是书院的兴起。书院是北宋至清代的一种重要的教育组织。在这个历史时期，无论在政治上还是在教育上，它都起过相当大的作用。其兴起与发展的历史原因是什么呢？书院的出现，作为一种新型的讲学制度与社会经济基础、政治制度都有着密切的关系。唐末的战乱使按等级授田的制度遭到了破坏，社会上出现了新发展起来的庶族地主。他们虽然有钱但却因门第不高，不能参加政权。

他们为了自己的切身利益，为了争取参加统治集团，发表自己的主张，就要求有自己的教育组织。书院正是适应庶族地主阶级的这种政治要求而产生与兴旺起来的。除这个主要原因外，唐末五代的学术、学校教育都较落后，宋初学校亦不发达，“儒老往往依山林，即闲暇以讲授”。官办学校不完备，私人办学必然越来越多，这也是书院兴起的原因之一。另外，佛教的禅林制度对书院组织形式和讲学内容也都有很大的影响。

3. 宋代四大书院

书院的建置，始于五代而初盛于宋。北宋最著名的有四大书院即白鹿洞书院、岳麓书院、应天府书院、嵩阳书院。

白鹿洞书院，在江西庐山下，唐朝李渤与其兄李涉都隐居在白鹿洞，后来做了江州刺史，开始创建台榭。南唐升元年间建学馆、置田产，以李善道为洞主，当时叫白鹿洞国库。宋朝太平兴国二年（公元 977 年）江州知州周述上表说庐山白鹿洞有学生几千人，请赐《九经》以供学习，诏从其请，并且通过驿站把书送到。南宋孝宗淳熙六年（1179 年），南康太守朱熹申请重新修建并重制院规，使之成为很有名气的书院。

岳麓书院，在潭州（今湖南长沙）岳麓。宋太祖开宝九年（公元 976 年），潭州太守朱洞始创建于岳麓山抱黄洞下，建讲堂五间，斋序五十二间。真宗咸平二年（公元 999 年），谭州守李允则又扩大规模，并请求赐给经释文义疏《史记》《玉篇》《唐韵》等。之后山长（书院负责人）周式又请求太守刘师道，扩大其居。祥符八年（1015 年），颁发经书并书门额“岳麓书院”，于是岳麓书院便闻名于天下。

应天府书院，院址在商丘，当时属应天府治，因而得名。祥符二年（1009 年）始建，以曹诚为助教。在宋建国初期，名儒戚同文精通《五经》，聚徒百余人讲学。曹诚是戚同文的旧邻居，大力协助书院并建学台一百五十间，藏书一千五百余卷，真宗下诏改建成书院。

岳麓书院

嵩阳书院，在河南登封县太室山藤。五代周时建立，初名太室书院。至道二年（公元 996 年）七月，赐院额及印本《九经书疏》，景始二年（1035 年），重修太室书院，并下诏改名为嵩阳书院。

北宋著名的大书院除上述四院之外还有设在衡州（今湖南衡阳市）石鼓山的石鼓书院；设在江宁府三茅山后的茅山书院，都很有名，故后代又有六大书院之称。书院至南宋，得到更大的发展，各地书院已达五十余所。

二、义学

义学则是为普及文化、光宗耀祖而由家族所创办的学校，是平民文化兴起的一种标志和措施。宋时期家族组织强调“敬宗收族”，其方式不外养与教两端，其中“养”主要通过义田赈济和忧患相扶来完成，而“教”则通过义学来完成。尤其是科举制度的巨大吸引力，使各家族创办义学十分踊跃，不仅承担了众多儿童启蒙教育的社会任务，有的甚至还发展成为区域性文化教育中心。

家族义学的创办多由族中官绅富户捐助部分田产来保证义学的正常开支。其教育对象以本族子弟为主，但具体言之又略有差别。如有的家族“延师以教宗族之子弟”，有的是“择子侄之秀者，起学堂，延名儒以教之”，还有的则“教其家与一乡之子弟，有古人闾塾之遗意”。

宋时代家族义学的创设，打破了此前世家大族垄断教育的局面，使教育普及于社会下层民众，其积极作用十分显著，然而就其寓意则不外乎受教育以登科入仕以及“尊祖以知本”、“广教以美俗”这几方面。尤其是科举选士的吸引，有力地刺激了各家族创办义学的热情。数载寒窗，一朝及第，不仅可以改变个人命运，更可提高整个家族的社会地位，使“家门光宠，户无繇役，庥荫子孙”，实为光宗耀祖之盛事。事实上，一个家族能不能成为地方的名门望族，在当时大致上就是取决于家族的出仕人数及官位大小。宋代蒙学教材《神童诗》起首所言“天子重英豪，文章教尔曹。万般皆下品，唯有读书高”，正是这种观念的真实写照。

宋代史学的发展成就

两宋史学有了进一步的发展。其突出标志是史官制度更为完善，史学名家辈出，史书体裁呈现了多样化的特色。

两宋史官制度，就其组织庞大和内容丰富而言，实为前代所不及。朝廷先后设置了起居院、日历所、实录院、国史院、玉牒所和会要所，任命官员记录时政、编撰史书，形成了一整套的史官修史制度。

两宋是知名史家辈出的时代，所著史书在中国史学史上占有重要的地位。其中知名史家及其史学名著有：司马光的《资治通鉴》，马端临的《文献通考》，王应麟的《玉海》《困学纪闻》和《汉艺文志考证》，李焘的《续资治通鉴长编》，李心传的《建炎以来系年要录》和《建炎以来朝野杂记》，徐梦莘的《三朝北盟会编》等。此外，陈均的《皇朝编年纲目》、欧阳修的《新五代史》、朱熹的《五朝明臣言行录》、钱若水的《太宗实录》、熊克的《中兴小记》、刘时举的《续宋编年资治通鉴》、王称的《东都事略》、李攸的《宋朝事实》、刘敞的《先秦古器图》和《汉书刊误》、黄震的《黄氏日钞》、胡宏的《皇王大纪》、罗泌的《路史》、金履祥的《通鉴前编》和《举要》等书，在史学方面也有突出的成就。两宋时期，各种新史体和新史书的出现，也较前代为多。这也是宋代史学发展的一个重要标志。如袁枢的《通鉴纪事本末》，开创了史书纪事本末体的先河；年谱一体，也是到了宋代才正式成形。此外，宋代的历史哲学也十分发达，金华学派中的吕祖谦、陈亮，永嘉学派中的陈傅良、叶适等人，都曾提出了独树一帜的历史哲学，对中国史学的发展产生了重要影响。

一、司马光及其《资治通鉴》

司马光（1019 — 1086 年），字君实，陕州夏县（今属山西）人。其学识渊博，史学之外，音乐、律历、天文、术数，无所不通。仁宗宝元初，考中进士甲科，历官直秘阁、开封府推官、天章阁待制兼侍讲知谏院。英宗时，进龙图阁直学士，

司马光雕塑

后官至尚书左仆射，兼门下侍郎，死后追封为温国公，遗著有《司马文正公集》《稽古录》等。

《资治通鉴》是司马光倾注一生心血主持编撰的我国第一部编年体通史。全书 294 卷，上起周威烈王二十三年（公元前 403 年）韩、赵、魏三家分晋，下至后周世宗显德六年（959 年），记载了从战国到五代 1362 年的历史。司马光在编撰《通鉴》过程中，邀集了当时著名的史学家刘恕、范祖禹为主要助手，同心协力，共襄事业。刘恕后来中风偏瘫，呻吟病榻，仍握笔不辍。范祖禹 15 年专心修史，“不事进取”。司马光居洛阳时，每天秉烛读书至深夜，五更点烛复起著述，结果是“骸骨癯瘁，目视昏近，齿牙无几，神识衰耗”，耗尽了心血。他们从收集资料到全书定稿，有一套严谨周密的方法和步骤。全书文字简洁质朴，结构浑然一体，取材丰富，内容翔实，是一部规模空前的编年体通史巨著。

《通鉴》的主要特点是：第一，记事略古详今，繁简适宜。周纪 148 年只用 5 卷篇幅，平均每卷约记 30 年之事。秦纪平均每卷约记 16 年之事。自秦汉魏晋以后，记事逐渐增加，入唐以后更为详尽。五代 53 年的时间，所用篇幅达 29 卷之多，每卷只记一两年之事。第二，《通鉴》记载历代史事，既写其盛，也写其衰；既写明君，也写昏君奸臣。这在客观上使这部记载“皇帝之家谱”的史书并不完全是颂帝王之歌。第三，《通鉴》采用《左传》《汉纪》编年的形式，按年、时、月、日的顺序记叙史事。它将大量分散在纪传体正史和其他书中的材料集中编排，依次叙述，避免了纪传体史书一事复见数篇，前后屡出、断续相离的短处。同时，它又广泛吸收了纪传体史书的长处，充分运用追叙和并叙的方法，对旧有编年体史书的编撰方法加以改进，既扩大了编年史记事的范围，也弥补了编年体事以年隔的弊病。第四，引用史料极为丰富。司马光自称“遍阅旧史，旁采小说，简牍盈积，浩如烟海”（《进资治通鉴表》）。所记一事，往往以三四种资料经过审核鉴别后纂成，具有相当的可靠性。此外，《通鉴》还通过《考异》建立了优良的考史方法。

《通鉴》成书后，历代研究者甚众。其中贡献最大者应推宋末元初学者胡三省所著《资治通鉴音注》一书，注释精详，考核有据，历来有很高的评价。

二、袁枢与《通鉴纪事本末》

袁枢（1131 — 1205 年），字机仲，建安（今福建建瓯）人，南宋著名史学家。乾道九年（1173 年）任明州教授。后奉召至临安（今浙江杭州），历任国史院编修官、大理少卿、工部侍郎等官，著有《通鉴纪事本末》。史称袁枢喜读《资治通鉴》，但苦其卷帙浩繁，头绪众多，于是对《通鉴》进行改编，区别门目，以类排纂，综括 1362 年史迹，分隶 239 目，始于三家分晋，终于周世宗征淮南，每事一篇，自为首尾，分别命名。因不同于《通鉴》原先以年为经的编撰体例，而是以事为主，故名《通鉴纪事本末》。这是我国第一部纪事本末体的历史著作。

我国史籍在宋以前，主要是编年、纪传二体。前者以年为经，“或一事而隔越数卷，首尾难稽”；后者以人为主，“或一事而复见数篇，宾主莫辩”，各有缺点。纪事本末体“因事命篇，不为常格……文省于纪传，事豁于编年，决断去取，体圆用神”（《文史通义·书教下》），较编年、纪传二体有其优越之处。因此袁枢所创此体，开创了历史编纂学的新途径，对中国封建史学的发展作出了重要贡献。

就《通鉴纪事本末》本身而言，其特点在于完全以某些历史事件的发生、发展、结果整个过程为主线采撷史料，分题列目，组织全书。它在集中和综合相关史料后，分事排比，能集中在一篇之中反映历史事件的全过程，确实收到了“文省于纪传，事豁于编年”的效果。《通鉴纪事本末》的又一个特点是其编排史事的灵活性，注意所编历史事件的完整性，而不追求全面描绘整个历史进程，也不过多权衡各个历史事件在整个历史进程中的地位。此外，《通鉴纪事本末》尤其注重“乱世”的历史，对所谓的升平时期，也着重留意其间的“祸乱”。选题的侧重点则是军事、政治、民族关系的内容，而殊少注意经济的内容，思想文化方面则一条也没有。由此反映了作者为现实政治服务的史观。

郑樵雕塑

三、郑樵和《通志》

郑樵（1104 — 1162 年），字渔仲，自号西溪遗尼。兴化军莆田（今属福建）人。生当两宋之际，力主抗金。后其志不得伸，隐居在莆田县西北夹山中30年，著书上千卷。绍兴二十七年（1157年）因王伦、贺允中之荐，得召对，授迪功郎，礼兵部架阁。以御史叶义问劾，改监潭州南岳庙，给札归抄所著《通志》。书成，人为枢密院编修官。绍兴三十二年（1162年），高宗至建康，命以《通志》进。会病卒，终年59岁。

郑樵在史学方面主张通史而反对断代。他认为："自《春秋》之后，惟《史记》擅制作之规模。不幸班固非其人，遂失会通之旨。……自班固以断代为史，无复相因之义，虽有仲尼之圣，亦莫知其损益，会通之道自此失矣！"《通志》一书之作，贯彻了郑樵的"会通"史观。该书共计200卷，分4部分：《本纪》18卷由三皇到隋；《列传》（包括载记和世家）126卷，从周至隋；《略》52卷，自远古迄唐；此外还有《谱》4卷。其中《本纪》《列传》部分多承袭前史旧文，不受史家重视。而专讲典章制度的《二十略》，则是全书的精华，为后人所推荐。

《二十略》指氏族略、六书略、七音略、职官略、选举略、刑法略、食货略、天文略、地理略、都邑略、礼略、谥略、器服略、乐略、艺文略、校雠略、图谱略、金石略、灾祥略和草木昆虫略。二十略之中，氏族略、六书略、七音略、都邑略、昆虫草木略等五略为旧史所无，尤其是六书略讲文字、七音略讲语音，更是郑樵的首创。《二十略》包括学术史、制度史、社会史三方面的内容，基本概括了古代文化的各个方面，反映了郑樵在文化史方面的独创精神和恢弘气魄。

宋诗、宋词、宋画的成就

宋代士大夫对中国文化发展的影响除了理学的构建外，另一重大影响就是文化趣味的转变。其主要标志就是主意主理的宋诗、委婉含蓄的宋词、雅致精美的宋画、声气相求的书院，还有清幽脱俗的文房清玩。但是宋文学的殊胜还在宋词。在词学史上，宋词占据了不可动摇的巅峰地位，宋词的总体成就十分突出。不仅完成了词体建设，艺术手段日益成熟，而且题材、内容、风格倾向均开拓了广阔的领域。在中国诗歌史上，可以唯一与唐诗媲美的就是宋词。

一、宋诗

理学家继承并发展了儒家重质而轻文、重伦常政治而轻审美愉悦的正统准则和评判尺度。像张周程朱这样目光锐利、趣味高雅的宗师级人物，尽管在文艺鉴赏和审美口味上并不保守，但其文艺创作却因过分注重以诗说“道”论“理”而稍失文采。在他们的诗中，或纵谈儒学伦常性理，或着意铺陈学问，从而使“文以载道”一变而为“以文为诗”、“以论为诗”。因此，明人陈子龙论宋诗特色为“言理而不言情”。

唐以诗为盛。宋诗在“以文为诗”思想约束下，日趋僵化，多数成为文人玩弄笔墨的产物，是一种“形式主义”的诗。只是北宋的苏轼、南宋的陆游等人的诗，才有堪与唐诗相比之处。苏轼抒发个人情怀和歌吟自然景物的诗对后世影响较大。陆游则将一腔爱国热情倾注于诗中，从而使其成为杰出的爱国诗人。

宋代诗文虽有背离形象思维而走向主理的抽象思维倾向，然而又自有其独特的美感。宋人以意索理，诗有理趣，对外在人文物象给予概念化思考，能够从凝思中省悟人生和宇宙的意蕴，表达出诗化的美善相融、审美与道德合一的境界。苏轼在《题西林壁》中所说“横看成岭侧成峰，远近高低各不同。不识庐山真面目，只缘身在此山中”，即是借景说理，诗有理趣的佳作。这一特点恰如台湾学者张亨所评论的：

美和善交融的境界不只存在于音乐或其他艺术的审美经验中……所谓“人欲

苏轼雕塑

尽处，天理流行”，跟美感经验中摒除无关的干扰是类似的……这道德经验同时也是美感经验，仁者与天地万物为一体的境界，也就是美的最高境界。

二、宋词

与诗相比，宋代文学中的最高成就为词。起于俗文化的词，在宋代文人的自觉改造中，力排俗体、俗意、俗句、俗字和俗韵，既典型地反映了中国文人对于“雅而不俗”清高意境的追求，也深刻地体现了中国的雅文化深深扎根于俗文化之中的特征。

在宋词由俗而“雅化”的过程中，苏轼起到了重要作用。这位诗文书画无所不能又无所不精的文坛大家，开拓了词体题材领域，将词一变而成随意抒情写景的新诗体，进而表现出独具个性的人生体验和思想情感。他开创的清旷豪放词风，“使人登高怀远，举首高歌，而逸怀浩气，超然乎尘垢之外”。他的传世之作《赤壁怀古》境界壮阔，气势奔放，情感深沉。其“大江东去”的浩歌与柳永“晓风残月”的吟唱的确截然有别，然而也正是这一点，又被苏氏门人评为“以诗为词”，不合“本色”。

辛弃疾雕塑

词由俗到雅的进程至南宋又有引人注目的新变化。“词至南宋始极其工”。词人强调填词应“无一点俗气”，甚至“宁僻勿俗”，尤其是张炎所说雅词论，大致标明词已经由“俚俗”民谣演变成风雅文人片面追求工丽妍美的案头之作和充溢着士人风雅情致的阳春白雪。

两宋时期，词创作空前繁荣，但“雅”中却透露着优美钟秀和细腻妩媚。其中，被称为“婉约派”词坛名家柳永可作为代表。他以风流俊迈而名噪一时，后因科场失意而经常流连于青楼市井间，自言“忍把浮名，换了浅斟低唱”。他的《乐章集》传词近二百首，大多都是描写青楼歌女的形象，表现男女依恋的世俗情感，其语句深受坊曲俗词、市井俚语的熏染，新鲜活泼而极富生活气息。著名的《雨霖铃》写的是一对恋人的离愁别绪，全词情景交融，曲折幽深，淋漓尽致地表达出恋人间的缠绵情思。柳永的令词对宋朝的词章创作及金元曲子都产生了很大影响，一时间“天下咏柳词”，“凡有井水处皆能歌柳词”。在其之后，无论是晏殊词的温润秀洁，欧阳修词的俊秀沉稳，还是秦观词的凄清含蓄，李清照词的轻巧新颖，如此等等，都充分体现了宋词所带有的“江南文学”那种阴柔美的特征。

即使被称为“豪放派”代表的苏轼、辛弃疾等人所填的词，也免不了带有一种阴柔美的气息。苏轼的词以散文的笔调写来，在词的境界上可谓开辟了一个新的天地。尽管其词中有“大江东去，浪淘尽，千古风流人物”的豪迈气魄，但同样也有“人生如梦，一樽还酹江月”的儿女情长。至于那首散文诗般的《水调歌头》，所表达的更是“人有悲欢离合，月有阴晴圆缺，此事古难全”的柔情之美。辛弃疾的词更加慷慨悲壮，豪迈奔放。以往的诗、散文、群经、诸子乃至佛典，在他的笔下，信手拈来，妙出天然，字里行间，喷发出一股震撼人心的壮怀激烈之情。但辛弃疾的词在刚烈之中流露着柔美，于悲壮之下掩盖着凄凉。那首饱含着血和泪的《菩萨蛮·书江西造口壁》，既有“青山遮不住，毕竟东流去”的大气与豪放，又有“江晚正愁余，山深闻鹧鸪”的无奈与柔美。因此，后人评价辛弃疾的词说：“继东坡，高唱大江东去”，“要非本色”，“敛雄心，抗高潮。变温婉，成悲凉”。这表明，由于时代使然，婉约和柔美是包括词在内的宋代文学艺术主旋律。

三、宋画

宋代的画，也于高雅之中流露着文人自我欣赏的情愫。宋代绘画被纳入文人的必修课之中，琴、棋、书、画成为文人高雅的一种象征。绘画已不再是一种艺术再现而成为文人寄托情怀的一种手段。因此，宋代理学的兴盛时期大致上也是中国山水书画的高潮时期。伦理哲学的思辨性与书画艺术的趣味性呈现出如此同步的现象确实值得玩味。对此，率先提出诗、书、画一体观念的苏轼，即在其诗中吟唱道：“神机巧思无所发，化为烟霏沦石中。古来画师非俗士，摹写物象与诗同。”“以诗为有声画，画为无声诗。盖诗者心声，画者心画，二者同体也。”

宋代理学以道德理性建构出“天人合一”的境界，而山水书画则以艺术化语言展现出“天人合一”的境界，于山水画中宣泄作者高雅灵性的同时，也流露出士人在理学规范与约束下对于理想人格的追求。对此，郭若虚说：“高雅之情一寄于画，人品既高矣，气韵不得不高。气韵既高矣，生动不得不至。”因此，自宋而明，画梅、兰、竹、菊渐成风尚。文同在《咏竹》中赞道：“心虚异众草，节劲愈凡木。”郑思肖《题菊》诗道：“花开不并百花丛，独立疏篱趣未穷。宁可枝头抱香死，何曾吹坠北风中。”其中意蕴表述得十分透彻，所画梅兰竹菊并不是画其空洞的姿态，而借此寓示自身的高风亮节，着眼于理想人格的塑造。

四大发明

四大发明是指中国古代对世界具有很大影响的四种发明，即活字印刷术、火药、指南针、造纸术。这四种发明对中国古代的政治、经济、文化的发展产生了巨大的推动作用，这些发明经由各种途径传至西方，对世界文明的发展也产生了很大的影响。

一、活字印刷术

活字印刷是继雕版印刷之后，我国又一项重大的发明。雕版印刷是在整块木版上雕刻制版，以一整块、一整块木版进行印刷，一本书要雕刻许多块木版才能印成，所以这种印刷方法又叫做整版印刷。活字印刷是用一个个活字排成一个个印版来印刷。这种印版就叫做活版。从整版演进到活版，确实又是一个重大的创造。

最早发明的活字印刷是泥活字印刷。它是用胶泥制成一个个泥坯，再在泥坯上刻出阳文反体的单字，经过烧制成可供印刷用的活字，然后用这些活字进行排版，排成一块块书版，以此刷印成书的一种技术。活字印刷改变了在木版上雕刻文字，一部书要用许多整块的木版才能印成一部书的方法，既节省了木版和劳动力，又加快了印书的速度，是一种先进的排印方法。

由北宋毕昇（？—约 1051 年）于 11 世纪中叶发明的这种泥活字印刷，既是后来木活字、金属活字印刷的源起，也是 15 世纪开始兴起的西方印刷术的渊源。宋人毕昇发明泥活字印刷的时间是在宋仁宗庆历年间（1041 — 1048 年），他的发明比德国人谷登堡用铅活字版印刷《圣经》早约400年。毕昇发明泥活字印刷一事虽无实物存世，但有史可稽，与毕昇同时代的北宋著名科学家沈括（1031 — 1095年）在他晚年所写的《梦溪笔谈》这部著作中，较为翔实地记载了这件事。

沈括在《梦溪笔谈》一书中既具体又详细地记述了毕昇发明泥活字印刷的方法和经验，泥活字印刷的排版设备和排版方法，泥活字印刷既省事又高效的情况，泥活字的置备和保管方法，木活字印刷有哪些方面不如泥活字印刷，并且对毕昇死后他创制的泥活字的去向等，都一一作了介绍，说得简单明了，清清楚楚。

毕昇雕塑

凭借沈括的这一记载，使后世的人们得知早在11世纪时，我国就已产生了活字印刷的方法，发明活字印刷的人是毕昇，这是一个重要而又无可辩驳的论证。又因为有了沈括的这一记述，使毕昇的泥活字印刷技术，在他去世以后得以流传并发扬光大，应该说这些都是沈括的一大功绩。

遗憾的是沈括在《梦溪笔谈》一书中没有记述毕昇的生平，例如：他生于什么年代，卒于什么时候，是什么地方人，以及他一生的事迹等，也没有记述毕昇用泥活字印刷术印制了哪些书。《梦溪笔谈》中所说的“昇死，其印为予群从（指沈括的子侄们）所得，至今宝藏”的这些泥活字，一个也没有流传下来，也是很感遗憾的事。

二、火药

许多史籍表明，最早的火药是在公元9世纪后半期唐末宋初问世的。

当时发明的火药，现在叫黑色火药，是硝石、硫黄和木炭三种粉末的混合物。硝石的主要化学成分是硝酸钾，硝酸钾是氧化剂，在加热时释放氧气。而硫黄和炭容易被氧化，所以把硫黄、木炭、硝石混合在一起燃烧，就会发生迅猛的氧化还原反应，在反应中放出高热和产生大量气体。如果混合物是包裹在纸、布或充塞在陶罐、石孔里，燃烧时由于体积突然膨胀，就会发生爆炸，这就是黑火药燃烧爆炸的原理。

火药是我古代的炼丹家发明的。在炼丹过程中，他们很注重硫黄的使用，因为硫黄是能够制伏金属的奇异物质，它可以和水银化合生成硫化汞，还可以和铜铁等金属化合。硫黄性质活泼，容易着火。为了控制硫黄，炼丹家把硫黄和其他物质一起加热形成化合物，来改变它容易着火的性质，这种方法称为“伏火法”。在进行硫黄“伏火”的种种实验中，发现当硫黄、木炭和硝石一起加热时，极易发生剧烈的燃烧。由于硫黄和硝石在我国古医书上被列为治病的药物，所以把它们和木炭的混合物称为“火药”，意思是会着火的药。

在《诸家神品丹法》卷五中，记载有唐初医学家和炼丹家孙思邈的“丹经内伏硫黄法”，从中可知当时已经掌握了由硝石、硫黄、木炭混合在一起的火药的初步配方。最早完整地记载火药的配方和制造工艺的，是北宋官修御定的《武经总要》。《武经总要》成书于公元 1044 年，该书的第 11、12 卷中，记载了制毒药烟球、蒺藜火球和引火球（也叫“火炮”）三种火药的配方。其中的主要成分是硝、硫、炭，而且硝的比重大大增加。唐代火药硫、硝含量相同为 1 ∶ 1，而在这三个配方中已增加到 1 ∶ 2，甚至近乎 1 ∶ 3，已与后世黑火药中硝占 3 / 4 的配方相接近。同时，又加进各种少量辅助性配料，分别起燃烧、爆炸、放毒和制造烟幕等作用，可见当时的火药配方已经相当复杂了。

火药在军事上、生产中有着极其重要的作用。公元 13 世纪初期和中期，火药传到阿拉伯国家；13 世纪下半期，欧洲知识分子才从阿拉伯书籍中得到有关火药的知识；14 世纪上半期，欧洲才开始制造火药武器。

三、指南针

指南针是利用磁铁在地球磁场中的南北指向极性而制成的一种指向仪器，有多种形体。

最早的“指南针”在战国时代出现，我国人民利用磁铁造成了一种指示方向的工具，叫“司南”。“司南”就是指南的意思。

指南针

司南的形状和现在的指南针完全不同。它是根据我国古代的勺子的形状制成的，很像我们现在用的汤匙。

司南是怎样制成的呢？古书上缺少详细的记载，又没有实物留下来，所以我们没有办法知道它的准确形状。根据专家们的研究，司南大约是将整块的天然磁铁，轻轻地琢磨成勺子的形状，并且把它的S极琢磨成长柄，使重心落在圆而光滑的底部正中。

司南做好以后，还得做一个光滑的底盘。使用的时候，先把底盘放平，再把司南放在底盘的中间，用手拨动它的柄，使它转动。等到司南停下来，它的长柄就指向南方，勺子的口则指向北方。

司南的底盘是用青铜做的，有的是个涂漆的木盘，青铜和漆器都比较光滑，摩擦的阻力比较小，司南转动起来很灵活。这种底盘内圆外方，四周还刻有表示方位的格线和文字。现在的出土文物中，就有这样的铜盘和涂漆的木盘；还有东汉时候的一幅石刻，刻着一个小勺子放在一个小方台上，有人认为这就是司南。

司南必须放在光滑的底盘上旋转，底盘还必须放平，否则就会影响它指南的作用，甚至会使它从底盘上滑下来。因此，人们发明司南以后，又继续不断地研究改进指南的工具。

北宋时期，农业、手工业和商业都有了新的发展。在这个基础上，我国的科学技术获得了辉煌的成就。在这个时期，我国在指南针的制造方面也有很大的发展。

北宋时，已经掌握了利用天然磁石磨成针，制成指南针的技术。后来把磁针装在刻有度数和方位的圆盘上，制成罗盘针，用于航海。

沈括在《梦溪笔谈》一书中，提到了指南针的几种用法。一是水浮法，把指南针放在有水的碗里，使它浮在水面，指示南北方向。二是指甲旋定法，把磁针放在手指甲上轻轻转动后来定向。三是碗唇旋定法，把磁针放在光滑的碗边通过旋转磁针来定向。四是缕悬法，在磁针的中部涂一点点蜡，用一根细丝线沾上蜡后，悬挂于空中指南。这种悬挂式指南针，必须在无风处使用，但使用起来比较方便。根据试验，沈括认为这四种方法中，要算缕悬法最好。因为指甲和碗边上很光滑，指南针容易掉下去。而使用水浮法时，水若振荡，针就难以静止下来了。

沈括在900年前提出的这四种方法，有的至今仍有实用价值，如现代的磁变仪、磁力仪的基本结构原理，就是采用了沈括所说的缕悬法原理。而航海中使用的重要仪表罗盘，也大多是根据水浮磁针这一原理设计而成的。

指南针发明后，很快用于航海，对社会发展起到了重要作用。中国也是最早把指南针用于航海事业的国家。从此，海船有了眼睛，再不会迷失方向。这样，就把航海事业推进到了一个新的时代，促进了各国之间的经济贸易和文化交流。

四、造纸术

造纸术的发明是我国汉代科学史上一项伟大的成就。西汉时代多以麻为原料造纸，麻纸多呈不规则形状，质厚色黄，结构较密，坚硬有韧性但表面比较粗糙。东汉元兴元年，蔡伦在前人造纸术的基础上，改革和推广了造纸技术。他采用了树皮、麻头、破布、渔网等做原料，不仅大大扩充了造纸的原料来源，降低了成本，而且大大提高了纸的质量。这种纸有纸草之便而不似其易于破损，有竹木简牍之廉而不似其臃赘，有甲骨金石之坚硬却不似其笨重，有缣帛羊皮之柔软却不似其昂贵。由此纸张得到迅速推广，人们称这种纸为“蔡侯纸”。公元105年则

蔡伦雕塑

被普遍认为是造纸术的发明年代。

造纸术发明后，经过魏晋南北朝和隋唐五代时期的发展，在宋代达到了一个繁荣时期。无论是原料、产地、品种、生产规模、技术水平，以及产品的质量，都明显地超越了前代。

这一时期的造纸技术继承了唐和五代的造纸传统，又有了相当突破。北宋时安徽已采用日晒夜收的办法漂白麻纤维以制纸，抄出的生纸光滑洁白，经久耐用。纸质轻软薄韧的上等纸全是江南制造，也称江东纸。纸的再利用开始于南宋，以废纸为原料，收集旧纸与新料掺在一起，打出混合纸浆造纸，人称还魂纸或熟还魂纸，具有省料、省时、见效快的特点。

纸药的应用是宋代造纸术中一项重要的发明。造纸的过程中往往要向纸浆中加入某些植物黏液，古代纸工称之为纸药。纸药的作用是作为悬浮剂，使纸浆中的纤维分散。同时它还能防止纤维互相黏结，使湿纸易于分张或揭分。

唐代以前，纸张尚无一定的规格。唐末五代时，印刷术与造纸术的结合使书籍印制成为纸张需求的大宗。为适应大批量生产，纸张出现了寸纸、匹纸、片纸等不同规格。宋代能生产三丈余长的巨幅纸，称为“匹纸”。定制生产反过来也促进了造纸业的发展。

宋代纸张的用途进一步扩大，使纸在社会生活中的地位日益重要起来。

首先是用于刻书。活字印刷术的发明，极大地提高了印刷效率，带动印书业的兴旺。宋代从中央到地方各级政府乃至民间，都刊刻、出版各类图书；私家刻书也在北宋逐渐盛行，以杭州私人书坊刻印的书籍质量最高。印书业主要集中在浙江杭州、四川成都、福建建阳等地。宋刻本因讲究用纸质量，很多都得以保存良好流传后世，“宋版书”成为这一时期留给我们的文化瑰宝。

其次是用于官府文件。随着技术进步，纸张的质量得以大幅提高，最终成为官府文件的首选材料，用于官方文书、写本、刻本、诏令公文等。所选纸张以黄纸为主，较隆重的礼仪则采用销金或泥金彩笺。

此外，纸质货币开始出现，作画、写经较前更为普遍，亦有不少流传至今。甚至还用纸包裹火药，制造火枪上的火药筒等。

发达的造纸技术呼唤着对其专门的记录与总结。有关造纸的资料记载比较早。虞世南在任隋秘书郎时曾作有《北堂书钞》一书，书中便收集了部分关于纸的资料。入唐之后，欧阳询《艺文类聚》，徐坚《初学记》也都收集有类似的资料。但是关于纸的专著却是到了宋代才出现的。宋元时期，出现了北宋苏易简的《纸谱》、元代费著的《蜀笺谱》等有关造纸术的重要著作。

苏易简（公元958－公元996年），字太简，梓州铜山（今四川中江）人。北宋太平兴国五年（980年）进士第一。历官知制诰、翰林学士、给事中。淳化中，官至参知政事。后出知陈州，卒，赠礼部尚书。易简知识渊博，善喜谈笑，以文章名著于世，有《文房四谱》《续翰林志》及文集二十卷传世。苏易简《文房四谱》中的《纸谱》，是我国也是全世界最早的造纸专著。其中分叙事、制造、杂说、辞赋四项，谈到了麻纸、藤纸、楮皮纸、桑皮纸等的源流、加工及用途，也谈到了北宋的竹纸、麦秆纸、稻秆纸，具有很高的史料和学术价值。

苏易简雕塑

费著（生卒年待考），成都市双流人，元代史学家。进士出身，授国子助教，曾任汉中廉访使，后调重庆府任总管。著有《民族谱》《器物谱》《楮币谱》《岁华纪丽谱》《成都志》等。一生对造纸技术颇有研究。他在《蜀笺谱》中记述了当时四川造纸业的渊源、特点与名产："今天下皆以木肤为纸，而蜀中乃尽用蔡伦法，笺纸有玉版，有贡余，有经屑，有表光。"他的《楮币谱》专门考察了纸币的产生及发展，至今仍为研究者所借重。

此外，宋代的《负暄野录》《洞天清录》以及米芾的《书史》等，都有不少描述纸的文字。这些书籍的出现，一定程度上亦反映了造纸技术的发展。

纸币的产生

在纸币没有出现之前，我国曾经长时间将金元宝、银元宝、铜钱等贵金属作为货币单位。但在流通过程中逐渐发现，这种货币的重量大，携带、清点均感不便，而且铸造时耗费的金属过多，成本负担太大，人们便想着用其他办法来代替。一张量小质轻，成本低的纸质货币，很自然地成为首选的目标。

到了北宋景德二年（1005 年），在益州（今四川成都）地区的民间商会，自发地使用一种用纸刻印的所谓“交子”，作为丝麻稻麦等商品的兑换凭证。这可能是最早纸币的雏形。以后，南宋绍兴三十一年（1161 年）由高宗皇帝下令改发新币——会子，使用范围逐渐扩大。辽、金割据局面形成后，金代贞元二年（1154

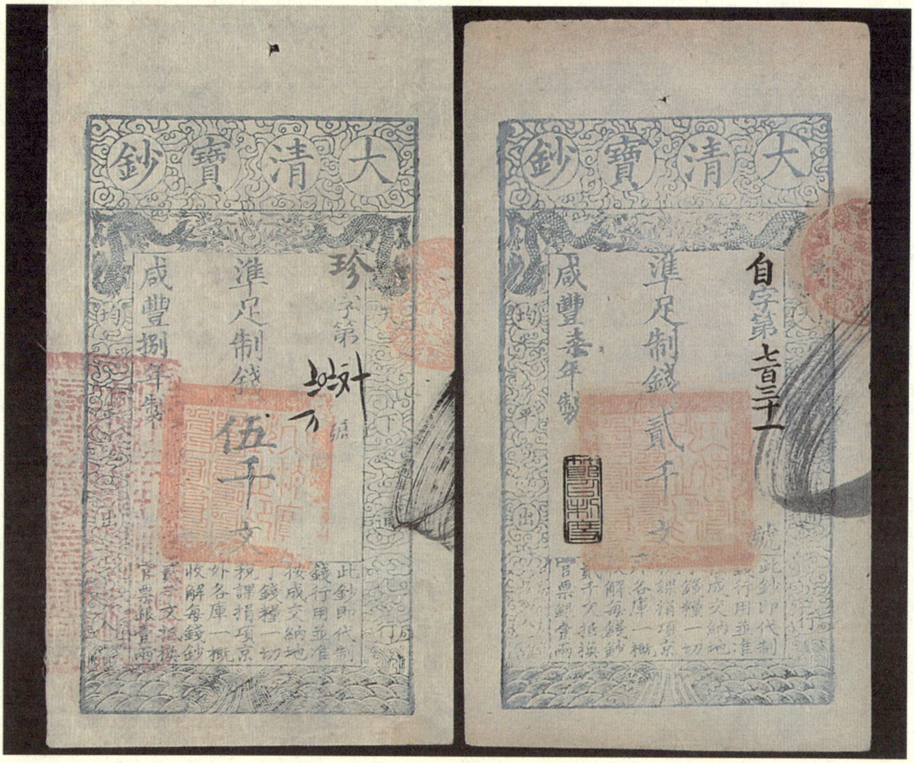

纸币——大清宝钞

年）因库存铜、银减少，便拟仿宋朝的交子，发行一种取名为“钞引”的货币。此钞按使用铜钱的习惯，有大、小钞两种，大钞单位唤作“贯”；小钞单位唤作“文”。一贯等于 1000 文。因以纸印制，亦称之为票。不过，当时民间叫它钱票，权当是货物交换的媒介物。

忽必烈灭宋以后，元朝至元八年（1271 年），大量发行“至元通行宝钞”。据意大利人马可·波罗在其游记中介绍（他于 1275 年到达中国），元朝的纸币是用桑皮纸印制的，纸上盖有朱红色的官印，上边告示：不得拒用或伪造，否则朝廷杖以极刑。明朝洪武年间（1385 年）发行“大明通行宝钞”。这种宝钞的实物曾在北京故宫博物院展览过，纸面蓝色、墨字、红印。其长度 34 厘米、宽度 27 厘米，比现在的 A4 复印纸还要大。清朝咸丰三年（1853 年），官府发行大清宝钞和户部官票，并把这两者合称为钞票。于是，纸币便由交子演变至此，合而成为钞票了，这也就是钞票的由来。

顺便提一下，元朝的宝钞随着蒙古的骑兵西行远征，流传到了波斯国（今伊朗）。1294 年，波斯国王发行的纸币几乎完全照抄元朝纸币。甚至把汉字“钞”也原样照印。由此出现了一个有趣的现象，在波斯纸币上既印有阿拉伯文，也有汉字，还盖有中国式的印章。不久，纸币又由中东流传到了欧洲。西方第一次发行的是瑞典纸币，时间是 1661 年，纸币上除有花纹边框外，只有编号和总管者的签字。由此可知，纸币的发源地是中国，也可以说，我国是世界上发行纸币最早的国家。

精美的宋瓷

瓷器是我国古代的重大发明之一。发展到宋代，无论是产量还是制作技术，都较前代有了很大的提高。当时烧造瓷器的窑户遍布全国各地，所造瓷器各具特色。北宋最著名的五大名窑是定窑、汝窑、官窑、哥窑、均窑。定窑是定州窑的简称，窑址在今河北省曲阳县涧磁村、燕山村等地。定窑以白瓷著称，瓷色清白，器薄而轻，造型工巧，有划花、绣花、印花三种。白瓷之外，定窑红瓷、黑瓷也颇著名。苏轼《试院煎茶》诗有“定州花瓷琢红玉”句，对定窑红瓷十分推许。汝窑窑址在今河南临汝。瓷色近“雨过天晴”，是宋代北方烧制青色瓷器的开端。

宋代著名学者陆游在《老学庵笔记》中说：徽宗大观年间“定器不入禁中，惟用汝器”。汝窑的上供品，据载系用玛瑙末为釉烧成，十分珍贵。汝瓷敦厚温润，纹样有蟹爪、冰裂、芝麻花等，而尤以无纹为最佳。金人入主中原后，汝窑一度停废。官窑系北宋末年所设，专供内廷用品，窑址在开封东南之陈留。官瓷土脉细润，胎薄色青，浓淡不一。其中釉色以粉青为上，淡白次之，油灰为下。纹则以冰裂、鳝血为上，梅花片墨纹次之，细碎纹为下。哥窑以章氏兄弟两人之兄章生一命名，窑址在今浙江龙泉。兴起于五代末年，后逐渐取代了越窑。哥窑的“百圾碎”皆浅白断文，冠绝当世。另弟窑章生二所烧之瓷晶莹剔透，犹如美玉，也与哥窑瓷器齐名。

出土的宋代瓷器

均窑窑址在河南禹县。它是北宋末继汝窑而起的一处大型彩色瓷窑，釉色种类较多。有菟丝纹、火焰青，“红如燕支（胭脂），青若葱翠，紫若墨黑”，而色纯不杂者为上品。除五大名窑之外，北宋有名的瓷窑还有陕西的耀州窑，河北的磁州窑，河南的唐州窑、邓州窑，安徽的宿州窑、泗州窑等。这些瓷窑的产品种类丰富，从生活用品到工艺性的玩具、文具等，一应俱全。宋瓷不仅是生活日用品，而且是精美的工艺品。

南宋的制瓷业在北宋的基础上有了进一步的发展。有的大窑占地数 6666 平方米，高 20 米。北方的一些官窑因宋室的南迁也移到了南方，如临安凤凰山下的修内司官窑，所烧瓷器“极其精制，釉色亦莹澈，为当时所珍”。特别是景德镇的制瓷业，在南宋发展更快。景德镇之瓷在当时有“饶玉之称”。另外，浙江所产传统青瓷，仍为当时珍品。

宋瓷在当时曾大量地远销海外。《萍州可谈》记载宋代商船出海，“货多陶器（瓷器），大小相套无少隙地”。说明在对海外贸易中，瓷器是宋朝主要的输出商品之一。

元朝的短暂统治

13 世纪，成吉思汗领导蒙古族崛起于漠北草原，他建立了横跨亚欧的世界上无与伦比的大帝国。但这种征服并未能创造出一个独特的文明，只是在广大区域内实行着松散的统治，不久蒙古大帝国便土崩瓦解了。1260 年，成吉思汗之孙忽必烈在汉地即汗位，推行汉法。1271 年正式定国号为大元，是为中国历史上的元朝。

站在元帝国顶端的是少数蒙古贵族，他们广占土地、牲畜、奴婢、财货，剥削压迫十分严重。元帝国是一个多民族国家，蒙古统治者肆行民族压迫，把全国人民分为四等，一蒙古，二色目（西域、中亚胡人），三汉人（包括契丹、女真、北方汉人），四南人（南方汉人）。四等人在政治、法律上享受不同待遇，地位最低的是南人。重要官职及军职都由蒙古人把持，汉人特别是南人很难得到。色目人以善于经商理财著称，能得到蒙古统治者信任，在朝廷中可掌握财政大权。如色目人阿合马在忽必烈时一度权倾天下，财累巨万，引起汉人很大不满。四等人所受法律待遇不平等，规定“蒙古人与汉人争，殴汉人，汉人勿还报，许诉于有司”。“诸蒙古人因争及乘醉殴死汉人者，断罚出征”。而汉人如果杀了蒙古人，就要夷灭其族，还罚赔烧埋银（丧葬费）。汉人、南人的马匹、武器都被没收，并严禁私藏，且在乡间则建立

成吉思汗像

里社组织，对其进行控制。

蒙古统治者统治的中原地区，是积累了数千年文明的高度发达的封建社会。蒙古统治者不难发现，不借重汉人实际上很难统治汉地。所以他们虽然实行民族压迫，但也被迫任用汉人，行汉法。这从忽必烈时代就已经开始。但守旧的蒙古贵族势力强大，反对任用汉人行汉法的斗争一直不断，成为元朝统治阶级内部的一大问题。如元仁宗（1311 — 1320 年在位）曾大力提倡儒学，用汉法，实行科举制。虽然四色人等分别考试，但考试的内容都有儒学，而且汉人、南人也可通过科举出任官吏，平息了他们的一些不满。到元顺帝（1333 — 1368 年在位）时，蒙古贵族伯颜擅权，罢科举取士，命令各地方官吏正职都须由蒙古和色目人担任，禁止汉人南人学习蒙文，甚至请诛张王刘李赵五姓汉人，加剧了民族矛盾，加速了元朝的灭亡。

当时的蒙古族是一个相对落后的游牧民族，在其四处扩张侵略战争的过程中，曾经大量俘人为奴，所以他们占领中原后使当地奴隶制一度有所加强。当时社会上奴隶很多，有汉人、南人、女真人、契丹以及中亚、欧洲等地的人，蒙古族中也有由于抵债、犯罪或被人掠卖而陷身为奴的。使用奴隶最多的是手工业部门，蒙古人在战争中大量掳掠的俘虏是手工工匠，他们被分配给蒙古贵族为私奴婢，或集中使用为官奴婢，按各自的行业，造作各种器物，供应蒙古贵族。此外，奴婢也使用于农牧业生产、家务劳动、军务运输、官私杂役以及供统治者享乐的童妾之属。法律视奴婢为财物，元初奴婢可由主人随意杀害，后来才规定要把有罪奴婢送交官府处治。但即使主人故意杀无罪奴婢，也只受杖 80 的处分，而私宰牛马者还要杖 100，可见奴婢地位不如牛马。这种强制输入的奴隶制阻碍了社会的发展，对中国封建社会的历史产生了不利的影响。

中原地区长期以来是封建经济发达区域，奴隶制的畸形发展，并不足以使社会倒退回奴隶制，仍然是以封建的生产方式为主。蒙古统治阶级到后来也广占土田，剥削农民。此外汉人地主，寺院、道观地主也很多。当时独立农民数量较少，北方土地上耕作的除佃户农民外，也有奴婢；南方则大都为佃户。一富户可有佃客数千家以至万家。佃户除与主人平分耕作所得，还要受其他勒索。他们法律上地位是良民，但往往被地主随土地转移买卖。任意打骂、杀害佃户的事也屡见不鲜。律法规定“诸地主殴死佃客者杖 170，征烧埋银 50 两”，其地位只略高于奴婢。至于元朝的工商业，虽然在大破坏后逐渐有所恢复，但可以说并没有什么发展。贩运的商品多是供应贵族享乐的一些奢侈品，北方的大都、上都等，万方商贾云集，买卖的多是珠宝、珊瑚、翡翠、玳瑁、犀象制品、金银制品等，只有江南的都市，和海外各国进行贸易，还有一定的积极意义。

在元朝统治者的严酷统治下，阶级矛盾空前尖锐，再加上民族歧视和民族压迫，终于导致农民大起义，并最终于1368年灭亡了元朝。

《三字经》

《三字经》是元、明、清诸朝蒙学和民国时期私塾中普遍使用的识字课本，是我国古代蒙学教材中最有代表性的一种。它曾在社会上广泛流传，书中有很多家喻户晓、脍炙人口的格言警语，被誉为“千古一奇书”。

一般认为《三字经》是王应麟所著。王应麟，字伯厚，是宋末元初的大学问

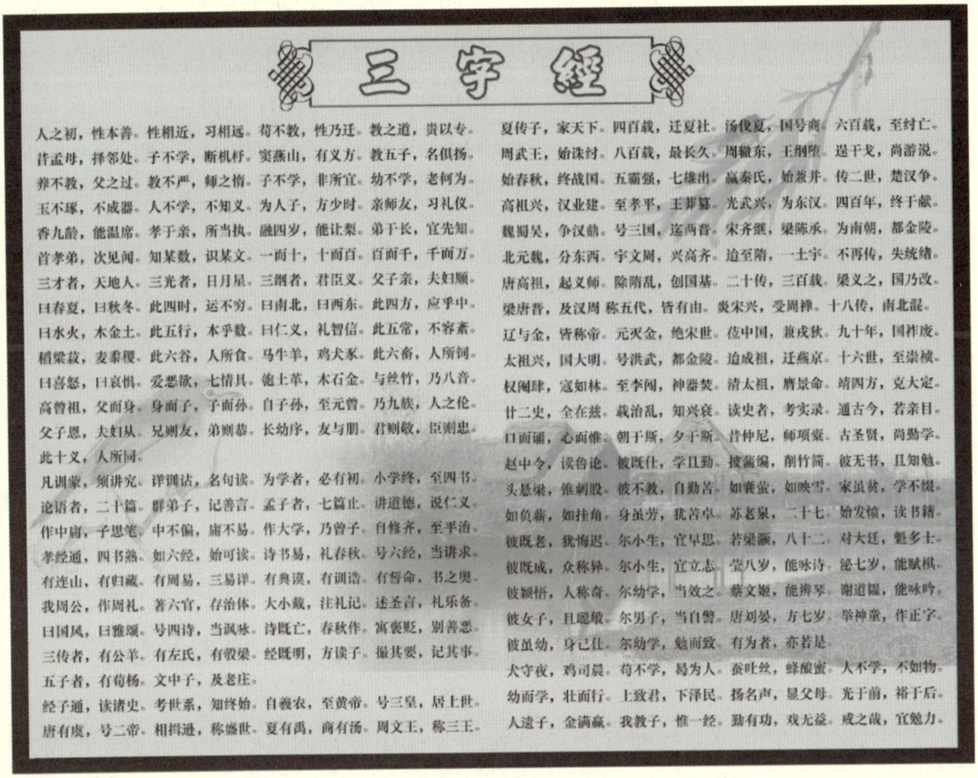

三字經

人之初，性本善。性相近，习相远。苟不教，性乃迁。教之道，贵以专。
昔孟母，择邻处。子不学，断机杼。窦燕山，有义方。教五子，名俱扬。
养不教，父之过。教不严，师之惰。子不学，非所宜。幼不学，老何为。
玉不琢，不成器。人不学，不知义。为人子，方少时。亲师友，习礼仪。
香九龄，能温席。孝于亲，所当执。融四岁，能让梨。弟于长，宜先知。
首孝弟，次见闻。知某数，识某文。一而十，十而百。百而千，千而万。
三才者，天地人。三光者，日月星。三纲者，君臣义。父子亲，夫妇顺。
曰春夏，曰秋冬。此四时，运不穷。曰南北，曰西东。此四方，应乎中。
曰水火，木金土。此五行，本乎数。曰仁义，礼智信。此五常，不容紊。
稻粱菽，麦黍稷。此六谷，人所食。马牛羊，鸡犬豕。此六畜，人所饲。
曰喜怒，曰哀惧。爱恶欲，七情具。匏土革，木石金。与丝竹，乃八音。
高曾祖，父而身。身而子，子而孙。自子孙，至元曾。乃九族，人之伦。
父子恩，夫妇从。兄则友，弟则恭。长幼序，友与朋。君则敬，臣则忠。
此十义，人所同。
凡训蒙，须讲究。详训诂，名句读。为学者，必有初。小学终，至四书。
论语者，二十篇。群弟子，记善言。孟子者，七篇止。讲道德，说仁义。
作中庸，子思笔。中不偏，庸不易。作大学，乃曾子。自修齐，至平治。
孝经通，四书熟。如六经，始可读。诗书易，礼春秋。号六经，当讲求。
有连山，有归藏。有周易，三易详。有典谟，有训诰。有誓命，书之奥。
我周公，作周礼。著六官，存治体。大小戴，注礼记。述圣言，礼乐备。
曰国风，曰雅颂。号四诗，当讽咏。诗既亡，春秋作。寓褒贬，别善恶。
三传者，有公羊。有左氏，有穀梁。经既明，方读子。撮其要，记其事。
五子者，有荀杨。文中子，及老庄。
经子通，读诸史。考世系，知终始。自羲农，至黄帝。号三皇，居上世。
唐有虞，号二帝。相揖逊，称盛世。夏有禹，商有汤。周文王，称三王。
夏传子，家天下。四百载，迁夏社。汤伐夏，国号商。六百载，至纣亡。
周武王，始诛纣。八百载，最长久。周辙东，王纲坠。逞干戈，尚游说。
始春秋，终战国。五霸强，七雄出。嬴秦氏，始兼并。传二世，楚汉争。
高祖兴，汉业建。至孝平，王莽篡。光武兴，为东汉。四百年，终于献。
魏蜀吴，争汉鼎。号三国，迄两晋。宋齐继，梁陈承。为南朝，都金陵。
北元魏，分东西。宇文周，兴高齐。迨至隋，一土宇。不再传，失统绪。
唐高祖，起义师。除隋乱，创国基。二十传，三百载。梁灭之，国乃改。
梁唐晋，及汉周 称五代，皆有由。炎宋兴，受周禅。十八传，南北混。
辽与金，皆称帝。元灭金，绝宋世。莅中国，兼戎狄。九十年，国祚废。
太祖兴，国大明。号洪武，都金陵。迨成祖，迁燕京。十六世，至崇祯。
权阉肆，寇如林。至李闯，神器焚。清太祖，膺景命。靖四方，克大定。
廿二史，全在兹。载治乱，知兴衰。读史者，考实录。通古今，若亲目。
口而诵，心而惟。朝于斯，夕于斯。昔仲尼，师项橐。古圣贤，尚勤学。
赵中令，读鲁论。彼既仕，学且勤。披蒲编，削竹简。彼无书，且知勉。
头悬梁，锥刺股。彼不教，自勤苦。如囊萤，如映雪。家虽贫，学不辍。
如负薪，如挂角。身虽劳，犹苦卓。苏老泉，二十七。始发愤，读书籍。
彼既老，犹悔迟。尔小生，宜早思。若梁灏，八十二。对大廷，魁多士。
彼既成，众称异。尔小生，宜立志。莹八岁，能咏诗。泌七岁，能赋棋。
彼颖悟，人称奇。尔幼学，当效之。蔡文姬，能辨琴。谢道韫，能咏吟。
彼女子，且聪敏。尔男子，当自警。唐刘晏，方七岁。举神童，作正字。
彼虽幼，身已仕。尔幼学，勉而致。有为者，亦若是。
犬守夜，鸡司晨。苟不学，曷为人。蚕吐丝，蜂酿蜜。人不学，不如物。
幼而学，壮而行。上致君，下泽民。扬名声，显父母。光于前，裕于后。
人遗子，金满嬴。我教子，惟一经。勤有功，戏无益。戒之哉，宜勉力。

《三字经》

家，他对蒙学教育十分热心，除《三字经》外，还写有多种蒙学教育著作。他在南宋时官至礼部尚书，宋亡，誓不仕元，《三字经》即著于元初之时。

《三字经》篇幅不大，一千字多一点；三字成句，或三字倍数成句，句句押韵，句式富于变化。全书结构谨严，文字简练，通俗易懂；内容十分丰富，涵盖面极广，堪称初等百科全书。内容可分为四个部分：

开篇先说教和学的重要。以“人之初，性本善”打头，从人性论的高度进行论说，很多话成为世代相传的格言。如“养不教，父之过；教不严，师之惰”，“玉不琢，不成器；人不学，不知义”，至今仍不失其教育意义。

第二部分，介绍儿童须知的伦理道德规范以及基本的数目和名物常识。其中“三纲”、“五常”、“十义”等，有强烈的封建等级性质，自不可取；然而像孝悌、礼仪等方面的要求，还是合理的。将名物概括为“三才”（天、地、人）、“三光”（日、月、星）、“四时”（春、夏、秋、冬）、“四方”（南、北、东、西）等的方法，便于儿童掌握，今天我们进行儿童启蒙教育时还可以借鉴。

第三部分，按照为学次第，依序介绍四书、六经、五子及我国五千年历史。这部分内容占全书篇幅之半，起着动员儿童努力读书学习的作用，也是最基本的文化名人和典籍及历史知识的教育。关于历史，主要讲朝代更替，帝王兴废。王应麟原本从上古三皇写到宋亡止。后来的刊本几次补进了当代内容，使《三字经》能常用常新，经久不衰。

最后部分，介绍历史上一系列的勤学故事，勉励儿童发奋读书，博取功名成就。全书以“勤有功，戏无益，戒之哉，宜勉力”结尾。共计十九个勤学故事，包括了圣人、宰相勤学；无书、无师自学，家贫、身劳不辍学；年高、年老发愤学；神童颖悟称奇；女子聪敏不凡等各种类型的事例，对于教育儿童奋发向学，很有启发。总结《三字经》思想教育方面的内容，虽不乏“三纲五常”、“显亲扬名”等封建说教，但中心是劝勉儿童奋发有为，努力学习，其殷殷之情，溢于言表。

《三字经》的编写，继承了我国蒙学教材以识字为主、结合进行知识和思想品德教育的优良传统，尤以鼓励儿童奋发学习、进行名物和历史启蒙教育见长。《三字经》三字成句，整齐押韵，朗朗上口，方便朗读背诵。蒙学儿童无不烂熟于心，以至终生不忘。

《三字经》在古代蒙学教材中称得起第一佳作。元明清时期的读书人都是从《三字经》开始接受启蒙教育的。《三字经》的社会影响相当大，旧时即使目不识丁者也能吟得其中一些语句，或讲出其中的故事。《三字经》的流行对于发扬我中华民族读书教子的优秀传统，对于向广大民众普及历史知识，作出了积极贡献。

马可·波罗东游

马可·波罗是世界闻名的旅行家、商人。他生于意大利威尼斯，家中世代经商。元朝时，出于对东方文化的向往，他来到了中国，并将中国之行的所见所闻写成了《马可·波罗游记》一书。该书引起了欧洲人对东方的浓厚兴趣，为他们开辟新航路提供了动力，极大地推动了中西方文化的交流和发展。

一、少年远游中国

马可·波罗出生于拥有古老商业传统的意大利威尼斯，其父马窦·波罗和其叔尼古拉·波罗都是商人，常年奔波在外。他们去过伊斯坦布尔，在蒙古帝国辖下的钦察汗国从事过贸易活动。后因钦察汗国和伊儿汗国之间爆发内战，他们选择了回国。在归国途中，他们巧遇伊儿汗国奉旭烈兀之命回元朝的使节，遂跟使节一起到了大都，并得到忽必烈的接见，还受其嘱托，担当元朝出使罗马教廷的特使。

马可·波罗像

父亲的这番际遇使小马可·波罗对神秘的东方产生了浓厚的兴趣，并萌发了去中国的想法。1271年，年仅17岁的马可·波罗终于得偿所愿，随父亲和叔叔带着罗马教廷给忽必烈的回函，开始了中国之旅。

他们历时三年半，尝遍艰辛后，于1275年夏天来到了元朝上都（今内蒙古多伦西北），受到忽必烈的隆重接待，并在中国定居下来，一直住了17年。马可·波罗没多久便学会了朝廷礼仪，还学会了一些蒙古语和汉语，深受忽必烈器重。他旅居中国的十多年间，游历了大半个中国，陆续到过新疆、甘肃、内蒙古、山西、陕西、四川、云南、山东、江苏、浙江、福建和北京等地，行程超过万里。1292年，阔阔真公主远嫁波斯。马可·波罗一家以使者的身份随队护送公主到达伊儿汗国。

二、《马可·波罗游记》的诞生

马可·波罗回国后没多久，威尼斯和热那亚发生海战。为了捍卫国家利益，马可·波罗报名参军，投身于战争。

不幸的是，威尼斯海军最终被热那亚人击败，马可·波罗被俘虏并关进了监狱。在狱中，他和比萨的小说家鲁思梯切诺相识。马可·波罗为鲁思梯切诺介绍了自己去东方的所见所闻，鲁思梯切诺听后惊得目瞪口呆，决意将它写出来让更多人分享。于是，由马可·波罗讲述，鲁思梯切诺记录的，一部蜚声世界的巨著——《马可·波罗游记》就这样诞生了。

这本书深深地影响了欧洲人，不仅拓展了中世纪欧洲人的视野，还证明了宗教的谬论和“天圆地方”学说的错误，唤醒了中世纪的欧洲人。那时，很多知名的航海家和探险家都是因这本书而产生了对神秘且富饶的东方的向往，他们对“东方”的寻访，客观上促成了新航道的开辟和新大陆的发现，加速了欧洲的现代化，改变了全世界的历史进程。

三、马可·波罗所引发的争论

1299年，马可·波罗被释回国，此后，他开始经商，并有了家室，再也不曾出游过。1324年，马可·波罗死于威尼斯。

马可·波罗尚在世的时候，因为《马可·波罗游记》中所述之事大部分都是人们没听过的，所以他便受到了时人的质疑和嘲讽。当时，人们大都戏称他为“百万君”，其一是因为他的确很富有；其二则是嘲讽他在书中记数常以“百万”为单位。然而，随着新航路的开辟和欧洲人对东方的了解的加深，《马可·波罗游记》中所叙述的事一一得以印证。

虽然普通人打消了对该书的怀疑，但是一些史家还是质疑其真实性，怀疑的焦点就是马可·波罗是否真的到过中国。19世纪初，史学界就有研究者从专业的角度进行研究，认为马可·波罗从未到过中国，该书的内容只不过是从一些行脚商人那里听说的，再抄袭别的典籍，加上一些想象而写成。

怀疑者提出的论据包括：马可·波罗说自己很受忽必烈器重，还担任过官职，但是所有东方史籍都未对此做过记录；某些具有中国特色的东西书中也不曾提及，例如长城、筷子、茶叶、中医、汉字、缠足等；再者，书中有编造和违背史实的地方。

然而，肯定马可·波罗到过中国的人也对此一一地做出了解释。双方各持己见，互不相让。国学大师钱穆说，他“宁愿”相信马可·波罗真的到过中国，因为他对马可·波罗有一种“温情的敬意”。

可以肯定的是，不论马可·波罗有没有到过中国，他和他的《马可·波罗游记》都将在历史上留下浓墨重彩的一笔。

元代杂剧的成就

元代的杂剧达到了一个高峰，其代表人物有：关汉卿、王实甫、白朴、马致远和郑光祖。

一、关汉卿

关汉卿是元杂剧的奠基人和前期剧坛领袖，可是有关他生平的材料却少得可怜。最原始的记载是元末钟嗣成的《录鬼簿》：关汉卿，大都人，太医院尹，号已斋叟。

《录鬼簿》(成书于1330年)将关汉卿列于“前辈已死名公才人有所编传奇行于世者”之首。朱权《太和正音谱》称他“初为杂剧之始”，朱经《青楼集序》说：“我皇元初并海宇，而金之遗民若杜散人(善夫)、白兰谷(朴)、关已斋辈，皆不屑仕进……”杜善夫、白朴均有较可靠的资料记载他们生于金末，由金入元。朱经既然把关汉卿与他们并提，通称“金之遗民”，因此关汉卿生于金末、由金入元当属实。另外，关汉卿自己的散曲中有《大德歌》10首，“大德”为元成宗

关汉卿像

的年号，期限为 1297 年至 1307 年。那么，至少大德初年，关汉卿还活在世上。因此，关汉卿的生活年代，当在 1210 年至 1300 年之间。

关汉卿在他自己写的《南吕·一枝花·不伏老》套曲中说："我是个普天下郎君领袖，盖世界浪子班头"，"半生来折柳攀花，一世里眠花卧柳"，并表白说，除非是"三魂归地府，七魄丧冥幽，天哪，那其间才不向烟花路儿上走"。《元曲选序》也说他"偶倡优而不辞"。可见关汉卿是个地道的风流才子。但也不能据此便认为他把时间都消磨在风流、浪荡上面。他的主要精力还是从事戏曲创作与演出活动。所谓"烟花路儿"，应当是指在"勾栏"（戏园子）和"倡优"中生活。因此，上述曲文也表现了关汉卿执著地从事戏曲艺术的顽强意志。而且，也正是凭着他这种"一世里眠花卧柳"的特殊生活经历，才使得他能长期与社会最底层的戏曲作家与表演戏曲的优伶们生活在一起，与他们同呼吸、共命运，受到了下层社会生活的磨炼，并凭着自己"博学能文，滑稽多智"的文学天才，"通五音六律滑熟”的音乐素养和“会插科会歌舞会弹唱”的表演技能，来反映并演出他们的生活，表达他们的思想感情和生活愿望。《元曲选序》说他“躬践排场，面傅粉墨，以为我家生活”。可见他既是编剧，又是演员，他与勾栏行院里的歌女伶人是完全厮混在一起的。这也正是关汉卿的剧本之所以本色当行、极具舞台效果的主要原因。

关汉卿一生的创作极为丰富，现知他所作的剧本多达66种，今存者尚有18种（其中《裴度还带》《陈母教子》《鲁斋郎》《五侯宴》《单鞭夺槊》5种是否为关汉卿的作品尚有疑问）。

从现存的10多种作品看，关剧的内容十分丰富，题材极为广泛。或取材于现实生活，或借助于历史故事，均从不同的侧面和角度深刻暴露了元代黑暗、混乱的社会现实，揭露了封建统治者与下层人民之间的尖锐矛盾，并成功地描绘了各式各样的人物形象。与同时代作家的作品相比，关剧在内容、题材上有两个明显的特点：

一是更多地表现下层人民的生活遭遇和生活理想，并赞美他们的美好品格。关剧中的人物身份十分复杂，上自帝王将相、皇后公主、夫人小姐，下至妓女奴婢、贩夫走卒，各式各样，应有尽有。但他取材最多而且写得也最成功的，还是生活在社会底层的各式各样受摧残、受迫害的小人物。作者以极大的同情描写这些下层人物的不幸命运，以理解、肯定的态度描写他们的思想和行为，着力表现他们善良、勤劳、勇敢、机智，对感情忠贞不渝，对朋友肝胆相照等优秀品质。在元杂剧作家中，能把如此大的创作热情倾注于下层人物的作家，关汉卿当数第一个。

二是自始至终表现出顽强的斗争精神和对美好人生的执著追求，有一种鲜明的执著于现实的人生态度。他作品中那些受压迫、遭困厄的人物，尽管行路艰难，命途多舛，但他们并不企求到什么神仙道化的世界去寻求安慰或得到灵魂净化，不到宗教的避难所去寻找精神麻醉。他们总是依靠自己有限的能力，并尽自己最大的努力，顽强地追求可能获得的理想结局和最好出路。因此关汉卿的杂剧总是闪耀着理想的光芒，能给人以希望和鼓舞。

关汉卿的杂剧，一般按题材的不同分为三类：第一类是写平民百姓与权豪势要及官府作斗争的社会、公案剧，如《窦娥冤》《鲁斋郎》《蝴蝶梦》等；第二类是反映妇女的生活和斗争的爱情、婚姻剧（或可曰女性题材剧），如《救风尘》《望江亭》《诈妮子》《拜月亭》等；第三类是歌颂历史英雄人物的历史剧，如《单刀会》《西蜀梦》《哭存孝》等。

1.《窦娥冤》

在关汉卿的社会、公案剧中,《窦娥冤》以它对社会的深刻批判，对人物的精湛刻画，以及它强烈的反抗精神，动人的戏剧冲突，成为“即列之世界大悲剧亦无愧色”(王国维《宋元戏曲史》)的不朽杰作。

《窦娥冤》描写了窦娥一生的悲剧命运，深刻揭示了悲剧的社会根源，展示了窦娥如何从一个服从命运安排的良家女子转变为反抗社会黑暗暴政的坚强勇士的全过程。

到被押赴法场时，她对官府的幻想完全破灭。残酷的现实使她彻底清醒了，因此她的反抗精神也发展到了顶点。这时，她不仅是一个社会恶势力的揭露者，而且是一个敢于抨击整个封建统治的坚强勇士。第三折她一上场所唱的《端正好》《滚绣球》两曲，把官府、天地、鬼神一起加以咒骂：

没来由犯王法，不提防遭刑宪，叫声屈动地惊天！顷刻间游魂先赴森罗殿，怎不将天地也生埋怨。

有日月朝暮悬，有鬼神掌着生死权。天地也只合把清浊分辨，可怎生错看了盗跖颜渊：为善的受贫穷更命短,造恶的享富贵又寿延。天地也,做得个怕硬欺软,却原来也这般顺水推船。地也,你不分好歹何为地？天也,你错勘贤愚枉做天！哎,只落得两泪涟涟。

这一声声惊天动地的呐喊，正是她对整个暗无天日的封建社会的强烈抗议和愤怒声讨。天地、日月、鬼神，是封建社会最为神圣的东西，甚至可以说是封建统治者的图腾，但在窦娥这个弱女子面前，却一律被加以谴责。这段唱词标志着窦娥的觉醒，表明她已不再是对封建社会的个别现象，而是对封建社会的根本秩序开始怀疑。能够从最黑暗、最野蛮的社会中发现人民群众中蕴藏着这种强烈的反抗情绪，这正是关汉卿最伟大之处。而这种反抗愈是从一个弱者口中发出，就愈显得有力量。正如俄国 19 世纪文艺理论家杜勃罗留波夫所说：“大家都知道，极端一定会得到极端的报复，最强烈的抗议，最后总是从最衰弱的，而且最能忍耐的人的胸怀中迸发出来。”(《杜勃罗留波夫选集》第二卷《黑暗王国的一线光明》)在看清了黑暗社会的本质之后，窦娥的反抗性格也起了根本的变化。她以进攻者的姿态，在临刑之前发下了三桩誓愿：血飞白练、六月飞雪、亢旱三年，表现了她对官府妄判死刑的抗议和至死不渝的斗争精神。在第四折，做了鬼的窦娥仍然没有停止她的斗争，“我每日里哭啼啼守住望乡台，急煎煎把仇人等待”。

她为了复仇，进而诅咒上下古今整个封建统治："呀，这儿的是衙门自古向南开，就中无个不冤哉！"她的鬼魂几次三番提醒做了"肃政廉访使"的父亲重审自己这桩冤案，又在公堂上指证张驴儿、桃杌等罪犯，终于将这一帮恶棍绳之以法。因此，这一冤狱的平反，较之一般公案戏是有所不同的。一般公案戏往往仰仗于清官的过人智慧来昭雪沉冤，而《窦娥冤》却完全是依靠具有强烈反抗精神的窦娥个人的力量。生前的窦娥，集中了人民坚贞不屈、舍己救人的品质；做了鬼的窦娥，体现了广大受压迫的人民群众要申冤复仇的顽强意志和不可战胜的力量。

在强大的恶势力面前，窦娥是个无畏的勇士；但在自己的婆婆面前，她却是个温顺、善良的媳妇。这两方面的性格是矛盾的统一，它们互相补充，共同发展。第一折窦娥刚上场时，恶势力尚未露面，因此她的那段抒情唱词主要表现了她的善良,但就在这段看似比较温顺柔弱的唱词中,也包含了一股刚强之气。她说:"我将这婆侍养，我将这服孝守，我言辞须应口。"这表明不论灾难如何沉重，她都会含辛茹苦、不屈不挠地生活下去。她的这种善良和刚强的性格在以后一连串的冲突中同时得到发展。由于她坚信自己的一举一动都是善良的、合理的，甚至根据封建道德来衡量也是无可非议的，所以她才认定外来的一切迫害都是无理的、非法的、应该反抗的。当她的反抗性格发展到顶峰时，她性格中善良的一面也表现得最为充分、最为动人。在赴法场途中，她要刽子手绕道以避蔡婆，就是这种善良性格的充分体现。自己横遭屈死，自顾不暇，但她在临死前对刽子手的唯一要求，却不是为了自己，而是为了他人，为了怕婆婆看到自己去受刑惨死而悲伤难过。这是一种多么美好的品质，这是一颗多么高尚的灵魂！什么叫悲剧？"悲剧就是将人生有价值的东西毁灭给人看。"这里，关汉卿着力表现窦娥这种美好的品质,高尚的灵魂,其作用就在制造一种强烈的美被毁灭的悲剧效果。《窦娥冤》之所以伟大，之所以"感天动地"，原因也正在这里。

2.《救风尘》

在关汉卿现存的剧作中，以女性为题材的爱情、婚姻剧占了相当大的比重，他的旦本戏占了将近四分之三。

与他的社会、公案剧侧重对邪恶势力的揭露和批判不同，关汉卿的爱情、婚姻剧侧重表现他对妇女，尤其是下层妇女的颂扬与赞美。作者塑造了众多的女性形象，而关汉卿最关心或取材最多的，则是社会底层各式各样受摧残、受压迫的弱女子。作者以同情的笔调，反映她们在爱情、婚姻上的不幸遭遇，并把她们描写成具有高尚灵魂的人物。关汉卿能够在这些地位低微的女子身上发掘出她们崇高的心灵美和精神美，这正是他思想进步的表现。

关汉卿所塑造的年轻女子形象，有一个总的共同的特征，即气性高傲，倔犟泼辣，伶牙俐齿，敢作敢为，不好逗惹而又令人觉得可亲可爱，恰像一枝枝带刺的野玫瑰。如窦娥、杜蕊娘（《金线池》）、燕燕（《诈妮子》）、谭记儿（《望江亭》）、赵盼儿（《救风尘》）等，都是些带着三分野气的泼辣姑娘，她们没有一个是好惹的，你触犯了她们，至少也会挨一顿臭骂。关汉卿选择这样一批厉害的女子作为他剧本的主角，表明他要用一种最猛烈、最激愤的态度，来反击封建制度下的不合理生活。

在这些作品里，关汉卿往往采取对比的手法来刻画这些女子的思想性格。一是以这些女子作为正义和美好事物的体现者，在她们与邪恶势力的斗争中显示她们性格的光辉；二是以与她们相爱的男子的孱弱和平庸来突出她们感情上的强

《救风尘》现代剧照

烈、专注以及在危难面前的惊人勇气。这方面的代表作是《救风尘》和《望江亭》。

《救风尘》全名《赵盼儿风月救风尘》，写妓女赵盼儿运用风月手段机智地救出误入虎口的姊妹宋引章的故事。赵盼儿与宋引章都是开封城中一家妓院里的姐妹，年轻单纯的宋引章被“风月老手”周舍的甜言蜜语所迷惑，不听结拜的姐姐赵盼儿的劝告，悔掉与穷秀才安秀实的婚约，决意要嫁给周舍为“小夫人”。嫁到郑州后，果然不出赵盼儿所料，宋引章受尽折磨、虐待，万般无奈之下，只得捎信向赵盼儿求助。赵盼儿接信后立即收拾行装，把自己打扮得漂漂亮亮，坐车赶到郑州旅馆。她利用自己的美貌和周舍既贪花好色又喜新厌旧的弱点，骗得周舍写了给宋引章的休书，终于将误入虎口的妹妹宋引章救了出来，并由官府判给安秀实为妻。

这部喜剧成功地刻画了赵盼儿这一具有侠肝义胆的妓女形象。她美丽、机智、勇敢、老练。长期受人玩弄的屈辱生活，使她对自己的处境有清醒的认识，对那些花花公子、纨绔子弟的内心和本性也看得一清二楚。因此她在这些表面看起来“情肠甜似蜜”的花台子弟面前能够保持清醒的头脑。当宋引章要嫁给周舍时，她曾向其指出利害。年轻气盛的宋引章向她赌气说：“将来就是受死罪也不来求你！”可是当她得知宋引章真的在受死罪时，她还是不计前嫌，挺身而出，而且不惜冒虎口夺肉的风险，向残忍、歹毒的周舍挑战。可见她心胸的宽广，为人的仗义。赵盼儿又是机智的，她抓住周舍这种花花公子的致命弱点，用自己的美貌和风月场中打情骂俏的方式去制伏周舍，用周舍当初欺骗宋引章的那一套花言巧语和虚情假意去欺骗周舍，即“以其人之道，还治其人之身”，使周舍这个“骑马一世”的风月老手终于在“驴背上跌了一跤”，从而收到了大快人心的喜剧效果。这部喜剧揭示了一个严肃的主题：恶人利用某种手段去谋害别人，别人也可以用同样的手段去回敬他；要战胜狡猾的狐狸，就必须使自己变得比狐狸更聪明。《救风尘》在艺术上也取得了很高的成就，它的情节变化多姿，剧情前后起伏照应，尤其善于通过细节描写塑造人物并推动剧情发展，语言通俗活泼、幽默诙谐。王国维称赞它：“其布置结构，亦极意匠惨淡之致，宁较后世之传奇，有优无劣也。”（《宋元戏曲史》）

与《救风尘》主题、风格相近的是《望江亭》，全名《望江亭中秋切鲙旦》，写俊俏嫂谭记儿制伏花花公子杨衙内的故事。年轻美丽的寡妇谭记儿经常去清安观找住持白姑姑闲聊，经白姑姑撮合，再嫁给白姑姑的侄儿、新任潭州（今湖南长沙）府尹白士中为妻。不料此事却触怒朝中一个“花花太岁”杨衙内，他因听说谭记儿长得漂亮，早想娶她做自己的"小夫人"。此时他见事不成，便对白士中怀恨在心，遂在皇帝面前诬告白士中"贪花恋酒，不理公事"，并骗得皇帝的势剑、金牌和特遣文书，前往潭州削取白士中首级。白士中得到这一消息后，愁眉莫展，束手无策；谭记儿却成竹在胸，并扮作渔家女子，巧妙地从杨衙内手中骗走了他的势剑、金牌及皇帝的文书，最终制伏了这个"官高势显"的杨衙内。

这部喜剧的主题与《救风尘》相似，都是表现美丽、机智的年轻女子制伏花花公子、权豪恶少的故事，它们堪称关汉卿喜剧的双璧。但二剧也有不同，首先是主人公的身份不同。谭记儿是地方官吏的妻子，身份比较高贵，而赵盼儿则是一个地位卑微的妓女。由于身份不同，因此二人的性格也就有所不同。谭记儿有赵盼儿的机智和勇敢，却没有赵盼儿那种身份的女子所特有的悲愁和世故；她们采取的斗争方式虽大致相似，但具体做法仍有不同。赵盼儿是把自己打扮得花枝招展，光彩照人，以此"冲动"周舍，谭记儿则乔装改扮，化装成朴素的渔家女子，但同样迷惑了贪色的杨衙内。其次，二剧的风格也不尽相同。《救风尘》寓庄于谐，观众在嬉笑的同时又总不免为那些可怜的妓女们的命运慨叹，而《望江亭》则显得更轻松、更活泼，是地道的轻喜剧。

二、王实甫

《西厢记》

王实甫，大都人，《录鬼簿》列为"前辈已死名公才人"而位于关汉卿之后，据此推断他大约与关汉卿同时或稍后。天一阁本《录鬼簿》说他名德信，其他可靠的生平资料就很少。

从贾仲明对他的吊词来看，他似乎是混迹于教坊勾栏的一个风流落拓的文人，"作词章风韵美，士林中等辈伏低"，在当时有很高的声望。王实甫的剧作，见于载录的有十三种。现存的除《西厢记》外，尚有《丽春堂》，写金章宗时丞相完颜乐善仕途沉浮的故事；《破窑记》，写吕蒙正始贫终富过程中与刘月娥的曲折的婚姻，成就都不大。另外，《贩茶船》和《芙蓉亭》二剧各存一折曲文。他可以说是以一部《西厢记》"天下夺魁"（贾仲明所作吊词）。

王实甫的《西厢记》以《西厢记诸宫调》为基础，在一些关键的地方作了修改，从而弥补了原作的缺陷。这主要表现在：一方面删减了许多不必要的枝叶和臃肿部分，使结构更加完整，情节更加集中；另一方面，也是更重要的，是让剧

《西厢记》中的崔莺莺（模拟画）

中人物更明确地坚守各自的立场——老夫人在严厉监管女儿、坚决反对崔莺莺和张生的自由结合、维持“相国家谱”的清白与尊贵上毫不松动，张生和莺莺在追求爱情的满足上毫不让步，他们加上红娘为一方与老夫人一方的矛盾冲突于是变得更加激烈。这样，不仅增加了剧情的紧张性和吸引力，也使得全剧的主题更为突出、人物形象更为鲜明。再加上它的优美而极富于表现力的语言，使得这一剧本成为精致的典范之作。

《西厢记》通常被评价为一部“反封建礼教”的作品，这当然不错。但同时它也有一个显著的特点，作者很少从观念的冲突上着笔，而是直接切入生活本身，来描绘青年男女对自由的爱情的渴望，情与欲的不可遏制和正当合理，以及青年人的生活愿望与出于势利考虑的家长意志之间的冲突。

剧中主要人物张生、崔莺莺、红娘，各自都有鲜明的个性，而且彼此衬托，相映生辉；在这部多本的杂剧中，各本由不同的人物主唱，有时一本中有几个人的唱，这也为通过剧中人物的抒情塑造形象提供了便利。

张生的性格，是轻狂兼有诚实厚道，洒脱兼有迂腐可笑。这个人物身上带有元初像关汉卿、王实甫这些落拓文人的“成色”，又反映出元代社会中市民阶层对儒生的含有同情的嘲笑。他同剧中所赋予的家世身份不尽相符，却显然是按照市民社会的趣味塑造出来的。在后代民间传说中唐伯虎一类人物形象的身上，还可以看到他的影子。张生在《西厢记》中，是矛盾的主动挑起者，表现出对于幸福爱情的直率而强烈的追求。他的大胆妄为，反映出社会心理中被视为“邪恶”而受抑制的成分的蠢动；他的一味痴情、刻骨相思，又使他符合于浪漫的爱情故事所需要的道德观而显得可爱。

《西厢记》中的张生与红娘（模拟画）

崔莺莺在元稹《莺莺传》中已具备一定的性格特点，到了董解元《西厢记诸宫调》中，她的性格有了进一步的发展，人物形象开始变得鲜明起来。但这一人物形象仍然描写得不够细致，甚至有些前后矛盾。如一开始她已经和张生以诗唱和，间接表达了彼此爱慕之心，但当张生进一步以情诗相赠时，却在心中骂他“淫滥如猪狗”，这虽然也可以解释，但至少在分寸上是掌握得不准确的。到了《西厢记》中，莺莺的形象得到了相当精细的刻画，她的性格显得更为明朗而又丰富。在作者笔下，莺莺始终渴望着自由的爱情，并且一直对张生抱有好感。只是她受着家庭的严厉压制和名门闺秀身份的约束，又疑惧被母亲派来监视她的红娘，所以她总是若进若退地试探获得爱情的可能，并常常在似乎是彼此矛盾的状态中行动：一会儿眉目传情，一会儿装腔作势；才寄书相约，随即赖个精光……因为她的这种性格特点，剧情变得十分复杂。但是，她终于以大胆的私奔打破了疑惧和矛盾心理，显示人类的天性在抑制中反而会变得更强烈。这一形象较之在诸宫调中，显得更加可信和可爱了。而作者以赞赏的眼光看待女性对爱情的主动追求，使得这个剧本更有生气和光彩。

红娘在《西厢记》中所占笔墨的比例较《西厢记诸宫调》又有大幅度的增加，而成为全剧中一个非常重要的角色。她在剧中只是一个婢女身份，却又是剧

中最活跃、最令人喜爱的人物。她机智聪明，热情泼辣，又富于同情心，常于崔、张的爱情处在困境的时候，以其特有的机警使矛盾获得解决。她代表着健康的生命，富有生气，并因此而充满自信。所以这个小小奴婢，却老是处在居高临下的地位上，无论张生的酸腐、莺莺的矫情，还是老夫人的固执蛮横，都逃不脱她的讽刺、挖苦乃至严词驳斥。她不受任何教条的约束，世上什么道理都能变成对她有利的道理。所以她的道学语汇用得最多，一会儿讲“礼”，一会儿讲“信”，周公孔孟，头头是道，却无不是为己所用。这个人物形象固然有些理想化的成分，却又有一定的现实性。在她身上反映着市井社会的人生态度，而市井人物本来受传统教条的束缚较少，他们对各种“道理”的取舍，也更多的是从实际利害上考虑的。

《莺莺传》《西厢记诸宫调》《西厢记》杂剧这三部叙述同一故事的作品，展示了以爱情为主题的文学创作的不断发展。而《西厢记》杂剧的艺术成就尤为杰出，它在相当长的年代中持续地影响了后代的文学进步乃至人们的生活观念。通过《红楼梦》的有关情节，可以看到《西厢记》已经成了古代的一部爱情经典。

三、白朴

《墙头马上》《梧桐雨》

白朴（1226－？），字太素，号兰谷；原名恒，字仁甫。父白华，曾任金朝枢密院判官，又是著名文士。白朴出生时，金王朝已经在南宋和蒙古的两面夹击下处于岌岌可危的状态，八九年后，为蒙古所灭。白朴幼年颠沛流离，母亲也死于战乱中。长成后，家世沦落，郁郁不欢，不复有仕进之意，几次拒绝了官员的荐举，漂流大江南北 15 年之久。55 岁时定居金陵。在他的词和散曲中，常表现出故国之思、沧桑之感和身世之悲，情调凄凉低沉。

白朴出身于具有浓厚文学气氛的家庭，少年时又随著名诗人元好问学诗词古文，在传统的文人文学方面有相当好的素养。在元代，他是最早以文学世家的名士身份投身于戏剧创作的作家。他的剧作见于著录的有 16 种，完整留存的有《墙头马上》与《梧桐雨》两种。另有《东墙记》，经明人篡改，已非原貌；此外还有两种剧本残存有曲词。从内容来看，白朴的杂剧大半是写男女情事的。

《墙头马上》是一部爱情喜剧，取材于白居易新乐府诗《井底引银瓶》。在白朴杂剧之前，同样取材于此诗的已有宋官本杂剧、金院本等多种，虽均无剧本存世，但可以想见，白朴的《墙头马上》与这些早期剧作是有继承关系的。

李千金是剧中最重要和最具有个性的人物。她不但一开始就主动约裴少俊幽会，声称“既待要暗偷期，咱先有意，爱别人可舍了自己”，而且自始至终，都是理直气壮地为自己的私奔行为辩护，用泼辣的语言回击裴尚书等人对于自己的指责。在“大团圆”的庆宴上，她还这样唱道：“只一个卓王孙气量卷江湖，卓文君美貌无如。他一时窃听求凰曲，异日同乘驷马车，也是他前生福。怎将我墙头马上，偏输却沽酒当垆。”她还一再地大胆表述对于满足情欲的要求，如刚出场的唱词：“我若还招得个风流女婿，怎肯教费工夫学画远山眉。宁可教银釭高照，锦帐低垂，菡萏花深鸳并宿，梧桐枝隐凤双栖。这千金良夜，一刻春宵，谁管我衾单枕独数更长，则这半床锦褥枉呼做鸳鸯被。”总之，通过李千金这一人物的行动和语言，剧本对自由的爱情、非礼的私奔、男女的情欲都作出率直袒露、毫无畏怯的肯定和赞美，比之《西厢记》更有一种勇敢的气派。这一人物形象与她的剧中身份实际是不相符的，在她身上，更多地表现出市井女子的性格和市民社会的市俗化的趣味。与这样的人物形象及思想情趣相适应，《墙头马上》的语言，以本色通俗、朴素生动为主要特点。

与《墙头马上》的世俗化倾向和本色的语言不同，白朴的另一剧作《梧桐雨》更多地表现出文人化的趣味，尤其以典雅优美、富于抒情诗特征的曲词著名。

从全剧的核心部分——曲词来看，它的重心实际是以作者自身的体验为依据，来摹写唐明皇的内心世界：由于政治上的失败和因此造成的唐王朝由盛及衰的转变，他从权力的顶峰跌落，失去繁华辉煌的生活，失去美如天仙的杨妃和如痴如醉的爱情，在孤独与苍老中感受着美好往日如梦消逝以后的寂寞与哀伤，一种对盛衰荣枯无法预料和把握的幻灭感。这既是写历史人物，也渗透了作者因金国的灭亡而产生的人世沧桑和人生悲凉之感。

因此，《梧桐雨》的抒情气氛特别浓郁，并通过大量化用古典诗词的意境、意象，把语言写得非常华美。像第一折写七夕之夜的《忆王孙》：

瑶阶月色晃疏棂，银烛秋光冷画屏。消遣此时此夜景，和月步闲庭，苔浸的凌波罗袜冷。

而尤其是第四折，全部二十三支曲子几乎都是唐明皇的内心独白，写他的忆旧、伤逝、相思、愧悔、孤独、哀愁等种种心情。其中后十三支曲子，通过对秋雨梧桐的描写，反复地以凄凉萧瑟的环境与人物的心境相互映照，彼此交融，获得强烈的抒情效果。这里仅取最后一曲《黄钟煞》的末节为例：

斟量来这一宵，雨和人紧厮熬。伴铜壶点点敲，雨更多泪不少。雨湿寒梢，泪染龙袍，不肯相饶，共隔着一树梧桐直滴到晓。

当然，在获得缠绵悱恻、哀思婉转的抒情效果的同时，这一剧作的戏剧效果不能不受到削弱。

四、马致远

马致远，以字行，名不详，晚号东篱，以示效陶渊明之志。大都人。他的年辈晚于关汉卿、白朴等人，生年当在至元（始于 1264 年）之前，卒年当在至治改元到泰定元年（1321 — 1324 年）之间。曾任江浙行省务官。

马致远从事杂剧创作的时间很长，名气也很大，有“曲状元”之誉（贾仲明所作吊词）。他的作品见于著录的有十五种，今存《汉宫秋》《荐福碑》《岳阳楼》《青衫泪》《陈抟高卧》《任风子》六种，另有《黄粱梦》，是他和几位艺人合作的。

《汉宫秋》是马致远早期的作品，也是马致远杂剧中最著名的一种，敷衍王昭君出塞和亲故事。历史上的这一事件，原只是汉元帝将一名宫女嫁给内附的南匈奴单于作为笼络手段，在《汉书》中的记载也很简单。而《后汉书·南匈奴传》

马致远雕塑

加上了昭君自请出塞和辞别时元帝惊其美貌、欲留而不能的情节，使之带上一种故事色彩。后世笔记小说、文人诗篇及民间讲唱文学屡屡提及此事，对历史事实多有增益改造。

《汉宫秋》也许包含了一定的民族情绪。但是，我们要注意到马致远的基本人生态度，要么是在元朝统治下积极求取功名，要么是视一切价值标准为空幻，所以，在这方面过分强调是不适当的。这个剧本同现实生活直接相关的地方，主要是反映出在民族战争中个人的不幸。像金在蒙古压迫下曾以公主和亲，宋亡后后妃宫女都被掳去北方，这些当代史实都会给作者以较深的感受。而《汉宫秋》是一出末本戏，主要人物是汉元帝，剧中写皇帝都不能主宰自己、不能保有自己所爱的女人，那么，个人被命运所主宰、为历史的巨大变化所颠簸的这一内在情绪，也就表现得更强烈了。事实上，在马致远笔下的汉元帝，也更多地表现出普通人的情感和欲望。

《荐福碑》也是马致远的早期剧作，写落魄书生张镐时运不济，一再倒霉，甚至荐福寺长老让他拓印庙中碑文，卖钱作进京赶考的盘缠，半夜里都会有雷电把碑文击毁。后时来运转，在范仲淹资助下考取状元，飞黄腾达。剧中多处表现出对社会现状的不满，如：“这壁拦住贤路，那壁又挡住仕途。如今这越聪明越受聪明苦，越痴呆越享了痴呆福，越糊涂越有了糊涂富。”这个剧本集中反映了作者怀才不遇的牢骚和宿命的人生观，也反映出当代许多文人在社会地位极端低落的处境下的苦闷。

《青衫泪》是由白居易《琵琶行》敷衍而成的爱情剧，虚构白居易与妓女裴兴奴的悲欢离合故事，中间插入商人与鸨母的欺骗破坏，造成戏剧纠葛。在士人、商人、妓女构成的三角关系中，妓女终究是爱士人而不爱商人，这也是落魄文人的一种自我陶醉。

马致远写得最多的是“神仙道化”剧。《岳阳楼》《陈抟高卧》《任风子》以及《黄粱梦》，都是演述全真教事迹，宣扬全真教教义的。这些道教神仙故事，主要倾向都是宣扬浮生若梦、富贵功名不足凭，要人们一空人我是非，摆脱家庭妻小在内的一切羁绊，在山林隐逸和寻仙访道中获得解脱与自由。剧中主张回避现实矛盾，反对人们为争取自身的现实利益而斗争，这是一种懦弱的悲观厌世的态度。但另一方面，剧中也对社会现状提出了批判，对以功名事业为核心的传统价值观提出了否定，把人生的“自适”放在更重要的地位，这也包含着重视个体存在价值的意义，虽然作者未能找到实现个体价值的合理途径。

在众多的元杂剧作家中，马致远的创作最集中地表现了当代文人的内心矛盾和思想苦闷，并由此反映了一个时代的文化特征。与此相关联，马致远的剧作，大抵写实的能力并不强，人物形象的塑造也不怎么突出，戏剧冲突通常缺乏紧张性，而自我表现的成分却很多。包括《汉宫秋》这样历史题材的作品在内，剧中人物往往游离戏剧冲突，作大段的抒情，这常常是作者在借剧中人物表现自己的喜怒哀乐。

如上所述，马致远大多数杂剧的戏剧效果不是很强。前人对他的杂剧评价很高，主要有两个原因：一是剧中所抒发的人生情绪容易引起旧时代文人的共鸣，再就是语言艺术的高超。马致远杂剧的语言偏于典丽，但又不像《西厢记》《梧桐雨》那样华美，而是把比较朴实自然的语句锤炼得精致而富有表现力。

五、郑光祖

郑光祖，生卒年不详，字德辉，平阳襄陵（今山西临汾附近）人。《录鬼簿》说他“以儒补杭州路吏，为人方直，不妄与人交”，“名香天下，声振闺阁，伶伦辈称郑老先生”。周德清《中原音韵》把他与关汉卿、白朴、马致远并列，后人称为“元曲四大家”。剧作见于著录的有 18 种，今存 8 种：《倩女离魂》《王粲登楼》《㑳梅香》《周公摄政》《三战吕布》《智勇定齐》《伊尹耕莘》《老君堂》。

《倩女离魂》是郑光祖的代表作。此剧据唐人陈玄祐传奇《离魂记》改编而成，写王文举与张倩女原系“指腹为婚”，但张母嫌文举功名未就，不许二人成婚。文举被迫上京应试，倩女忧念成疾，灵魂离开躯体去追赶王文举，与之相伴多年。王文举中状元后，携倩女魂归至张家，离魂与病卧之身重合为一，遂欢宴成亲。

《离魂记》本是一个富于浪漫色彩的爱情故事，郑光祖巧妙地利用故事原有的情节，从两方面写出旧时代女子在礼教扼制下的精神生活。一方面，倩女的离魂为追求自由的爱情和婚姻，也为了防备对方登第后另娶高门，大胆私奔，追赶情人；在受到王文举所谓“有玷风化”的指责时，她以“我本真情”为对抗的理由，坚决不肯回家。离魂代表了妇女们内在的欲望和情感的力量。而另一方面，倩女的身躯辗转病床，苦苦煎熬，寸步难行；当王文举寄信到张家，说要和妻子（倩女魂）一同回来时，病中的倩女之身并不知内中真情，以为他另有婚娶，不由得悲恸欲绝，这一个倩女形象反映了妇女们在婚姻方面受抑制、受摧残而不能自主的可悲事实。所以，这一剧作不仅情节离奇，而且在离奇的情节中表现了较为深刻的内涵。在根本上，它指出了人的天然情感的不可抑制，正如倩女所唱的“你不拘箝我可倒不想，你把我越间阻越思量”，伸张了人们追求自由幸福的权利。

在艺术描写方面，《倩女离魂》具有浓厚的抒情气息，笔墨细腻但并不感纤巧，文辞精美却不显雕琢。第二折写离魂月夜追赶王文举的情景，曲词和宾白水乳交融，如行云流水，一气呵成，把倩女焦急盼望的心理，慌忙赶路的情形，以及江岸月夜的景色都描绘得十分细致逼真。尤其是写离魂追到江边的几支曲，充满了诗情画意。

《倩女离魂》的情节和人物形象，受到《西厢记》的启发，而又对《牡丹亭》有较大的影响。在这两大名剧之间，它似乎有一种过渡的作用。

郑光祖的《㑳梅香》是一部模仿《西厢记》的爱情剧，虚构裴度之女裴小蛮与白居易之弟白敏中的恋爱关系，也有个老夫人从中阻碍，又有个婢女樊素传书递简。在戏剧结构方面缺乏创意，人物形象也不够丰满，但有些细节写得颇为生动有趣，曲词也很为人称赏。

郑光祖杂剧在曲词方面显示了不凡的功力。后人论元曲，或因此将他置于关、

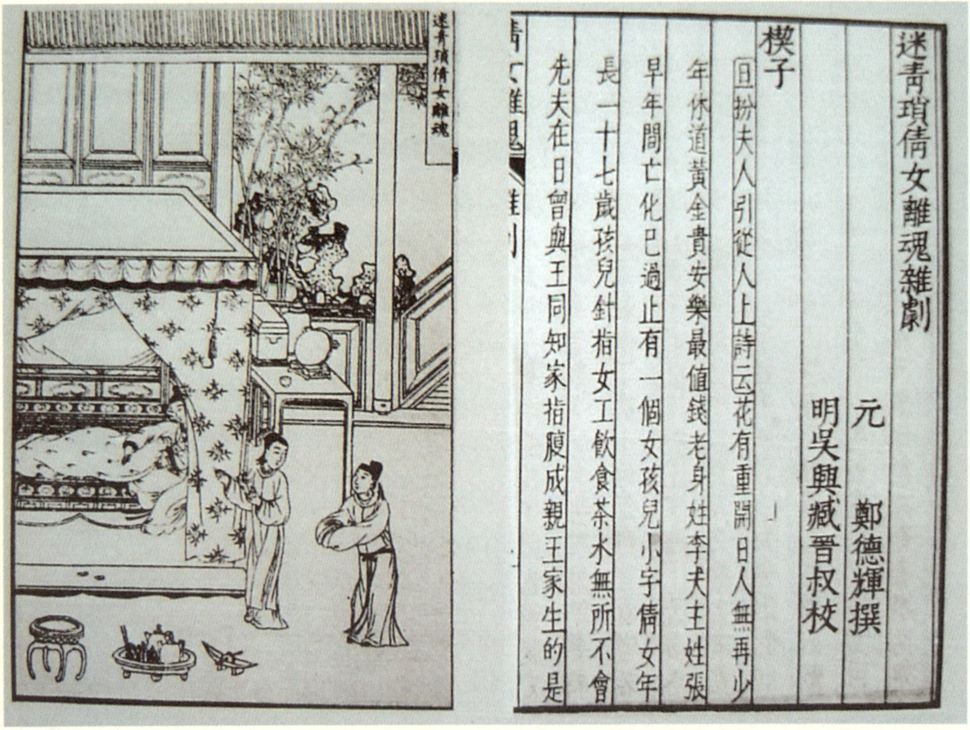

《倩女离魂》内文

白、马之上，这虽然不合理，但说明他在元曲中的地位确实是很重要的。

明朝中央集权专制的强化

14 世纪中期爆发的元末农民大起义，经过十几年的激烈战斗，终于推翻了元朝的统治。元末农民战争的领袖之一——出身贫苦农民的朱元璋，转化为地主阶级的代表，于 1368 年建立了明王朝。

为了巩固自己的统治，朱元璋及明代前期的统治者们，除了同历代大规模农民战争之后的新王朝开国君主们一样，采取种种措施，积极恢复和发展以农业为主的社会经济之外，还极力强化皇权专制主义，将中国的专制主义中央集权制推向其巅峰阶段。

朱元璋立国之初，在行政体制上仿效元朝。在中央设中书省，由左右丞相总理朝政。又设大都督府管军事，御史台负责监察。在地方则设行中书省，置平章政事及左右丞，总管全省军政事务。1376 年，首先着手变动地方行政机构。废除原来的行中书省，在全国陆续设立 13 个承宣布政使司（俗称“省”），掌管一省民政和财政。另设提刑按察使司掌管刑法，都指挥使司掌管军队。三者合称“三司”，互不统属，分别直接隶属中央政府有关部门。布政使司之下，又设府（直隶州）、县（州）两级地方行政机构。

继地方行政机构的变革之后，又变革了中央的机构。中央行政机构变动的核心内容是打击相权，强化君权。明初，中书省权力很大。胡惟庸任左丞相时，“独相数岁，生杀黜陟，或不奏径行。内外诸司上封事，必先取阅……四方躁进之徒及功臣武夫失职者

朱元璋雕塑

争走其门”。这种情况造成了对皇权的威胁。1380年，朱元璋以“擅权植党”的罪名清除了胡惟庸，并废去中书省，宣布从此不准再立丞相。分相权于吏、户、礼、兵、刑、工六部。六部尚书直接对皇帝负责。

朱元璋对监察机关十分重视。早在统一之前，就设立御史台。1382年，又改御史台为都察院，“主纠察内外百司之官”；明代的都察院适应专制君主的需要，权力膨胀。都察院长官都御史，纠劾百司，地位显赫。在地方上，按当时行政区划，设十三道监察御史。明代还建立了御史巡按地方的制度，名为巡按御史。他们代表皇帝，权力极大。这些代天巡狩的官员，大事奏裁，小事立断。此外，在中央还设立大理寺，负责司法案件的复审，与刑部、都察院合称“三法司”。

军队是国家政权的主要组成之一。因此，明初的统治者们极力加强皇帝对军队的控制。朱元璋建立卫所制度。在重要的地方设卫，次要的地方设所。全国军队均编入卫所中，全国卫所皆统属于中央的大都督府。公元1380年，在废除中书省和丞相制时，也废除了权力过分集中的大都督府。新设中、左、右、前、后五军都督府，分别管辖全国各地卫所的军队。但都督府只掌管军籍和军政，不能直接调遣军队。兵部掌管任免、升迁和军队训练，但不统兵。每逢战事，由皇帝委派专人担任总兵官，统率卫所军队出征。战事结束后，总兵官交还将印，军队则各归卫所。皇帝用这种办法，直接牢牢地控制了兵权。

直接、牢固地掌握了军政大权的皇帝，唯恐自己的控制还有疏漏，于是试图建立某种特殊职能的组织以进一步强化君主专制。1382年，朱元璋设立“锦衣卫”，专门负责侦察、缉捕、审讯“盗贼奸宄”，实际上成了皇帝的心腹耳目。锦衣卫下设镇抚司，有特设的监狱和法庭。到了明成祖朱棣时，增设北镇抚司，专门审判皇帝下令审查的案件。1420年，又设立“东厂”，由亲信太监统领，“缉访谋逆、妖言、大奸恶”。锦衣卫侦察一切官民，东厂则侦察一切官民和锦衣卫。这种厂卫制度使君主专制达于极点。厂、卫直接对皇帝负责，不必经过司法机关，可以任意捕人，滥施酷刑，直至杀害。

朱元璋还颁布了《大明律》和《大诰三篇》，用极重的刑罚维持其专制统治。

在文化方面，朱元璋推行文化专制政策，为其君主专制服务。明代的学校，中央有国子学（亦称国子监），学生为监生，多为官僚地主子弟；地方有府（州）、县学。主要学习《大明律》《大诰》和宋儒注的《四书》《五经》等。1370年，正式建立科举制度，规定以八股文取士。从《四书》《五经》中命题，解释要以朱熹的注为依据。这种制度将广大知识分子的思想束缚在孔孟之道和程朱理学之中。禁锢了人们的思想，严重阻碍了文化科学的发展。

总之，朱元璋通过一系列措施，使封建社会的中央集权专制制度在明朝得到了进一步的强化。

郑和下西洋

郑和（1371 — 1433 年），本姓马，是云南昆阳州（今云南省晋宁）人，全家人都信奉伊斯兰教。

公元 1381 年，朱元璋派大将傅友德、沐英征讨云南。第二年就平定了云南，消灭了元朝的残余势力梁王政权。那一年，郑和才 12 岁，父母已亡，孤苦伶仃，被明军俘虏，净身之后，做了燕王朱棣的小太监。

郑和雕塑

郑和聪明过人，而且非常懂事，深受燕王朱棣的喜欢。朱棣觉得这孩子长大之后，一定有一番作为，便让郑和与他的儿子一起读书，郑和很用功，所以书读得也好，朱棣经常教导几个儿子向郑和学习。郑和稍大一点，又和燕王的几个儿子一起习武，郑和专心致志，所以武艺进步很快。有一天，习武老师让郑和和燕王的儿子比武较量，正好遇上燕王朱棣。郑和有意谦让，燕王看后，说道：“你们几个都拿出真本事来，战场上可不分地位高低！”结果燕王的几个儿子一起上，还打不过郑和一个人。朱棣从此更加喜欢这个文武双全的小太监了。

公元 1399 年，燕王发动“靖难之役”，准备用武力夺取王位，郑和随侍军中，亲临战场，多次立功。朱棣非常高兴，夺取皇位后，更加重用他，高兴之余，赐姓“郑”给他，又起名为郑和，人们又管他叫“三宝太监”。“太监”是明朝宦官的最高职位，正四品。“三宝”是佛语。不过，郑和“三宝太监”的称号是朱棣皇帝封的，这在历史上是少见的。

明永乐三年（1405 年 7 月 11 日），明成祖命郑和率领 240 多艘海船、27400 名士兵和船员组成的远航船队，访问了西太平洋和印度洋的一些国家和地区（历史上将郑和的远航称之为“下西洋”，明朝时期的“西洋”是指今文莱以西的东南亚和印度洋沿岸地区）。此后，一直到明宣德八年（ 1433 年），郑和和他的船队一共远航了 7 次，曾到达爪哇、苏门答腊、苏禄、彭亨、真腊、古里、暹罗、阿丹、天方（阿拉伯国家）、左法尔、忽鲁谟斯、木骨都束等 30 多个国家，最远曾到达非洲东海岸和红海、麦加（伊斯兰教圣地）等地，并有可能到过今天的澳大利亚。

据史书记载，郑和船队是由 240 多艘海船组成的一支联合舰队，船队的主体船舶为宝船、马船、粮船、坐船和战船五类海船，即我们现在所说的指挥船、战船、补给运输船、交通船等。

据载，宝船的船体最大，可容纳上千人。上层建筑豪华壮观，为郑和等领导成员乘坐的旗舰，也为使团的重要成员、外国使节所乘坐。马船为中型宝船，是一种运输船，其功用与当时所谓的运输马匹的船相同，还兼有预备水军出征的功能。粮船规模仅次于中号宝船，是装运粮食或食物的船，郑和使团每次奉命出使海外，往返需两三年，必须带足两万多人的粮食。坐船是士兵所乘坐的船。战船是船队用来自卫的船，能防海盗袭击，也兼有作战的性能，但广大官兵随郑和下西洋毕竟不是海外军事远征，因而战船较多时间作为坐船运输士兵。

郑和下西洋的人数，史料上有明确记载的有 4 次。第一次 27800 人，第二次 27000 人，第四次 27670 人，第七次 27550 人。可以初步判断郑和每次下西洋的人数在 27000 人以上。当时欧洲航海家哥伦布、达伽马、麦哲伦航海的人数则分别在 90 — 1500 人、170 多、265 人。航海时哥伦布船队的船只为 3 — 17 艘；达伽马 4 艘；麦哲伦 5 艘。船队的规模、船只的大小等均无法同郑和相比。郑

和下西洋，比哥伦布早了 87 年，比达伽马早了 92 年，比麦哲伦到达菲律宾早了 116 年。

郑和下西洋展示了明朝前期国力的强盛。明朝时期虽然国土面积远远比不上元朝，但明朝的海军纵横大洋，至少实现了万国朝贡、盛世追迹汉唐的目的。同时，加强了明朝政府与海外各国的联系，给西洋各国带来了经济实惠。

郑和下西洋时间之长、规模之大、范围之广都是空前的。它不仅在航海活动上达到了当时世界航海事业的顶峰，而且对发展中国与亚非各国政治、经济和文化上的友好关系，作出了巨大的贡献。

但是，由于郑和下西洋并没有随之发动民间的商业贸易，其全部的开支都依赖明朝强大的国力来支撑，没有对中国带来什么经济实惠。因此，明朝全盛时期过后，再也没有雄厚的经济实力来支持这项庞大的工程了，下西洋活动也就随之停止。

明朝商品经济的发展

明朝社会阶级关系发生了一定变动，原来一部分失去土地的农民重新争得土地，变为自耕农。曾经沦为奴婢的人们，恢复了人身自由，再也见不到元代“驱丁”和“驱口”的现象了。农民和手工业者的人身依附关系有所削弱。在元朝时，佃农对地主，如奴仆事主人。地主打死农民，只需偿付一点“烧埋银”即可了事。而明代法律则规定，“佃见田主，不论齿序，并如少事长之礼；若在亲属，不拘主佃，则以亲属礼行之”。这一规定，虽然以地主为长，力图用封建的宗法关系统治农民，但仍表明了人身依附关系的减弱。手工业工人的地位也发生了类似变化。元朝手工业工人处于工奴地位，许多人被政府征调，终年服役，人身依附性很强。明初虽仍袭元制，把手工业者编入匠籍，但同时又规定手工工人分为“轮班”和“住坐”两种。“轮班”，每三年服徭役一次，每次不超过三个月；“住坐”，每月服役十天，有病者可纳钱代役。不论轮班还是住坐工匠，在服役期间之外，都可以“自由趁作”。

由于人身依附关系的削弱，生产者的积极性有所提高。特别是加上明初统治者们实行的一系列恢复生产的积极措施，如实行屯田、移民垦荒、兴修水利、奖励农桑等，使以农业为主的整个社会经济得到迅速的恢复和发展。不久，就出现了“宇内富庶，赋入盈羡，米粟自输京师数百万石外，府县仓廪蓄积甚丰，至红腐不可食”的情况。手工业也有明显发展。棉纺织业、制瓷业、矿冶业和造船业的成绩尤为突出。制瓷业中心景德镇，洪武年间有官窑20座，宣德时发展到58座。其烧制工艺采用了许多新技术，使质量大大提高。产品远销国外，深受欢迎。

由于广大农民和手工业者长期的生产实践，明代中叶以后的农业、手工业生产水平达到历史上的一个新高度。农业耕作、栽培和水利灌溉技术不断改进。主要农作物稻谷种植面积不断扩大。江南出现了双季稻，广东海南岛地区出现了三季稻。种植区域也向北方扩展。甘薯、玉米、花生和向日葵等新作物，也从菲律宾和美洲传入。棉、桑、麻等经济作物也有发展。其中棉花种植已推广到长江以北广大地区，获得了“地无南北皆宜之，人无贫富皆赖之”的重要地位。在手工业中，实行了以银代役的“班匠银”制度，政府对手工业工人的控制逐渐削弱。丝棉纺织业发展迅速。新技术、新发明不断出现，如脚踏纺轮、手纺双纱或三纱的纺车，提高了劳动生产率。当时还有一种叫做花机的丝织机，构造复杂。除织机的主要设备之外，专门设有花楼，上坐提花工协助织工工作，织出的成品“巧变百出，花色日新”，在国内外市场享有盛誉。

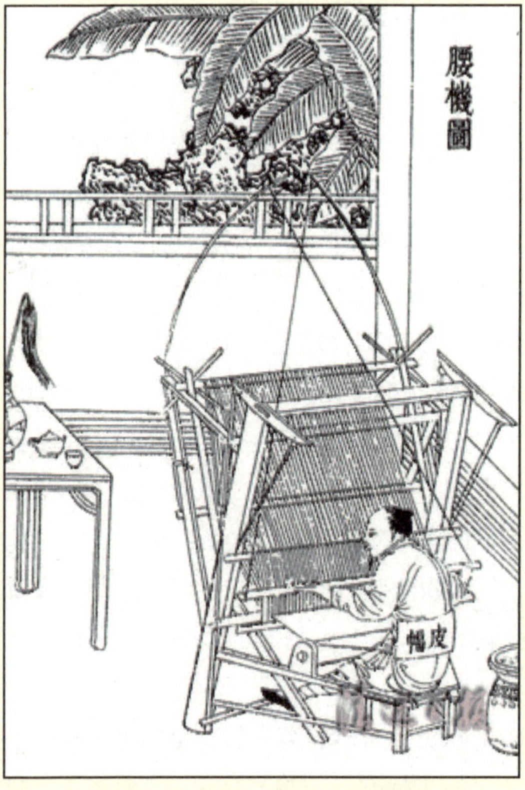

《天工开物》所载明代织布图

冶铁业规模亦甚可观，如广东佛山的炼铁高炉，炉口广丈许，炉底厚三丈五尺，炉高一丈七八尺，炉身厚二尺余，每当冶炼之时，火焰冲天，“黑浊之气数十里不散”。手工业的发展还表现在生产的分工上。丝织业中有车工、纱工、缎工、织工等专门工匠，在织绸时还有打线、染色、改机、挑花等明确分工。制瓷业中也有和土、造坯、汶水、打圈、过锈、入匣、满窑等工种，所谓“共计一杯工力，过手七十二，方克成器”。分工的细密，大大提高了劳动生产率。

在农业手工业生产水平提高的基础上，明中叶以后商品经济高涨起来。张居正改革推行的一条鞭法，将田赋、徭役和各项杂税，统统合并为一条，分摊到户，折银缴纳，这一措施和班匠银制度的实行，更加促进了商品经济的高涨。

首先，农民和手工业者为了以白银缴纳赋税或以银代役，必须也可能出卖更多的产品。封建社会的个体劳动者所能售出的产品自然极其有限，但涓滴成泉，百川汇海，总计起来却十分可观。例如，松江农妇通宵织布，日成一匹拿到市上出卖，松江市场的棉布竟“日以万计”：嘉善小民日卖纱数两以糊口，总数也颇为惊人。当时流传着“买不尽松江布，收不尽魏塘纱”的谚语。其他如粮食、丝绸、蔗糖、纸张、染料、油料、瓷器、铁器、铜器等，都大量涌入市场。这些产品虽然不少仍是为了满足封建贵族官僚、富商等的需要，但许多也供应一般人民生活所需，商品性无疑是大大加强了。例如，苏州的绫罗纱缎，“转贸四方”，销行很远。《宜府镇志》记载，“大市中，南京罗缎铺，苏杭罗缎铺，贾皆争居之”。当时的一首诗讲得更为形象：“雁门关外野人家，不养蚕桑不种麻，说与江南人不信，早穿棉袄午穿纱。”可见，边远地区的下层人家也被卷进商品经济的活动中。景德镇的瓷器更是“自燕云而北，南交趾，东际海，西被蜀，无所不至”，“穷荒绝域之所市者殆无虚日”。

这样，小农与市场联系日益密切，家庭副业在农民经济生活中的重要性增加了。为了使更多的劳动产品投入市场，许多男子开始从事以前仅限于妇女的家庭手工业，男耕女织的传统社会分工开始打破。更有不少农民放弃农业，出外谋生，经营工商业。

明代中叶以后，粮食和经济作物的生产、原料和手工业的生产的地域分工趋势日渐明显。如湖广地区以种粮为主，而山东、河南许多农民则以种棉为业；苏州、福州发达的丝织业所用的生丝，要从湖州运来；而松江的棉布业，又要靠山东、河南出产的棉花。在这种情况下，粮食、经济作物和手工业品都互为商品，促进了各地区间的交换，形成了广阔的商品市场。

于是，商业资本和城市经济大大活跃起来。明代中叶以后，商业资本相当活跃。不仅涌现了许多豪商大贾，而且出现了资财雄厚的商业资本集团，如徽商、晋商、闽商、粤商等。这些集团组成行帮，在各地设立会馆，经济活动的领域十分广泛。由于手工业和商业的繁荣，促进了城市的兴盛。南京和北京是全国城市之首，百物荟萃，商店林立。北京有猪市、煤市、缸瓦市等。苏州自“吴阊至枫桥，列市二十里”，杭州“内外街巷绵亘数十里”，汉口、汉阳则“五方杂处，商贾辐辏”。苏、松、杭、嘉、湖五府，又成为江南最繁荣的城市。在这五座城市周围，还涌现出一些新兴的市镇，如苏州的盛泽镇、震泽镇，松江的枫泾镇，湖州的双林镇，等等。

元明时期中国与周边封贡体系的确立

元朝在对外关系方面过分依赖武力，先后多次征伐高丽（今朝鲜半岛）、日本、安南、占城、真腊、缅甸、暹国和爪哇等国。动辄诉诸武力的结果使得中国给海外诸国留下了一种喜好穷兵黩武的印象，尽管在一些国家眼中，蒙元始终只是蛮夷而非中国。但是，这种区分的模糊性仍使元代中国被视为好征伐之国。元朝统治者更加注重君臣主从关系的实际内涵，朝贡的礼仪性特征降到了次要地位。封贡关系的常态化和制度化进程在曲折中发展，为明朝确立封贡体系奠定了基础。明朝建立伊始，鉴于元朝黩武的教训，对外奉行和平外交政策，注重发展封贡关系，从而使封贡关系日趋稳定，形成了制度化的封贡体系。

一、元朝封贡关系的曲折发展

1218 年蒙古军队侵入高丽。高丽国王迫于压力，答应每年向蒙古纳贡进奉。这标志着高丽与蒙元之间初步确立了封贡关系。与前期“厚往薄来”的封贡关系不同的是，在与高丽的封贡关系中，元朝非常注重经济利益的得失。尽管《元史》中频有高丽遣使“岁贡”之语，但具体情况无从查考。

从 1266 年到 1273 年，元世祖忽必烈五次遣使日本，使臣均无果而归。这使忽必烈下定了征伐日本的决心。1274 年和 1281 年，忽必烈两次派兵攻打日本。最终，日本人的团结和两次及时的“神风”使得元军大败而归。尽管其后忽必烈仍欲征服日本，但终因国内问题的纠缠而作罢。在元朝时期，中国未能与日本建立正式的封贡关系。双方这种政治关系的僵局却与依然活跃的民间贸易往来并行不悖。从 1305 年到 1350 年的 45 年中，33 年都有日本商船来元。伴随着日本商船而来的还有由日本商人、武士和浪人组成的海盗集团。随着元朝后期国力的衰弱所导致的海防的松弛，这类海盗式的劫掠活动更加频繁，其侵袭的范围逐渐扩大到中国的东南沿海。至明代中前期，倭寇终成中国之大患。

忽必烈即汗位后即遣使安南，并允其国王臣附。1261年，安南使臣来朝，元允其三年一贡。这标志着安南再次与中国确立封贡关系。然而，元与安南的关系却并非一帆风顺，而是龃龉不断。安南国内局势的动荡及其国王对于元朝索求的巧妙周旋终使忽必烈下令出兵安南。1284年以后，元军两次侵入安南，但都以其被迫撤军而告终。意识到自己实力不济的安南于1288年遣使元朝谢罪。此后，安南来元使者不断。但是，元朝仍欲对安南用兵，只是因忽必烈的去世而作罢。到元成宗下诏罢征安南之后，兵戈才渐消弭。从总体上看，元朝与安南保持了一定的封贡关系，但这种关系终因元朝的频用暴力而不甚稳定。安南承认元朝事实上的宗主地位，但它也保持着相对的独立性。

在与中南半岛其他国家之间的关系上，元朝与占城、真腊之间的封贡关系时断时续，很不稳定。元朝曾封占城国王为占城郡王。但不久占城即拘元朝使臣，忽必烈借机派兵出征占城。此后，占城连续数年多次遣使以驯象、犀等方物至元朝进贡。1295年，元朝派使团至真腊并在真腊逗留年余。真腊还曾经与占城一起进贡过元朝。但是，这种封贡关系并未长期持续下去。蒙元亦曾多次入缅甸作战，迫使缅人与元朝建立了封贡关系，贡期为三年一贡。但是，至元成宗之后，元朝才罢征缅甸。1297年，元成宗册封缅王并赐以虎符。此后，元朝与缅甸保持了事实上的宗属关系。在与泰族建立的暹国的关系方面，元朝处理得比较成功，其国王甚至曾遣王子出使元朝。元朝与暹国之间的封贡关系已现萌芽。

忽必烈像

在与东南亚海岛国家之间的关系上，忽必烈曾五次遣使爪哇要求其国王来朝，但均遭拒绝。1292年，忽必烈派遣远征军征伐爪哇，但元军死伤惨重，仓皇撤回。直到元成宗即位之后，元朝才与爪哇恢复通使。元朝初期，南海诸国大都遣使元朝进贡。但是，这并没有妨碍忽必烈在南海推行他的扩张政策，这种扩张政策于元成宗之后才开始收缩。忽必烈在南海的开拓计划的最终目的是为了打通通往伊儿汗国的海上通道。元与东南亚海岛国家之间的封贡关系发展缓慢。

元朝确立的封贡关系的重要特征是重视经济利益，并通过驿站制度转运各国贡物。其驿站规模之大，分布之广，为历代所未有。在封贡关系的管理上，元朝的封贡事务主要由礼部所属侍仪司和会同馆负责。明代在相当程度上继承了这种管辖封贡事务的建制。元朝时期封贡关系在曲折中获得了一定程度的发展。特别是在元成宗之后，元朝在对外关系中运用暴力的情况逐步减少，开始通过建立和平的封贡关系来处理与东亚其他国家之间的关系。这种外交倾向的转变最终在明朝初年得以真正完成。

二、明朝封贡体系的确立

明朝的崛起是中国重建以汉族为主体的统一多民族国家，并确立以中国为中心的东亚封贡体系的重要转折点。明朝统治者废除了元朝的民族压迫与歧视性政策，转而采取比较有建设性的措施。与蒙古各部的经济文化交流进行得比较顺畅，并没有因为时断时续的战争而中断。从朱元璋开始，明朝在西藏设立都指挥使司，并委任其上层僧侣出任宣慰使等官职，此后，西藏与明朝始终保持着隶属关系。明朝前期，在西北边疆设立西北七卫以辖制这一地区的少数民族。在云贵和两广等少数民族众多的地区推行土司制度。在东北地区设立了奴儿干都司和辽东都司，从而对东北地区的开发起到了积极作用。但是，就整体而言，明朝是一个内向而保守的国家。明朝外交思想的转向和外交政策的形成就充分体现了这一点。

明朝初年，汉族与其他民族应一视同仁的思想正式形成，这是中国外交思想史上的一次飞跃。萌芽于10世纪的将中国之外的国家视为“外国”而不再简单地归为“藩属”的观念在明朝得到了明确的承认，这种确认又进一步成为明朝官方对外政策的指导理念。外交思想的这种转变也使得明朝不再像前朝那样寻求建立一种“天朝体系”以辖制那些名实并不时时相符的“藩属”，而是主动地与这些国家建立稳定的封贡体系，从而在东亚形成了一种崭新的国际秩序。同样，外交理念的根本转变也使得明朝的统治者们不再在对外关系中频用暴力。以和平为基调的封贡关系与暴力频用的扩张政策是不相容的。尽管我们很难把明朝所确立的比较完备的封贡体系视为一种平等的国际体系，但是，它与武力扩张政策相比终究是一种历史的进步。

蒙元军队的铁蹄百余年前对中原的蹂躏，以及四处征伐的扩张行为，使元朝成为昙花一现的短命王朝。成吉思汗的子孙们在一个世纪之内就把那个不可一世的“世界帝国”折腾得精光。这不能不引起明朝统治者深深的思考。在朱元璋看来，武力征伐的成本过于高昂，而其所得又过于稀少。以恢复“华夏道统”自居的朱元璋绝对不会让与儒家传统不合的征伐行为在他统治的国家内出现。从朱元璋的观点来看，蒙元的入主中原不仅有违自古以来华夏辖制夷狄的传统，更破坏了历朝“怀柔远人”以期“四方宾服”的政治理想。

当然，明朝统治者并非和平天使的化身。明朝的开国君主之所以推行以和平为基调的外交政策，其国内形势的制约是重要原因。明朝初年，经过20年的连年征伐，人口减少，劳动力不足以及田地荒芜的现象非常普遍。这样，明朝即使欲推行武力扩张的外交政策，其国内的情势亦不允许。此外，当朱元璋于1368年建立明王朝的时候，元顺帝仍稳坐在京城的天子宝座之上；占据四川的小明王的势力并未被挫败；各地割据势力的存在仍然阻碍着国家的统一。国基不稳也使得朱元璋倾向以和平为主导的对外关系模式。

尤其是在明朝建立之后，如何消除蒙元统治在海外造成的不良影响成为了摆在朱元璋面前的一道考题。解答这道考题的第一步即是要确立新王朝在海外诸国中的正统地位。因此，朱元璋推行和平外交的根本目的是要为国内创造一个安全的国际环境。这种迫切的心情使得朱元璋在明朝成立的第一年即遣使安南和高丽，次年又分别遣使日本、占城、暹罗和爪哇等国。其表面的目的在于诏告明王朝的建立并收回元朝所授宣敕：“朕主中国，天下方安，恐四夷未知，故遣使以报诸国。”而其深层目的则是要各国遣使来朝以建立明确的封贡体系。四夷咸服、万方来朝与否关系到中国历代皇权专制王朝的合法性问题，以华夏之胄自居的明朝更不能例外。明朝建立封贡体系的目的之一即是要各封贡国接受中国华夏文化的熏陶，从而达到使外邦归化，尊崇中国为天朝上国的目的，并以儒家的纲常伦理来约束各国的言行，最终达到彻底消除所谓“蛮夷”对中国的威胁的目的。

明朝开国君主奉行和平外交政策的理念在他对其继任者的政策宣示上亦得到了充分的体现。1369年，朱元璋下令编订《皇明祖训》，劝诫后世切勿随意对外用兵：“四方诸夷皆限山隔海，僻在一隅，得其地不足以供给，得其民不足以使令。若其不自揣量，来挠我边，则彼为不祥。彼既不为中国患，而我兴兵轻犯，亦不祥也。吾恐后世子孙倚中国富强，贪一时战功，无故兴兵，杀伤人命,切记不可。”随后,朱元璋在这份“皇室家训”中开列了15个“不征之国”的名单以告诫其子孙切勿对这些国家兴兵征伐,高丽、日本、琉球、安南、真腊、暹罗、占城、苏门答腊、爪哇等国均在其列。上述每一个国家几乎都曾遭受过蒙元军队的入侵，从这一点来看，朱元璋对蒙元扩张政策拨乱反正的意图是很明显的。

在明太祖的对外政策中，封贡关系是与海禁政策紧密结合在一起的。从1371年到1394年，朱元璋多次下达禁海令，并规定对私下进行海外贸易者处以重罚。禁海政策的直接出发点在于其时的“海疆不靖”，方国珍和张士诚的余部大都活动在东南沿海一带，对于朱元璋来说，他们与海外势力的勾结，将会是一场噩梦的开始。此外，元朝中后期即已时隐时现的倭寇亦是朱元璋不得不有所防备的。无论从朱元璋的政策还是从明朝的实际历史情形来看，蒙古势力始终是明朝的一大心腹之患。明朝的防备重点在北方而非东南沿海，这也是朱元璋下令禁海的重要原因，因为腹背受敌局面的出现就不再仅仅是一场噩梦的开始，而是一场明王朝根本无力消融的灾难的降临了。海禁政策由此贯穿了整个明王朝，尽管明成祖朱棣统治时期有所放松，但并未最终放弃。

海禁政策在一定程度上体现了明朝外交的保守性，这种内向的态势对中国以及东亚的历史发展影响深远。对于明朝政府而言，封贡体系与海禁政策的结合是“企图用一种完备的制度把一切对外事务纳入政府的严格管制之中”。海禁政策和封贡体系最终构成了明朝海外政策的整体体系。明朝海禁政策的确立使得各封贡国别无他途，只能借由封贡体系与明朝进行贸易。封贡体系成为明朝与封贡国进行海外贸易的唯一的正式的管道，这就直接导致了海外贸易的官营化，而这种官营化的垄断倾向势必要求厉行海禁以使封贡体系这一贸易通道的合法性得到全面的认可。另一方面，对外关系的顺利开展以及封贡体系制度化的确立，也使得明王朝更加注重中央集权的扩张，实行海禁政策的基础变得更加丰厚。所以，并不很难理解的是，在明朝中前期，封贡体系内的贸易愈是发展，海禁政策就愈是紧收。总之，海禁政策和封贡体系就像是一枚硬币的两面，它们的互相依赖最终使得明朝的海外政策蒙上了一层保守的阴影。

明代封贡体系的另一大特色在于它和贸易的紧密相连。从明朝建立以来，中国确立了以封贡关系为纽带的封贡体系，封贡贸易随之得到发展，东亚贸易圈开

明太祖朱元璋

始形成。封贡成为东亚贸易圈形成的必要前提，二者存在着相互依赖和相互促进的关系。自封贡关系作为一种交往秩序出现以来，它就包含有外交和贸易两个方面的内容，也即是包含政治和经济两种关系。明朝之前，中国与外国的封贡关系更重视的是政治方面，即中国册封、外藩来贡的政治交往模式，经济或贸易的比重在这种交往模式中的重要性很低。明代之前的海外贸易主要是民间层次的，国家并未包揽过来。直到明朝将海外贸易限定于封贡的形式之下，并由官方垄断，明朝的封贡体系才显现出比历代封贡关系更为浓厚的贸易性质。海禁政策所导致的民间贸易管道的封闭使得明代的海外贸易只有借封贡之名进行，这就导致了一种封贡—贸易体制的出现。

明代的封贡—贸易体制运行的基本模式是：明政府遣使到海外诸国颁赐明朝正朔，邀其入朝进贡，而后明政府对封贡国正贡回赐，其附载货物则由官方给价收买或由贡使自行出售。在明朝的封贡—贸易体制中，经济和贸易的重要性相当突出。而在不同的时期，经济和政治这两个封贡体系的组成要素的重要性是不一样的。在明朝初年，出于巩固政权的需要，明朝封贡体系的政治色彩更为浓厚，封贡—贸易体制成为一种以经济交流达成政治目的的特殊体制；而随着明王朝统治的日益稳固，这一体制中的经济因素逐渐增加，并演变成一种以“封贡”为名而由官方垄断的对外贸易体制。与此同时，海禁政策的功能也出现了变化，由以国防安全为主要目的转向以维护官方对封贡贸易的垄断权为主要目的。尽管明朝开展封贡贸易有其确立华夏正统和国防安全等多重目的，但经济即单纯获利的目的也是不容小视的。而对于那些封贡国而言，经济利益的考虑是第一位的，很多都是名为朝贡，实为贸易。所以，见诸史册的那些名字奇怪的巧借封贡之名而行贸易之实的“封贡国”的数量很是不少。

封贡—贸易体制的发展主要是在明朝中前期。明朝对封贡贸易一直在进行限制，其根本的原因在于明朝社会内部的经济结构无法吸纳和消化海外贸易扩大所带来的后果。此外，由于封贡国每次都可从明朝带回大量的回赐品，明朝出于财政支出的考虑也必须对这种封贡贸易的规模有所限制。这种限制在根本上促进了明代中期之后民间海外贸易的复兴。

随着明朝和其他国家之间的海外贸易的发展，封贡贸易体制不再能够有效地控制明代的海外贸易，明代的民间海外贸易力量开始崛起。封贡贸易体制的内在悖论性使得很多国家和商业集团在明中叶之后绕过封贡体系的制约以正常的渠道从事对华贸易。明代中叶之后，海外贸易开始以民间层次为主。

“倭患”的出现集中体现了封贡贸易体制的内在危机。由于正常的海外贸易渠道受到限制，14世纪末和整个15世纪，为数不少的商业集团勾结日本人和朝鲜人集结在朝鲜半岛周围，并不时侵袭中国沿海，他们的一大要求就是废除“禁海令”。到了这时，倭寇的性质已开始出现变化。倭寇的首领和基本成员大都是中国人，也就是一些从事海上走私的贸易商人。直到1522年之后出现所谓的“大倭寇”时期，倭寇终成明朝的肘腋之患。

三、以中国为中心的封贡体系及其演变

明朝的封贡体系，封贡国之多，封贡国朝贡规模之大都是历代王朝所不及的。据《明会典》和《明史》的不同记载，有明一代，来华朝贡的国家超过了100个。明代的主要封贡国包括：朝鲜、琉球、安南、暹罗、占城、日本、爪哇、真腊、满剌加和苏门答腊等国。明朝中前期，由于统治者一般皆奉行比较开放的外交政策，所以，遣使来华的国家为数众多。尤其是在明成祖朱棣统治期间，与明朝保持封贡关系的国家的数量居明朝之最。在这些众多的封贡国中，甚至有一些国家的国王亲自来华访问。这一时期总共有4个国家的9位国王先后8次来华访问，其中包括满剌加国国王、古麻剌朗国（位于今菲律宾棉兰老岛）国王、渤泥国（位于今加里曼岛和文莱一带）国王以及苏禄国国王。

朱元璋在登上皇帝宝座之后即遣使四出，招徕东亚各国来朝进贡。1372年之后，朝鲜、琉球、安南、日本、占城、暹罗、真腊陆续遣使来访。在明朝的中前期，中国与当时东亚区域内的大部分国家都确立了明确而较稳定的封贡关系。

朝鲜再次成为中国最为重要的属国。在朱元璋为他的子孙们开列的“不征之国”的名单上，朝鲜被排在了第一位。1392年，朝鲜遣使明朝请求批准更改国号并得到明朝的批准之后，朝鲜国王甚至世子都必须经过明朝的册封。有明一代，朝鲜多是以儒家传统的“事大主义”来处理与明朝的关系的。朝鲜对明朝的第一次进贡是在1369年，其贡期经常超越朱元璋三年一贡的规定，时常一年数至。终明一代，其朝贡次数之多位于封贡国之首。明代一扫蒙元时期的兵戈阴霾，与朝鲜的封贡关系继续得到确认和发展。

中国与琉球的外交关系始于明朝初年。明朝甫一建立，双方即有使节往来。15世纪初，明朝与琉球正式确立封贡关系。有明一代，琉球的朝贡次数仅次于朝鲜。1372年，琉球首次入贡，明成祖时期规定琉球二年一贡，但琉球的实际

古麻剌朗国（今菲律宾棉兰老岛）风光

朝贡次数远多于此。另外，明政府对琉球统治者进行册封，并多次遣使琉球。在明朝存在的 267 年中，琉球对中国朝贡 182 次，仅次于朝鲜。

自公元 894 年日本决定停止派遣遣唐使以来，中日之间的官方关系就处于瘫痪状态。这种状况直到明朝初年才告结束。明朝建立伊始，中日即恢复了使节往来。1403 年，日本幕府将军足利义满以“日本国王源道义”的名义遣使明朝进贡，并在官方文件中以贡国自居。至此，明朝与日本正式确立封贡关系，日本进入了中国的封贡体系。直到 16 世纪之后，倭患大起，日本才又一次脱离以中国为中心的封贡体系。

日本与倭患之间千丝万缕的联系使得明朝对日本的进贡规模和次数加以严格的限定，可以说，明朝对封贡贸易的限制也有边防安全的因素在内，而这种考虑的一个重要背景即是日本人与倭寇的联系。日本贡使在华的不法行为也是明政府严格限定日本进贡规模的重要原因。明成祖朱棣曾经限定日本十年一贡，但最后却成具文。日本朝贡的次数、规模、人数以及贡品的数量远甚于明政府的规定。

明朝成立伊始，明朝政府就曾遣使安南晓谕。在此之后，中越之间久已存在的宗藩关系被纳入明朝的封贡体系，明朝颁发的印章成为越南合法统治的象征。有明一代，安南和占城朝贡明朝的次数比较平均，其制度化倾向明显。明朝所规定的安南和占城的朝贡频率均为三年一贡。于明朝而言，安南和占城同属关系比较紧密的外邦。在封贡贸易中，安南和占城均可得到明廷的额外赏赐，即“特赐”。

明朝建立之后不久，朱元璋即遣使暹罗。随即，明朝与暹罗确立了封贡关系，定三年一贡。在明朝前期，暹罗对明朝的朝贡次数为各国之冠，贡品也最为丰富。在明朝前期，真腊与暹罗 35 次的朝贡记录自然不可同日而语，但是，其朝贡的次数亦达到了 13 次。真腊从 1371 年开始入贡明朝，但贡无定期。缅甸与明朝亦确立了封贡关系，但也是贡无定期。爪哇于 1374 年与明朝确立封贡关系，定三年一贡，16 世纪之前，爪哇的朝贡次数亦不算少。明代前期，诸如满剌加、苏门答腊、渤泥、三佛齐、吕宋等南洋诸国亦与明朝确立了封贡关系，其中，以满剌加、苏门答腊的入贡次数为多。郑和下西洋之后，南洋来华朝贡的国家的数量大为增加，呈爆炸性增长的态势。

明代与东亚区域内各国封贡关系的确立主要在明前期，尤以朱元璋、朱棣父子统治时期为盛。明中叶之后，封贡国大为减少，很多国家都不再入贡。综合考察明代的封贡体系，它存在这样一个变化趋势：封贡国不守贡期频繁朝贡到朝贡次数的逐渐减少再到封贡国断绝与明朝的封贡关系。从郑和下西洋到 16 世纪初，明朝封贡国的朝贡活动由南向的海路转向了西向的陆路，这种现象出现的原因在

明朝属国琉球的风光

于海禁政策的失效而导致的官方封贡贸易通道功能的丧失，很多国家和商业集团不必再在封贡的“屋檐”下进行贸易活动了。葡萄牙人和西班牙人的东来更加重了这一趋势。

明朝的封贡国数量颇众，但是，它们与明朝的关系以及它们之于明朝的重要性是不尽相同的。我们可以依据朝贡次数的多寡、对明朝政治隶属关系的强弱以及对中国文化不同的认同程度，把它们划分为以下三类：

典型而实质的封贡关系。其主要特征在于封贡国向明朝称臣，定期遣使纳贡，采用明朝年号和历法。这种封贡关系具有较强的政治隶属性，是君臣主从关系在封贡关系上的延伸。在明代，属于这类封贡关系的国家主要有朝鲜、琉球、安南和明前期的占城。

一般性的封贡关系。这种封贡关系不具备君臣主从关系的实质内涵，封贡的经济意义更为明显。属于这种封贡关系的国家一般都在一定程度上认同中国文化，并曾接受过明朝授予的封号，但贡期却不一定恒定。日本、暹罗、爪哇、真腊、满剌加、苏门答腊、渤泥、苏禄、三佛齐等国皆属此类。

名义上的封贡关系。这实际上是一种纯粹的贡赐贸易关系。史册所载的来明

明朝属国苏门答腊（今属印度尼西亚）的风光

朝进贡的大部分国家都在此列。

在封贡体系中分量颇重的册封制度亦随这种封贡关系的区隔而呈现出不同的形态。明代对封贡国的册封可分为实质性的册封和礼仪性的册封两类。前者针对对于明朝具备典型而实质意义的封贡国，如朝鲜、琉球、安南和占城；后者针对一般性的封贡国，明朝对满剌加和苏门答腊国王的册封，皆属此类。但是，即使是针对具有典型而实质封贡关系的国家的册封，也不意味着明朝政府对这些国家的内政的强力干预。尽管封贡体系仍是一种不平等的国际体系，但是，明朝政府对外邦的内政一般不加干预。与之相对应的是，明朝在各封贡国之间起到了一种平衡和仲裁的作用。1419 年，明成祖即因暹罗入侵满剌加而对前者进行申斥。

明朝确立的封贡体系体制之完备、组织之有序，亦为前代所不及。除了对封贡国的贡期有所规定外，这种制度化的倾向也体现在明朝对封贡国贡道以及入贡规模的限定上。明朝政府规定，若朝贡国不按贡道入贡，可拒其入贡。在朝贡规模方面，明朝政府亦有专门规定，这种规定主要体现在对封贡国入贡的人数、携带物品的限定上。但是，封贡贸易之于各封贡国而言实在是有利可图，所以，这一规定的作用并没有得到有效的体现。在这两方面，明朝对朝鲜的限制程度最低。朝鲜可自海路和陆路入贡，陆路经鸭绿江入境，而海路则多在山东沿海。琉球的贡道被规定为泉州，但琉球进贡多经福建沿海登陆。日本的贡道则被定为宁波。安南是就近由广西入境。占城、暹罗、真腊、满剌加、苏门答腊、爪哇等东南亚国家多是经由广东或福建沿海入贡。

明朝政府在中央和地方设置了一些管理机构使封贡体系正常运转。和元代一样，明代的封贡事务在中央主要由礼部负责，其下属的主客司负责具体执行。主客司的主要职能在于：规范诸贡国入朝礼仪；辨明贡使身份；约束贡使活动等。1405 年，明朝在京师设置会同馆以作为中央级的接待机构，会同馆设有驿站，主要负责接待各封贡国贡使。明代亦有专门培养对外使节的机构，即行人司。明朝还首设了四夷馆，这是真正意义上的翻译机构。归化外邦的政治理想使得明朝特别重视封贡礼仪，其封贡礼仪主要定于朱元璋统治时期，以缜密而烦琐著称。在明代，这种烦琐而完备的封贡礼仪主要由鸿胪寺负责。

1374 年，朱元璋依宋、元旧制，于广州、泉州和宁波三地设市舶司，同年撤销，直到 1403 年才重新设置。需要注意的是，明代的市舶司的一个主要功能在于执行海禁政策，所以，随着海禁政策的时宽时严，市舶司也是时设时罢。

市舶司是封贡贸易的专管机构，验明封贡国入贡资格和贸易管理也是它的重要职责之所在。

明朝对封贡国的入贡资格要求颇严。一般而言，入贡国必须持有“表文”即“国书”方才具备了称臣纳贡的初步资格。不具表文的入贡行为，明朝一般都加以拒绝。在表文的内容中，对于明朝的称颂以及对己方属国身份的表述都是必需的。对于大多数封贡国而言，单单持有表文入贡是不够的，还必须持有明政府颁发的朝贡勘合。

勘合是明朝政府在其内政中广泛采用的一项技术型制度，它对明代中央集权的发展起到了重要的作用，在对外关系中采用勘合是勘合制度应用领域最重要的扩展。勘合在明代的封贡体系中遂成为一种信用凭证。朝贡勘合的运用始于1383年，凡贡使来贡，其有无勘合以及勘合之真伪都必须接受验证，无勘合或假冒勘合者，明朝政府不仅拒绝其入贡，还要将其捉拿法办。暹罗是明朝最早颁发朝贡勘合的国家，以后渐及于日本、占城、爪哇、真腊、满剌加和苏门答腊等国。朝贡勘合由礼部制作并颁发，但对封贡国勘合的验明任务则主要由各地市舶司执行。在这种朝贡勘合体制中，朝鲜和琉球是两个例外，它们只需持有表文即可入贡，而不必受勘合的限制。这种朝贡勘合制度与贸易的结合是明朝的一大创造。朝贡勘合制度的实行使得封贡贸易作为中外海外贸易唯一合法通道的地位变得更加稳固。

作为明朝封贡体系重要一环的封贡贸易是与朝贡勘合制度紧密结合在一起的。在封贡贸易中，封贡国对明朝的正贡以及贡使和随行商人的附载货物成为这种贸易体制中的两大贸易支柱，其中，围绕附载货物的贸易是主导形态，其交易额也占大宗。明政府对一部分附载货物实行官方给价收购的政策，其余部分除一小部分安排在各地市舶司港口进行交易外，大部分都安排在京师会同馆进行交易。明朝初年，明政府对进贡的货物一般都实行免税政策，到明中期之后，才开始实行抽分制度。与外邦称臣纳贡相对应的是，明朝政府也对这些封贡国进行回赐。这种回赐以及围绕附载货物的贸易的有利可图，是明代的封贡国不顾明朝限定一再越分进贡的主要原因。

郑和的七下西洋使得南洋诸国接连来贡，明朝与南洋诸国的封贡贸易达至顶峰，那些气势恢弘的航海活动以及随之而来的贸易活动对于东亚区域贸易网的建构颇为重要。郑和下西洋在标志着封贡贸易体系达于极盛的同时，也诱发了中外民间海外贸易的勃兴。明朝所确立的封贡体系的内在悖论性再一次得到了凸显。

足利义满像

明代中叶之后，郑和下西洋所彰显的那种积极进取的精神再也没有出现。与此同时，东亚区域内各国的自主意识开始增强，它们接二连三地效仿明朝欲建立起以自我为中心的封贡体系，以中国为中心的一元等级结构开始受到挑战。东亚的封贡体系开始复杂化，遂出现一种多层环状的结构。

明朝确立了以中国为中心的封贡体系，东亚其他国家相对独立的地位得到中国的承认。这就为东亚各国的进一步发展提供了有利的国际环境。这一时期东亚其他国家在国家形态、民族文化以及社会经济等方面都日益成熟，并开始接受封贡体系模式，发展对外关系。这样，东亚封贡体系开始日益复杂化，形成了多层环状结构。以中国为中心的一元主导的等级性东亚封贡体系，与该体系内各个国家通过外交关系确立的各自的亚封贡体系交错并存。在以谁为中心这一问题上，中国周边藩属国家对中国的认同逐步发生改变，而且，东亚封贡体系与各个亚体系之间、东亚封贡体系内部各个亚体系之间的矛盾与冲突也日益显现。东亚区域世界进入多元一体的新的历史时期。

中国明朝兴起之际，日本正处于南北朝的内乱时期。建立不久的室町幕府在内讧中逐渐稳固了统治。足利义满（1358 — 1408 年）统治时期，幕府开始强盛。1370 年左右，朝廷的诸多权能如司法审判权、临时征税权等转移到了幕府将军之手。1392 年南北朝对峙局面结束以后，将军的政治地位迅速提高，1394 年足利义满任太政大臣，此后历任将军均获得大臣之职，居于一人之下万人之上，实际上已经成为国家的最高统治者，天皇形同虚设。但是，随着守护大名领国制的形成和发展，地方割据势力仍然难以根除。随着庄园制的衰落，从地头和庄官演变而来的国人领主势力也不断增长。由于幕府与守护大名和国人领主之间的矛盾，以及幕府内部的权力斗争，室町幕府的统治并不稳固。从应仁之乱（1467 — 1477 年）开始，日本进入战国时代（1467 — 1568 年）。此后不久，室町幕府灭亡。

从 9 世纪后期构筑“东夷小帝国”以来，日本就开始与中国建立对等的国交，未曾再与中国建立封贡关系，与中国的正式交往基本中断。蒙元企图征服日本，使之对中国更加戒备。

明朝建立伊始便派遣使者到日本。由于明朝统治者不了解日本情况，使者把诏书送给了南朝的怀良亲王，他以明朝语气傲慢而拒绝来使。次年，明朝使者再来，责备日本倭寇侵扰，并有征讨之意，怀良怒杀来使 5 人，拘 2 人，3 个月后放还。1370 年，明朝三遣使者，怀良了解到明朝并非先礼后兵，开始引见使者，次年派僧侣出使明朝，中日外交关系出现了恢复的迹象。

明朝使者 1372 年在回访时，留居日本一年多，逐渐了解到日本南北朝的政治局势以及足利义满幕府势力的强大，便转而与之建立联系。从 1373 年起，中日之间开始了正式往来。明朝永乐年间开始封授足利义满为“日本国王”，赐金印冠服，日本奉表称臣。从形式上看，日本最终被纳入以中国为中心的封贡体系之中。但是，足利义满与中国的正式交往只是意味着天皇的外交权力转到了幕府，实际上足利氏在本国内正式场合并不使用这一封号，而且这种称臣纳贡的做法遭到了本国的指责。由于倭寇问题一直没有得到有效解决，日本国内政治动荡，中日官方政治关系并不稳固。

然而，就日本而言，中日政治关系的正常化目的在于进行官方贸易；就中国而言则旨在确立政治关系，消弭倭患。由于倭寇屡犯中国海疆，甚至被怀疑勾结中国国内政治势力，两国之间正常的海外贸易往来受阻。

中日确立封贡关系以后，明朝准予日本来中国进行朝贡贸易。为了区别官方贸易船和倭寇船，明朝实行勘合贸易制度，只有携带勘合的日本船只才允许以朝贡名义进行贸易。日本加入中国的封贡体系更多的考虑是欲从中取利，“倭人贪利，贡物外所携私物增十倍”，从中“大获利”。因此，日本在两次勘合贸易期即 1404 — 1418 年、1432 — 1547 年，共 130 年间，派遣勘合船 17 次，远远超过了十年一贡的规定。

明朝统治者本以为通过勘合贸易可以消弭倭患，因而也对违反规定年期的勘合船同样予以接待。只是到了后期发现倭患非但没有减轻，反而更加严重，便严格起来。由于后期不再像前期那样由幕府直接经营贸易，而是主要由守护大名、商人等直接经营，各大名之间开始争夺勘合贸易经营权。特别是1523年“争贡之役”后，中国一度中断日本的朝贡贸易关系达17年之久，1551年以后则长期陷入僵局，倭患日益严重。民间走私贸易却更加猖獗，并成为中日贸易的重要组成部分。

明清时期的资本主义萌芽

明朝中后期，在中国开始出现了资本主义萌芽，并在清朝前期得到了缓慢的发展。

明朝中后期的资本主义萌芽是在商品生产发展，农村封建生产关系发生某些新变化的情况下产生的。

第一，在明朝中后期，由于生产力的发展，开始出现生产资料、生活资料与生产者相分离的现象，出现了可以自由支配自己劳动的无产小民，农业雇工开始涌现，人身依附关系出现松弛。江南一些地主除了使用佃户、童仆之外，还使用大量雇工，并有长工和短工之分。“无产小民投雇富家力田者，谓之长工”，长工一般“计岁受值”。短工一般只在农忙时受雇，一般计日受值，也有计时受值。雇工的人数在江南一些地区已有相当数量，“一里或二十名，或二十五名”。雇工与雇主之间基本是一种契约关系。明政府新定律规定，长工中“立有文券，议有所限者，以雇工人论”，即受雇期间是“主仆关系”；“只是短雇日月，受值不多者，依凡人论”，即“短工人身与凡人一样自由”。

第二，班匠制度发生变革，商人进一步控制手工业。明代名隶官籍的民匠中，班匠约有23万，约占工匠总数80%。但是，不论是论班匠还是住坐匠，因不堪官府奴役，纷纷用怠工、避班、隐冒和逃亡等方式进行反抗，迫使明政府只好改变剥削方式，实行以银代役，于是就出现了“匠班银”或叫“班匠银”。他们对封建政府的人身隶属关系大为削弱，有利于民营手工业的发展。

第三，商业资本进一步发展，商人进一步控制手工业生产，手工业者对商人的依赖关系加强。江南棉纺织业发达的松江等地，有许多身带数万甚至几十万资本的富商巨贾，前来收购棉布。他们的足迹深入到乡村市镇。在纺织业发达的江南地区，商人还控制了加工丝棉纺织品的染坊和踹坊。有的商人干脆自己开设染织作坊。徽商阮弼曾在芜湖“立局召染人曹治之”，染出的纺织品远销吴越、荆梁、燕豫、齐鲁之间。万历时，苏州染坊工人有几千人。

在商品经济进一步发展的基础上，明代中后期的江南丝棉纺织业中产生了资本主义萌芽，其标志通常是“设局”“机户”的产生，“机户出资，机工出力，计时授值”生产关系的萌芽。明政府为控制江南丝织业生产，在南京设立内织染局、神帛堂和供应机房，在苏、杭等地设织染局。这些官办织染局，内设织机，役使大批工匠织造。嘉靖时，苏州城内织染局就有机 173 张，各色工匠 600 多名。同时，江南各地又有大批从事丝织业的民间机户。苏州城东长洲县“比屋皆工织作，转贸四力”。在江南一些地方出现了开张二十余张或三四张织机的大机户。“机户出资，机工出力”的劳动力买卖关系基本确立。在松江地区加工棉布的暑袜业中，资本主义生产关系表现得最为明显。万历以来，松江西郊暑袜店百余家，经售用洁白尤墩布缝制的尤墩暑袜，极其轻美，四方争购，“合郡男妇，皆以做袜为生，从店中给筹取值”。这些合郡男女实际上都是袜店的雇佣工人。

处于萌芽时期的资本主义生产关系并不能完全摆脱封建生产关系，其特点

清朝丝织衣服（仿品）

是嫩弱、稀疏，只发生在少数地区和少数行业，其生产力发展水平都处于机器大工业产生之前的简单协作和工场手工业阶段，表现形式多为分散的手工工场形式。

清朝的统一和商品经济的继续发展，使中国资本主义萌芽有了缓慢滋长，其发展主要表现在：（1）范围扩大。江宁在明代远不如苏州发达，但在清代却大大超过了苏州。（2）部门增多。在江西景德镇的制瓷业中，在广东、陕西等地的铁矿开采和冶炼业中，在云南的铜矿生产中，都出现了私营的、规模更大的、分工更细的生产方式。（3）手工作坊、手工工场规模增大。手工作坊主和工场主拥有的织机数量有较大增加。原来清政府规定丝织业机户织机拥有量不得超过百张，后经江宁织造府的曹寅奏免，“自此有力者畅所欲为，至道光间，遂有开五六百张机者”。不过绝大多数还是拥有数张至数十张织机的中小作坊。（4）包买商人直接或间接控制手工业生产的现象比过去有明显发展。从康熙到道光年间，江宁、苏州等地出现了许多由大商人开设的“账房”，他们拥有大量资本、原料和织机。如江宁的“大帐房李扁担、陈草包、李东阳、焦洪兴者，咸各四五百张”织机。

清代资本主义萌芽虽有了进一步发展，但这种发展十分缓慢和不平衡。主要原因大致有：（1）封建剥削沉重，农民极端贫困，无力购买手工业品；（2）地主、商人剥削所得钱财，多购置田产，影响手工业扩大再生产；（3）中央集权的君主专制政权历来执行“重农抑商”、“重本抑末”的政策，特别是明清时期，这种专制还有所加强，政府在国内设立许多关卡，对商品征收重税，对贸易实行垄断或限制，严重阻碍了商业资本的正常发展和向手工业、制造业资本的转化；（4）清政府实行闭关政策，几次下令禁止海外贸易，使中国的海外贸易和市场受到严重影响；（5）封建行会严格控制手工业生产的规模。总之，腐朽的封建制度严重阻碍了资本主义萌芽的成长，致使中国直到鸦片战争，资本主义经济仍然处于极其微弱的地位，无法让中国完成向资本主义社会的转型。

明清建筑的发展

明清时期，中国建筑达到了传统建筑的最后一个高峰，呈现出形体简洁、建筑形式趋向精练化、符号性增强的特点。

一、明清时期的宫殿建筑

中国古代的礼制是以“天子居中”来体现的。《吕氏春秋》曰：“古之王者择天下之中而立国，择国之中而立宫。”毫无疑问，中国古典建筑是以皇宫为中心而展开的，在20世纪以前，不论技术和艺术，基本上表现在帝皇所用的宫殿、园圃和国都上。中国的宫殿最能体现帝王的威严。因此，任何一个朝代的皇帝，都把建造宫殿作为其最重要的工程。但是，秦、汉、唐、宋的宫殿基本只存遗址，唯有明清北京的故宫完整地保留了下来，成为中国建筑的瑰宝。北京故宫，是世界上规模最大、保存最完好的古代皇宫建筑群，是中国古代建筑最高水平的体现。明清故宫始建于明朝永乐四年（1406年），建成于永乐十八年（1420年），征调

故宫外景

了二三十万民工和军工，是明清两代（1368－1911年）的皇宫，经过14年的时间，终于建成了这组规模宏大的宫殿组群。故宫太和殿其时称紫禁城，清朝沿用以后，只是部分经过重建和改建，总体布局基本上没有变动。故宫是中国统治阶级的政治和文化中心，先后有24位皇帝相继在此登基执政。

1911年的辛亥革命推翻了封建王朝，从此改变了故宫的命运。1924年，“中华民国”政府成立了“清室善后委员会”。1925年在原皇宫的基础上成立故宫博物院。明清两代的皇宫，变成了一座拥有壮丽古代建筑群和百万珍藏的博物馆。故宫博物院从诞生之日起，就为社会各界所瞩目。

故宫面呈长方形，南北长961米，东西宽753米，占地面积72万多平方米。城墙环绕，周长3428米，城墙高7.9米，底部宽8.62米，上部宽6.66米，上部外侧筑雉堞，内侧砌宇墙。城墙四角各有一座结构精巧的角楼。城外有一条宽52米、长3800米的护城河环绕，构成完整的防卫系统。宫城辟有四门，南面有午门，为故宫正门，北有神武门（玄武门），东面东华门，西为西华门。现存建筑980余座，有屋8700余间，建筑面积15万平方米。

故宫乾清门

明清故宫建于北京城的中央，以南北为中轴线，坐北朝南，充分体现了皇权至上的封建统治思想，故宫城外是皇城，皇城外又有北京城，城城包围，显示了森严的等级制度。历史上，故宫因火灾和其他原因曾多次重建，但基本格局没有改变，主要分为外朝和内廷两部分。外朝以太和、中和、保和三大殿为中心，文华、武英两殿为两翼，是皇帝上朝接受朝贺、接见群臣和举行大型典礼的地方。在整个宫城中以前三殿为重心，其中又以举行朝会大典的太和殿为其主要建筑。因此在总体布局上，前三殿占据了宫城中最主要的空间，而太和殿前的庭院，平面方形，面积 2.5 公顷，是宫城内最大的广场，有力地衬托太和殿是整个宫城的主脑。至于内廷及其他部分，显然是从属于外朝，因此布局比较紧凑。内廷有乾清宫、交泰殿、坤宁宫、御花园及两侧分列的东西六宫，是封建皇帝进行日常活动和后妃皇子居住游玩及奉神的地方。外朝建筑高大森严，显示着皇权的至高无上；内廷建筑则庭院错落，自成体系，富于情趣。前朝后寝，分工明确，不得随便逾越，体现了中国自古以来等级分明、内外有别的伦理观念。为了更加强调前朝的尊严，在太和殿前面布置了一系列的庭院和建筑。其中由大清门至天安门为一段，天安门至午门又为一段。午门以后，在弯曲的金水河的后面矗立着外朝正门太和门，太和殿就在其后。这一系列处理手法渲染出外朝的重要地位，使人们在进入太和殿前就已经感到了庄严的气息。

中国封建社会宗法观念的等级制度，在明清故宫中得到典型的表现。由于前三殿是宫城的主体，所以在这组宫殿的四角建有崇楼，同时太和殿是当时最高等级的建筑，采用重檐庑殿的屋顶、三层白石台基、11 间面阔等，甚至屋顶的走兽和斗拱出跳的数目也最多，御路和栏杆上的雕刻，彩画与藻井图案使用龙、风等题材，色彩中用了大量的金色，月台上的日晷、嘉量、铜龟、铜鹤等也只有这里才可以陈设。万寿山前中轴线上的建筑群除太和殿以外，其他建筑的屋顶制度与开间等都依次递减，装饰题材也有所不同。至于红色的墙、柱和装修，黄色琉璃瓦，则是皇宫建筑所专有的色彩。

朝寝交接处的乾清门前广场是体现紫禁城建筑礼制规范较为集中的场所。广场南面的保和殿是外朝三大殿的最后一座，规格等级仅次于太和殿，面阔 9 间，进深 5 间，重檐歇山顶，翼角置走兽 9 个，内外檐均施金龙和玺彩画，菱花扇，坐落在高大的汉白玉“三台”之上。北面乾清门位居后宫最南端，是帝王正寝乾清宫的正门，面阔 5 间，进深 3 间，单檐歇山顶，汉白玉须弥座。其东西两侧的随墙琉璃门——内左、内右门，分别通向东、西一长街，是去往东西六宫的重要通道。门外设军机处、九卿朝房，正合《周礼》所谓“内有九室，九嫔居之，外有九室，九卿朝焉”之制。九卿朝房为连檐通脊灰瓦顶，不施斗拱，门窗装修素朴，台明高仅尺余，进一步烘托出中轴线上主体建筑的宏伟壮丽。

在形成明清故宫整个建筑群统一的艺术风格中，使用形式类似而比较简单的个体建筑和大面积相同的色彩是一个重要因素。除少数个别建筑外，单体建筑都按照高度规格化的官式建筑做法进行建造，因而体型比较简单，屋顶形式只有几种，构件种类也不多，只是依靠有节奏的空间组合和体量的差别创造了有规律的轮廓线。而大片黄色琉璃屋顶和红墙红柱以及规格化的彩画等给全部建筑披上了金碧辉煌的色彩，获得了丰富而统一的艺术效果。此外，还利用大量的小品建筑如华表、石狮、铜龟、铜鹤、日晷、嘉量、御路、栏杆、影壁等，构成局部的艺术气氛。但是，整个故宫建筑是为体现帝王的政治权力而服务的，因而无可避免地产生严正而刻板的缺点。

总之，明清故宫建筑的空间组织和立体轮廓达到统一中又有变化，反映了中国古代建筑艺术的成就，同时它也是世界上优秀的建筑群之一。

二、明清时期的园林建筑

中国的园林在明清时期达到了成熟的阶段。显示威严庄重的宫殿建筑的严格的对称性被打破，迂回曲折、趣味盎然，以模拟和接近自然山林为目标的建筑美出现了。空间有畅通、有阻隔，变化无常，出人意料，可以引起更多的想象和情感，“山重水复疑无路，柳暗花明又一村”。这种仍然是以整体有机布局为特点的园林建筑，却表现着封建后期文人士大夫们更为自由的艺术观念和审美理想。中国的园林可以分为皇家园林和私家园林。

1. 皇家园林

皇家园林，在明清时期大都集中在北京。但是明代除了北京城的建设之外，在园林方面没有什么特别的建树。但是清代的皇家园林却规模宏大，曾经繁盛一时。康熙二十一年，建南苑行宫，后又建香山行宫及畅春园，四十八年建圆明园。至乾隆间，清代皇家园林的兴建达到鼎盛，形成以北京西郊的万寿山、玉泉山、香山、圆明园、长春园、清漪园、静明园、静宜园、承德避暑山庄，皇城内的西苑（南海、中海、北海）、宫城内众多小型庭院等为代表的完整的皇家园林体系。

北京颐和园风光

园林多半拥有广大面积和富有变化的地形。园内建筑的布局，首先把宫殿部分集中布置在地形平坦的地带，自成一区，然后根据地形特点把全园分成若干景区，每区有不同的内容和景物，并有体现景物内容和富有诗意的题名。这种处理手法和所表现的意境，受到江南名胜和私家园林的影响，有些则直接模仿它们。但在小范围的景区内，比例笨重的官式建筑，往往不能和曲折的风景相调和（如故宫乾隆花园），也有景区划分过多，使自然风景受到一定的损失（如避暑山庄如意洲）。一般说来，各个景区虽然各有特点，却能在参差错落的景色中，互相呼应拱卫一大群建筑，或围绕一片湖面，或衬托一座山岭，通过巧妙布置的游览路线，把各部分连成一个整体。但也有各景区的特点过分突出，产生不调和的情况，如圆明园的西藏建筑，长春园的西方洛可可建筑和颐和园的轮船，对于整个园林风格都是不恰当的。

2. 私家园林

私家园林大都建在江南，因此确切地说是江南私家园林。明朝除首都北京和陪都南京以外，苏州、杭州、松江、嘉兴四府是当时园林荟萃的地点，尤以明中叶以后，私家园林的数量逐步增加，造园艺术也有所发展。在有限的坊里隙地创造幻觉无穷的自然风景，这种“城市山林”不失为一种高度概括的艺术；尺度缩小了的山水景象——“咫尺山林”，无须长途跋涉之苦，可收湖山逍遥之功，它

苏州留园风光

正可满足士大夫优哉游哉，苏州留园的寒碧山房信步山水，消遣闲情逸致，甚至但求“卧游”、“神游”的园居方式。他们往往数代同堂并拥有众多的婢仆，需要大量居住房屋，所以园中常设有厅堂、书房、戏台、居住庭院、仆役侍候用房。实际上，园林是宅第的扩大与延伸，平日有许多活动如宴客聚友、读书作画、听戏观剧、亲友小住等，都在园中进行。私家园林在苏州、扬州、无锡、杭州、嘉兴一带极为盛行。苏州的沧浪亭（始建于宋）、狮子林（始建于元）、拙政园、留园、五峰园（始建于明）、怡园、耦园、网狮园、鹤园等以及扬州的个园、上海的豫员园等，都非常有名。

三、明清时期的民宅建筑

在中国的民宅中，房式是有严格的等级。明朝统治者就继承过去传统，制订了严格的住宅等级制度：“一品二品厅堂五间九架……三品五品厅堂五间七架……六品至九品厅堂三间七架……不许在宅前后左右多占地，构亭馆，开池塘”，“庶民庐舍不过三间五架，不许用斗拱，饰彩色。”不过后来有不少达官、富商和地主不遵守这些规定，北京四合院鸟瞰图如文献载清朝京师（今北京）米商祝氏屋宇多至千余间，园亭瑰丽，江苏泰兴季姓官僚地主家周匝数里。现存明代住宅如浙江东阳官僚地主卢氏住宅经数代经营，成为规模宏阔、雕饰豪华的巨大组群，安徽歙县住宅的装修和彩画也以精丽见称。汉族住宅除黄河中游少数地点采用窑洞式住宅以外，其余地区多用木构架结构系统的院落式住宅。这种住宅的布局、结构和艺术处理，由于各种自然条件与社会因素的影响，大体以秦岭和淮河流域为界，形成南北两种不同的风格。而在南方住宅中，长江下游的院落式住宅，又与浙江、四川等山区住宅及岭南的客家住宅，具有显著的差别。

北方民宅以北京的四合院住宅为代表。它院落宽绰疏朗，四面房屋各自独立，彼此之间有游廊连接，起居十分方便。四合院是封闭式的住宅，对外只有一个街门，

上海豫园一角

关起门来自成天地，具有很强的私密性，非常适合独家居住。院内，四面房子都向院落方向开门。北京四合院的垂花门由于院落宽敞，可在院内植树栽花，饲鸟养鱼，迭石造景。居住者不仅享有舒适的住房，还可分享大自然赐予的一片美好天地。

影壁是北京四合院大门内外的重要装饰壁面，绝大部分为砖料砌成，主要作用在于遮挡大门内外杂乱呆板的墙面和景物，美化大门的出入口，人们进出宅门时，迎面看到的首先是迭砌考究、雕饰精美的墙面和镶嵌在上面的吉辞颂语。通过一座小小的垂花门，便是四合院的内宅了。内宅是由北房、东西厢房和垂花门四面建筑围合起来的院落。封建社会，内宅居住的分配是非常严格的，位置优越显赫的正房，都要给老一代的老爷、太太居住。北房三间仅中间一间向外开门，称为堂屋。两侧两间仅向堂屋开门，形成套间，成为一明两暗的格局。堂屋是家人起居、招待亲戚或年节时设供祭祖的地方，两侧多做卧室。东西两侧的卧室也有尊卑之分，在一夫多妻的制度下，东侧为尊，由正室居住，西侧为卑，由偏房居住。东西耳房可单开门，也可与正房相通，一般用作卧室或书房。东西厢房则由晚辈居住，厢房也是一明两暗，正中一间为起居室，两侧为卧室。也可将偏南侧一间分割出来用作厨房或餐厅。中型以上的四合院还常建有后军房或后罩楼，主要供未出阁的女子或女佣居住。

江南民宅以苏杭为主，苏州为江南经济文化的中心，生活富裕，物产丰富，从前一向是富商、官僚聚集之处，住宅规模也很大，住宅外围环绕以高大的垣墙。因为南方房舍净高较大，多楼房，此外由于防火的需要，须用高墙隔断。建筑纵深为若干进，每进有天井或庭院，但很浅，厢房也浅或无；各进房间一般为三间。大的住宅可以有平行的二三条轴线；从大门起，轴线上排列：大门、轿厅、客厅、正房（属内院，另设门分割，有时为楼）；两侧轴线排列花厅、书房、卧室乃至小花园、戏台之类。杭州的吴宅就是典型的江南民居，它建于明代万历年间。位于杭州岳官巷，整座建筑坐北朝南，原来的建筑分左、中、右三条轴线，修复以后的吴宅的主要建筑均集中于中、右两条轴线上。从轿厅进入，右边是四宜轩、载德堂、锡祉堂；左边是守敦堂、肇新堂。堂与堂之间都有一个大天井。其中，守敦堂高大开阔，两边设有厢房，这里就是举行各种祭祀仪式的地方。历史上的吴宅除了现有厅堂楼阁之外，还有藏书楼、花园、竹园、大厨房、账房等，一应俱全，完整地体现了江南民居特有的建筑样式。又如建于清代的苏州顾宅也是一例。进入顾宅大门为天井，穿过天井进入大厅，其旁为楼房，底层为书斋。厅前院中有戏台。这种戏台属于私家戏台，如上海豫园的戏台即是如此。

河南、山西、陕西、甘肃等省的黄土地区，人们为了适应地质、地形、气候和经济条件，建造各种窑洞式住宅与拱券住宅。窑洞式住宅有两种。一种是靠崖窑，在天然土壁内开凿横洞，常数洞相连，或上下数层，有的在洞内加砌砖券或石券，防止泥土崩溃，或在洞外砌砖墙，保护崖面。规模较大的则在崖外建房屋，组成院落，称为靠崖窑院。云南傣族村寨竹楼另一种在平坦的冈地上，凿掘方形或长方形平面的深坑，沿着坑面开凿窑洞，称为地坑窑或天井窑。这种窑洞以各种形式的阶道通至地面上，如附近有天然崖面，则掘隧道与外部相通。大型地坑院有两个或两个以上的地坑相连，可住二三十户。此外，还有在地面上用砖、石、土坯等建造一层或二层的拱券式房屋，称锢窑。用数座锢窑组合成的院落，称为锢窑窑院。

居住于广西、贵州、云南、海南岛、台湾等处亚热带地区的少数民族，因气候炎热，而且潮湿、多雨，为了通风、采光和防盗、防兽，使用下部架空的干阑式构造的住宅。这种住宅的布局和结构很富于变化。以云南傣族住宅为例，不但因地区不同而发生差别，在同一地点内，宣慰司（土司）府和一般住宅又有悬殊。结构以木架居多，但也有全部用竹料的。房屋平面多为横长形，仅少数作纵长形。下部作畜圈、碾米场及储藏室、杂屋等。楼梯置于室内或室外，不拘一式。上层前部为宽廊及晒台，后部是堂与卧室，堂内设火笼和佛龛。广西侗族的干阑式住宅，有的面阔五间，高达三层。上层的堂，两侧各加过间，形成较大的空间，堂后置卧室数间，外部伸出，称为挑廊，并利用屋顶做成阁楼，巧妙地处理内部的空间。

藏族住宅主要分布于西藏、青海、甘肃及四川西部，由于雨量稀少，而石材丰富，故外部用石墙，内部以密梁构成楼层和平屋顶。城市住宅往往以院落作为全宅的中心，如拉萨的二层住宅环绕着小院，下层布置起居室、接待室、卧室、库房，上层在接待室、卧室外，加经堂和储藏室。造型严整和装饰华丽是它的特点。藏族拉萨的二层民居乡间住宅多依山建造，很少有院落。一般高二、三层不等，而以三层较多。底层置牲畜房与草料房，二层为卧室、厨房、储藏室，三层以装修精致的经堂为主，附以晒台、厕所，而二、三层每有木构的挑楼伸出墙外。

蒙古、哈萨克等族为适应游牧生活而使用移动的毡包，往往二三成组，附近用土墙围为牲畜圈。毡包的直径自 4 米至 6 米不等，高 2 米余，以木条编为骨架，外覆羊毛毡，顶部装圆形天窗，供通风和采光之用。此外，因从事半农牧而建造

哈萨克族的毡包

的固定住宅，有圆形、长方形以及圆形与长方形相结合等形式，也有在固定房屋之外再用毡包的。

新疆维吾尔族的平顶住宅，大体分为两种类型。南疆的喀什、和阗等处用砖，土坯外墙和木架、密肋相结合的结构，依地形组合为院落式住宅。在布局上，院子周围以平房和楼房相穿插，而前廊建列拱，空间开敞，故体型错落，灵活多变。房屋平面以前室与后室相结合，附以厨房、马厩等。因气候炎热干燥，一般不开侧窗，而用天窗采光。另一种为吐鲁番的土拱住宅，用土坯花墙、拱门等划分空间，院内以葡萄架加强绿化，并联系各组房屋。房屋布置也以前后室相连，基本上与喀什一带的住宅相同，但室内外装饰比较简单。

四、明清时期的陵墓建筑

一般来说，陵墓建筑反映了人间建筑的布局和设计。秦、汉、唐和北宋的帝后陵都具有明显的轴线，陵丘居中，绕以围墙，四面辟门，而唐与北宋诸陵在每个陵的轴线上建享殿、门阙、神道和石像等。明朝各陵采用的长达 7 公里的公共神道与牌坊、碑亭，以及方城明楼和宝顶相结合的处理方法，则是在北宋和南宋陵墓的基础上发展而成的。

清朝的皇帝陵墓基本上承袭了明朝的布局和形式，但后死的后妃在帝陵旁另建陵墓，与明代帝后合葬制度不同，同时分别隔代埋葬于河北省遵化县的东陵和易县的西陵。

1. 明十三陵

十三陵在北京昌平县北十里的天寿山南麓。自明永乐以来，十三个皇帝皆环葬于此，故有十三陵之称。长陵是明第三位皇帝朱棣的陵墓，是陵区的主体建筑，居于陵区的中央，东侧有景陵、永陵、德陵三陵；西侧有献陵、庆陵、裕陵、茂陵、泰陵、康陵六陵；西南侧有定陵、昭陵、悼陵三陵。各陵共用一个神道与牌坊、石像生。陵区最南端的石牌坊为十三陵的起点，经大红门是碑亭，过碑亭北行，有石人石兽分列神道两旁。石像生的礼制基本遵循明孝陵遗法。该陵园建于公元 1409 — 1644 年，距今已有 300 — 500 多年历史。陵区占地面积达 40 平方公里，一共埋葬有明代的 13 个皇帝和 23 个皇后，以及众多妃嫔、太子、公主和从葬宫女等，这是我国乃至世界现存规模最大、帝后陵寝最多的一处皇陵建筑群。

石牌坊为陵区前的第一座建筑物，建于嘉靖十九年（1540 年）。牌坊结构为五楹、六柱、十一楼，全部用汉白玉雕砌，在额枋和柱石的上下，刻有龙、云图纹及麒麟、狮子等浮雕。过了石牌坊，即可看到在神道左、右有两座小山。东为龙山（也叫蟒山），形如一条奔越腾挪的苍龙；西为虎山（俗称虎峪），状似一只伏地警觉的猛虎。

大红门坐落于陵区的正南面，门分三洞，又名大宫门，为陵园的正门。大红门后有一条大道，叫神道，也称陵道。它起于石牌坊，穿过大红门，一直通向长陵，原为长陵而筑，但后来便成了全陵区的主陵道了。该道纵贯陵园南北，全长 7 公里，沿线设有一系列建筑物，错落有致，蔚为壮观。碑亭位于神道中央，是一座歇山重檐、四出翘角的高大方形亭楼，为长陵所建。亭内竖有龙首龟趺石碑一块，高 6 米多。上题“大明长陵神功圣德碑”，碑文长达 3500 多字，是明仁宗朱高炽撰文，明初著名书法家程南云所书。明长陵地宫明长陵明楼石雕群陵前放置的石雕人、兽，古称石像生（石人又称翁仲）。从碑亭北的两根六角形的石柱起，至龙凤门止的千米神道两旁，整齐地排列着 24 只石兽和 12 个石人，造型生动，雕刻精细，深为游人所喜爱。其数量之多，形体之大，雕琢之精，保存之好，是我国古代陵园中罕见的。

定陵是明代第十三帝朱翊钧（年号万历）的陵墓。这里埋葬的还有他的两个皇后。该陵坐落在大峪山下，位于长陵西南方，建于万历十二年至万历十八年（1584 — 1590 年）。主要建筑有陵恩门、陵恩殿、宝城、明楼和地下宫殿等。占地 182000 平方米。它是十三陵中唯一一座被发掘了的陵墓。朱翊钧（1563 — 1620 年），10 岁登基，22 岁便动工兴建陵墓，28 岁时已把陵墓建成，陵成之后 30 年才死。他活了 58 岁，统治中国达 48 年之久，是明代在位时间最长的一个皇帝。该陵墓基选择在一处山包上，需除掉巨石方可动工营造，工程艰巨，规模宏大，每天役使军工、民匠 30000 余人，连续施工约六年才建成。全国平均每户需摊派劳役六天半，共耗白银 800 余万两，为当时全国两年田赋收入的总和，可供 1000 万农民一年的口粮费用。

昭陵位于定陵西侧的大峪山麓，陵园建筑面积为 35000 平方米，现存有完整的陵恩门、陵恩殿、东西配殿，以及方城、明楼、宝顶等。这里埋葬有明朝第十二帝穆宗朱载垕和他的三位皇后。穆宗，年号隆庆（1537 — 1572 年），在明

明昭陵

朝16帝中是个平庸的皇帝，登基6个月便不愿过问政务，在位6年从未公开发表过自己的政治主张。穆宗虽不关心政务，但对大臣们的建议与做法也不反对，例如历史上著名的“隆庆议和”，就是在大臣们的支持下促成的。隆庆议和发生于隆庆五年（1571年），当时蒙古族的一个部落首领俺答，因他的宠孙把汁那吉因婚事和俺答闹翻了，于是带十几人投奔明朝而来，得到明朝的热情接待与重封重赏。俺答得知此事十分感动，终于在隆庆五年（1571年）与明朝议和。朝廷也重封俺答为顺义王并赐红蟒衣一套，从此汉蒙两族二十多年没有发生大的战争。无字碑石龟负碑，竖立于陵恩门前的碑亭内，空白无字，可能因皇帝功过难评之故。游人至此喜摸石龟，民谚道：摸摸乌龟头，一生不发愁；摸摸乌龟腚，永远不生病。

明显陵位于湖北省钟祥县城东北松林山，始建于嘉靖十九年（1540年）。俗称皇陵，为明宪宗朱见深的第二子、兴献王朱祐杬（1476—1519年）的陵墓。明武宗朱厚照身后无嗣，按明制兄传位于弟朱厚熜，即明世宗嘉靖皇帝。朱祐杬系朱厚熜的生父。嘉靖三年（1524年），嘉靖皇帝朱厚熜追谥其生父为恭睿献皇帝，并按制建陵。占地约600亩，建筑规模庞大宏伟。陵园四周围墙呈朱色。陵墓神道长1300米，两边依次排列着华表和狮、獬、豸、骆驼、麒麟、跪马、立马各一对。后面建有大殿两重；最后为茔城，围着两座高大土冢，即为朱厚熜及其妻的坟墓。环茔城城头的排水孔道饰有99个庞大的龙头，极为壮观。

2. 清陵

清陵是清代帝后的陵墓。清陵依其分布状况可分四区：一是永陵，在今辽宁省新宾满族自治县，为清太祖以前的肇、兴、景、显四陵。二是清太祖福陵与太宗昭陵，在今辽宁省沈阳市附近。三是东陵，在今河北省遵化市，有顺治孝陵、康熙景陵、乾隆裕陵、咸丰定陵、同治惠陵及太宗后昭西陵及诸后妃之陵。四是西陵，在河北省易县，有雍正泰陵、嘉庆昌陵、道光慕陵、光绪崇陵及诸后妃之陵。

清东陵是中国现存规模最大、体系最完整的古帝陵建筑，清东陵位于今河北省遵化市马兰峪西的昌瑞山主峰脚下，始建于清顺治十八年（1661年），是清入关后营造的最大陵墓区。陵区南北长125公里，东西宽20公里，总面积达2500平方公里，葬有清朝顺治、康熙、乾隆、咸丰、同治五个皇帝，十五个皇后、十三个皇贵妃、六个贵妃以及妃、嫔、贵人等，共计157人。陵区内神道和桥梁纵横交错，黄绿琉璃瓦殿顶，画栋朱垣，汉白玉石殿陛栏杆构成一幅绚丽宏伟、多姿多彩的图画。清东陵陵园建筑，在长达五公里的中轴线上，依次排列着石牌坊、碑楼、龙凤门、神道、碑亭、隆恩门、享殿、大殿、隆恩殿、明楼等数十座各式建筑。一些建筑上的浮雕及石人石兽，工艺精湛，显示了清代高度的艺术水平。

清西陵位于河北省易县城西约 15 公里的永宁山下建于雍正八年（1730 年），方圆达 800 平方公里。有四座帝陵及三座后陵、四座妃陵，葬有四帝九后 57 妃嫔，以及格格、亲王，共 78 人。陵区林木蓊翳，空山鸟语，流水潺潺，景色旖旎秀丽。主体建筑为雍正陵。前后有三座高大精美的石牌坊和一条宽达 10 余米，长 2.5 公里的神道，通贯陵区南北。

嘉庆昌陵和光绪崇陵坐落于雍正泰陵的东西两侧，而道光慕陵则位于泰陵以西五公里处。昌陵和崇陵陵园的建筑形制，与泰陵大致相同。慕陵形制则别具一格，其规制最为简约，但工程质量坚固精细；其隆恩殿全以楠木为料，一律本色，不饰彩绘。崇陵是中国帝陵中的最后一座，其规模较小，但有完整的排水系统；所用工料之精、耗银之多，十分可观。崇陵内松树挺拔，周围为果园，景色秀丽宜人。

明清皇陵是中国封建时代又一规模宏大的陵墓，是人文景观和自然环境和谐结合的典范，中国建筑艺术的杰作。

清西陵

五、明清时期的坛庙建筑

在中国的建筑中，有一种建筑与西方的宗教建筑不同，这就是坛庙。它具有礼的性质，是一种礼制建筑。其中，设坛祭祀的对象大致可以分为两类：一是自然神，包括天上诸神如天帝、日月星辰、风云雷雨之神以及地上诸神；另一类是鬼神，即人死之后的神灵，包括祖先和历代圣贤英雄人物等。清乾隆时期的北京平面图在这思想体系中最重要的是要人们相信“天”是至高无上的主宰，自然界的日、月、星辰、雷、电、风、雨和重要的山、河等也都各有其神，支配着农作物的丰歉与人间祸福，而人间的统治者的一切行动都是按照“天”的意志做的，因此是不可反抗的。并且这些自然界的天地、日月、山川，都成了有意志的人格化的神。这类祭祀活动，都是在台型的“坛”上进行，通称为“坛”。明清的坛庙往往相承袭。著名建筑大师梁思成认为：“清代坛庙建筑，多沿朱明之旧，天安门之内，午门之外，东为太庙，西为社稷坛。外城永定门内，东为圜丘（亦称天坛）、西为先农坛。方泽（地坛）在安定门外。日坛在朝阳门外东郊；月坛在阜成门外西郊；孔庙及太学与城中最大之喇嘛寺雍和宫均在安定门内，皆京城之重要坛庙也。”

天坛

明清坛庙建筑中最为著名的有太庙、天坛、社稷坛、雍和宫、曲阜孔庙等。

太庙是明清两代帝王祭祀祖先的“宗庙”，位于紫禁城午门左前方，以符合《周礼·考工记》“左祖右社”的礼制，始建于明朝永乐十八年（1420 年）。总建筑面积为 139650 平方米。整个建筑物布局严谨，中轴线上排列着三层琉璃砖门、三层大殿，戟门、石桥。戟门内正面为前殿，是太庙的主体建筑。太庙建筑的形制也是等级最高的。太庙前殿即是一幢重檐庑殿顶的大殿，明代时为九开间，清代时改为十一开间，形制之高与紫禁城太和殿相当。台基三重，以汉白玉石护栏围绕。每次大祭时皇帝在此祭祀先祖列帝。正殿前东西庑列功臣牌位，祭祀时用为陪祀。中殿九间，单檐庑殿顶，黄琉璃筒瓦屋面。须弥座白石台基四周有汉白玉石护栏围绕。北京天坛殿内供奉列圣、列后神龛。中殿左右配殿各五间，黄琉璃筒瓦屋面，单檐歇山顶，是贮存祭器的地方。后殿又称祧庙，是祭祀远祖神位的地方，用墙垣隔出一区。整个太庙建筑群，基本为明嘉靖年间重建规模，为研究明代建筑群整体组合造型的良好典例。

天坛位于北京外城南部永定门内大街的东侧，与先农坛夹着全城的中轴线东西对峙，系明永乐十八年（1420 年）明朝迁都北京时所创建的。当时它和先农坛都在城的南郊，至公元 18 世纪修建外城才纳入城内。天坛是明清两朝皇帝祭天与祈祷丰年的地方。现在的规模是明嘉靖九年（1530 年）形成的，除祈年门和皇乾殿是明代遗物外，大部分建筑经 18 世纪初改建。

天坛的整个组群由内外两重围墙环绕，总面积 280 公顷。围墙的平面接近正方形，但北面的两角采用圆形，南面则为正角，是附会中国古代“天圆地方”之说而设计的。由于传统的礼制关系，天坛位于大街的东侧，主要入口设在西面。

天坛分内坛和外坛，主要建筑物都在内坛。建筑可分为南北两组，南面是圜丘，北面是祈年殿。北部以祈祷丰年的祈年殿为主体，附以若干附属建筑，内围墙西门内南侧是皇帝祭祀前斋宿的宫殿——斋宫，外围墙西门以内建有饲养祭祀用的牲畜的牺牲所和舞乐人员居住的神乐署。殿的檐顶由 28 根大木柱和 36 根枋木角支承。28 根大柱是一种时间的仪式，中部四根龙井柱象征一年四季，中层 12 根大柱象征一年 12 个月，外层 12 根檐柱象征 12 个时辰，24 根柱合起来又象征 24 个节气。殿内正中地面的天然龙凤花纹的圆形大理石，与殿正中的蟠龙藻井，象征着天龙神鸟。其中圜丘和祈年殿是全部建筑的主体，连接祈年殿、皇穹宇、圜丘坛的是一条长约 400 米，宽 30 米，高出地面 4 米的砖砌大甬道——丹陛桥相连。

圜丘是一个白石砌成的三层圆形台子，是皇帝每年冬至日祭天的地点，周围用两重矮墙环绕。内墙平面作圆形，外墙平面作正方形，两重矮墙的四面正中都建白石棂星门。天坛皇穹宇这一组露天的建筑，造型简单庄严而开朗，并在圜丘周围用三座高灯杆、十二座铁炉和一座琉璃炉作为陪衬。

皇穹宇是平时供奉着“昊天上帝”牌位的建筑（牌位在祭祀时才移到圜丘上）。这组建筑是在平面圆形的皇穹宇的两侧，各建长方形配殿一座，再以平面圆形的围墙环绕而成。围墙南面的正门与圜丘北面棂星门相距不到 40 米。皇穹宇是一座单檐的圆形小殿，饰以蓝瓦、金顶和朱色的柱和门窗，建立在洁白的单层须弥座石基上。内部的梁、柱、藻井和外面的装修及基座石刻等都十分精丽。

祈年殿和圜丘虽是天坛的两个同等重要的建筑，可是在艺术构图上祈年殿是天坛总体中最主要的组群。祈年殿是一座圆形平面的大殿，上覆三层蓝色琉璃瓦顶和渗金宝顶，朱柱和门窗，屹立在圆形白石台基上，但它与皇穹宇不同，下面是三层台基，上面是三层檐。这两座圆形殿遥相呼应，但大小不同，主次明确。祈年殿和它的东西配殿由平面方形的围墙环绕，成为一个组群，与南端用方形围墙环绕的圜丘遥遥相对。这两个圆心相距约 750 米。但在构图上，前者以其矗立高耸的形象与比较扁平的圜丘形成鲜明的对比。在祈年殿后面有一座皇乾殿。它与祈年殿的关系恰和皇穹宇对于圜丘一样。

六、明清时期的宗教建筑

明、清宗教建筑形式众多，其意义实际上已超出了宗教的规定，成了人们生活中的一个重要审美对象。

1. 佛教塔建筑

元代的佛塔除增加了喇嘛塔这一新形式外，其他式样的塔虽然仍有修建，但数量不多。明清两代也大量建造喇嘛塔，高层的砖塔则多为楼阁式，密檐塔很少见。现以广胜寺飞虹塔和金刚宝座塔为例介绍。

（1）飞虹塔

飞虹塔在山西洪洞县城东北 17 公里广胜上寺，为国内保存最为完整的阁楼式琉璃塔。塔身外表通体贴琉璃面砖和琉璃瓦，琉璃浓淡不一，晴日映照，艳若飞虹，故得名。塔始建于汉，屡经重修，现存为明嘉靖六年（1527 年）重建，天启二年（1622 年）底层增建围廊塔平面八角形，十三级，高 47.31 米。塔身青

飞虹塔

砖砌成，各层皆有出檐，塔身由下至上渐变收分，形成挺拔的外轮廓。同时模仿木构建筑样式，在转角部位施用垂花柱，在平板枋、大额枋的表面雕刻花纹，斗拱和各种构件亦显得十分精致。形制与结构都体现了明代砖塔的典型作风。该塔外部塔檐、额枋、塔门以及各种装饰图案（如观音、罗汉、天王、金刚、龙虎、麟凤、花卉、鸟虫等），均为黄、绿、蓝三色琉璃镶嵌，玲珑剔透，光彩夺目，形成绚丽繁缛的装饰风格，至今色泽如新，显示了明代山西地区琉璃工艺的高超水平。塔中空，有踏道翻转，可攀登而上，为我国琉璃塔中的代表作。

（2）金刚宝座塔

金刚宝座塔由宝座和石塔两部分组成。宝座为 7.7 米的高台，系砖和汉白玉砌成，分 6 层，逐层由下而上收进 0.5 米，外观庄重。最下一层为须弥座，其上 5 层，每层是一排佛龛，每个佛龛内刻佛坐像一尊。宝座顶上平台，分列方形密檐式石塔5座：中央大塔13层，高约8米，象征毗卢遮那佛；四角小塔各11层，高约7米许，东塔象征阿轮佛；南塔象征宝生佛；西塔象征阿弥陀佛；北塔象征不空成就佛。5塔所象征的佛称五方佛。各塔均由上千块预先凿刻好的石块拼装而成。宝座南北正中辟券门，塔内有石阶44级，盘旋而上，通向宝座上层平台。台上还盖有下方上圆琉璃罩。塔座和塔身遍刻佛像、梵文和宗教装饰。中央大塔刻一双佛足迹，意为“佛迹遍天下”。五塔寺金刚宝座塔各部分比例匀称，给人以坚实而不可动摇的印象。

2. 藏族和蒙古族的喇嘛教建筑

明清时期，藏族和蒙古族的喇嘛教建筑在元代的基础上进一步发展，特别在清朝，为了加强对藏族、蒙古族的统治，更重视喇嘛教，因而这类建筑的数量很多，仅在内蒙古各旗，就有喇嘛庙一千余所，西藏，四川、甘肃、青海等地明清时期藏族的喇嘛寺数量则更多。

这种建筑外部包以很厚的石墙或土墙，部分地方使用汉族形式的木构架屋顶。虽然由于使用不同，各类建筑体型不一，但由于这种构造上的特点，再加以比较定型了的一些装饰手法，使得寺院中许多建筑的外形有着共同的艺术特点。墙很

布达拉宫

厚，且有很大的收分，窗很小，因而建筑显得雄壮坚实，檐口和墙身上大量的横向饰带，则给人以多层的感觉。这些特点在艺术上增大了建筑的尺度感。坚实的墙身上往往点缀一部分木门廊，上面又有轻飏的汉族形式的屋顶，使这种坚实的体型并不呆板。

布达拉宫是这些建筑中的代表作。它是一组大型寺院建筑群，始建于公元7世纪松赞干布王时，现在的建筑是清顺治二年（1645年）五世达赖喇嘛时期建造的，工程历时50年。

布达拉宫缘山修建，高达200余米，外观十三层，但实际仅九层。主体建筑分两部分："红宫"主要是大经堂和存放历代达赖喇嘛尸塔的大殿，"白宫"是寝室、会客室、餐厅、办公室、仓库及经堂。

清朝承德"离宫"（今承德避暑山庄）的东面和北面的山地上建有十一组喇嘛教寺院，现存八座，即：溥仁寺（康熙五十二年，1713年）、普宁寺（乾隆二十年，1755年）、普佑寺（乾隆二十五年，1760年）、安远庙（乾隆二十九年，1764年）、普乐寺（乾隆三十一年，1766年）、普陀宗乘庙（乾隆三十六年，1771年）、殊象寺（乾隆三十九年，1774年）、须弥福寿庙（乾隆四十五年，1780年）。这些寺庙是清朝喇嘛教建筑的代表作。其中普陀宗乘庙是模仿布达拉宫、须弥福寿庙是模仿札什伦布寺修建的，其他寺院同样是为纪念战胜民族分裂势力的叛乱和团结少数民族的胜利而建造的。这些建筑的形式，吸取了西起西藏、新疆，北到蒙古，东南到浙江等许多地区著名建筑的特点，集中了当时建筑上成功的经验而创造出来的，反映了当时民族文化交融的情况。

这些寺院在总体处理上，有些利用山势的自然坡度布置建筑，有些则作了较多的人工处理，把坡地处理成几个不同高度的台阶，在各个台阶上对称地布置建筑。建筑布局大部分采用对称方式，但普陀宗乘庙和须弥福寿庙则只是前面部分对称，其他部分随地形而变化。一部分寺院还附有园林，但处理手法不同于一般园林，而是就自然地势略加人工点缀，把山石树木组合到一起，也有些山石花木的处理主要是用来衬托建筑，给某些严整的建筑增添不少生趣。这些寺院都以主体建筑的造型引人入胜，而其建筑的造型各不相同，绝对尺度都很高大，又都依地形建在寺中最高的地方，使优美的体型突出在一般建筑之上，极为壮观。其中如普宁寺大乘阁，高三层，上面五个屋顶一大四小，河北承德普宁寺大乘阁造型稳重，普乐寺旭光阁为重檐圆顶，下面承以两层高台，周围配置八座琉璃小塔，比例和谐而形体富于变化，普陀宗乘庙的大红台利用山势修建，平面曲折，体型错落有致，并在模仿藏族寺院形式的基础上，加入若干汉族建筑的手法，给人以雄壮而活泼的印象。

3. 伊斯兰教建筑

中国伊斯兰教的宗教建筑，包括礼拜寺（清真寺）、教经堂、教长墓等几种类型。伊斯兰教大约在唐代传入中国，先后为回、维吾尔、撒拉等民族所信仰。中国伊斯兰教建筑有两个体系：以广大内地的回族为主的礼拜寺和教长墓（拱北）为代表；以维吾尔族为主的礼拜寺和陵墓（玛札）为代表。

因宗教需要，一般礼拜寺由礼拜殿（祈祷堂）、唤醒楼（拜克楼）、浴室、教长室、经学校、大门等建筑组成。唤醒楼即中亚礼拜寺中的密那楼，原是塔形，称密那塔，或按波斯语称帮克塔，为呼唤教民做礼拜的建筑，因为体形高耸，也成了伊斯兰教特有的标志。礼拜殿一定要坐西朝东，这是为使教民做礼拜时面向西方的麦加。寺内装饰不用动物题材，而用几何形、植物花纹及阿拉伯文字的图案。

主墓室是全陵园的主体。结构是在内部用四个大尖拱支持一个穹隆顶，而大

清真寺

拱四周又用厚墙支托，同时在墙的四个角上用塔楼固定，外面用绿琉璃镶面和部分白墙面相组合，整个建筑造型稳重简练而不呆板。内部全部刷白，有着静穆的气氛。

大礼拜寺以墙环绕，自成一组。前殿高大，列柱林立，色调幽暗，有着伊斯兰教特有的低沉而神秘的气氛。后殿为一系列低矮的拱顶，更加显得沉闷。大礼拜寺和主墓室之间是绿顶礼拜寺。它的后殿和主墓室相似，前殿与大礼拜寺相似，在造型上恰成为二者间的过渡。

维吾尔族建筑中成就最高的是装饰艺术。装饰不是平均使用，而是置于视线最集中的地方。维吾尔族建筑装饰的种类很多，而最出色的是拼砖、石膏花饰、彩画和窗户棂条的组合，多种装饰往往综合使用，形成华丽细致的艺术气氛。

七、明清时期的其他建筑

明清时期的其他建筑主要有观星台、飞云楼、真武阁、永乐宫、长城等。这些现存古老的建筑，也是世界上著名的科学古迹，它反映了我国古代建筑的卓越成就。

1. 飞云楼

飞云楼位于万荣县解店镇东岳庙内，相传始建于唐，现存者于明正德元年（1506 年）重建。楼面阔 5 间，进深 5 间，外观 3 层，内部实为 5 层，总高约 23 米。底层木柱林立，支撑楼体，构成棋盘式。楼体中央，四根分立的粗壮天柱直通顶层。这四根支柱，是飞云楼的主体支柱。通天柱周围，有 32 根木柱支擎，彼此牵制，结为整体。平面正方，中层平面变为折角十字，外绕一圈廊道，屋顶轮廓多变；真武阁第三层平面又恢复为方形，但屋顶形象与中层相似，最上再覆以一座十字脊屋顶。飞云楼体量不大，但有四层屋檐，12 个三角形屋顶侧面，32 个屋角，给人以十分高大的感觉。各层屋顶也构成了飞云楼非常丰富的立面构图。屋角宛若万云簇拥，飞逸轻盈。此楼楼顶，以红、黄、绿五彩琉璃瓦铺盖，木面不髹漆，通体显现木材本色，醇黄若琥珀，楼身上悬有风铃，风荡铃响，清脆悦耳。

2. 永乐宫

山西芮城永乐宫，原在山西永济县永乐镇，是在唐代吕公祠原址上重建的大纯阳万寿宫的主要部分，建于元中统三年（1262 年）。现因修筑黄河水库工程，

永乐宫

已将这组建筑迁到芮城。

主要建筑沿纵向中轴线排列，有山门、龙虎殿（无极门）、三清殿、纯阳殿、重阳殿和丘祖殿（已毁），是一组保存得较完整的元代建筑。

三清殿是宫中主殿，面阔 7 间，34 米，进深 4 间，21 米，单檐四阿顶平面中减柱甚多，仅余中央三间的中柱和后金柱。檐柱有升起及侧脚，檐口及正脊都呈曲线。

长城殿前有月台二重，踏步两侧仍保持象眼做法。殿身除前檐中央五间及后檐明间开门外，都用实墙封闭。

殿内壁画绘三百六十值日神，线条生动流畅，与纯阳殿（混成殿）、重阳殿（七真殿）内的元代壁画同为我国古代艺术中的瑰宝。

3. 明长城

长城，是中国伟大的军事建筑，它规模浩大、工程艰巨，被誉为古代人类建筑史上的一大奇迹。

①城墙：最多使用的是夯土版筑墙（都在黄河以西）和砖石墙。一般构造是用条石做基，墙皮用大砖或块石砌筑，内填碎石三合土，高度 3 – 8 米，顶宽 4

—6 米，顶部外侧设雉堞，内侧设女墙。另有一些特殊构造，如辽东镇（山海关以东）有柳条墙和木板墙；陡崖处利用山体为墙，只砌雉堞；特别险要处只设障墙，不能上人；黄河突口处冬季设冰墙等。

②敌台：城墙上驻兵的哨楼，间距 30—100 米不等，有空心和实心两种，平面有圆有方，结构有砖拱和木结构外包砖等，种类很多。空心敌台一般高两层，下层驻兵，且通城墙顶部，上层建铺房，为守卫的处所，四周建有雉堞。

③烽堠：烽火台，为报警用的独立台墩，有些外面围以小城，有些只是单独建造。一般建在山岭高地上，间距约 1.5 公里。大部分建在长城内侧，也有少数前哨建在外侧。形式与构造和敌台相似。

四大名著的诞生

中国古代四大名著是指《三国演义》《水浒传》《西游记》和《红楼梦》。四大名著是中国乃至全人类共同的珍贵文化遗产。

一、《三国演义》

《三国演义》是我国最早的一部长篇历史题材的章回小说。它的成书经历了一个漫长的过程。

《三国演义》所描写的，是始于东汉末年、终于西晋初年中国历史上所发生的政治变迁与战争风云的场面。它从东汉灵帝即位（建宁元年，168 年）、宦官专权、朝政日非、天下动乱开始，中经魏、蜀、吴三国鼎立，战争纷扰，连绵反复不已，一直到西晋武帝太康元年（280 年）东吴灭亡、天下重新归于一统而结束，前后历时共计一百余年。

早期刊印的《三国演义》，署名“晋平阳侯陈寿史传、后学罗本贯中编次”，它的意思是说《三国演义》是依据陈寿的《三国志》、由罗贯中编次而成的。据此，学术界主流倾向于将《三国演义》的作者认定为罗贯中。罗贯中，名本，生活在元末明初这一动荡不安的历史时期。据明初人贾仲明所著《录鬼簿续编》记载：

罗贯中，太原人，号湖海散人。与人寡合，乐府隐语，极为清新，与余为忘年交。遭时多故，各天一方，至正甲辰复会。别来又六十余年，竟不知其所终。

又有记载说他在元末农民大起义中，曾加入过张士诚的“霸府”，是一个“有志图王者”，其经历则无从详考。从时局分析，罗贯中经历了元末明初激烈的社会动荡，江山易代之际，他亲眼目睹乃至亲身参与了逐鹿中原的斗争，也是不难理解的。可能是在张士诚失败，朱元璋统一了中国，建立起新的王朝，罗贯中的政治抱负落空，于是改而从事小说戏剧的创作。题名罗贯中的作品，还有《隋唐两朝志传》《残唐五代史演义》《三遂平妖传》等长篇小说以及杂剧《宋太祖龙虎风云会》等。

在罗贯中的作品中，《三国演义》的成就最大，地位最高。同以三国为题材的作品相比，它在以下三个方面有着显著的进步：首先，它增强了作品的历史性。

罗贯中雕塑

凡是可以采用的历史传说故事，如祢衡骂曹、曹植七步成诗等，它都采用了，并且尽量争取实现历史与文学二者的和谐统一。其次，对于作品的情节与人物，进行了认真的艺术加工。它删除了一些芜杂的情节，使模糊的人物变得形象鲜明，矛盾的性格变得前后统一，使全书呈现崭新的艺术风貌。再次，它大大地扩充了作品的篇幅，文字几乎是平话本的十倍。平话中一小段简率的文字，到了罗贯中笔下，常常就变成一大截绘声绘色、淋漓酣畅的描写。因此，三国故事的形成既凝聚了集体的智慧，同时作家卓越的艺术才能与创造性的劳动对于它的成书也起着重要的主导作用。

《三国演义》的成书，大致可以确定是在元末明初时期，而成书于明初的可能性稍大一些。现存最早的版本，书前有署为“弘治甲寅仲春几望庸愚子拜书”（庸愚子，即金华蒋大器）的《序》、署为“嘉靖壬午孟夏吉望关中修髯子书于居易草堂”（修髯子，即关西张尚德）的《引》，全书共二十四卷、二百四十节。弘治七年甲寅是1494年，嘉靖元年壬午是1522年，通常称此本为“嘉靖本”。由罗贯中的写定本到嘉靖元年的刻本，时间跨度长达百年以上，其中是否经过了后人的修订难以遽断。在嘉靖本之后，出现了几十种明代的刻本，版本状况比较复杂。明末有一种“李卓吾先生批评三国志”本，将原来的二百四十节合并成一百二十回。明末清初，毛纶、毛宗岗父子又对传世的《三国演义》进行了一番史实考订、文字润色的工作，还把原来的单句标题改为整齐的双句对偶的形式，并加进了自己的评论。这个修订本比嘉靖本更为畅达紧凑，书中尊刘贬曹的倾向也更为强烈，书名仍沿用《三国演义》，又称《四大奇书第一种》。它就是后世广泛流传的一百二十回的《三国演义》。

二、《水浒传》

《忠义水浒传》（简称《水浒传》）是一部描写一百零八位豪侠故事的章回体长篇小说。其书虽然不像《三国演义》那样大体遵循史实，但也并非全部虚构。北宋宣和年间（1119－1125年）宋江起义一事，就是它的素材来源。《宋史·徽宗本纪》《宋史·侯蒙传》《宋史·张叔夜传》等史书都曾记载宋江起义事，大略梗概是：以宋江为首的起义武装有首领三十六人，曾经横行于北方一带，“转略十郡，官军莫敢撄其锋”（《宋史·张叔夜传》）。后来被张叔夜俘获，投降朝廷。

南宋时，宋江等起义事，在民间广为流传，被说书人采为创作话本的素材。

宋末龚开的《宋江三十六人赞并序》，初次记录了三十六人的姓名和绰号，并在《序》中说：“宋江事见于街谈巷语，不足采著。虽有高如、李嵩辈传写，士大夫亦不见黜。余年少时壮其人，欲存之画赞。”元初罗烨《醉翁谈录》中记有说话名目《石头孙立》《青面兽》《花和尚》《武行者》等，似乎是一些独立的水浒故事。与《醉翁谈录》约略同时的《大宋宣和遗事》则记载了宋江起义的始末，从杨志押运花石纲、杨志卖刀开始，依次叙述了晁盖等智劫生辰纲、宋江私放晁盖、宋江杀阎婆惜、宋江九天玄女庙得天书、三十六将一同造反、张叔夜招降、宋江平方腊及受封节度使等情节。所记粗略，文字简括，很像是提纲，但水浒故事的基本框架已与后来的《水浒传》仿佛。元杂剧中也有很多水浒戏，今存剧目三十余种，剧本传世的有六种。所叙宋江起义故事以李逵居多，聚义地点已点出梁山，聚义人数也增至一百零八人，而且还言及三打祝家庄、晁盖中箭阵亡等情节。

鲁迅先生说：“意者此种故事，当时载在人口者必甚多，虽或已有种种书本，

施耐庵雕塑

而失之简略，或多舛迕，于是复有人起而荟萃取舍之，缀为巨袟，使较有条理，可观览，是为后来之大部《水浒传》。"（《中国小说史略》）"荟萃取舍"、"缀为巨袟"的人，就是施耐庵。

施耐庵是否为《水浒传》的作者，明人即记载模糊。明嘉靖间高儒《百川书志》说："《忠义水浒传》一百卷，钱塘施耐庵的本，罗贯中编次。"同时人郎瑛《七修类稿》说："《三国》《宋江》二书，乃杭人罗贯中所编。予意旧必有本，故曰'编'。《宋江》又曰钱塘施耐庵的本。"万历年间王圻《续文献通考》说："《水浒传》，罗贯著。贯字本中，杭州人，编撰小说数十种。"同时人胡应麟《庄岳委谈下》则说："元人武林施某所编《水浒传》特为盛行。"说法如此歧异，原因之一是金圣叹评点本所附《东都施耐庵序》到底是不是金氏伪作。查明人贺复征《文章辨体汇选》卷三百二十七录有"东都施耐庵"的《水浒传自序》，贺氏明天启年间（1621 — 1628 年）在世，其人似长金圣叹近二十岁。金圣叹评点本序作于明崇祯十四年（1641 年），贺氏书似乎没有收进金氏伪造古序的道理。况且贺氏又在施氏《水浒传自序》题下注明"元施伯雨"四字（伯雨当为名，耐庵当为字或号），由此他人皆不知晓的施氏之名或许可以推测，贺氏当知施氏其人。因此，疑《水浒传》七十一卷本的著作权当属施伯雨（施耐庵），而一百卷本或系罗贯中在施氏七十一卷本基础上重新编次而成。

《水浒传》继承了说话人的话本艺术，在北方方言的基础上锤炼出一种精练纯熟的白话书面语。这种语言较之于话本更为接近市井民众的口头语，而且还显示出作者驾驭语言的深厚功底，因此，在小说史上具有划时代的意义。自此以后，运用白话创作小说逐渐成为文坛的主流。

三、《西游记》

《西游记》和《三国演义》《水浒传》一样，也是由历史上的真人真事发展、演化而来。

《西游记》取材于唐僧取经的故事。唐僧取经是历史上真实的事件。唐太宗贞观元年（公元 627 年），青年和尚玄奘（公元 602 —公元 664 年）只身一人赴天竺（今印度）取经，跋山涉水，历尽艰难险阻，至贞观十九年（公元 645 年），取回梵文佛经 657 部，并在长安设立译场，进行翻译。他的行为和见闻本身就具有不同寻常的传奇色彩。归国后，玄奘奉太宗之诏口述途中见闻，并由他的弟子辩机等辑录成《大唐西域记》，介绍了西域各国的佛教遗迹及风俗物产情况。后来的弟子慧立、彦琮又写了《大唐大慈恩寺三藏法师传》，记述玄奘西行取经事迹。这是一部带有文学色彩的大型传记。到南宋时，已出现了“说经”话本《大唐三藏取经诗话》。全书共 3 卷 17 节，16000 余字。此书已初步具备了《西游记》故事的轮廓，孙行者已取代唐僧而成为取经故事的主角。它吸取了更多的神话传说，书中的孙行者化作白衣秀士，已是神通广大、降服精怪的能手，是《西游记》中孙悟空形象的雏形。话本中又有深沙神，也跟随法师西行。此即是沙僧的前身。他们历经狮子林、大蛇岭、树人国、沉香国、女人国等处。唐僧取经的真实故事，至此完全演变为神话。

《西游记》的作者是吴承恩。吴承恩（1504 — 1582 年），字汝忠，号射阳山人，淮安府山阳县（今江苏淮安）人。吴承恩自小就喜欢神话故事，中年曾写过一部志怪小说《禹鼎志》，原书已佚，但序文尚存。从这篇序文中可以看出，吴承恩对民间神话和传说非常熟悉，掌握了非常丰富的原始素材，能够得心应手地加以运用进行创作，并且有比较严肃的创作态度，立志借神话以“鉴戒”现实。

吴承恩雕塑

这对我们认识《西游记》的社会意义是很有帮助的。他谴责社会现实的黑暗，希望改变社会现状，实现清明政治；但又感到无能为力，因此就把他的愤恨不平倾注在神话故事的描写中，借以批判现实，寄托理想。充满了神奇幻想的《西游记》，就是在这种思想基础上创作出来的。

现存《西游记》最早的刊本是明万历二十年（1592 年）金陵唐氏世德堂《新刻出象官板大字西游记》，二十卷一百回（北京图书馆藏有摄影胶卷）。这个刊本离作者逝世大约只有 10 年，故比较接近原作。后来的刊本亦多以此本为基础，因此区别不是很大。

《西游记》全书共 100 回，大致由三个部分组成：1 至 7 回是“大闹天宫”，8 至 12 回为“取经前奏”，13 至 100 回为“取经历程”。三个部分构成一个整体，但也各有其独立性，在思想意义上也各有侧重。大闹天宫的故事，生动地塑造了一个蔑视皇权、神通广大、敢于造反的孙悟空的英雄形象，表现了作者对反抗传统、反抗权威、蔑视等级制度等反封建的叛逆思想和斗争精神的热情歌颂。第二部分在结构上起一个过渡和联结的作用，在思想上表现了较明显的宗教迷信的观念。第三部分取经故事，由相对独立又相互关联的 41 个小故事组成，着重表现孙悟空斩妖除怪、不畏艰险、勇往直前、积极乐观的斗争精神和美好品德。

《西游记》的主题思想确实是复杂的。由于书中全是离奇之谈和妖魔神怪的幻境，最容易引起人们穿凿附会的解释，过去有人将其看做道学讲设，有的看做金丹妙诀，有的看做是禅门新法，都是各执一说，以偏赅全之论。鲁迅在《中国小说史略》中说：“然作者虽儒生，此书则实出于游戏，亦非语道，故全书仅偶见五行生克之常谈；犹未学佛，故末回至有荒唐无稽之经目。特缘混同之教，流行来久，故其著作，乃亦释迦与老君同流，真性与元神杂出，使三教之徒，皆得随宜附会而已。”说此书“出于游戏”未必恰当，但绝非语道之书，则毫无疑问。治佛的言佛，悟道的论道，爱儒的说儒，都不过是各取所需而已。吴承恩的本意只是借神魔来写人间，在幻想的境界中寄寓对现实的讽刺与批判。

四、《红楼梦》

《红楼梦》是清代最负盛名的长篇白话小说，代表了我国古典长篇小说最高的艺术水准。作品真实地再现了贾府这个百年望族由兴盛走向衰败的过程，反映了王朝专制末期上流社会的种种病态，并揭示了它必然没落的历史趋势。小说中贾宝玉的爱情与婚姻悲剧有着极为丰厚的人生蕴涵，贾宝玉、林黛玉、薛宝钗、王熙凤等人成为形象生动的艺术典型。对于《红楼梦》成书及其内蕴的考察、探究与评说是一个永远说不完的话题，发展成为学术史上显赫的“红学”。

《红楼梦》的作者曹雪芹，大约出生于康熙五十四年（1715 年），死于乾隆二十八年（一说乾隆二十七年）除夕。他名霑，号雪芹，又号芹圃、芹溪。他的祖辈本来是汉人，但很早就加入了满洲旗籍，属正白旗，身份是包衣，即满族贵族的奴仆。清王朝建立后，曹家的地位逐渐显赫起来。他的高祖曹振彦在清朝初年立过军功，担任过知府一类的官职。曾祖曹玺、祖父曹寅、父辈曹颙、曹頫三代都曾任江宁织造。织造官品虽然不高，但因为是皇帝直接派遣的官员，有钱有势，又是皇帝的耳目，所以担任这职务的都是皇帝的亲信。曹玺的妻子还做过康熙皇帝幼时的乳母，康熙皇帝下江南时，更多次以江宁织造府为行宫。曹家在康熙年间受到的宠信，由此可以想见。到了雍正年间，由于曹家亏欠公款没有还清，以及其他原因，曹頫获罪，家产被查抄。这个显赫一时的贵族世家，在接连的打击中走向了衰败没落。

曹雪芹雕塑

曹雪芹的少年时代是在南京度过的。他从

小受到良好的教育。他的祖父曹寅，号楝亭，是当时有名的藏书家，曾奉旨主持刻印《全唐诗》。曹寅又善书法，能诗词，有很高的文学与艺术修养，同当时江南一带的文人学士有着广泛的交往。在这样的环境中，曹雪芹过了一段富贵荣华的生活。曹家被查抄后，境况一落千丈。35 岁左右，他才在专为皇室子弟设立的宗学谋得一个差事。曹雪芹晚年移住北京西郊，生活穷愁潦倒。据敦诚《寄怀曹雪芹》诗曰：“劝君莫弹食客铗，劝君莫扣富儿门。残杯冷炙有德色，不如著书黄叶村！”正是在如此困顿的境况中，曹雪芹创作了《红楼梦》。

曹雪芹为写《红楼梦》付出了巨大的劳动。小说的第一回中说：“曹雪芹于悼红轩中，披阅十载，增删五次，纂成目录，分出章回。”然而，正当《红楼梦》的创作大部分定稿而接近完成时，由于贫病交迫，加上他唯一的儿子不幸夭亡，使他悲伤过度，于是在癸未（一说壬午）年除夕，泪尽而逝。其友人张宜泉有《伤芹溪居士》一诗，题下注曰：“其人素性放达好饮，又善诗画，年未五旬而卒。”该诗写道：“谢草池边晓露香，怀人不见泪成行。北风图冷魂难返，白雪歌残梦正长。琴裹坏囊声漠漠，剑横破匣影芒芒。多情再问藏修地，翠叠空山晚照凉。”曹雪芹生前的境况与死后的凄凉，透过诗中的描写可以想见大概。

当曹雪芹还在世的时候，《红楼梦》的八十回手稿就已经在朋友中流传，后来则有了更多的手抄本。《红楼梦》原名《石头记》，在最初的抄本上多有托名“脂砚斋”的评语。从评语内容看，“脂砚斋”对《红楼梦》中所写的情况十分熟悉，因此他应当是曹雪芹的朋友或亲人。存世的“脂评本”有十几种之多，关于“脂砚斋”的真实身份，众说纷纭，均属猜测。乾隆五十六年（1791 年），即在曹雪芹去世二十多年以后，程伟元（字小泉）、高鹗首次出版了一百二十回的《红楼梦》，被称为程甲本。第二年，又出了一种“补遗订讹”的本子，称程乙本。从此，这部不朽的著作得以完整的面貌流传于世。整理、续补《红楼梦》后四十回的人，一般认为是高鹗。

高鹗（约 1738 —约 1815 年），字兰墅，别号红楼外史。乾隆六十年进士。据清代张问陶《赠高兰墅同年》诗题下注云：“《红楼梦》八十回以后，俱兰墅所补。”高鹗有《红楼梦序》云：“今年春，程子小泉（程伟元）过予，以其所购全书见示，且曰：‘此仆数年铢积寸累之苦心，将付剞劂，公同好。子闲且惫矣，盍分任之？’……遂襄其役。”（见《高兰墅集》）这其中可能既有在曹雪芹旧稿基础上的修订润色，也有高鹗自己创作完善的内容。高鹗续补《红楼梦》的时间，应是在他中进士之前。故鲁迅在《中国小说史略》中论析说：“其补《红楼梦》

当在乾隆辛亥时，未成进士，‘闲且惫矣’，故于雪芹萧条之感，偶或相通。然心志未灰……是以续书虽亦悲凉，而贾氏终于‘兰桂齐芳’，家业复起，殊不类茫茫白地，真成干净者矣。”关于后四十回中，是否有曹雪芹的原稿在内，学术界意见不一。总的看来，后四十回基本遵循前八十回的精神，完成了宝黛的爱情悲剧，前后故事是衔接的，可以连成一体，其中精彩章节保持了曹雪芹的风貌。当然，后四十回也有明显的缺陷。它写贾府后来重新“沐天恩”、“延世泽”、“兰桂齐芳”,显然违背了曹雪芹“落了片白茫茫大地真干净”的意愿。具体情节的安排，有些也与前八十回埋下的伏笔不合。因此，无论思想上还是艺术上，相比之下后四十回都要逊色一些。

《红楼梦》是我国古代小说艺术发展的巅峰，是我国古代最伟大的古典文学

《红楼梦》人物——林黛玉雕塑

名著之一。

《红楼梦》有着宏伟而精密的艺术结构。它完全打破了当时流行的才子佳人小说中那种男才女貌、一见钟情的陈旧格局，一开始即以无才补天的顽石的故事和“绛珠仙草”还泪的神话，给人亦真亦幻之感。然后出现穿插全书的两个人物甄士隐与贾雨村。第二回冷子兴演说荣国府介绍了贾府的全貌，第五回贾宝玉神游太虚境则预示了书中众多女子的命运。在这之后，作者便以淋漓的笔墨，详细描写了贾府的兴衰以及宝、黛的爱情悲剧，按照曹雪芹的原意，小说最后要写到“青埂峰下证旧缘、警幻仙姑揭情榜”。这种宏大叙事的结构，以其气势阔大给人包容万端、超越时空、首尾一气之感。

《红楼梦》中的人物塑造体现了作者巨大的艺术才能。据清人统计，书中有名有姓的人物共有四百多人，而其中留给人们深刻印象的也达数十人之多。贾宝玉、林黛玉、薛宝钗、王熙凤是中国文学史上不朽的艺术典型。就是贾母、贾政、探春、史湘云、袭人、晴雯、鸳鸯、尤二姐、尤三姐……也无不血肉丰满、形象突出。

书中从不同的角度，深入地镂刻出不同人物最主要的性格特征，如林黛玉的多愁善感，王熙凤的泼辣狠毒等，都非常成功。

《红楼梦》杰出的成就还表现在情节的组织安排和艺术表现上。全书写家庭日常生活十分自然，毫无人工雕饰的痕迹，似乎生活本来就是这个样子，作者只是将它们实录下来罢了。实际上，作者不仅对全书的结构有着精心的安排，对于情节也进行了认真的提炼和组织。《红楼梦》后半部分，破败死亡相继，一片悲凉的气氛笼罩着大观园，这与作者所组织安排的情节有着内在的联系。

《红楼梦》的语言，是一种十分纯净、生动洗练的文学语言。无论是写景写貌，都能在简洁的文字中闪现出神采，并且内里蕴涵着丰厚的意味，贴切、精确而又自然。对话中则表现为个性化的人物语言，普通的日常絮语，也都辉映着人物的身份，体现着人物的性情。神情口吻，惟妙惟肖，与人物的形象表现浑然一体，就是贵族少女们游戏中的诗词咏赏，也不能互相替代。所以《红楼梦》的文学语言获得了极大的成功，成为古典小说语言的一个光辉的典范。

《康熙字典》《古今图书集成》与《四库全书》的编撰

康熙四十九年（1710 年），康熙下谕令张玉书、陈廷敬参照明代梅膺祚的《字汇》和张自烈的《正字通》编纂大型字典。康熙五十五年（1716 年）《康熙字典》编成，刊印发行全国。它是中国第一部用“字典”命名的字书，也是中国第一部官修字典，“字典”之名从此成为同类辞书的通名。《康熙字典》体例完全仿照《字汇》和《正字通》，沿用其二百一十四个部首，以十二地支分十二集，每集又分

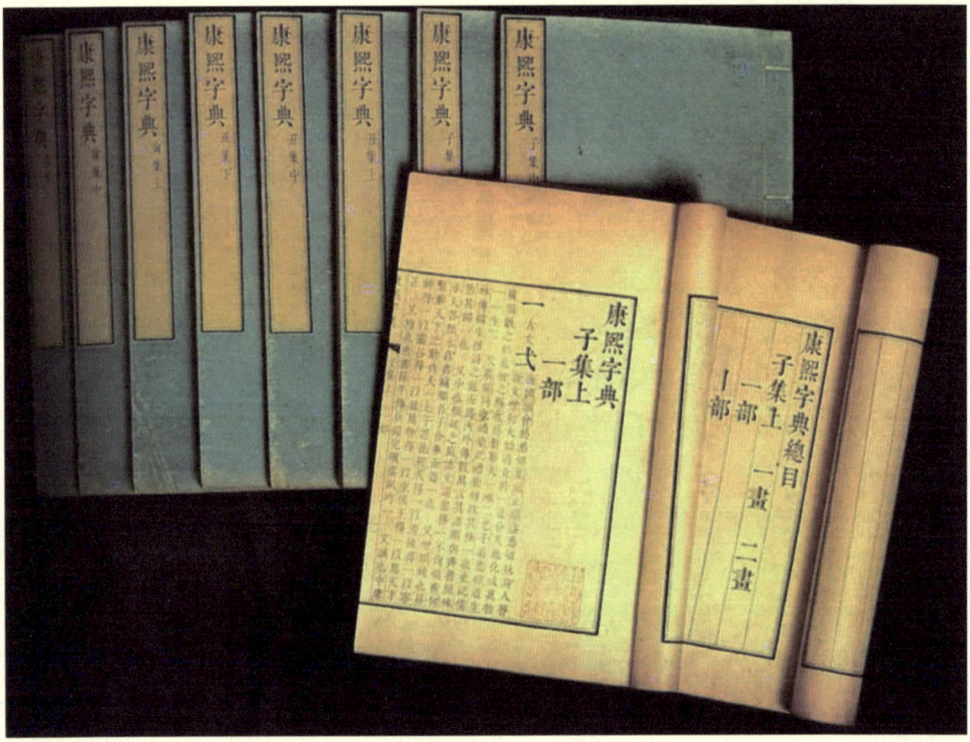

《康熙字典》内文

上、中、下三卷。书首附有检字、辨似，检字是查检部首难以辨别的字，辨似是辨别笔画近似而音义相异的字。书末附有《补遗》，收有音有义的冷僻字，或正集中某些字的异体字，《备考》收有音无义或音义全无的字。《康熙字典》收字四万七千零三十五个，在1915年中华书局出版《中华大字典》之前，一直是中国收字最多的字典。不少冷僻字，其他书不见，往往此书可以查到。

《康熙字典》问世后，社会影响巨大。它的文字、音义、书证被广泛引用，它的体例也成了后世出版字书的蓝本。作为中华文化的重要参考文献之一，具有极高的研究价值。

清朝《古今图书集成》与《四库全书》的编撰，不仅在中国文化史上是空前的，而且在世界文化史上也是屈指可数的。

《古今图书集成》的编纂始于清康熙年间。由康熙第三子、诚亲王胤祉的侍读陈梦雷编辑，雍正登基后命尚书蒋廷锡等重辑。雍正四年（1726年）以铜活字排印，令印64部。全书10000卷，目录40卷，分6编、32典、6109部。其中，历象编，分干象、岁功、历法、庶征四典；方舆编，分坤舆、职方、山川、边裔四典；明伦编，分皇极、宫闱、官常、家范、交谊、氏族、人事、闺媛八典；博物编，分艺术、神异、禽虫、草木四典；理学编，分经籍、学行、文学、字学四典；经济编，分选举、铨衡、食货、礼仪、乐律、戎政、祥刑、考工八典。每典分若干部。每部先汇考，次总论，有图表、列传、艺文、纪事、杂录、外编等项目。内容丰富，区分详细，被康有为称为“清代第一大书”。

乾隆年间的《四库全书》综录历代典籍，其规模之浩大，更超乎明朝编撰的《永乐大典》和《古今图书集成》。乾隆三十七年（1772年）正月初四日上谕：“朕稽古右文，聿资治理，几余典学，日有孜孜。因思策府缥缃，载籍极博。其巨者，羽翼经训，垂范方来，固足称千秋法鉴。即在识小之徒，专门撰述，细及名物、象数，兼综条贯，各自成家，亦莫不有所发明，可为游艺养心之一助。是以，御极之初，即诏中外汇访遗书，并令儒臣校勘十三经、二十一史，遍布黉宫，嘉惠后学，复开馆纂修《纲目》三编、《通鉴辑览》及《三通》诸书，凡艺林承学之士，所当户诵家弦者，既已荟萃各备。第念读书固在得其要领，而多识前言往行以蓄其德，惟汇罗益广，则研讨愈精。如康熙年间所修《图书集成》，全部兼收并录，极方策之大观，引用诸编，率属因类取裁，势不能悉载全文，使阅者沿流溯源，一一征其来处。今内府藏书，插架不为不富。然古今来，著作之手无虑数千百家，或逸在名山，未登柱史，正宜及时采集，汇送京师，以彰千古同文之盛。”此言开启《四库全书》编纂之序幕，历时十载，方竟全功。《四库全书》收书 3503 种，计 79337 卷，分经、史、子、集四部，故名四库。全书缮写七部，分藏文渊、文源、文津、文宗、文汇、文溯、文澜七阁。吴振棫《养吉斋丛录》称：“康熙二十五年，有藏书秘录给直采集钞写之旨。乾隆间，遍访藏书，汇罗大备，辑为《四库全书》。仿甬东范氏天一阁规制，建文渊（大内）、文源（圆明园）、文津（热河）、文溯（盛京）四阁，贮全书。每阁藏书三万六千册。又以江、浙为人文渊薮，复缮三分，分建三阁。镇江金山曰文宗，扬州曰文汇，杭州曰文澜。又于全书中择尤精者亦分四库，得一万二千卷，别名《荟要》。”

《四库全书》经部有 10 类，包括易、书、诗、礼、春秋、孝经、五经总义、四书、乐、小学。史部有 15 类，包括正史、编年、纪事本末、别史、杂史、诏令奏议、传记、史钞、载记、时令、地理、职官、政书、目录、史评。子部有 14 类，包括儒家、

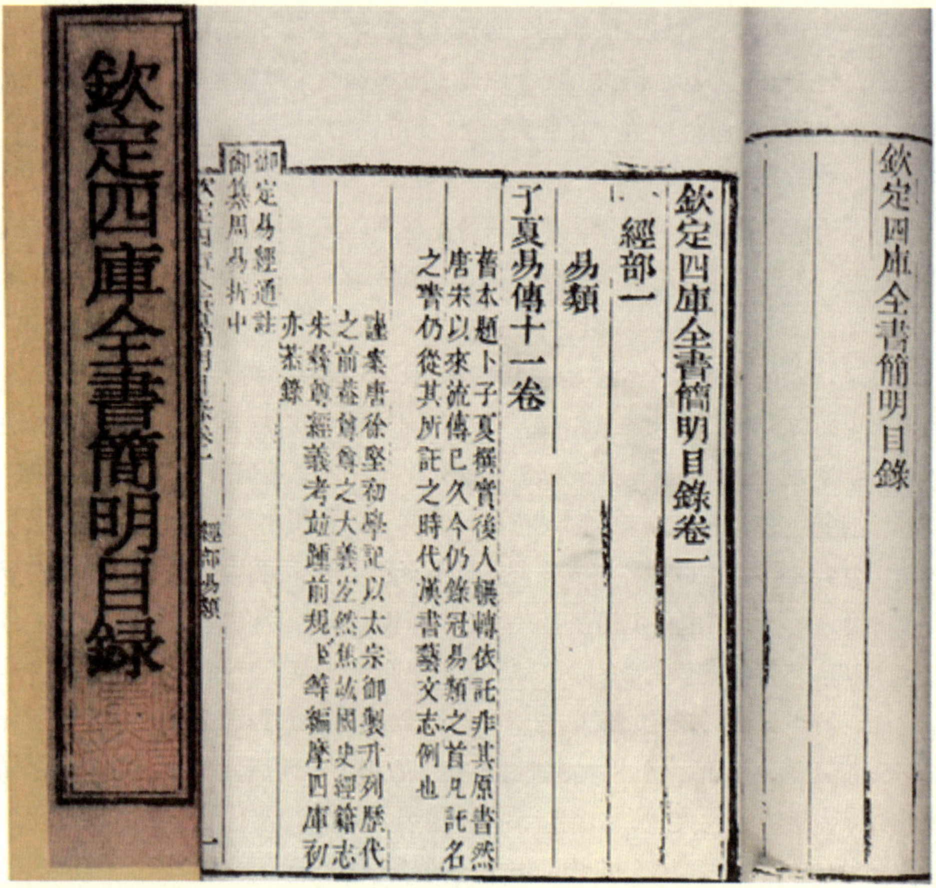

《四库全书》内文

兵家、法家、农家、医家、天文、算法、术数、谱录、杂家、类书、小说、释家、道家。集部有5类，包括楚辞、别集、总集、诗文评、词曲。

《四库全书》的编纂之所以能够完成，关键是参与的学者集一时之选。总纂官纪昀以博学卓识著称，李元度《纪文达公事略》称“乾隆三十有八年，纯皇帝特开四库全书馆，以河间纪公为总纂官。公贯彻儒籍，旁通百家，凡六经传注得失，诸史异同，子、集支分派别，以及词曲医卜之类，罔不抉奥提纲，溯源竟委。每进一书，仿刘向、曾巩例，作提要冠诸简首，以辄览而善之。又奉诏撰《简明目录》，存书存目多至万余种，皆公一手所订，评骘精审，识力在王仲宝、阮奇绪之上，藏诸七阁，褎然巨观，真本朝大手笔也。”纂修《四库全书》的人员，见载于乾隆四十七年（1782年）清单的多达360人。其间诸多一流学者参加了《总目》的工作，如戴震主经部，邵晋涵主史部，周永年主子部等，最后由纪昀定稿，无怪乎具有极高的学术价值。周中孚《郑堂读书记》由衷称赞：“窃谓自汉以后簿录之书，无论官撰私着，凡卷第之繁富，门类之允当，考证之精审，议论之公平，蔑有过于是编矣。”

尽管《永乐大典》《古今图书集成》属于类书，《四库全书》属于丛书，体例不同，但它们的文化价值及某些编纂特点却是相似的。

第一，穷搜博征各种著作，汇成庞大的书籍世界，对文化遗产的保存具有重大意义。

明成祖下令编纂《永乐大典》时，“敕遣使臣，博采四方之籍；礼招儒彦，广绸中秘之储。事迹务在于周详，义例必令其明白。于是上自古初，暨于昭代，考索累朝之逸典，汇罗百氏之遗言。名山所藏，金匮所纪，人间之所未睹，海内之所罕闻，莫不具其实而陈其辞，参与万而会于一”。在中国文化史上，《永乐大典》确乎是一部最早最大的百科全书。其内容极为宏富，如“六模”韵之“湖”字内“西湖”项下，采摘了十几部书中有关西湖的叙述，用了两卷多的篇幅进行解释，其周详可见一斑。这部类书保存了大量珍贵的典籍。如“水”韵下的《水经注》是目前流传最古的版本。又如南戏除了“荆”、“刘”、“拜”、“杀”和《琵琶记》，较古的本子都已散佚，但在《永乐大典》“戏”字韵下，可找到《小孙屠》《张协状元》《宦门子弟错立身》三种不同时代的南戏。尤为可贵的是，《永乐大典》在辑录各类文字时，完全依据原书一字不易，因此许多古籍尤其是宋元之前的佚书、珍本得以完整保存。这一做法，亦为《古今图书集成》所继承。由于《永乐大典》后遭破坏，《古今图书集成》遂成为现存的搜罗最博、规模最大的一部类书。《四库全书》更上一层楼，其书籍来源有六：奉清廷帝王之命编撰的书（敕撰本）、从《永乐大典》中辑出的书（永乐大典本）、清代皇家收藏的书（内府本）、地方官员采购的书（采进本）、私人进献的书（进献本）以及通行本。由于广采博收，措施得当，遂使《四库全书》集中国古代典籍之大成，成为空前规模的大型丛书。

《古今图书集成》《四库全书》汇罗、保存文化典籍的功绩，可与中世纪欧洲《百科全书》的历史作用相辉映。如东罗马帝国皇帝君士坦丁七世鲍菲罗詹尼托斯，曾从严格选定的天主教作家的作品中，摘录最为有用的内容以供其朝臣和使者学习，其结果使罗马历史学家阿庇安、希腊历史学家波里比阿、希腊哲学家苏格拉底、拜占庭历史学家佐希莫斯等人的著作得以流传于后世。

第二，以较为精密的分类体例部勒群籍，使之有秩序地构成一个知识体系。

明朝时编撰的《永乐大典》模仿宋人阴幼遇《韵府群玉》、钱讽《回溪史韵》的体例，依照明代《洪武正韵》的韵目，按韵分列单字。每一单字下，先注《洪武正韵》的音义，次录各韵书、字书的反切与解说。又用唐人颜真卿《韵海镜原》的方式，并列该字的楷、篆、隶各体，分类汇辑和这一单字有关的天文、地理、人事、名物、诗文等各项记载。这种“用韵以统字，用字以系事”的编纂体例，与16世纪以后欧洲流行的按字母顺序编排百科全书的方法颇为相近。但由于分割诸书，首尾难贯，又有漫无条理之弊。同为类书，《古今图书集成》在体例上有了相当大的改进。全书分六大汇编，编下有典，典下有部，分类极细。尤其是，每部先列“汇考”，次列“总论”，值得肯定。所谓“汇考”，即把某事物的因革损益之源流、古今称谓、种类性情及其制造方法，记其大者，可以概见该事该物。所谓“总论”，即把经书及其注疏和子书中关于该事该物的论述，予以收录。总之，《古今图书集成》以较为明确、精密的分类体例，纠正了以往类书部类重复、分合不当的缺陷，又以每部逐项排列事文，去取谨严、颇有条理的特点，构成一较为系统的知识体系，中国类书的形式由此面目一新。

《四库全书》的分类，不同于《永乐大典》和《古今图书集成》，采取中国传统古籍的四部分类法。各书分别类目时，总结、吸收了前人经验，如诏令类入史部，从唐志例；奏议类入史部，从汉志例；立别史一门，从宋史例；立谱录一门，从尤袤遂《初堂书目》例；名、墨、纵横诸家并入杂家，从黄虞稷《千顷堂书目》例；诗集并入别集，从诸史通例；兼诂群经者题为“五经总义”，从隋志之文。传统的四部分类法在《四库全书》编纂中达到相当精密和完善的程度，代表了传统中国社会知识分类法的最高水平与 17 世纪英国思想家、科学家培根的知识分类法颇有暗合之处。四库的史部，恰与培根分类法的历史学类近似；阐扬各家学派哲学思想的子部，与哲学类契合；集部则与诗学类相仿。以经部为四部之首，亦与中世纪欧洲文化特征相似；被奉为中国传统文化经典的儒家典籍，与中世纪欧洲崇奉的“新旧约全书”相当。可见，古代和中世纪东西方的知识体系虽然差异不小，却也有共同规律可循。

明清两代纂辑类书、丛书，不仅在中国文化史上气象空前，在世界文化史上也极其罕见。《古今图书集成》虽然比不上《永乐大典》《四库全书》的规模，但与约 3500 万字的《大英百科全书》比较，仍可称为煌煌巨帙，因而在国外有“康熙百科全书”之称。如与 18 世纪中叶法国狄德罗主编的《百科全书》相比，更可得见明清类书、丛书规模的宏伟。狄氏《百科全书》有 2268 万字，而《永乐大典》有 37000 万字，《古今图书集成》有 16000 万字，《四库全书》有 99700 万字。迄今为止，尚无任何一部丛书的规模可与《四库全书》相比。

中国科举考试的演变

科举制度是中国封建朝廷选拔官吏的一种考试制度，从隋唐至清末，一直实行了 1300 多年，其全盛和完备则在明清时期。

两周官吏选拔制度，春秋以前主要是世袭制，即“世卿世禄”制。奴隶主贵族凭血统关系，世代为官。战国时期，逐渐流行客卿制，将相往往由国君从平民中提拔任命；中下级官吏则通过“养士”和“军功”培养。两汉时期，有所谓察举制。朝廷提出某类人才的名目，如“贤良方正”、“孝悌力田”、“孝廉”、“秀才”等，由大臣郡守国相考察推荐，每年举若干名到中央政府，先试用，后授官。这实际上是一种保送制，往往名不副实，当时民谣即有“举秀才，不知书；察孝廉，父别居”的讥讽。

魏晋南北朝实行九品中正制。从魏文帝曹丕起，由中央王朝向各地委派专门负责鉴别和选拔人才的官员，郡叫“中正”，州叫“大中正”，负责把当地人士按照品德才识分别评定为上上、上中、上下、中上、中中、中下、下上、下中、下下九等，以备国家量才录用，其办法叫“九品官人法”。其品评人物着眼于门第出身高低，并不看重实际才能。选官的权力由世家大族控制，形成了所谓“上品无寒门，下品无势族”的局面，一般平民百姓很少有做官的可能。在实行“九品中正制”的同时，两汉时期的察举办法，如举贤良、孝廉、秀才等，魏晋南北朝时期也继续采用。这两种办法并存，而以“九品官人法”为主。

因为九品中正制妨碍中小地主阶层士人的进身之路，引起他们的强烈反对，对于加强封建中央集权也不利。于是从隋唐起，便改行开科考试取士的办法，这是科举制度的开始。隋炀帝大业年间始设进士科，以文学取士，唐代又有了进一步的变化。

唐代参加科举考试的考生大体有两种：一是朝廷所设国子监、弘文馆、崇文馆以及各地的州、县学馆的学生，称为生徒。他们在学校内考试合格以后，便可以参加朝廷于尚书省举行的科举考试，也称为省试。二是不在学馆的普通读书人，可以向所在的州、县官府报考。地方州、县逐级对他们进行考试，合格的人被送到京城长安参加尚书省的省试。这样的人叫做乡贡。此外还有现任官员参加的科考，一般是品级较低的官员，参加制科考试。

唐代科举考试在不同的时期，设立的科目也不尽相同，随时有增减，前后总计不下几十种。其中常见的有进士、明经、明法、明字、明算、一史、三史、开元礼、道举等科。此外还有制举和武举。

唐朝所设各科，以应考进士、明经的人最多。其中又以进士科最为人崇慕，也最难考，百人中仅取一二人。明经科每百人可取一二十人，比进士科录取名额多出十倍。由于唐朝宰相多是进士出身，就更提高了进士科的身价，报考进士科的人也越来越多，每次总有一两千人报考。进士科取中的人，最多不过三四十人，少的时候仅数人。由于当时投考科举的书生们都习惯穿白色麻布袍衫，所以人们把考中的进士称为“白衣卿相”、“一品白衫”，赞美他们是考生中的佼佼者。

进士科以考时务策为主，后来也加考贴经和杂文。贴经是把经书某页前后两边都遮盖上，中间只留一行，再用纸把这一行中的三个字贴住，让考生把被贴住的三个字读出来。杂文是指箴、铭等文体。唐玄宗以后，又把诗赋规定为必考项目。

明经科中又可以分为五经、三经、三礼、三传等。明经科主要考贴经，还要考墨义。墨义是要求把经文二千字左右的段落连同注疏默写出来。明经科有时也加考时务策。

明法、明字、明算、诸史等科则是分别考试律令、文字学、数学、史学等。道举科设于唐玄宗时，考试《老子》《庄子》等道家著作。

古代科举考试图

武举始创于武则天时，要考步射、马射、马枪、负重等，也要考其语言、身材。唐代武举只实行了一段时间便停止了，但是却为后世开创了先例。

制科是由皇帝特别召集一些官员和知名人士举行的考试，其中又可分为贤良方正、直言极谏等名目。考试的日期和项目都由皇帝临时决定。制科是朝廷网罗非常人才的一种办法，但是往往不被人们敬重，以为非正途出身。例如有张瓌兄弟 8 人，其中 7 人是以进士出身，1 人由制科出身，于是大家就不愿和这一个兄弟坐在一起，称他为“杂色”。

唐代科举考试的过程主要是：参加朝廷省试的考生要在当年十月到长安来报到。自唐玄宗开始，省试一般都由礼部侍郎主持。载初元年（689 年），武则天在洛城殿亲自策问诸举人，开创了殿试的先河。不过，这次是皇帝亲自主持省试，与后世的省试之外皇帝另行殿试的做法还有区别。唐代省试一般都在京城长安举行，中唐以后，也有时分别在长安、洛阳两都举行，这时便称主持考试的礼部侍郎为“知两都”。

省试时，考场内部都用荆席围隔，考生们坐在廊下答题。考生进入考场时，须自带水、炭、脂炬、餐具等，经胥吏唱名、搜检衣物，方依次入场。唐代的科举考试，一般不采取试卷糊名（指将试卷上考生姓名密封起来）、誊录（把考生试卷另誊写一份供考官评阅，以免考官辨认笔迹。）等做法。考试时间可以夜以继日，一般是日暮后烧尽两三支木烛，便须交卷。

省试被录取称为“及第”。第一名称“状元”或“状头”。新科进士互称“同年”。主考官叫“座主”、“座师”，被录取的考生便是他的“门生”。新取中的进士都要到杏园去举行宴会，称“探花宴”。这时要选出两名少年俊秀的进士为探花使，令他二人遍游长安名园，采摘各种名花点缀宴会。所以唐代著名诗人孟郊在其登第诗中诵道：“昔日龌龊不足嗟，今朝旷荡恩无涯，春风得意马蹄疾，一日看尽长安花。”新进士们还要到慈恩寺大雁塔题名留念，称“题名会”。又要大宴于曲江亭子，谓之“曲江会”。还有其他一些庆祝活动，都是为了显示荣宠。不过，当一些反对科举制度的守旧官僚主持朝政时，这些庆祝活动便被减去许多。

在唐代，考中进士只是有了出身，即具备了做官的资格，下一步还要经过吏部选试合格，才被授予官职。选试包括身、言、书、判四个方面。先考书、判，也就是考其书写工整、文理通达的程度；然后再试身、言，即观察是否相貌端正、口齿清楚。选试也分为博学宏词、拔萃等名目。前者着重于考试论述文章，后者主要考试司法案件的判辞（判决书）。例如唐代文学家柳宗元中进士后，便是以

“博学宏词”授官“集贤殿正字”；大诗人白居易中进士后，是以“拔萃”得任“秘书省校书郎”的。选试通过后获得的官职并不高，即便是进士、明经，所授官位也无非八九品，但是从此便成为封建统治阶级中的一员了。

如果选试未能通过，则可求当权官僚为之“论荐”，即向朝廷保举求官。再不成，便到藩镇节度使处去做幕僚，过一定时间争取被保举得官。唐代文学家韩愈在考中进士后，三次参加吏部选试，都未能通过。于是他便去请求宰相贾耽、赵憬等人为之论荐，但是那些当权者不赏识他，不肯帮忙。韩愈只好离开长安，到宣武军节度使董晋的麾下去做幕僚。以后由董晋荐举，才被授予秘书省校书郎等官。

在唐代，凡被举送参加省试的考生，可称“举人”。而应进士科考试的人，被泛称为“秀才”。这些称呼虽然后世仍沿用，但是意义已有很大变化，须注意避免混淆。

唐代曾考中进士的大诗人白居易雕塑

宋代基本上沿袭唐制，又有所发展：一是多科并为一科。宋初科目比唐时还多，除进士、明经等外，又有九经、五经、三史、三传、三礼等十来个科目。王安石变法，并其他科目为进士一科。二是考试内容侧重经义。唐时以诗赋取士，王安石认为浮华不切实用，改试经义，即解释五经的意义，实际上就是后来八股文的始俑。三是考期定为三年一届。唐至宋初，每年一次，间或两年一次，宋英宗以后固定为三年一次，元明清三代遂为定制。名额也扩大许多，唐时每科进士不过二三十人，宋时通常在二三百，最多达到五六百人。四是进士分列等级。唐时尚未分，宋以后分为一甲二甲三甲四甲五甲，每甲无定数。元顺帝以后只分一二三甲，一甲限三人。五是殿试成为定制，并且一概录取。唐时殿试仅偶尔为之，宋时成为必须经过的阶段，由皇帝主考，所以进士称为“天子门生”。唐至宋初，通过礼部试后，殿试如不及格，尚有落选的可能。宋仁宗以后，改为殿试不再黜落，而且一经取中，便可做官，不再经吏部选试淘汰。六是增设乡举一级考试。唐时应进士试的人，由学馆或地方推举，通称举子，或者举人，并不一定通过地方考试。宋以后，应礼部试之前，必先试于本乡州府，元代也是如此。不过和明清乡试不同的是，宋元乡举及格之后，并不成为一种固定的身份，举子如应礼部试不及格，下一届还必须应乡举考试，而明清时期乡试及格成为举人之后就不再参加乡试了。

元代蒙古贵族有做官的特权，无须通过考试，所以开国之初不重科举。中叶以后，为了笼络汉人，才开科取士。但分为左右两榜。蒙古人、色目人为右榜，只考两场，题目容易。汉人、南人为左榜，要考三场，题目较难，所以元代汉人通过科举取得官职比较困难。

明清科举制度更加完备、严密，在考试程序上固定为院试、乡试、会试（殿试）三级，分别录取秀才、举人、进士；在考试内容上以八股为主；在保密手续上更加复杂烦琐。下面就分别介绍。

一、关于秀才的考试

秀才是明清时期参加最初一级科举考试及格后所取得的资格，正式称呼是生员，又叫诸生、庠生，俗称秀才，不过和汉唐时期的秀才含义已大不相同。

在没有取得生员资格以前的应试考生，不论年龄大小，从十几岁到五六十岁，一律称为童生，所以有“白发苍苍老童生”的笑话。

考秀才，首先要经过两次预试：即县试、府试，统称童子试，又叫小考。及格后称童生。

县试由知县主持，考期多在每年2月。考生先向本县衙门礼房报名，填写姓名、籍贯、三代履历，并且由同考的五个童生具连环保，叫做“五童结”。还要由本县秀才中的廪生具保，叫做“廪保”。保证不是冒籍、匿丧，保证出身清白，不是娼优皂隶的子孙，才能参加考试。因为每县每次录取秀才的名额有限，所以本县人总是严防外地人冒籍参加考试，为此常常引起纠纷甚至打架，叫做“打冒籍”。按照封建礼节，遇有父母之丧，27 个月内不得参加科举考试，违者叫做“匿丧”。在封建社会，娼妓、戏子、奴仆的子孙，被认为出身卑贱，不得参加科举考试。五童结和廪保就是保证没有上述现象，如果发现问题，具保的廪生将被取消廪生资格。

县试共考五场，第一场考八股文两篇，清代加试五言六韵试帖诗一首。诗文写法有一定格式，清早进场，即日交卷，不得点灯，姓名弥封，以防舞弊。阅卷人由知县及其幕僚担任，不得委派本县学官或书院院长，以防徇私。

由于县试只是预试性质，一般录取从宽，第一场及格后即可参加府试。第二场以后各场，考生可以自愿参加，带有参考性质。县试及格称“出案”，第一名称为“县案首”。

府试由知府主持，考期多在 4 月，一般须经县试及格后方能参加，但因故未参加县试者，于府试前补考一场也可参加府试。其报名、具保、考试办法与县试大体相同。也是考一场，及格后即可参加院试，第二场以后各场自愿参加。府试第一名称为“府案首”。

考秀才的正式考试称院试，由中央政府委派的官员主持。明代称为提督学院，或提学道，清代称学政，俗称学台。由中央政府各部进士出身的官员担任。三年一任，每省一人。由于考试工作特别重要，所以不论学政原来品级高低，地位与本省总督、巡抚平等。学政的职责范围，除考试童生外，还包括考试秀才和学官。

学台衙门在省城，但院试并不在省而在府。学政依次到省属各府分别考试童生和生员，叫做“案临”。应试童生与县试、府试一样履行报名、具保等手续，除五童结、廪保之外，还另加派保，保人也须是廪生。在童生点名入场时，派保须站在一旁，唱名时当面答应，发现问题立即追究。考生进场搜查甚严，不许带片纸只字，进场后对号入座。考桌为长条木桌，每桌 10 人。考题不印，口头宣读后贴在木牌上，举示全场。

院试基本上是两场。第一场为正场，考八股文两篇，五言六韵试帖诗一首；第二场为复试，考八股文一篇，试帖诗一首。院试分县录取，每县名额因各县钱粮人丁多少而不同。清代最多时大县 50 名，中县 30 名，小县 20 名，后来时有变化。对于少数民族，如苗族、瑶族，另有专门名额，汉族不得冒占，以示优待。

院试及格，就取得了秀才资格，被送入县学或府学学习，身份叫做县学生员或府学生员，文雅的说法叫“游泮”（因为学宫门前有半圆形池水叫泮水），通俗的说法叫“进学”，第一名叫“院案首”。进学之后就换上秀才的制服，明代戴方巾，清代帽尖用银顶，身着蓝袍，俗称蓝衫。进学之后，秀才要拜学官为老师，接受学官的教育和管理。

此后，生员还须参加学政所举行的检查性考试。学政到任第一年为岁考，第二年为科考，即为参加乡试而举行的预试。两种考试均按成绩分为六等：三等以上有奖，四等以下受罚。后来稍宽，很少有五六等。生员欠考五次即革去资格。

生员依照成绩，分为贡生、廪生、增生、附生、监生等不同名目。贡生是贡献于朝廷送入子监学习的生员，分为拔贡、优贡、岁贡、恩贡、副贡，统称五贡。

明代秀才袍（仿品）

拔贡，清代12年选拔一次，每县1人，由学政、总督、巡抚三院会考。

优贡，3年一选，于学政离任前举行，每省不过数人。

岁贡，凡廪生10年，挨次出贡，谓之岁贡。县学2年1人，州学3年2人，府学1年1人。

恩贡，凡遇国家庆典，如皇帝登极、大寿、大婚之年，临时增加一次选送贡生，叫做恩贡。

副贡，为乡试之副榜，即举人的备取生，可以不经学政选考，直接送入子监读书，有多少送多少，名额不受限制。

廪生是廪膳生员的简称，凡新取生员一等，或岁考科考一等的，明代每月给米6斗，清代每年给银4两，性质类似奖学金。这种秀才叫做廪生。童生应试须

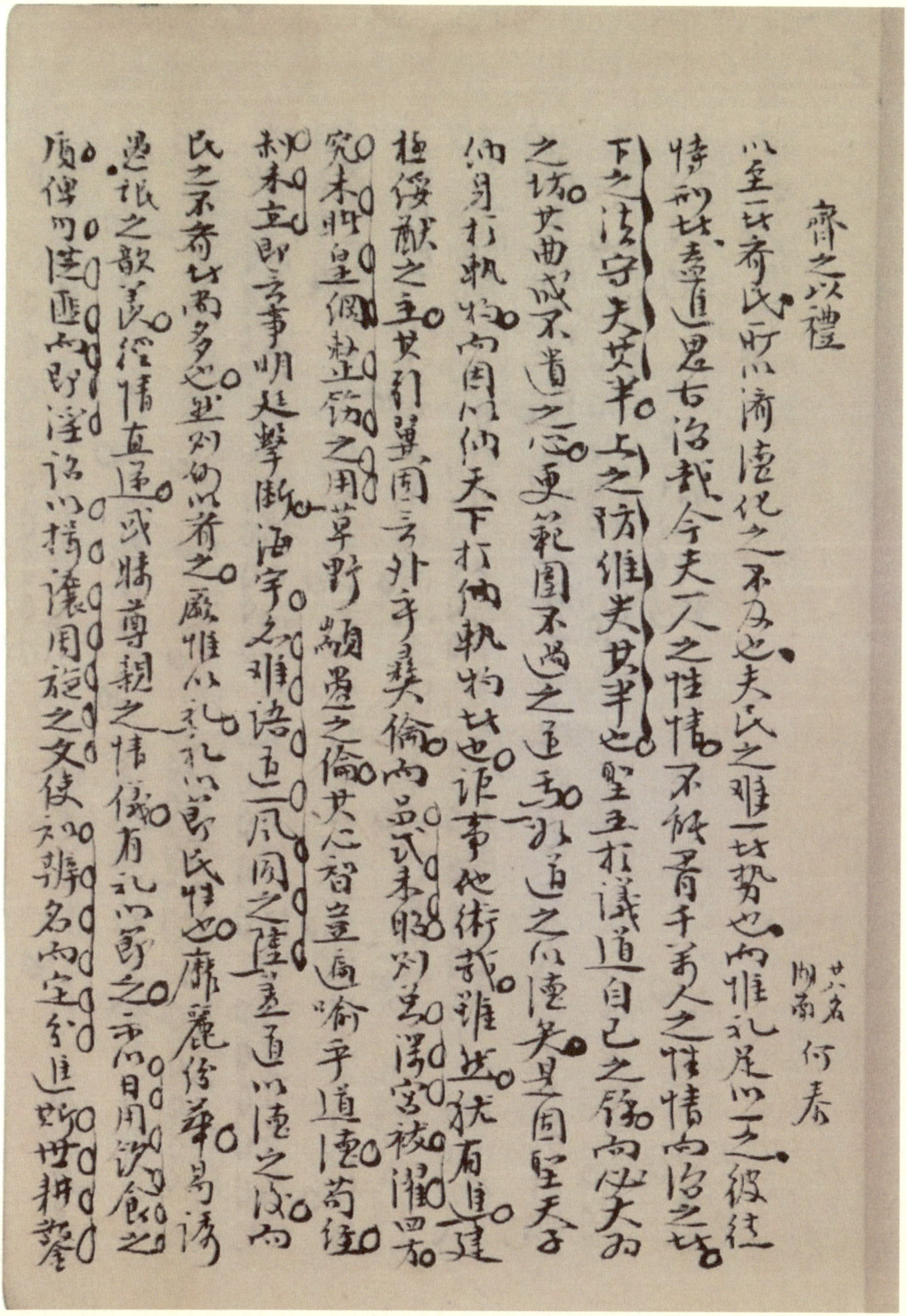

古代童生所作的八股文

请廪生具保，保人可以收取一定保金。

增生为廪生以外增加的名额。因为廪生名额有一定数量，大体上是府 40 名，直隶州 30 名，县 20 名。如果考一等的生员多于此数，那就得依次递补，额外者叫做增生。增生没有银米，也不能担任廪保。

附生即附学生员的简称，也就是一般秀才。监生即国子监生员，包括荫监和捐监等。

二、关于举人的考试

明清时期的举人是参加全省范围的科举考试及格后所取得的资格。文雅的称呼叫做孝廉，其实和汉代的孝廉性质并不一样。

全省的考试叫做“乡试”，因为在秋天举行，又叫“秋闱”。乡试每三年举行一次，遇有国家庆典，临时增加一次，叫做恩科。乡试之年叫大比之年。

乡试的考官，与学政同样须从进士出身的各部官员和翰林中选任，不过品级比学政要高。同样必须回避原籍省份。每届每省派正副主考各一，为临时性出差，谓之考差，事毕回京，与学政一任三年不同。各省行政长官为乡试监考官，叫做监临。还从省内进士出身而非本省籍贯的知县、州判中临时抽调一二十名为同考官，即阅卷官，又称房官。此外还有大批事务官员，如受卷、誊录、巡查等，规模之大，远非秀才考试可比。

参加举人考试的必须是秀才，包括贡生、廪生、增生、附生、监生等。捐监和荫监虽然没有参加秀才考试，但由于出钱买了生员身份或因为先辈的荫庇，也可以参加举人考试。前者如《儒林外史》中的周进，后者如《红楼梦》中的贾宝玉就是。

乡试报名系采取集体报名办法，由学政开列名单报送主考。凡科考在四等以下的生员不得参加乡试。

乡试地点在各省省会贡院。贡院的外墙很高，上植荆棘，所以贡院又称“棘闱”。贡院内除阅卷等办公室外，有许多考棚，分为几十条小胡同，依次以千字文编号，每号分为几十间小房子，叫做号舍。整个贡院有号舍几千乃至上万间。每一号舍高 6 尺，深 4 尺，宽 3 尺，仅容一人起坐，连躺都躺不下。

乡试共考三场，每场三天，与秀才考试一天一场不同。搜查制度比院试更加严格，进场时两名士兵搜查一名考生，如同对付囚犯一般，摘帽，脱鞋，解衣，散发，衣服被褥等一切用具通通抖开，毡毯无里，皮衣无面，笔管镂空，板凳单层，蜡台不能过高，砚池不能过厚，点心饽饽都要切开。搜查后，考生科头跣足，手挽考篮，像叫花子一样领卷进场，对号入房。号门一锁，不得出入，每号由若干名号卒看守，就像小鸟关进了鸟笼。考试期间，贡院棘墙外日夜有人巡逻，禁止附近

古代乡试（模拟图）

居民抛砖扔石、释放鸽鹞、鸣放鞭炮，以防利用这些手段给考生递送东西。

乡试的第一场在八月初九，第二场在八月十二，第三场在八月十五。第一场考八股文 7 篇（“四书” 3 题、“五经” 4 题），第二、三场考表、判、策、论及试帖诗各若干题篇。考前刻印题日，不得多印。考卷姓名弥封，稿纸每页骑缝处都要盖印。为了防止阅卷官认识考生字迹，考生亲笔写的考卷（叫做墨卷）并不直接送给考官，而由专门的誊录人员用朱笔誊写（叫做朱卷），再由专门的校对人员对读无误，签字后方送主考。主考用抽签的办法分送各房同考官评阅。同考官阅后写上评语，认为可以录取的便推荐给主考官，叫做荐卷。

各省每届乡试取中举人的名额皆有定数，依各省钱粮人丁多少而有差别，最多的顺天取一百六十多名，最少的贵州取 30 名。正式举人属于正榜。还有备取生，叫做副榜，不算举人，也有定额，最多的顺天 20 名，最少的贵州 4 名，后来改

为按各省正榜 1 / 5 的比例录取副榜。副榜即副贡。

主考官取中后，会同监试官、同考官等按朱卷号码核对墨卷，然后再拆开弥封，填写姓名籍贯。写榜时先空下前五名不填，从第六名写起，写到最后一名，再写第五、四、三、二、一名。写榜时贡院门外挤满了等候消息的人群，每填一名，就有人把一张小纸条从门缝递出去，外面得了消息，就赶快回去报喜，敲锣打鼓放鞭炮，讨喜钱，喝喜酒，热闹非常。榜写好后，用巡抚关防，张挂于巡抚衙门前。因为正是桂花开放时节，所以又叫“桂榜”。

乡试第一名叫做“解元”，原是解送朝廷之意。放榜后，新科举人应邀参加巡抚衙门的宴会（叫做鹿鸣宴），然后就纷纷拜老师、认同年。一般称主考官为座师，称同考官即阅卷官为房师。所谓同年是同年中举的意思，20 岁和 50 岁也算同年。每一新科举人由政府发给衣帽旗匾银 20 两。清制，进士、举人帽用金顶，宗祠可以竖旗杆，挂匾额。

中举以后，就算正式进入统治阶级。其地位为秀才所望尘莫及。一般秀才不能做官，虽然贡生肄业期满可以做学官，但考试很严，机会很少，通常只能教书成为乡村知识分子，所以人们往往叫穷秀才。举人就不同，可以参加会试，以求上进。会试一次不中，可以要求担任教职，做学官。会试三次未中，可以参加大挑，候选知县。所谓大挑并非经过考试，而主要是看相貌，多取体貌丰伟，年富力强者；其次是看口才，多取言语清楚、应对敏捷、熟悉吏治者。挑上的人，常常发往急需用人的地方，例如治河工程之类，以候补知县试用。即使不出去做官，在家也可以称乡绅，交结官府，包揽词讼，横行乡里，欺压百姓。例如《儒林外史》中的范进，中举之前，没人瞧得起；中举之后，就被称为老爷，知县、地主都和他交朋友，还有送田产的，送房屋的，送奴仆的，几个月间，就成了大财主。

三、关于进士的考试

宋元明清时的进士，是参加全国范围科举考试及格后所取得的资格，也是所谓科甲出身的最高身份。

全国性考试称为“会试”。每三年一届，在乡试的次年 3 月举行。时届春季，所以又叫“春闱”或“礼闱”。

参加会试的必须是举人，已仕未仕均可。清制：各省举人进京会试，分别由当地政府发给一二十两银子作路费，落第举人回家也给适当盘缠，以示照顾。

会试考官由皇帝钦命，主考官叫做总裁，正总裁1人，副总裁3人，由一、二品大员担任，均须进士出身。同考官18人，叫做十八房，由翰林进士出身的司官、科道担任。此外，还有两名监考官，叫做知贡举，由一、二品大员担任。其余事务官员，如提调、监场、搜查、受卷、弥封、誊录、对读等官，制度人体与乡试差不多。

会试也是3场，每场3天，三月初九为首场，十二为二场，十五为三场。考试地点在北京贡院今中国社会科学院院内。由皇帝亲自出试题。其进场搜查，场内规矩，分墨卷朱卷，以及阅卷荐卷等办法，与乡试大致相同。

会试取中名额最初没有固定数目，清代最多的一届进士为406名，最少的一届96名，大体上20名举人取1名。后来改为分省定额，最多的省二三十名，少的十余名或八九名。

会试放榜在4月15日，因为正是杏花开放时节，所以叫“杏榜”。榜用礼部印，张挂于礼部大堂前。会试取中后叫做“贡士”。第一名叫“会元”（请注意，不等于状元）。

会试之后接着举行殿试。殿试虽然没有取不取的问题，但十分重要，因为它是皇帝亲自主持的考试，状元、榜眼、探花等名次由此产生，所以人们特别重视。

殿试地点不在贡院而在保和殿。殿内备有考桌，高尺许，仅能盘腿而坐，书写不便，一般自带可折叠式小桌置于其上，又自备考箱，置笔墨用具，兼代板凳。虽说是皇帝主考，其实皇帝并不亲临考场，只是虚设御座。行礼如仪后，由大臣宣读考题。明清时，殿试只出一题，不试八股而试策论，要求回答关于时事政务方面的一个问题，例如吏治、财政、边防、河工、礼、刑、农、工等。一般要求千字左右，当日交卷。策论有一定程式，开头结尾都是颂圣之辞，中间谈实质性问题往往空泛。殿试一般不重内容，却很看重书法，状元并不见得有真才实学。

殿试无主考官，因为主考即是皇帝。有监试官，清代多由亲王担任。提调官例由礼部尚书担任。由进士出身的大学士和部院大臣八人为读卷官，即阅卷大臣。每份试卷八大臣轮流批阅，分别作记号，写批语，然后由首席读卷大臣商定名次。首先拟出前10名人选，进呈皇帝亲自决定1至10的名次。前三名通称一甲，一甲第一名称状元，又称殿元；一甲第二名俗称榜眼；一甲第三名俗称探花。一甲三名统称鼎甲。第四名即二甲第一俗称传胪。前10名名次决定之后，皇帝首先接见，叫做“小传胪”。第11名以下名次由读卷大臣排列，分为二甲、三甲两类。然后皇帝于太和殿接见全体新进士，叫做“大传胪”。礼节特别隆重，全体文武大臣都要出席。除御旨宣布全部名次外，同时宣布一甲赐“进士及第”，二甲赐“进士出身”，三甲赐“同进士出身”，统称“进士”。然后，鼓乐仪仗，将新进士名单以黄绫榜公布，张挂于长安街，所以老百姓把中进士叫做“金榜题名”。如果有人乡试、会试、殿试都取第一，集解元、会元、状元于一身，就叫做“连中三元”，那是莫大的荣耀。

大传胪之后，礼部赐宴，叫做“恩荣宴”，又叫“琼林宴”。还要到圣庙拜谢孔老夫子，叫做“释褐”。每科进士名单由礼部出钱刻石立碑于太学，叫做进士题名碑。明清两代这些碑现在都保存于孔庙旧址内。中了进士，宗祠可以树牌坊，并由礼部发给牌坊银 30 两，一甲三名另外加 50 两。此外，也有拜老师、认同年等习俗，与乡试相同。

古代状元及第门匾

殿试之后还有朝考，目的是分配官职。状元例授翰林院修撰，榜眼、探花例授编修，其余按会试、殿试、朝考三项总成绩分别授翰林院庶吉士、各部主事和知县等职。庶吉士为学习研究性官员，三年期满再举行散馆考试，然后授实职。进士朝考后授主事带有实习性质，三年后才转为正式主事。朝考后授知县的，则分发各省尽快候补，叫做“榜下即用”，不像他人那样往往要长期候缺。

进士出身，叫做两榜出身；举人出身，叫一榜出身。统称科甲出身，被明清读书人认为是最荣耀的做官道路，被称为正途。其他途径如捐班、恩荫、杂佐等，则称为异途，迁升提拔远非正途出身所能比拟。

从唐代以后，科举科目除文科外，还有武科。清代有武院试、武乡试、武会试、武殿试。武院试由驻防军派参将或副将会同学政主持考试，及格者为武秀才。武乡试由巡抚主考，及格者为武举人。武会试由兵部主持，及格者为武进士。武殿试以后也依成绩分为武状元、武榜眼、武探花。各级考试内容分别有骑射、步射、舞刀、掇石和默写武经七书（《孙子》《吴子》《司马法》《尉缭子》《李卫公问对》《黄石公三略》《姜太公六韬》）等，也有一套防止舞弊的制度。顺治年间，武状元授参将，武榜眼授游击，武探花授都司，二甲授守备，三甲授署守备。

科举考试于 1905 年由清政府下令废止。1904 年举行最后一次会试。最后一名会元是谭延闿，湖南人，曾参加辛亥革命和北伐，20 年代末任国民政府主席。最后一名状元是刘春霖，河北肃宁人，状元及第后被派留学日本东京法政大学，回国后曾任直隶法政学堂校长、中央农事试验场场长。1937 年以后，他拒绝为日本侵略者效劳，1942 年逝世。

禁烟运动与鸦片战争

一、时代背景

中国是世界文明发达最早的国家之一。中国人民在漫长的岁月里，以杰出的聪明才智，创造了光辉灿烂的古代文明，并长期领先于世界，为人类社会的发展作出了巨大的贡献。但当历史迈进 19 世纪的时候，西方资本主义以惊人的速度发展着，整个世界形势正在经历着激烈的变化。在新的世界潮流面前，中国开始落伍了。清王朝是我国封建社会的最后一个朝代，它经历“康乾盛世”之后，早已由盛而衰，危机四伏，此时已远远落在英国等西方资本主义国家之后，成为他们猎取的目标。

鸦片战争前，清王朝已走上衰败道路，政治黑暗、吏治腐败、军备空虚、科技落后。满洲贵族统治者掌握着国家主要权力，他们用“文字狱”和“愚民政策”

禁锢人民。各级官吏贪污成风，贿赂公行，冤狱遍地。在各级衙门中，蠹吏侵占巨币、勒索私费，是司空见惯的事。道光年间，弊政丛生，贪污成灾，“九卿无一人陈时事之得失，司道无一折言地方之利病，相率缄默”已成风气。嘉庆初年，权臣大学士和珅被抄家时，家产折合白银8亿多两，相当于清廷20余年的总收入。时人所谓“和珅跌倒,嘉庆吃饱”,正是官吏贪赃枉法的一种反映。道光时期，军备腐败尤为触目惊心。清王朝虽然拥有22万旗兵和66万绿营兵，但早已腐败不堪，失去了战斗力。军官或不懂军事、或不理营务，却都是克粮冒饷，贪污肥私的能手。兵卒从不操练，甚至出现骑兵没有马，水兵不习水，武器生锈，炮台不堪一击的腐败局面。就连守卫京师的八旗兵，也“三五成群，手提鸟笼雀架，终日闲游，甚或相聚赌博”。在经济上，大贵族、大官僚利用他们的政治、经济

嘉庆皇帝像

特权，大肆兼并土地。乾隆十三年（1758 年），湖南巡抚杨锡发说：“近日田之归于富户者大约十之五六；旧时有田之人，今俱为佃耕之户。”随着土地的大量兼并，农民生活日渐恶化，即使在好的年成，能“暖不号寒，丰不啼饥”勉强度日的十家之中亦无二家。因此，农民的反抗斗争不断高涨。北方的白莲教，南方的天地会，都陆续发动起义。其中 1796 年到 1802 年爆发的楚川陕三省的白莲教起义，转战于湖北、四川、河南、陕西、甘肃等省，绵延达 10 年之久。1814 年，河北、河南、山东三省爆发了天理教起义。林清率领北京郊区的农民起义军曾一度攻入北京清皇宫，在隆武门一带与清军展开激战。嘉庆皇帝惊呼这是“汉、唐、宋、元、明以来未有之祸”。这些农民起义给封建统治者以沉重打击。

与清王朝日趋衰落呈鲜明对照的是西方资本主义国家的迅速发展。英国在 17 世纪中期完成了资产阶级革命，18 世纪后期又开展了工业革命，19 世纪初，各主要工业部门相继采用机器生产，极大地提高了生产力，成为世界资本主义的头号强国。在法国，爆发于 18 世纪末的资产阶级革命为资本主义发展开辟了道路，促进了产业革命的开展，使法国成为仅次于英国的资本主义国家。建国较晚的美国，在 19 世纪初其经济发展也迅速加快，为了大力发展资本主义，它步英、法后尘，向海外扩张。位于中国北部的沙俄，是一个欧洲封建帝国，本不与中国接壤，但经过 100 多年的领土扩张逐渐与中国相毗邻，地理上的便利为它对中国进行经济掠夺提供了方便条件。

马克思指出：“掠夺是一切资产阶级生存的原则。”资本主义的发展一开始就与殖民主义紧密相连。“不断扩大产品销路的需要，驱使资产阶级奔走于全球各地。它必须到处落户，到处创业，到处建立联系。”18 世纪下半叶到 19 世纪初期，英国依靠强大的资本主义经济实力，建立起世界霸权。中国是英国窥测已久的侵略目标。从 18 世纪末期起，英国多次用外交讹诈和武装侵略的方式向中国提出开埠通商和割让舟山等岛屿的无理要求。1793 年和 1816 年英政府曾分别派马戛尔尼、阿美士德来华进行外交讹诈，但均遭到拒绝。然而，英国侵略者并不死心，决心付诸武力。1827 年，鸦片贩子马地臣在《广州记事报》上公开煽动武装侵华。1836 年，英国政府代表、驻华商务监督义律扬言，要用武力对付中国。同年，英国资本家在伦敦成立了“印度和中国协会”，成为英国侵华的重要参谋部。然而，面对西方资本主义咄咄逼人的态势，中国的统治者仍陶醉在天朝上国的迷梦中，对外则固守闭关自守的政策。

二、中英贸易与鸦片走私

鸦片战争前，清政府在对外关系中实行闭关政策。闭关政策，是封建政府推行的一种封建专制主义的对外政策。清朝自新中国成立以来就沿袭此项政策。其主要内容有三：①将对外贸易城市限制于广州一口；②设立公行，规定外国商人销售和购买土货通过特许的“行商”（即“广州十三行”）之手，并由公行负责管理外商，经营进出口贸易和办理交涉事宜，不许外国商人与中国百姓或官吏随便接触。公行长期成为垄断对外贸易事务的半官方组织。在对外贸易中，严格限制中国粮食、铁器、硫黄、丝、茶和书籍等货物出品；③颁布《防范夷人章程》等条款，规定外商不许带运枪炮、鸦片，不许在广州过冬，不许外商携“蕃妇”入城等。这种闭关政策是自给自足的自然经济的产物。在封建自然经济占统治地位的中国社会中，商品市场和商品交换还没有充分发展起来，封建统治者自然没有保护和发展对外贸易的愿望和要求。早在乾隆五十八年（1793），英国使臣入京要求通商特权时，乾隆谕称：“天朝物产丰盈，无所不有，原不借外夷货物以通有无，特因天朝所产茶叶、瓷器、丝巾为西洋各国必需之物，是以加恩体恤，在澳门开设洋行，俾得日用有资，并沾余润。”同时，闭关政策也是对付西方资本主义侵略的简单手段。它严格限制来华外国人的活动，防范外国人与中国人接触。“实行这种政策更主要的原因，是它害怕外国人会支持很多的中国人在被鞑靼人征服以后大约最初半个世纪里所怀抱的不满情绪。”可见，闭关政策的核心主要是为了对国内实行专制主义的统治。

清政府长期实行闭关政策，不仅没有有效地抵制西方资本主义的侵略，而且使中国更加落后于西方列强。第一，闭关政策限制了中外正常贸易的发展，严重阻碍了中国资本主义萌芽的成长。清政府严格规定“船只出洋，十船编为一甲，取具连环保结。一船为非，余船并坐”；不许制造大海船，海船只许用双桅，梁头不得超过一丈八尺，载重不得超过五百石，船员不得超过28人。此外，还对出海商人、华侨进行打击和迫害，规定“从前逗留外洋及违禁逾往之人，不得回籍”。这些规定把中国的海外贸易和造船业、航海业限制在世界最低的水平，失去曾拥有的领先地位。第二，闭关政策使中国与世隔绝，闭目塞听，对世界资本主义的发展趋势和进步的科学文化茫然不知，严重阻碍了中国科学文化事业的发展。第三，闭关政策的实行，形成了一股虚骄保守、顽固守旧、拒绝进步的顽固势力。在西方资本主义东侵的险恶环境下，清朝统治者依然故我，麻木不仁，沉溺在“天朝上国，万邦来朝”的梦呓中。

中外经济交流历史悠久，即使在清政府实行闭关政策时期，中外贸易并未停止，其中中英贸易占第一位。从18世纪后期开始，英国的毛织品、金属制品、钟表、玻璃等商品迅速地涌入中国；中国的茶叶、生丝、土布和药材出口更是成倍地增长。同时美国与法国对华贸易也有所发展，美国是中国土布的最大市场，每年有几百万匹的土布被贩运到美国。在中外贸易中，中国始终处于有利的出超地位。以1800年为例，英国输进中国的货物价值约为100万英镑，而中国输入英国的货物总值则达600万镑。这主要因为，不论是英国的毛织品、金属制品，还是美国的西洋参、皮毛、檀香木等，在中国市场上几乎都是滞销品。中国的小农业和家庭手工业紧密结合的自然经济，对西方资本主义商品具有顽强的抵抗力。在中国市场上，英国的毛呢敌不过中国精美华丽的丝绸和土布，英国为平衡贸易逆差每年不得不支付大约100万—400万两现银，中国成为传统的白银内流国家。因此，英国在策划战争、进行殖民侵略的同时，还采用了鸦片走私手段来打开中国市场大门。

鸦片，又叫阿芙蓉，俗名大烟。它由罂粟果内乳汁经提炼而成，为棕色至黑色的干膏状块。它含有大量的麻醉毒素，吸食极易上瘾，且难以戒绝，吸食后逐渐使人精神委靡，丧失劳动能力。明朝末年，西班牙和荷兰殖民者从南洋将吸食方法传入中国，吸食的人逐渐增加。英国则后来居上，1588年，英国战胜西班牙后，取得了“海上霸王”的称号，遂即向东方扩张掠夺。1600年，英国在印度成立了便于殖民者集中力量进行殖民贸易的垄断公司——东印度公司。1773

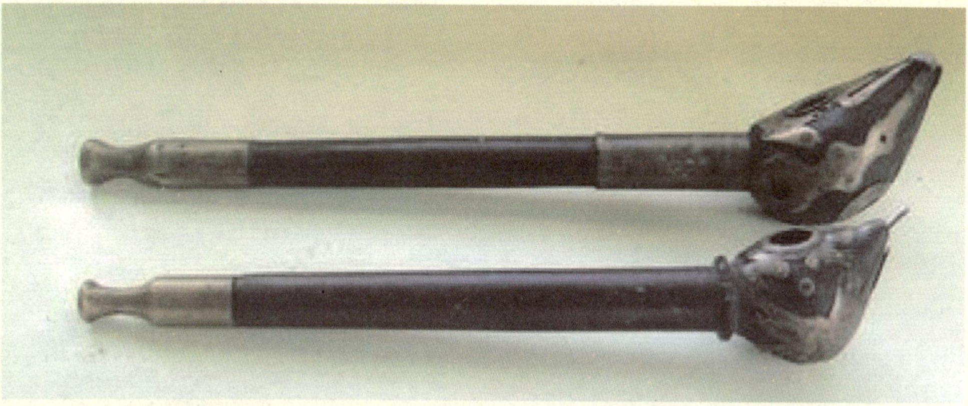

清朝时的鸦片烟枪

年，英属印度政府给予东印度公司鸦片专卖权。1797 年，又授以制造鸦片的特权。东印度公司自己并不直接对华走私鸦片，而是将鸦片在印度市场公开拍卖，由那些散商向中国走私鸦片。同时，美国、法国、俄国的鸦片贩子也参与走私。自 1800 年起，鸦片开始大量输入中国。外国鸦片贩子贿赂清朝官吏，勾结中国烟贩，并利用“长龙”和“快蟹”等特制快艇进行武装走私，加速了鸦片对华的输入。鸦片输入量年年递增，据不完全统计，1820 — 1824 年每年平均为 1889 箱；1830 — 1834 年每年平均 20331 箱，1838 — 1839 年则增加到了平均每年 40200 箱。

清政府鉴于鸦片的危害，早在雍正年间就曾下令禁止进口。其后，嘉庆、道光两朝又反复重申禁令。嘉庆元年（1796 年），清政府下令停征鸦片税，严禁鸦片进口。鸦片贸易完全是非法的，数量庞大的鸦片是通过走私进口的。

鸦片的大量走私，给英美商人带来极大的利益。英印政府按鸦片成本的 30% 以上的税率抽税，每年收入的税额占财政总收入的 10% 左右。由于鸦片这一特殊商品的介入，中英贸易发生了根本性的逆转，英国由原先的入超转为出超，白银源源不断地流向英国。1837 — 1838 年间，广州从英国进口的货物中，仅鸦

罂粟花

片一项就达 337 万英镑，抵消当年中国对英进口总额 314 万英镑还有余。难怪英国的孟买商会这样说："输出鸦片对于商务是有重大利益的，这就是把那个人口最多、资源最富的帝国的财富吸收出来。"据统计，1840 年前的 10 年，西方列强从中国共掠夺 26000 多万银元的财富，相当于清政府 1 年财政收入的 8 倍多。英国资产阶级用肮脏的鸦片贸易打开了中国市场，同时又发展了印度市场。英国在印度大量销售工业品以购买鸦片，然后用鸦片在中国换取他们所需要的丝、茶等物，在英－印－中三角贸易关系中，英国利用鸦片走私获得了双重利益。正如马克思所说："英国政府在印度的财政，实际上不仅依靠对中国的鸦片贸易，而且还要依靠这种贸易的不合法性质。"

鸦片大量流入中国，成为败坏人们品格，腐蚀人们思想，扼杀人命的毒品，并形成日益严重的社会问题，它严重摧残了中国人的身体、智力和意志，破坏了中国社会的生产力。1829 年，鸦片吸食者已经遍布全国十几个省。1835 年前后，吸食鸦片的人数约 200 万人，上至官府缙绅，下至僧尼、道士，都在吸食。烟馆林立于通都大邑、城乡市镇。宫廷内部王公大臣，八旗绿营都有吸食者，清朝的统治机构更加腐败不堪。同时鸦片走私使清政府的财政日益陷入困境，白银大量外流，银贵钱贱的现象十分严重。据统计，仅广州一处，外流白银就达 897 万两。1794 年一两白银折合铜钱 1000 文，到 1838 年则需 1600 至 1700 文。同期农产品的价格却没有变动，而农民出售农产品只能换回制钱，缴纳赋税却须折合成银两。这造成了经济生活的动荡和恐慌，劳动人民直接蒙受危害。鸦片泛滥已造成了深刻的民族灾难，禁烟也成为当时普遍关注的重要问题。

三、禁烟运动

鸦片的大量输入，加深了清王朝统治的危机，清廷内部关于鸦片问题的争论也日益尖锐起来。1836 年，太常寺少卿许乃济奏请取消鸦片输入的禁令，准许公开买卖鸦片，主张鸦片贸易公开化。这个主张代表了一部分广东地方官吏和士绅的利益，也反映了鸦片走私贩子的愿望。1838 年，鸿胪寺卿黄爵滋上书道光皇帝，痛切提出鸦片的危害，主张用"重治吸食"的方法，抵制鸦片的输入。他提出，吸食者必须在一定期限内戒绝，逾期不戒者处以极刑，并要求邻里间要"互结"，举发者给奖，包庇者治罪。他同时指出，历来禁烟无效的根本原因是官吏的贪赃枉法，所以对官吏包庇走私、参与走私者要予以严惩，并不准子孙参加科举考试。这一奏折在清政府内引起了强烈的反响，是对弛禁派的坚决反击。

道光皇帝令盛京、吉林、黑龙江将军和各省督抚对黄爵滋的建议“各抒己见，妥议章程，迅速具奏”。在收到的 29 份遵旨议复的奏折中，大多数主张严禁鸦片，但在如何禁烟上存有分歧。湖广总督林则徐对黄氏的建议大加赞许，他认为鸦片“断非常法之能防”，如不施以重刑，则无法阻止其泛滥。在奏折中指陈鸦片的巨大危害，警告道光皇帝：“若犹泄泄视之，是使数十年后，中原几无可以御敌之兵，且无可以充饷之银。”与林则徐一样主张严禁的并不多，仅有 8 位督抚，大多数督抚主张弛禁，反对“重治吸食”，如直隶总督琦善声称严禁会导致“讼狱繁兴，民气日浇，与明刑弼教之原，不无抵牾”。

但是道光皇帝已感到鸦片输入所造成的军队瓦解、财源枯竭的严重威胁，尤其为林则徐奏稿之言所动，命林则徐进京陛见。同时，下令各省认真查禁鸦片，并将弛禁论鼓吹者许乃济降级处分。1838 年 12 月，道光皇帝先后 8 次召见林则徐，并任命他为钦差大臣，节制广东水师，前往广东查禁鸦片。这标志着禁烟派暂时获得了胜利。

林则徐（1785 — 1850 年），字元抚，又字少穆，福建侯官（今福州市）人。1811 年中进士，后任职翰林院，从 1821 年起，先后在浙江、江苏、陕西、湖北、河南等省任官，他为官清廉，提倡经世致用，采取了一系列“兴利除弊”的改革措施。1838 年 7 月，他遵旨筹议《严禁鸦片章程》六条，在湖广积极实行禁烟措施，设立禁烟局，配制断烟药丸，收缴烟土、烟具，使不少吸食者开始戒烟，禁烟成效显著。

1839 年 3 月，林则徐到达广州后，他立即与两广总督邓廷桢加紧整顿海防，惩治鸦片走私，查禁受贿官弁，严拿烟贩。3 月 18 日，林则徐谕令外国烟贩交出全部鸦片，并出具甘结，声明：“嗣后来船永不敢夹带鸦片，如有带来，一经查出，货尽没官，人即正法，情甘服罪。”并限 3 天内回复。他对禁烟表现出极大的决心：“若鸦片一日未绝，本大臣一日不回，誓与此事相始终，断无中止之理。”在广州人民的支持下，禁烟运动迅速高涨起来。

英国驻华商务监督查理·义律蓄意抵制和破坏正义的禁烟运动。他一面下令让趸船逃离广州，一面抗议广州设防，还命令英舰做战争准备。3 月 24 日，义律从澳门潜入广州洋馆，企图庇护鸦片贩子颠地逃跑，阻止洋商交出鸦片。广州人民闻讯极为气愤，立即包围洋馆。林则徐按“抗命封船”的惯例，下令撤走洋馆中的中国雇员，派兵严守洋馆，断绝洋馆与趸船及外界的联系。义律看到阻挠

林则徐雕塑

缴烟无法实现，便于3月27日命令英商交烟，由他以英国代表的名义交给中国，保证烟价由英国政府赔偿，这样就把中国政府禁止贩毒、处分鸦片贩子的问题变成了中英两国政府之间的争端，为英国发动战争制造借口。同时，义律还劝告美国商人交烟，并声明烟价同样由英国政府付给，以争取美国共同侵华。

在林则徐等中国官员的坚决斗争下，英国鸦片贩子被迫交出鸦片2万余箱，美国烟贩也交出1500余箱，共23万余斤。6月3日至25日，林则徐在广东虎门率领广大军民将所缴获的鸦片全部当众销毁，冲入大海。虎门销烟的壮举，有力地打击了外国侵略者的气焰，维护了中华民族的尊严，极大地鼓舞了中国人民的斗志，在中国近代史上留下了光辉的一页。

四、英国发动侵略战争

中国人民正义的禁烟运动沉重打击了英国资产阶级的鸦片侵略。如果停止鸦片的种植、制造和走私，将使英国无法掠夺中国的白银以换取中国的茶丝，也将严重影响到英国纺织品对印度的倾销，英国政府将因此丢掉巨额税收，鸦片贩子、茶丝商人和纺织资本家将丢掉大量财源。英国资产阶级及其政府不甘心放弃不义之财。于是，反对中国的禁烟，就成为他们策划已久的用战争保护鸦片贸易、打开中国大门的借口。

1839 年 10 月，英国政府召开内阁会议，讨论侵略中国的问题。外交大臣巴麦尊、陆军大臣麦考莱等人根据鸦片商人的要求作出“派遣一支舰队到中国海去”的决定。次年 2 月 20 日又任命乔治·懿律和查理·义律分别为侵华英军总司令、全权代表和全权副代表，并发布训令，指示行动计划。4 月 9 日，英国议会正式通过对华作战的决议案。6 月，懿律率领一支拥有舰船 48 艘，官兵 4000 人的“东方远征军”，从印度开到中国广东海面，并于 28 日封锁广东珠江口。第一次鸦片战争正式开始。

为抗击英国的侵略，林则徐在广东沿海积极备战。1840 年 2 月，他接任两广总督后，在广东水师提督关天培的大力协助下，在虎门海口安置木排铁链，添设炮台炮位，购置西洋各国大炮二三百尊，排列于两岸，并督促水陆官兵认真操练。他看到人民群众反对鸦片侵略的情绪高涨，初步认识到“民心可用”，在广东渔民中招募 5000 名壮士编为水勇，日夜训练。

由于林则徐率领军民严阵以待，懿律无机可乘，便改变计划，北犯福建厦门，但也为闽浙总督邓廷桢率部击退。7 月，北上攻陷浙江定海。8 月闯入天津海口，向直隶总督琦善递交照会，提出赔款、割地、通商等侵略要求，在清王朝中引起极大的震动。道光帝开始动摇，他收到照会后，即令对驶入海口的英船不可开枪开炮；且命琦善赶到天津海口，同英军谈判。琦善公然向懿律保证要对林则徐“重治其罪”，并要求英军返回广东，“听候钦派大臣驰往广东，秉公查办，定能代伸冤抑”。英国侵略者得到保证后，于 9 月 15 日回广东等候正式谈判。

1840 年 9 月 17 日，道光帝任命琦善为钦差大臣，赴广东继续办理中英交涉。同时将林则徐、邓廷桢革职查办。11 月底，琦善到达广州后，一反林则徐所为，立即惩办积极抗英的清军将领，拆除珠江口附近防备设施，遣散水勇、乡勇。1841 年 1 月初，英军突然攻占虎门口外的大角、沙角两炮台，副将陈连升父子等英勇战死。之后，英军向中方提出照会要求将沙角辟为英国寄居之所。1841年1月11日，琦善复照予以拒绝，但表示可为代奏恳请另给寄居之处。21日，义律便私自发出公告，诡称与琦善订了所谓割让香港全岛，开放广州和赔款600万元为主要内容的《穿鼻草约》，又称“初步协定”，这是义律一手炮制的假协定。1841年1月26日英军悍然强占香港。次日，琦善与义律会谈时，明确表示不同意开放广州和割让香港，必须候奏听旨再作决定。义律坚持将香港全岛割给英国，会谈破裂。

上述情况传到北京后，道光帝大为震怒。他以代敌奏请为由将琦善革职问罪，锁拿回京，并派其侄儿奕山为靖逆将军，户部尚书隆文、湖南提督杨芳为参赞大臣，调集1.7万人的兵力开赴广州前线。奕山尚未到达广州，义律即率兵进攻虎门炮台。水师提督关天培率领炮台守军英勇抵抗，但尚在广州的琦善拒绝添兵增援，关天培孤军奋战，最后四百多将士全部壮烈牺牲。虎门失陷后，英舰驶入省河，广州告急。奕山此刻正沿途吃喝玩乐。他到达广州后，在毫无准备的情况下，贸然向英军发动偷袭，结果是惨败而归。英军随后占领城郊的泥城、四方等炮台包围广州，并开炮轰击广州城。奕山面对英军的包围，乱作一团，并放弃了抵抗，在城

清朝禁烟运动中使用过的大炮

墙上竖起了白旗。5 月 27 日，他与英军签订了《广州和约》。和约规定：清军退离广州 60 里，奕山缴纳 600 万元的所谓“赎城费”，英军退至虎门。

对此英方并不满足，并改派璞鼎查取代义律。他到中国后，率英军北上，攻陷厦门。10 月 1 日再次攻陷定海。定海总兵葛云飞、郑国鸿、王锡朋率兵英勇抵抗，并以身殉国，5000 名将士全部壮烈牺牲。接着英军攻占镇海和宁波。道光帝为挽救浙江前线的败局，于 10 月 18 日命奕经为扬威将军，侍郎文蔚为参赞大臣率军前往浙江指挥军事。奕经在南下途中，不仅一路上尽情游山玩水，而且到了苏州便屯兵不前。直到 1842 年 2 月才达到绍兴。他为了邀功，贸然于 3 月 10 日分兵 3 路向宁波、镇海、定海进攻，结果大败而归。他退回杭州，从此不敢再战。

1842 年 6 月，英军进入长江，攻打吴淞炮台。江南提督陈化成坚守炮台，壮烈牺牲。吴淞炮台失陷后，英军沿长江西上。7 月中旬攻陷镇江。8 月初英国兵舰 80 多只闯入南京下关江面。道光皇帝急派盛京将军耆英和被革职的两江总督伊里布等人到南京与英侵略者进行谈判。

29 日，代表清政府办理议和交涉的耆英、伊里布在英国侵略军的胁迫下，全部接受了英国提出的议和条款，订立了中国近代史上第一个不平等条约——中英《南京条约》，全文 13 款，主要内容如下：

1. 中国割让香港岛。从此，中国的神圣领土香港落在英国的殖民统治之下，成为英国进一步侵略中国的基地。

2. 赔款 2000 万元，其中鸦片烟款 600 万元，军费 1200 万元，商欠 300 万元。这个数字相当于当时清政府全年的财政总收入的三分之一。

3. 开放广州、福州、厦门、宁波、上海 5 处为通商口岸，英国可以派驻领事等官。从此，我国东南沿海的门户洞开。侵略者以此为据点，进一步掠夺中国人民，并不断扩大其侵略范围。

4. 协定关税。中国的进出口税率须同英方“秉公议定”，而不能由中国单独规定。中国开始丧失了关税自主权。

5. 废除公行制度。条约规定，英国商民在通商口岸“无论与何商贸易，均听其便”。这践踏了中国对外贸易的主权，便利外国侵略者在中国培植为他们服务的买办势力。

《南京条约》签订后，中英双方代表于次年在广东继续谈判有关细则，作为《南京条约》的补充，于 7 月 22 日在香港公布《五口通商章程：海关细则》（通称《五口通商章程》)，英国又夺取了新的特权：1. 压低关税。进口货物的税率定为 5%。中国因此成为世界上税率最低的国家之一，海关从此失去了保护本国工农业生产的作用，便利了外国资本主义在中国倾销商品和掠夺原料。2. 领事裁判权。《五口通商章程》规定，英国侨民在中国犯刑事罪时，由英国领事根据英国法律处理。从此，中国的司法权被破坏，外国人可在中国为非作歹，为所欲为，不受中国法律的约束。

同年 10 月 8 日，中英又在虎门签订了《五口通商附粘善后条款》(简称《虎门条约》，或称《中英善后条约》)，英国又获得了以下几种特权：

1. 片面最惠国待遇。即今后任何国家和中国签订不平等条约在中国取得侵略权益时，英国均可分享。

2. 可在通商口岸租地、造屋、建立租界。这项规定成为外国侵略者在中国建立租界的根据和开端。

至此，历时两年多的中英鸦片战争，以清朝的失败而告终。

中国在战争中惨败的原因主要在于：首先，清王朝长期闭关自守，以天朝上

鸦片战争博物馆

国自居，对外表现出盲目虚骄，对英国的战争威胁不作认真准备，除林则徐等少数人外大都漠然置之。如作为京师门户的天津，当时仅有 800 名兵弁驻守。山海关连一尊合用的大炮都没有。清政府的政治腐败是战争失败的根本原因。其次，清政府采取了妥协投降政策，使人民巨大的反侵略力量不能充分发挥出来。清政府不仅不敢动员人民参加战争，反而害怕所谓奸民乘机而起，并执行所谓“防民甚于防寇”的政策，阻挠中国人民自发的抵抗活动。再次，军事战略的失误是战争失败的直接原因。在战争期间，道光帝忽战忽和，举棋不定，前线统兵大员则昏庸无能，要么轻敌冒进，要么弃阵逃跑。最后，由于中国经济、技术的落后，导致军事装备低劣，军事技术落后。清军当时还停留在中世纪骑马射箭的水平上，对近代化的军事知识一所无知。英军则拥有开花炮和后膛枪等新式武器，而中国在吴淞口这样重要的炮台上的大炮还是 300 年前明朝铸造的。军备落后也是战争失败的重要原因。

自中英《南京条约》签订后，美法侵略者也接踵而来，趁火打劫，进行敲诈。1844 年 7 月 3 日，美国强迫中国订立不平等的中美《望厦条约》。美国除了享有英国在《南京条约》中所取得的各项有关特权外，还攫取了如下重要特权：

1. 美国兵船可以到中国沿海各港口“巡查贸易”。

2. 美国可以在中国通商口岸“租赁民房，或租地自行建楼，并设立医院，礼拜堂及殡葬之处”。

3. 中国若变更税则，须与美国领事“议允”，这就进一步扩大了协定关税权。

1844 年 10 月 24 日，法国专使拉萼尼与清政府代表耆英在广州附近黄埔签订不平等的中法《黄埔条约》，法国取得了中英、中美条约中规定的各项有关特权。11 月 11 日，清政府又在法国的胁迫下，同意取消对天主教的禁令，准许他们在各通商口岸传教。从此，大批披着传教士外衣的侵略分子涌入中国，进行政治、经济、文化教育的侵略活动。

以后，沙俄、葡萄牙、比利时、瑞典、挪威等国也纷至沓来，争相要求援例订立不平等条约，清政府被迫一一应允。

“洋务运动”

从 19 世纪 60 年代初开始至 90 年代中期为止，清政府在洋务派官僚倡导下进行了以引进机器生产、兴办近代军民用企业以及建立新式陆海军为中心内容的“求强”、“求富”活动，史称“洋务运动”。

咸丰十年（1860 年），第二次鸦片战争后，清朝统治阶级内部开始分化为两个主要派别。其中一派，对内主张残酷镇压太平天国农民起义，顽固地维护封建反动统治。对外国侵略者，还不愿放下“天朝”的虚骄架子，更疑惧外国资本主义侵略者与国内反清的人们结合起来危害其封建统治。他们闭目塞听，因循守旧，盲目排斥一切新事物，深恶引进先进技术，认为采用机器生产等活动是“用夷变夏”。幻想回到闭关时代。这一派人称为顽固派。大学士倭仁、徐桐、李鸿藻等是其代表。另一派，面对着第二次鸦片战争和太平天国农民战争，认为外国侵略者不过是“肢体之患”，而农民起义则是“心腹之害”，因而主张勾结外国侵略者，镇压农民起义，维护封建统治；同时也不甘心“受制于人”，主张吸取一些资本主义国家的军事和生产技术，以抵御外侮，并与洋商争利。于是，他们出面倡导和主持了洋务运动。这一派人称之为洋务派。在中央以恭亲王奕䜣、大学士桂良、户部左侍郎文祥等为代表，在地方以曾国藩、左宗棠、李鸿章、沈葆桢、丁日昌以及稍后崛起的张之洞等为代表。

“洋务”是由“夷务”一词转化而来，“夷夏之变”演变成华（土）洋对称之词。咸丰十年底（1861 年初），清政府设置总理各国事务衙门作为综理洋务的中央机关。初任命恭亲王奕䜣、大学士桂良、户部左侍郎文祥三人为总理衙门大臣，主持洋务。下属机构有同文馆、海关总署，还管辖南、北洋大臣，选派出使各国大臣等。后南洋大臣例由两江总督兼领，北洋大臣例由直隶总督兼领。而两江总督长期由湘系曾国藩、曾国荃、左宗棠、刘坤一等交替占据；直隶总督则长期由淮系李鸿章独占。于是上海与天津遂成为南北筹办洋务的重要基地。中法战争后，又出现了以湖广总督张之洞为代表的洋务势力，湖北又成为中部举办洋务的重要基地。在洋务活动中，洋务派分别结成了不同势力的集团。主要有以奕䜣、文祥、崇厚为代表的满族洋务集团，以曾国藩为代表的湘系集团，以左宗棠为代表的左系湘军集团，以李鸿章为代表的淮系集团，中法战争后又形成以张之洞为代表的洋务集团。由于恭亲王奕䜣被罢黜，湘系的曾国藩、左宗棠已先后死去，于是，李鸿章系和张之洞系成为前后最大的两个洋务集团。其中，李鸿章曾一度担任江苏巡抚和两江总督，后任直隶总督兼北洋大臣达20余年，所办洋务企业最多，遍及北洋南洋，因而成为全国洋务活动的实际主持者。但是，到了中日甲午战争后，李鸿章淮系集团势力日愈削弱，而张之洞集团势力却异军突起，继而成为后起的洋务巨头。

洋务运动的重心，前后有所不同。前期（19世纪60、70年代）以“求强”为主，即训练新式军队和设厂自造船炮，企图建立一套新的防务体系；后期（70

张之洞像

至 90 年代）除继续进行“求强”活动外，还提出了“求富”的口号，强调兴办近代民用企业，“富”、“强”并重。

洋务派优先考虑的目标是“强兵”，以镇压太平天国和各地人民起义。在 19 世纪 60 年代初，开始在天津、上海、广州、福州、武昌等地聘用外国军官，购买枪炮，训练军队。上海、广州等地还购置了一些船舰。进而，在各地创办近代军事工业，制造枪炮和船舰，并对外国有所抵制。咸丰十一年曾国藩首在安庆设立内军械所。同治元年（1862 年）李鸿章在浙江设立弹药厂。二年李鸿章在苏州设立洋炮局。同年左宗棠也曾在杭州试制枪炮和轮船。四年李鸿章成立江南制造总局，制造枪炮和轮船。同年李鸿章又将苏州的洋炮局移至南京，扩充为金陵机器制造局。五年左宗棠在福州创设福州船政局，专造轮船。六年崇厚在天津设立机器制造局，九年由李鸿章接办加以扩充。70 年代后，西安、兰州、昆明、福州、广州、济南、成都、长沙、吉林、杭州、北京等地都先后设立了中小型的军火工厂。为了适应洋务日益扩展的需要，继举办同文馆之后，70 年代起，派遣留学生赴外国学习海军和造船；派遣驻外公使办理军火、船舰事宜。光绪元年（1875 年）清政府筹办海军，决定“分段督办，以专责成”，委派南洋大臣沈葆桢、北洋大臣李鸿章分别督办南洋、北洋海防，筹建南洋、北洋海军。

洋务派在建立大批近代军事工业后，既感资金短缺，材料、燃料和运输需要又日增，于是提出了“寓强于富”的口号，在“求富”的憧憬下，从 70 年代到 80 年代，又相继创办了一批工矿业和运输业。主要有：同治十年李鸿章在上海创办轮船招商局；光绪二年沈葆桢在台湾开办基隆煤矿；三年李鸿章在直隶开办开平煤矿；四年李鸿章在上海筹建机器织布局；同年左宗棠在兰州开办织呢局等；七年开平矿务局筑成唐山至胥各庄铁路；十一年清政府建立海军衙门，由醇亲王奕䜣为总理，庆郡王奕劻、北洋大臣李鸿章为会办，而实权却操在李鸿章手中；李鸿章扩大北洋海军，十四年编练成军，北洋水师遂成为当时清政府三支海军中最大的一支海军；十一至十九年，李鸿章主持建成了从天津到山海关的铁路。中法战争后，洋务派还继续办了一些军事工业和工矿企业，并出现了张之洞代表的洋务派势力。张之洞，在光绪十年由山西巡抚升任两广总督后，即在广东着手筹建钢丝厂、织布厂和枪炮厂；十五年调任湖广总督，又把机器设备迁到武汉，以后就以武汉为中心大规模地办起洋务企业来。到中日甲午战争前，所办洋务企业主要有：光绪十六年建立的湖北炼铁厂（即后来的汉阳铁厂，是中国第一个近代钢铁企业）、湖北枪炮厂（即后来的汉阳兵工厂）、湖北织布官局。此外，在七八十年代即参与李鸿章一系列洋务活动的盛宣怀，这时也成为炙手可热的经办洋务的人物。

前后经历了30年的洋务运动，其作用具有两面性。洋务派所办近代企业多数具有明显的资本主义性质，在客观上对民族资本主义近代工业不无倡导作用，对中国社会经济的发展、对抵御外侮和与洋商争利具有一定的作用。但同时具有浓厚的封建性，初期主要是为了对内镇压人民起义。对资本主义国家有依赖性，对外国侵略者有适应的一面，对民族资本又有压抑的一面。洋务派所建新式陆军和海军，在中法战争中已经暴露了它的腐败，经过中日甲午战争更受到毁灭性的打击，最后遂以失败而告终。洋务派所创办的工厂企业，在封建官府控制下，经营腐败。同时，在列强的压迫、打击下，好景不长，创办不久就瘫痪停办，或被

李鸿章像

帝国主义侵吞；有的转为商办，也只是勉强维持。总之，洋务运动并没有实现“富国强兵”的目的。

清代晚期杰出的科学家

清朝晚期杰出的科学家主要以数学家李善兰和华蘅芳、化学家徐寿、铁路工程师詹天佑、飞机设计师冯如为代表。

李善兰（1811 — 1882 年），浙江海宁人，是近代著名的数学家和近代科学的先驱。他在 1864 年完成的数学论著《方圆阐幽》中，根据自己的独立见解，阐述了微积分的初步概念，把西方近代科学系统地传入我国。在咸丰、同治年间，他与外国人合作翻译了一些关于代数、几何、微分、积分等数学方面的书籍。他译的棣么甘的《代数学》13 卷，是我国第一本符号代数学著作。他翻译的罗密士的《代微积拾级》，是我国第一部介绍微积分的著作。这使我国的数学研究从宏观领域进入微观领域，从研究相对静止进入运动变化的状态。他还系统地介绍了哥白尼的天文学和牛顿的古典力学。他翻译的哥白尼《谈天》，是一本天体力学专著。该书中的天体演化的进化知识对康有为有很深的影响。李善兰所制定的一些近代科学名词，其中大部分被沿用下来。如数学中的“微分”、“积分”、“函数”、“级数”、“常数”、“方程式”等；植物学中的“细胞”、“植物学”等；天文学中的“行星”、“视差”、“内行星”、“外行星”、“变星”、“双星”、“恒星自行”、“星云”等；力学中的“分力”、“并力”（合力）、“质点”等。李善兰在《重学·序》中说：“今欧罗巴各国日益强盛，为中国边患。推原其故，制器精也，推原制器之精，算法明也。”他满怀希望地说：“异日人人习算，制器日精，以威海外各国。”表达了他希望中国富强，不受外侮的爱国心情。

华蘅芳（1833 — 1902 年），字若汀，江苏金匮（今无锡）人。1862 年，他和徐寿合作，根据外国的文献资料，制成了中国第一部蒸汽机。1863 年他们又合作制成了一艘木壳轮船。他在江南制造总局的 10 余年中，翻译了《代数术》25 卷、《微积溯源》8 卷、《三角数理》12 卷、《代数难题解法》16 卷、《决疑数学》10 卷、《合数术》11 卷。全面介绍了西方数学家关于代数学、三角学、微积分和概率论的知识，内容十分丰富，对中西数学知识的交流，起了很好的促进作

李善兰像

用。他还翻译了《金石识别》《地学浅释》《防海新论》等有关地质、海洋方面的科学书籍。华蘅芳自己也撰写了一些数学著作，合刻为《行素轩算稿》。1875 年，他与徐寿、傅兰雅等人在上海创办了格致书院，经常公开演讲科学专题，进行“课堂示教”的实验。格致书院的诞生是在中国最初出现的科学团体。他年老之后，又致力于教育工作，为培养新一代科技人才而努力。

徐寿（1818 — 1884 年），江苏无锡人，是中国近代化学的启蒙者。他先后翻译了《化学鉴原》（另有续编、补编，共 37 卷）《化学考质》（定性分析，8 卷）《化学求数》（定量分析，8 卷）以及《西艺知新》《测地绘图》《物体遇热改易记》等 10 余种著作。化学中定量、定性分析方法的出现，改变了中国过去满足于似是而非现象的描述，而走向了实验阶段。徐寿所编的新的汉字表达元素符号和元素表，许多化学元素名称，如钠、锰、镍、镁、钙、锌、钴等，今天还在使用，仅《化学鉴原》中提到的元素就有 64 个。徐寿在国际上也很有名望，日本曾派柳原前光等人来华向徐寿学习。他一生寡欲少求，讨厌为官，最后以布衣终。

19 世纪 60 年代以后，随着中外交涉频繁，洋务运动的兴起，以及民族资本主义企业的产生和发展，社会上出现了介绍和学习西方自然科学的热潮。江南制造总局专门设立了从事翻译工作的翻译馆，翻译了科技、军工、人文科学方面的书籍达 160 种，1075 卷。到 19 世纪末，各地翻译和辑著的各种科技书籍统计达 1000 多种。努力学习科学技术知识，在社会上已蔚然成风。

19 世纪末 20 世纪初，中国在科学技术方面又涌现出一批有成就的科学家、工程师，如铁路工程师詹天佑、飞机设计师冯如等就是其中的突出代表。

詹天佑（1861 — 1919 年），广东南海人。从小立志学习科学技术，为祖国争光。1872 年，他考取第一批幼童赴美留学生。1878 年 5 月，又考入美国耶鲁大学土木工程系学习铁路工程。1881 年毕业，得学士学位。是年 7 月回国，入福州船政局水师学堂学习海船驾驶。1884 年马尾海战中，年仅 24 岁的詹天佑在旗舰“扬武”号任驾驶官，勇敢抗击法国侵略者。1888 年，他在中国铁路公司任职，成为中国第一个铁路工程师，在职短短 80 天里，完成了从塘沽到天津的铺轨工程，博得了中外人士的称赞。1894 年，他被英国工程研究会选为会员。1905 年，清政府任命詹天佑为京张铁路总工程师兼会办。这条铁路全长约 200 公里，要穿过燕山山脉，工程难度很大。帝国主义分子嘲笑中国会修这条铁路的工程师“还没有诞生”，并叫嚣：“中国人想不靠外国人自己修建（这条）铁路”，是“白日做梦”。詹天佑无视他们的嘲笑，以严肃负责的态度，带领技术人员，亲自到现场同工人一起，克服种种困难，测定了一条路程短、造价低的路线，出色地完成了居庸关、八达岭两项著名隧道工程。他还设计了“人”字形轨道，创造性地解决了火车在坡度大的线路上行车的难题。

1909 年 9 月 24 日，京张铁路全线通车，比原定计划提前两年。京张铁路是由中国人自己设计和建造的第一条重要铁路。它的建成，大长了中国人民的志气，为中国铁路史增添了光辉的一页。

冯如（1883 — 1912 年），生于广东恩平县一个贫苦农民家庭。1895 年随乡人去美国旧金山做苦工。他白天做工，晚上钻研英文和科学技术，后来逐渐成为机械制造方面的专家。他关心祖国命运，立志把自己掌握的技术献给祖国人民争取独立富强的伟大事业。1905 年，冯如得知日俄两国为争夺权益在中国东北土

詹天佑像

地上进行战争，极为愤慨。从此，他开始钻研飞机设计和制造技术，决心依靠中国人的力量造出飞机，以求“壮国体，挽利权”。他带领徒弟踏遍旧金山的图书馆和书店，收集有关滑翔、飞行资料，潜心钻研。1906年，他在旅美爱国华侨的资助下，组织公司，建立工厂。1908年，他制成一架试验性飞机。1909年9月，《加利福尼亚美国人民报》以“中国人的航空技术超过西方”为题报道了冯如的事迹。1910年又经过多次试验，他终于制成一架具有当时世界先进水平的飞机并进行试飞，安全着陆。飞行高度达到230多米，时速为104公里。这是中国人第一次驾驶自制的飞机所作的飞行。正在美国进行革命活动的孙中山听到这个消息后曾到现场参观，勉励冯如为祖国争光。当年10月，冯如参加了国际飞机比赛大会，荣获比赛第一名，国际飞行协会发给他优等证书，轰动了全世界。美国有人曾以重金招聘他为飞行技术教练，冯如予以拒绝。1911年3月，冯如带着他的飞机和助手回到祖国。他们在广州郊区建立了“广东飞行器公司”，继续制造飞机。武昌起义后，他联合了一些革命同志，组织飞机侦察队，准备配合革命军作战。不久，南北议和，袁世凯窃取了革命果实，冯如的志愿未能实现。1912年8月25日，冯如在广州燕塘作飞行表演时发生意外，不幸伤重牺牲。临终前还念念不忘他所献身的事业，嘱咐助手们：“吾死之后，尔等勿因是失其进取之心。”死时年仅29岁。革命军政府追认他为烈士，葬于黄花岗。